从改变世界的机器到被世界改变的机器

智能化浪潮引领汽车新变革

作者简介

车云，创立于2013年4月15日，是一家聚焦于汽车智能化、互联化、电气化、共享化的汽车科技创新媒体及服务平台。车云以"链接汽车未来"为愿景，致力于让全产业链每一个创新个体，都在车云平台上得到传播、找到资源、拥有收获，逐渐形成了媒体、营销、会展、创投、电商、咨询、培训等产品及服务矩阵，成为汽车行业具有前瞻性和专业性的综合平台。

陈卓，博士，现任汽车安全产业投资基金管理合伙人，长期从事汽车产业研究和投资工作。曾任北京汽车股份有限公司零部件开发部副部长、北京汽车集团产业投资有限公司副总裁。《北京市"十三五"汽车产业发展规划》课题组主要成员，智能汽车篇负责人。

推荐语

我们进入了提升并融合人工智能的创新时代,汽车行业更是千帆竞渡、百舸争流。本书以多视角呈现了汽车智能化的发展轨迹及未来预判,是一本汇聚了实践与思考的专题集萃,开卷有益,值得分享。

北京汽车集团有限公司董事长 徐和谊

当前,一系列智能化和车联网技术让车与人产生前所未有的交互。未来的汽车应该是人性的体现和延伸,这本书描绘了这个发展过程的技术路径、发展规律和突围之路,值得一读。

中国第一汽车集团有限公司董事长 徐留平

汽车发展到今天一定要寻求新的突破,智能汽车是发展的必然,也是自主品牌做精做强的历史机遇。这本书能够让我们避开很多错误的岔路,相信对所有致力于发展自主品牌的同僚,都会有所帮助。吉利和沃尔沃在这本书里出现过多次,有人把我们的实践总结成创新的经验分享出去,这也让我感到非常骄傲。

浙江吉利控股集团有限公司董事长 李书福

以新能源、智能化为代表的第四次工业革命正在重塑百年汽车业,中国车企应放眼全球打造一个开放的汽车智慧生态。本书从技术、产业、实践等方面对智能汽车进行了权威阐述,对企业有很强的参考价值。

比亚迪股份有限公司董事长 王传福

汽车的智能化相比手机的智能化难度更大,它对整个行业的影响也更具颠覆性,汽车的变革将从根本上带动出行的变革。本书带给我们很多启发,相信它也会推动行业的发展。

广州汽车集团股份有限公司总经理 冯兴亚

这是一本对未来的汽车饱含热情写成的书，这本书里流露着这样的期待，它希望这些前所未有的变化发生在汽车上，让这个世界变得更好。

蔚来汽车董事长　李　斌

智能汽车已经成为汽车行业发展的一个大趋势，不同的企业正以各自不同的方式投身于智能汽车的变革之中。智能汽车的实现会是一个逐步发展的过程，不会一蹴而就，需要各相关方的共同推进。本书从技术、法律法规、企业和产业等不同的角度对智能汽车做了全方位的诠释，值得您阅读。

大陆集团中国区总裁兼首席执行官　汤　恩

当前，全球汽车产业正在发生深刻重构。《智能汽车：决战2020》一书试图全面描绘这一波澜壮阔且错综复杂的变革图景，系统分析人工智能与汽车产业的相互融合和彼此影响，重点解读各主要参与方的角色与举措，以期助力行业、预判未来产业走向。特此向行业同仁隆重推荐！

清华大学汽车产业与技术战略研究院院长、世界汽车工程师学会联合会主席

赵福全

正如中国已经发生的互联网及移动互联网浪潮一样，关于智能汽车的盛宴正在进行，并且变革更加剧烈。在本书中，你可以清晰地看到这场盛宴的发展脉络，甚至让自己成为创造盛宴的一部分。

搜狗公司CEO　王小川

智能场景正在成为今天生活的底层基础设施，智能汽车的物种进化本质是DNA再造，是用户的生活方式迭代使然，是这个时代技术驱动下形成的赋能感和连接力。《智能汽车：决战2020》能够帮助你理解这种新的逻辑、土壤和范式。

场景实验室创始人、新物种实验计划发起人、《场景革命》/《超级IP》作者

吴声

智能汽车
决战 2020

车云 陈卓 等著

北京理工大学出版社
BEIJING INSTITUTE OF TECHNOLOGY PRESS

版权专有 侵权必究

图书在版编目（CIP）数据

智能汽车：决战 2020/车云等著 .—北京：北京理工大学出版社，2018.4（2018.10 重印）

ISBN 978-7-5682-5507-3

Ⅰ.①智…　Ⅱ.①车…　Ⅲ.①汽车工程-新技术应用　Ⅳ.①U46

中国版本图书馆 CIP 数据核字（2018）第 066915 号

出版发行 / 北京理工大学出版社有限责任公司
社　　址 / 北京市海淀区中关村南大街 5 号
邮　　编 / 100081
电　　话 /（010）68914775（总编室）
　　　　　（010）82562903（教材售后服务热线）
　　　　　（010）68948351（其他图书服务热线）
网　　址 / http：//www.bitpress.com.cn
经　　销 / 全国各地新华书店
印　　刷 / 三河市华骏印务包装有限公司
开　　本 / 710 毫米×1000 毫米　1/16
印　　张 / 27.75　　　　　　　　　　　　　　责任编辑 / 钟　博
彩　　插 / 4　　　　　　　　　　　　　　　　文案编辑 / 钟　博
字　　数 / 491 千字　　　　　　　　　　　　　　　　　　/ 多海鹏
版　　次 / 2018 年 4 月第 1 版　2018 年 10 月第 2 次印刷　责任校对 / 周瑞红
定　　价 / 66.00 元　　　　　　　　　　　　　　责任印制 / 王美丽

图书出现印装质量问题，请拨打售后服务热线，本社负责调换

本书编委会

统　筹：程李　陈卓　赵晶

编　委：（按姓氏笔画排序）

　　　　于本一　车云

　　　　于维铭　汽车安全产业投资基金

　　　　于　潇　车云

　　　　王石峰　百度在线网络技术（北京）有限公司

　　　　王　珺　车云

　　　　王舜琰　北京经纬恒润科技有限公司

　　　　王　颖　美国联合人因咨询公司

　　　　冯玉涛　一汽轿车股份有限公司

　　　　任海宁　车云

　　　　刘兴键　国家技术转移东部中心

　　　　许英博　中信证券股份有限公司

　　　　杨静波　汽车安全产业投资基金

　　　　李星宇　地平线机器人技术有限公司

李　晨	北京经纬恒润科技有限公司
吴　冬	美国创意设计学院
吴劲浩	长安福特汽车有限公司
张人杰	兴民智通（集团）股份有限公司
张　弛	北京汽车集团有限公司
张德兆	北京智行者科技有限公司
陈君红	汽车安全产业投资基金
陈　卓	汽车安全产业投资基金
陈俊斌	中信证券股份有限公司
林　琳	电信科学技术研究院
房家奕	电信科学技术研究院
赵　丽	电信科学技术研究院
赵　晶	车云
胡志强	中国汽车工程学会
夏　珩	广州小鹏汽车科技有限公司
高伊楠	长江证券股份有限公司
曹　磊	车云
巢艳君	车云
程　李	车云

PREFACE / 序一

在市场经济背景下,每个时代和社会需求的产品有着必然性。当前全球正从制造经济向创新经济、服务经济和共享经济转型。这是一个崭新的时代和社会形态,将对各行各业产生积极和深远的影响,具体到汽车行业,便是催生了目前我们都在讨论的智能汽车。

基于新一代智能网联化浪潮的智能汽车的发展,有望成为汽车普及一个多世纪以来最大的技术革新。从发展趋势和波及范畴来看,智能汽车将对人们的出行产生根本性的变革。这一新型出行方式相对于传统的汽车更具有安全性、适用性、高效性。电动化、智能化、网联化推动的智慧行驶正成为未来交通的基本形式,将对国民经济与社会秩序产生深层次的作用和影响。

进入二十一世纪,技术冲击、生态演变、价值链重塑等变革要素渗入到汽车产业领域,汽车工业与绿色低碳、互联网、人工智能、大数据云服务、新能源新材料等技术全面融合。诸如IT企业、数字服务企业、通信企业等凭借自身的技术能力优势向移动出行各价值环节渗透;传统的汽车零部件企业和车企向产品与服务融合转型、向产业链的纵深方向发展。以往单纯的偏重机械硬件制造的汽车工业,更多地向以软件主导、功能服务主导的实体经济发展。可以看到汽车产业的经济利润快速向出行服务转移,数字化智能汽车引领的大数据应用服务正在逐步蚕食着汽车行业创造的市场价值。同样,汽车向高科技发展,带动着汽车AI高科技知识经济产业和新兴零部件产业的大发展,创造出新的GDP产值。这一新的行业发展态势值得汽车"竞技场"上的每一个玩家重视和深思。

在渐进的智能网联汽车时代，中国的产业优势在于拥有特殊的出行场景，另外我国的通信技术基础较好。从市场需求来看，我国面临着环保、城市拥堵、交通事故死亡数量持续不降低的诸多压力，国内对供给端变革的呼声越来越大，智能网联汽车无论在用户体验升级、出行服务与安全、汽车高效共享方面都有巨大的需求。此外，中国有推进重大战略的体制优势。在智能汽车领域，国家重大战略导向、社会需求和认可度、政策和产业游戏规则上有望实现有机的结合和良好的互动。

汽车智能网联化是一个由机器系统逐渐取代生物人实施驾驶操作的过程。技术的核心挑战在于汽车系统必须具有深度的学习能力，这就要求在交通层、车辆层、系统层、组建层实现全面的数字化应用。而我们的弱势是核心技术的缺失，特别是跟智能汽车相关联的零部件产业缺少技术基础。相比发达国家和跨国车企，我国在"智能汽车传感器、'核高基'软件、车载计算平台芯片、关键执行器零部件、云和智能服务平台"等方面还有比较明显的差距，因此有必要依靠和增大科技创新驱动能力，在诸如5G通信、高性能AI计算平台、核心感知组件、大数据与云计算、共享商业模式等方面上投入更多的人力和物力，为中国汽车产业的嬗变创造良好的物质与科技基础。

当前主流汽车品牌面临着行业变革带来的巨大冲击，以创新和融合为突破口积极寻求自身在未来汽车产业中的定位；新兴造车势力强力介入汽车产业，逐渐改变着汽车工业的生态。智能网联汽车具备高科技跨界融合的属性，社会、经济效益巨大，被美日欧汽车强国和我国视为制造工业发展的重大战略方向，各国都在不遗余力地开展智能网联汽车产业的创新性研究。智能网联汽车正在全球掀起一股技术研究、产业布局和战略投资的新热潮，值得汽车从业人员持续地关注和重视。

特别是在我国，智能汽车的研究和产业化尚处于早期阶段，各种前沿技术、创新技术和商业模式都需要进一步的探索和实践。要想在这一领域累积优势、引领世界，需要更多理论分析者、产业从业者以及政策制定者的积极投入和良性互动。正是在这样的大背景下，车云团队和汽车安全产业投资基金团队撰写的《智能汽车：决战2020》的出版填补了国内关于智能汽车产业理论分析和应用实践的空白，具有极强的科普性和专业性，希望此书的出版能够为我国汽车产业的未来发展提供一定的参考和借鉴。

中国工程院院士、中国汽车工程学会理事长 李骏

2018年4月

序二 \ PREFACE

　　进入二十世纪九十年代，第三次科技革命浪潮席卷全球，这一变革的进程尚未完成，但对汽车行业产生了深邃的影响。一则，促进了新技术与汽车产业的深度融合，诸如微软、苹果、谷歌、百度、阿里等全球知名高科技企业依托各自在互联网、信息技术以及客户聚集能力上的优势，争相进入汽车产业寻求新的利润增长点。二则，科技革命带来的数字化、智能化技术已经深刻地改变着制造业的生产模式和产业形态，网络技术共享、移动技术和连通技术正以前所未有的速度推动汽车制造工艺和创新能力的不断提升，这给那些重视技术、制度和管理创新的汽车企业提供了"换道超车"的机会。

　　普华永道预测：受油价下跌、消费者购买力增强等因素影响，2015—2020年全球汽车市场总体将呈增长趋势，预计2020年产能达到1亿辆，进入产销持续稳定的"新常态"。具备雄心的车企应该学会未雨绸缪，在行业机遇继续增长的同时，提前筹划"新常态"下的发展策略。

　　中国政府对推动汽车产业的发展可谓念兹在兹、颇费心力。中国、印度、东盟等亚太国家和地区潜力巨大，未来有望为全球汽车增量贡献60%份额。但据实而言，在传统汽车领域，中国汽车工业发展并非尽如人意。因此，2015年中国政府发布《中国制造2025》，明确将"节能与新能源汽车以及智能网联汽车"列为此后十大重点发展领域之一，成为汽车领域产业布局和战略投资的风口，引领和推动着中国汽车产业新时代的降临。

　　2015年是中国智能网联汽车发展的元年。智能网联汽车概念基本成型，并成为《中国制造2025》制造强国战略的重要组成部分。与传统汽车发达国家相比,我国发展智能网联汽车的空间巨大,具备了较好的产业技术基础和市场等优势,移动互联网、大数据、云计算、通信设备等领域形成了一批国际领军企业。

2016年中国汽车工程学会制定新的智能网联汽车分级标准,将汽车按智能化和网联化两个发展方向进行分级。在智能化方面,国内整车、互联网等企业以及院校机构纷纷开展汽车自主式自动驾驶技术的研发。不同企业发展策略各有不同:百度等企业直接切入高度自动驾驶;上汽、长安、吉利等企业采取从低级到高级逐级递进的发展策略。

作为智能网联汽车产业发展的终极理想,自动驾驶是汽车产业与人工智能、物联网、高性能计算等新一代信息技术深度融合的产物,是当前全球汽车与交通出行领域智能化和网联化发展的主要方向,已成为各国争抢的战略制高点。在我国,自动驾驶技术也成为新时代下汽车产业布局的重点。

工业与信息化部已在上海、浙江、北京、重庆、吉林、湖北等地开展智能网联汽车试点示范,推进自动驾驶测试工作。虽然实现真正的高级别自动驾驶仍然是很遥远的事情,尚有很多问题需要解决,但下大力气支持和发展自动驾驶,并脚踏实地一步一步前进,必定能大大加快整个产业的发展。

新时代下,国内汽车企业应实施开放战略,积极与科技公司开展深度合作,实现产业和技术资源的优势互补。当前,在中央政府"万众创新,大众创业"双创政策的导引下,一大批具有高校院所科研背景的创新企业、互联网和信息化浪潮催生的现代网络巨头、有志于产业升级的大型和国有企业、上市公司等,都在不遗余力地推动"中国制造2025"国家战略落地,带动了中国支柱性产业尤其是制造相关产业专利技术数量的大幅攀升,据统计,2017年全球新增专利申请占比中国超过90%。

以百度、阿里巴巴、腾讯为代表的国内互联网行业巨头,凭借资本和技术优势试水新能源汽车、智能网联汽车等领域。我国汽车企业应秉承开放心态,积极与互联网新兴企业合作,开发智能汽车相关技术,力争为今后产业发展和业务布局打下良好基础。同时,还应积极疏导海外新兴、热点技术进入中国汽车产业体系,从全局上进一步提升我国汽车企业的产业发展腾挪能力。

随着电子、信息、通信等技术与汽车产业加速融合,汽车产品正在加快向智能化、网联化方向发展。带有鲜明跨界融合特征的智能网联汽车正是汽车产业转型升级过程中最重要的创新载体。在发展智能网联汽车过程中，我国确立"以智能化为主、兼顾网联化"的总体思路，这将对整个产业产生深远影响。

可以说，中国汽车产业蝶变的新时期已经到来，涉及汽车电动化、智能化、网联化方面，中国与国外汽车强国站在同一起跑线上。我国汽车产业应该积极培育核心技术、做好政策协调、提高研究创新氛围、秉持工匠精神，善用汽车产业迭代升级发展的"东风"，主动掌握新技术革命的特点，通过突破与创新为"中国制造"和"中国品牌"注入新的活力。

相关从业人员应该积极了解、学习和掌握国内外汽车产业的新技术演进方向；寻求突破智能汽车发展的技术瓶颈；时刻正确把握我国智能汽车产业的发展道路。同时，本着"以科学的理论武装人，以正确的舆论引导人"的宗旨，做好理论研究和实践分析，力争培养中国自己的汽车技术专才和政策专家，掌握一定的行业话语权，培养适合中国汽车产业的优良氛围。

基于此，车云网团队和汽车安全产业投资基金团队历时近两年时间撰写的这本书，能够深入浅出地就智能汽车的基本概念、发展沿革、技术架构、企业动向、行业态势和未来趋向做了清晰和生动的阐释和剖析，明确了我国智能汽车产业的关键性节点问题的优势、劣势、症状以及解决方案，既具有专业性，又具有通读性，不失为一本值得阅读的行业专著。我相信，本书的出版和发行将对中国智能汽车产业的发展起到实实在在的推动作用。

中国汽车工业咨询委员会主任
2018年4月

PREFACE / 序三

智能汽车的风口已来，行业与公众的热情高涨。这正是人们对全新生活和出行方式渴求的真实映照。正如数千年前为了更快捷地出行，人类开始驯化马匹；后来为了让出行更舒适，人们为马加装了马鞍、马镫；再后来，为了与更多人一路同行，并能在途中躲风避雨、获得更好安全保障，人们又将马匹与木轮推车进行了巧妙的结合。一路走来，人类对美好生活的追求与向往从不止步、从未停歇。

再看今天，以三大件为核心的传统汽车装上智慧的大脑，智能汽车让人们对出行的关注不仅仅局限于效率与感受的提升。越来越多的人希望在车内这个移动的空间完成更多与出行有关或无关的事情：希望在车上获取更多的外界信息，也希望利用车载系统实现对外部环境更多的感知与交互。希望让双手告别方向盘，在更自由的驾驶出行中享受智能服务；希望车内空间成为安全舒心的"移动之家"；希望让汽车拥有一颗像人类一般的大脑，具有思考与处理问题的能力……智能汽车，是我们未来梦想的一个重要部分。

这种智能方向上的进化，不亚于对汽车的再一次创造。10年前，我身在世界汽车制造工业中心底特律的福特汽车公司，心中所憧憬的和众多汽车行业的同行者们一样：期望在技术不断发展的环境中，进一步实现更高效的车内空间移动体验。即便当时整个智能产业还处于早期，我和携手前进的伙伴们依旧可以清晰地感受到，智能化为汽车的发展变革带来蓬勃的力量。

当关注到中国汽车市场迅速增长的信息后，我判断汽车行业的未来将属于这片拥有十四亿人口的巨大市场。中国人对美好出行和生活的向往延续了超过五千年，在广阔的土地上通达往返，没有什么比渴盼一种更好更快的出行体验更为重要。我坚信，智能汽车的下一站奇迹会在中国出现。

此后，我带着这样的信念回到中国，选择加入奇瑞汽车作为这个筑梦时代的家。正像这本《智能汽车：决战2020》一样，我投身到了由中国车企参与的全球智能汽车的"大决战"之中。在汽车智能化的进程中，中国汽车产业的任务是冲破欧美国家在汽车产业中超过百年的垄断，痛快地主动出击这个智能化时代。如同在线支付的火爆发展一样，真正把握属于中国的汽车智能化话语权。

奇瑞汽车用了20年时间从长江边的草房工棚成长为如今代表中国汽车产业正向研发精神和海外出口的名片。面向智能化时代，中国的自主品牌们都在努力朝着新的方向创造奇迹。勤奋而充满激情的中国汽车人一直保持着积极的姿态投身到中国智能制造业转型突破的行动中。

车云和汽车安全产业投资基金团队共同编著的这本《智能汽车：决战2020》全面地为我们展现了现阶段智能汽车的发展状态，从中我们能看到人工智能对汽车产业的巨大变革作用，还能看到传统主机厂在智能化转型方面的前瞻性探索。当下，我们已经迎来智能汽车发展的绝佳时机。中国汽车市场从二十多年前的初创起步到至今占据全球三分之一市场份额，更为我们增添了无穷的信心。

中国汽车制造业正在向"智能化时代"跨越迈进。在"适者生存，智者为王"的时代，新的汽车工业核心技术将轻装上阵，智能汽车的话语权也一定会为我们所掌握。中国汽车制造业的智能升级是"中国制造"向"中国智造"转型的坚实基石。这不仅是每一位中国汽车人的初心，更是整个中国汽车行业共同为之奋斗的伟大目标！作为这个时代的参与者，同时也是观察者，我深深为我的同行们感到自豪。

奇瑞汽车股份有限公司总经理
2018年4月

FOREWORD / 前言

这是一个春光明媚的清晨,你走出家门,大白(注:代指智能汽车)停泊在出发的地方。当你逐渐走近,大白的车门缓慢开启。智能座椅轻轻调整着位置和靠背角度,车内弥漫着清新空气,温度正符合你的日常习惯。

大白自动启动,平稳加速,驶出社区进入车道,液晶仪表屏幕出现导航地图画面,显示习惯的上班路线出现异常拥堵;在获得你的语音指示后,大白切换至一条车流相对较小的新路线,并开始进入自动驾驶模式。你的手机响起,随之车载视频电话系统启动,同事们的头像投射在前窗玻璃上,例行的晨会开始了……会议结束后,你戴上车载VR设备观看车外的风景:公园里的荷花盛开了,蜻蜓围绕着初绽的花朵飞翔,蜻蜓的翼翅在你眼前抖动,你眨眨眼拍下画面,通过车联网系统分享给了一位远方朋友。伴你抵达工作地点后,大白又开始了另一段自动驾驶旅程。它自行前往指定的维修店进行保养,很快你就收到维修店的信息:大白更换了车载电池系统,并已停在共享车位上待命。

下班时间,大白在公司门口接上你,随后开启自动驾驶模式。你打开车载电脑,继续未完成的工作;感觉有些疲惫,车里开始播放你最喜欢的音乐。大白载着你先去学校接孩子放学,然后在超市停下,售货员把大白帮你预订的商品放进后备厢,大白在识别并验证商品后再次启程。你想起好久没跟孩子玩游戏了,在车里你们玩起了虚拟现实游戏,大白已帮您预定了一顿丰盛的晚餐。

上文描绘的是未来的人—车—生活场景，在这个场景中，汽车不再是时间和空间中点对点的移动运载工具，他成了人类生活中有着超高技术集成度的新物种——一个情感化的、全过程的、在线的智慧伙伴。

十九大报告中指出："要推动互联网、大数据、人工智能和实体经济的深度融合。"这一点在汽车产业已经呈现出愈发明显的趋势，融合多种先进科技的智能汽车已经成为全行业的新共识和新方向。这是我国汽车产业转型升级、由大变强的重要突破口；是关联众多领域协同创新、构建新型交通运输体系的重要载体；是传统汽车厂商孜孜以求的努力方向；是科技公司和互联网巨头们跃跃欲试的领域；是新造车企业"颠覆"传统汽车厂商的支点；更是决定未来汽车产业谁主沉浮的试金石。

即将到来的2020年是智能汽车各方参与者的决战时刻。一方面要为自有车辆出行的消费者提供更加个性化和智能化的高度定制车辆，另一方面要为共享出行提供节能、安全、便捷的共享产品。随着具备自动驾驶能力的智能汽车在2020年大规模量产上市，如果谁不能提供吸引消费者的新一代智能汽车产品，谁提供的智能汽车产品不能真正打动消费者，谁不能在汽车工业新的产业链条和商业模式中占有一席之地，将难逃被淘汰出局的命运。

在这"喧哗与躁动"的时刻，尤其是微信公众号等自媒体"百家争鸣"的时刻，我们这群汽车行业的"老兵"们却觉得有必要静下心来进行一场认真的思考和探寻。智能汽车迅速兴起，但也泥沙俱下，整个行业要走向健康发展，需要厘清概念、统一共识，将真正有价值的、权威的论述和经验进行系统梳理和总结。

市面上已有的智能汽车书籍或是技术型著作，只针对于小部分技术工作者；或是科普读物，内容上浅尝辄止；或是国外译著，对中国本土鲜有提及；又或是某些自媒体大咖的"言论集"，很难找到一本兼顾技术性和科普性、内容深度适中、囊括中外实践、能够从技术、产品、产业、社会、政府、创业、投资等多维度系统性阐述智能汽车发展趋势和影响的书籍。这也成为我们这群"老兵们"写作《智能汽车：决战2020》的动力和目标所在。

我们联合了国内外20余位相关行业专家及一线从业者，历经近两年时间完成了本书的编撰工作。内容涵盖技术到实践、政策到市场、创业到投资，对诞生背景和产业链全貌进行了梳理，系统性地剖析了智能汽车产品落地法则，并对智能化浪潮下中国汽车产业的转型突围之道进行了深入探讨。

全书分为上下两篇。上篇"模样"，从发展历程、技术架构来说明智能汽车是什么，并从智能驾驶、智能车联网、智能座舱、智能制造四个方面，对智能汽车的技术体系架构进行逐一剖析。下篇"锤炼"，主要从政府、科研院校、跨国车企、中国车企、零部件供应商五个角色的实践去阐述智能汽车该如何打造，并在最后一章对中国智能汽车未来发展趋势进行了展望。

车云总编辑赵晶牵头撰写了第三章部分内容、第四章、第五章部分内容、第六章、第七章、第八章、第九章、第十章、第十一章，以及第十二章的部分内容；汽车安全产业投资基金管理合伙人陈卓博士牵头撰写第一章、第二章、第三章部分内容、第五章部分内容和第十二章等章节。2017年国庆之后，由赵晶和陈卓负责对全书进行统稿，又经过半年多时间，最终完成对各章的修改补充以及全书定稿。

从2016年下半年开始酝酿构思写作大纲，到2018年4月正式出版，这本书经历了漫长历程，交稿时间一再延后，主要是因为媒体和投资都是高强度、快节奏的工作，鲜有大段时间能专注于撰书，在此向北京理工大学出版社表示深深歉意。

本书在酝酿、策划、撰写和修改过程中，先后得到了工信部和安监总局等相关机构、中国汽车工程学会、北京汽车工业协会、电信科学技术研究院、奇瑞汽车、一汽集团、北汽集团和北京奔驰等诸多单位的大力支持和帮助，在此我们一并致以衷心谢意！

此外，我们还要特别感谢本书出版机构——北京理工大学出版社给我们提供的长期支持和帮助。作为国内最负盛名的汽车专业图书出版机构，北京理工大学出版社高度关注本书的写作进度，出版社资深编辑李秀梅、孙澍、申玉琴、杜春英等老师参与本书编辑出版工作，特别感谢钟博和多海鹏老师悉心的修改，保证了本书质量。最后，也感谢家人对我们经常在节假日和周末时间加班撰写书稿的包容和理解！

2018年是中国改革开放40周年，也是中国汽车产业飞速壮大的40年，从改革开放初期每年不足20万辆，发展到现在每年接近3 000万辆，成为世界第一汽车生产和销售大国,中国汽车产业走过了不寻常的40年。但是汽车产业的新一轮淘汰赛已经打响,智能汽车将是这场淘汰赛的主题,"雄关漫道真如铁,而今迈步从头越"。我们很荣幸能在有生之年亲身参与和见证这场波澜壮阔的比赛,也衷心祝愿中国汽车产业能在这场比赛中实现真正的崛起。

  本书在编写过程中参考了大量文献资料。除脚注和文末参考文献标引外,受篇幅所限,个别文献资料来源未能提及,在此向所有参考的文献作者表示由衷的感谢。汽车科技发展日新月异,囿于作者水平有限,书中如有不足之处,恳请广大读者批评指正。

编者
2018年4月

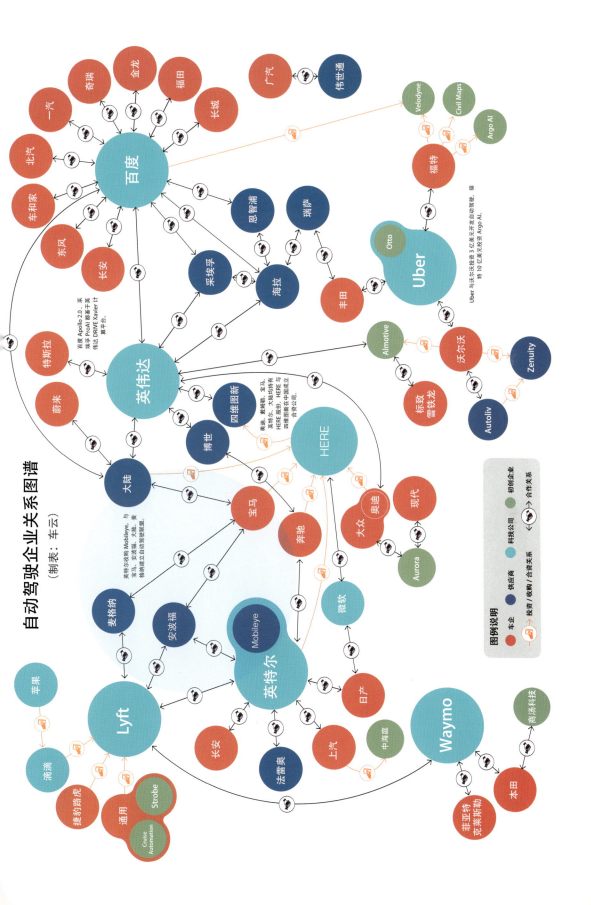

2012～2030年汽车企业自动驾驶分阶段导入时间表（制表：车云）

企业	2012	2013	2014	2015	2016	2017	2018	2019	2020	2021	2022	2023	2024	2025	2026	2027	2028	2029	2030
通用	L1					L2		L4											
福特	L1					L2				L4									
奔驰	L1		L2						L3	L3/L4/L5									
宝马	L1			L2		L3			L4	L5									
大众集团	L1								L4	L3/L4/L5									
非亚特克莱斯勒									L4										
捷豹路虎	L1			L2						L4									
沃尔沃	L1					L2			L3					L4					L5
标致雪铁龙	L1						L2		L3		L4								
雷诺	L1				L2				L3		L4								
日产	L1								L3					L4					
丰田	L1		L2						L3					L4					
本田	L1						L2		L3										
斯巴鲁	L1																		
马自达	L1								L3										
现代	L1							L2	L3					L4					L5
起亚	L1							L3	L4					L5					L5
上海汽车	L0				L1		L2	L3	L3/L4					L4	L5				
中国一汽	L0					L1			L3					L4					
北京汽车	L0			L1			L2		L3			L4		L4					L5
长安汽车	L0		L1				L2		L3				L4	L5					
广州汽车	L0		L1						L3				L4						
长城汽车	L0		L1				L2		L3					L4					
吉利汽车	L0		L1				L2		L3					L4					
东风汽车	L0				L1		L2		L3					L4					
奇瑞汽车	L0					L1			L3					L4/L5					
江淮汽车	L0																		
特斯拉	L0		L1		L2														

说明:
1. 本表采用国际汽车工程师协会（Level 0～Level 5）（编写为L0-L5）自动驾驶技术分级标准，根据企业当年在技术实现、产品量产或达到的最高等级进行标记；
2. 单个或多个装备ADAS类标记为L0，单个装备ACC、AEB标记为L1，同时装备ACC、LKA标记为L2（含单车最和双车道）；L3、L4、L5图各企业表述不同，本表以官口径为准；
3. 未标记等级的全部份报告方未宣布当年产品计划，但不排除有技术升级；

自动驾驶产业链

感知系统

视觉
- **摄像头**: 大立光、舜宇光学
- **芯片**: Mobileye、TI、索尼、康威视、地平线
- **系统集成**: 博世、大陆、采埃孚、德尔福、Mobileye、Minieye、Maxieye、中科慧眼

毫米波雷达
- **处理器&芯片**: TI、恩智浦、英飞凌、意法半导体、加特兰
- **系统集成**: 博世、大陆、麦格纳、法雷奥、安波福、海拉、安智汽车

激光雷达
- **芯片**: LedderTech、光珀科技
- **算法**: Dibotics
- **系统集成**: 法雷奥、Ibeo、大陆、先锋、Velodyne、Quanergy、禾赛光电、速腾聚创

地图&定位
- **地图**: HERE、Tomtom、四维、高德、百度、中海庭、Civil Maps、Mapbox
- **系统集成**: 千寻、天宝(Trimble)

决策规划
- **计算平台**: 英伟达、伟世通、恩智浦、英特尔/安波福
- **芯片**: 英伟达、英特尔、瑞萨、TI

底层软件技术
- **操作系统**: QNX
- **系统架构**: TTTech

执行控制
- **电子转向**: 博世、大陆、耐世特、采埃孚、株洲易力达、浙江世宝
- **电子制动**: 博世、大陆、采埃孚、亚太、万向

整体方案
- **传统供应商**: 博世、大陆、采埃孚、麦格纳
- **初创企业**: Almotive、Aurora、智行者、驭势、小马智行、禾多科技、景驰科技、Maxieye
- **科技企业**: Waymo

仿真测试
天欧工程、美国国家仪器、dSPACE、易特驰、恒润科技

测试场
- **封闭测试场**: MCity、GoMentum Station、国家智能网联汽车(上海)试点示范区、重庆i-VISTA自动驾驶测试区
- **公开区域测试**: 北京、上海、重庆

商业试运营
Waymo、Uber、Lyft、Cruise Automation、Navya、nuTonomy

(制表：车云)

2013—2030年汽车企业自动驾驶发展大事记

制表：车云

2013

戴姆勒
- 2013 年上市的新一代奔驰 S 级（W222）首次搭载 Intelligent Drive 车载平台（Level 2）。

广州汽车
- 2013 年 11 月，发布第一代自动驾驶概念车 WITSTAR，基于 B 级轿车平台。

2014

本田
- 本田量产 Honda SENSING 智能驾驶辅助系统，2015 款 CR-V 和 2014 款在国内市场上市的 Legend 率先搭载，可实现车道保持。

北京汽车
- 2014 年 12 月，北汽新能源发布了北京北汽 EV 自动驾驶汽车。该车可以按照预先设计的路径自动行驶、行驶过程中可以选择开辟新路径、躲避行人并遵守通交通规则。

奇瑞汽车
- 2014年奇瑞开始搭建自动驾驶平台。

特斯拉
- 2014 年 10 月首次推出 Autopilot 1.0 版本件，包括 1 个前置摄像头、1 个前置雷达、12 个超声波传感器、1 个后置雷达失去摄像头。Model S 率先搭载。

2015

宝马
- 2015 年，第 6 代宝马 7 系开始配置增强型驾驶辅助 Driving Assistant Plus（Level 2），含有带自动启停（Stop&Go）功能的自适应巡航行驶支持系统。

马自达
- 2015 年 Mazda CX-5 自动驾驶智能安全辅助系统引入马自达智能驾驭开发汽车（i-ACTIVSENSELevel 1）。

长城汽车
- 2015 年 9 月第 5 届长城科技节，长城展示了采用自动驾驶技术，基于新一代 H7 的试验车。这车由原高制动功能、自动跟随功能、自动换道功能，实现点对点自动驾驶，起车速超过 120 km/h 上市。

奇瑞汽车
- 2015 年 9 月首款搭载 ADAS 系统（包括 ACC、AEB）的奇瑞 H9 上市。

沃尔沃
- 2015 年 12 月上市的沃尔沃 S90 搭载了 Pilot Assist 自动驾驶技术。

吉利汽车
- 2015 年 12 月，吉利控股集团事长李书福在吉利汽车战略发布会上称吉利开发的自动驾驶汽车正在开发阶段。

特斯拉
- 2015 年 10 月空中升级 7.0 固件中包含了 Autosteer（Beta 版）和 automatic lane changing，可以自动控制方向盘及转向、变道。
- 2015 年 12 月上市中升级 6.1 固件中包含了 Traffic-aware cruise control 功能，可以让车辆实现自动巡航控制。

2016

通用
- 2016 年 5 月推出第一代自动驾驶测试车（Level 4，雪佛兰 Bolt 平台）。

戴姆勒
- 2016 年上市的新一代奔驰 E 级（W213）首次搭载 Intelligent Drive next Level 装备包（Level 2），支持换道。

大众集团
- 2016 年上市的 2017 款奥迪 Q7 和 A4 搭载"交通拥堵辅助"功能（Traffic Jam Assist）（Level 2）自适应巡航软件在道保持功能组成。

沃尔沃
- 2016 年 8 月沃尔沃 2017 款 XC90 搭载 Pilot Assist II 自动驾驶技术（Level 2）。

日产
- 2016 年推出高速公路单车道自动驾驶 ProPILOT1.0，全新 Serena 搭载（Level 2）。

丰田汽车
- 2016 年 4 月，丰田新能源合作开发雷克萨斯安全系统+（Lexus Safety System +），可实现车道保持功能。

北京汽车
- 2016 年 4 月，北汽新能源在北京车展上发布了基于 EU260 的试验车，并且举行个自动驾驶车体验 试乘活动。
- 2016 年 7 月，北汽新能源与辽宁省盘锦市大洼县达成项目合作，预示着电动汽车智慧交通示范区进行了国内首次开放城市道路运营。

起亚汽车
- 推出自动驾驶品牌 Drive Wise（Level 1）。

长安汽车
- 2016 年 3 月上市的 CS75 率先搭载自适应巡航（Level 1）。

奇瑞汽车
- 2016 年初，奇瑞与百度联合开发基于 EQ 电动车在体开发一代自动驾驶技术基础上，增加了一代自动驾驶技术的位置感知功能和地图信息处理技术。

特斯拉
- 2016 年 10 月推出 2.0 版软件，包含 3 个前置摄像头、1 个前置雷达、2 个侧边雷达、12 个超声波传感器、2 个后侧视摄像头、1 个后置摄像头。

比亚迪汽车
- 2016 年 1 月，与 IT 企业深度合作自行研发驾驶技术的研发，计划未来在奔驰中引入该技术。

2017

通用
- 2017 年 6 月推出第二代自动驾驶测试车（Level 4，雪佛兰 Bolt 平台）。
- 2017 年 9 月推出第三代自动驾驶测试车（Level 4，雪佛兰 Bolt 平台）。
- Super Cruise 驾驶辅助系统（Level 2）于美国市场上市2017 年款凯迪拉克 CT6 车型上。

戴姆勒
- 2017 年上市的 2018 款奔驰 S 级搭载 Intelligent Drive 装备包（Level 2），支持上下匝道。

大众集团
- 2017 年全球首发第三代奥迪 A8，搭载高速公路拥堵领航（Level 3 自动驾驶系统）（Traffic Jam Pilot）。

福特汽车
- 2017 年 8 月，福特和达美乐披萨合作，用于自动驾驶配送测试，车款 WRX S4 及新款 LEVORG 车型，还增了 2 个自动驾驶研发的新款 Fusion 平台送外卖。

标致雪铁龙
- 2017 年 2 月 CONNECTED PILOT 在 DS7 Crossback 首次搭载（单车道 Level 2）。

广州汽车
- 2017 年 4 月发布 WITSTAR2，人驾搭载 GAS PHEV，产高实现 Level 5 自动驾驶。
- 2017 年 11 月在广州汽车第三代自动驾驶原型车，可实现 Level 5 自动驾驶。

长城汽车
- 2017 年 7 月，长城发布了 i-Pilot 智慧领航系统，2020 年 i-Pilot 系统将作为高配车型技术。

吉利汽车
- 2017 年 5 月，吉利首次对外公布了面向自动驾驶技术升级路的 G-Pilot 1.0 到 G-Pilot 4.0 技术规划，显示 G-Pilot 在 2020 年后完成度高自动驾驶。

丰田汽车
- 丰田雷 2015 年推出 Toyota Safety Sense 包含预警车辆信号（EPS）、自适应巡航（Level 1）。

斯巴鲁
- 2017 年 6 月在 EyeSight Touring Assist。基础上增加路况下接管制车和方向盘。新款 WRX S4 及新款 LEVORG 车型还增了 2 个自动驾驶研发的新款 EyeSight 系统成为首款搭载新 EyeSight 系统的车型（Level 2）。

江淮汽车
- 江淮瑞风 S7 搭载 AEB，ACC。

特斯拉
- 2017 年 1 月开始空中升级 8.1 固件只适用于 2016 年 10 月起使用 Enhanced Autopilot（增强自动驾驶）或全自动驾驶付费功能车辆。"Tesla Vision"与第二硬件搭配后，速将了 Mobileye 在 Autopilot 1.0 中提供的所有功能。
- 2017 年 6 月，空中升级到 8.1 固件中包开 Enhanced Autopilot 固件。

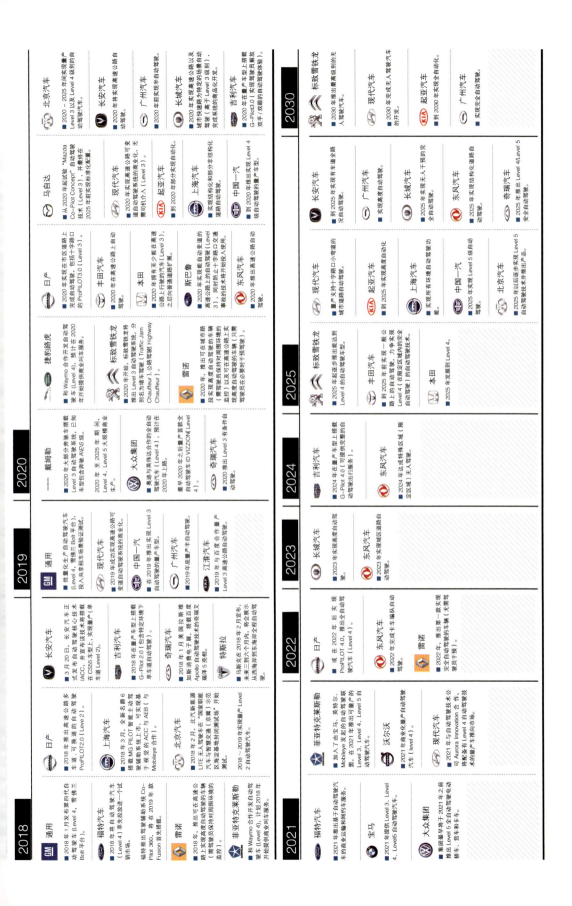

图 3-9 焊装工艺机器人仿真

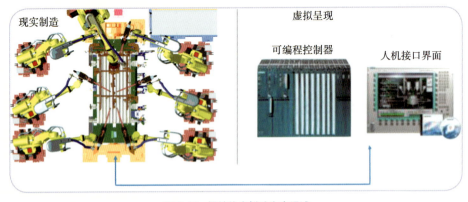

图 3-10 焊接线虚拟试生产调试

图 4-21　DLP 驾驶安全认证

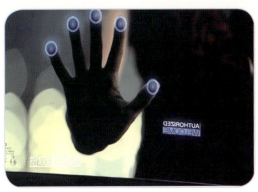
图 4-22　指纹识别认证

图 4-23　无线充电和智能安全同步

图 4-24　下一代感测解决方案

图 4-25　360°全景泊车系统

图 4-26　DLP 雨滴反射消除

图 4-27 虚拟游戏与学习

图 4-28 高级电池管理与保护

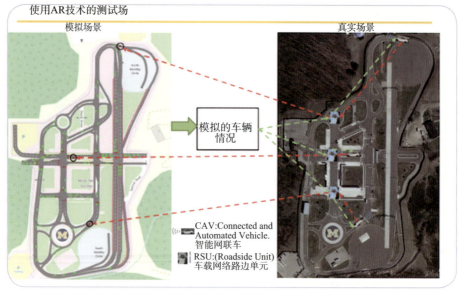

图 5-26 MCity 采用 AR 测试方式

（来源：密歇根大学）

图 10-10 奥迪 zFAS 芯片架构

（来源：greecarcongress.com）

图 10-19 通用汽车第三代自动驾驶汽车零部件概览图

CONTENTS / 目录

上篇 模样——什么是智能汽车

第一章 智能汽车溯源 / 3

一、变革降临 / 4

二、智能汽车的发展背景 / 5

三、智能汽车的发展历程 / 17

第二章 智能汽车技术架构 / 29

一、技术架构 / 30

二、自动驾驶分级及发展路径 / 53

三、全球主要汽车企业自动驾驶发展计划 / 60

第三章 智能制造 / 64

一、汽车智能制造的使能技术 / 65

二、汽车智能制造关键技术 / 75

三、汽车智能制造的中国实践 / 86

第四章　智能座舱　/ 96

一、输出的进化　/ 97

二、输入的进化　/ 108

三、设计的挑战　/ 126

四、未来的趋势　/ 137

第五章　智能驾驶　/ 146

一、激光雷达　/ 148

二、地图与定位　/ 161

三、计算平台　/ 167

四、执行控制　/ 178

五、仿真测试　/ 185

第六章　智能车联网　/ 199

一、云平台　/ 200

二、空中下载技术　/ 203

三、V2X与LTE-V　/ 211

四、信息安全　/ 221

下篇　锤炼——智能汽车如何打造

第七章　助推者——政府机构　/ 233

一、政策、法规与标准　/ 234

二、测试示范　/ 250

第八章　前瞻者——科研院校 / 272

　　一、清华大学 / 273

　　二、同济大学 / 276

　　三、国防科学技术大学 / 279

　　四、北京联合大学 / 282

第九章　超车者——中国车企 / 284

　　一、奇瑞 / 291

　　二、上汽 / 296

　　三、北汽 / 299

　　四、长安 / 302

　　五、长城 / 306

　　六、广汽 / 308

　　七、东风 / 309

　　八、新造车公司的下半场 / 310

第十章　捍卫者——跨国车企 / 320

　　一、德系三强拼智商 / 322

　　二、底特律的反击 / 341

　　三、日系转弯 / 349

　　四、沃尔沃先行一步 / 359

　　五、现代-起亚秀肌肉 / 361

　　六、另类特斯拉 / 364

第十一章　潜行者——供应商 / 371

　　一、大陆 / 372

　　二、博世 / 375

三、安波福 / 378

四、谷歌 / 381

五、苹果 / 385

六、百度 / 390

第十二章 决战2020 / 394

一、智能化引发汽车全价值链变革 / 395

二、领导权之争 / 401

三、伦理道德 / 405

四、专利壁垒 / 410

五、中国忧思 / 412

参考文献 / 419

上篇
模样——什么是智能汽车

智能汽车：决战2020

第一章
智能汽车溯源

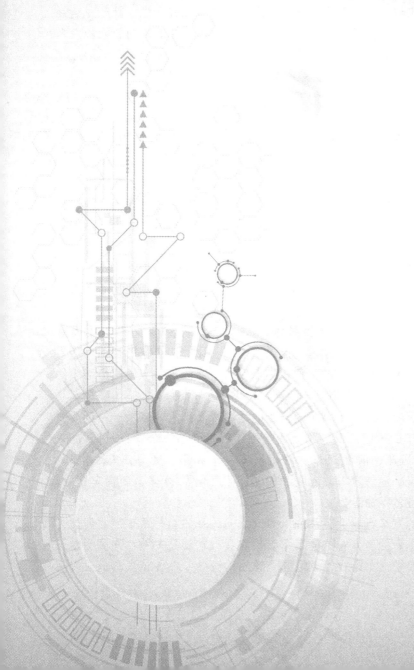

一、变革降临

汽车作为人类历史上最伟大的发明之一,不仅使人类的出行摆脱了对双脚和马匹的依赖,也使人类的生产、生活乃至社会面貌都发生了巨大变化,因此被称为"改变世界的机器"。

从生产层面来看,汽车工业由于其产品的复杂性和综合性,其产业链涵盖了绝大多数现代工业门类,目前汽车工业正在由传统燃油车向新能源汽车转型,直接或间接带动了许多新兴技术和产业的发展,有些行业甚至形成了对汽车业的高度依赖,因此汽车业被称为"工业中的工业"。

从生活层面来看,汽车是现代工业设计和美学的集大成者,同时也是人类挑战极限和追求速度的竞技工具,因之而形成的汽车改装、赛车运动、主题公园、自驾游、房车宿营、露天影院、汽车影视、汽车服饰和汽车游戏等,都在人类生活中留下了烙印。

从社会层面来看,汽车代表了身份和尊严,被称为住宅以外的"第二生活空间",人们希望通过拥有汽车而实现自由舒适且随心所欲的出行,摆脱拥挤的公共交通,是否拥有汽车便成为评价中产阶层的"标志"之一,而明星和富商们更是对豪车一掷千金。

自19世纪诞生以来,汽车便受到了社会各阶层的青睐。虽然其产品外观看起来总体变化不大,但其内部技术构成却"日新月异",不断经历着大大小小的技术革新,各种技术源源不断又潜移默化地与原有技术进行融合嬗变。

进入21世纪以来,汽车产品技术渐进的节奏突然变得"喧嚣而紊乱"——"把智能技术和网络技术应用到汽车上,让'四个轮子加两个沙发的汽车'成为移动智能终端"的呼声逐渐汇聚成一股潮流,一场声势浩大的"智能网联"变革浪潮开始降临汽车行业。

这一变革不仅成为大众传媒津津乐道的话题,而且汇聚成了一股创业变革浪潮,不到三年的时间,仅中国就涌现出了许多新造车公司:乐视汽车、蔚来汽车、小鹏汽车、前途汽车、奇点汽车、车和家、威马汽车、Future Mobility Corporation、游侠汽车、云度汽车、长江汽车等50多家新造车企业,誓要做"汽车产业的革命者"。

为什么传统的汽车行业会突然涌入如此之多的革命者?汽车行业究竟为何会在此时发出革命的声音?这些革命者最终会成功还是失败?许多问题开始萦绕和困扰着传统汽车企业,类似的"思想讨论会"在传统汽车企业内部不绝于耳。

与革命者们所秉持的"乐观愿景"不同，我们深知汽车产业有其固有的独特性，在发展历程中构筑了一道坚固堡垒——有着非常稳定的层级结构和标准体系，涵盖研发、采购、制造、检测等多个环节，汽车内在的安全属性决定了主流车企谨慎而又保守的心态。

这些特点和现状都使汽车产业对于新技术和新产品应用的接受是慢热型的，甚至可能出现"水土不服"的情况，绝非一次革命就能完全颠覆；同时，由于汽车技术覆盖层面包罗万象，生产工艺环节细微而又复杂，如果没有对汽车技术和生产流程的全面系统理解和掌握，外来者是很难快速融入其中的。

因此，与大多数人的预期形成反差，汽车产业或许不会像苹果公司颠覆传统手机行业那样"一日千里"，它的变革节奏是逐步渗透，而不是彻底颠覆。但是，我们也必须承认汽车行业的确正在发生着一场涉及技术和商业模式深层次的新变革，这次变革将会极大地改变传统汽车的产业格局，因此不论是新进入的"革命者"，还是传统行业的"守墓人"，在汽车新技术和新思维浪潮降临之际，都有必要进行一次认真且严肃的思考和梳理：这次变革源自哪里？智能汽车在全球经历了怎样的孕育和发展阶段？消费者对于智能汽车的期待是什么？对智能汽车是否有"放之四海而皆准"的共识和理解？智能汽车应该采用哪些汽车行业以外的新技术？智能汽车是否会像智能手机改变传统手机一样来改变传统汽车？

"这是一个最好的时代，也是一个最坏的时代"。各种观点和声音喧嚣尘上、滚滚而来，诸多业内人士的观点大相径庭甚至针锋相对。如果不能够对上述问题进行研究和思考，也许我们就会被当下眼花缭乱的新闻报道和百家争鸣的专家观点所迷惑或误导；除了去伪存真和戒除浮躁外，这样的思考也有助于我们去剖析脚下正在震动不已的赛道，不至于在眼前纷繁复杂的快速交替、瞬息嬗变中迷失方向，误入歧途。

二、智能汽车的发展背景

1. 技术背景

智能汽车按照技术路线的不同可分为自主式和网联式两种。其中自主式智能汽车主要依靠安装于汽车上的传感器进行环境感知，依赖车载控制器进行控制决策，具有驾驶操作上的自主性。在自主式智能汽车架构中，从环境感知到中央决策，再到控制执行，都依托于汽车本身自主来实施，而不太多依赖于外部帮助,形象地说就是"机器在开车",如图1-1所示。

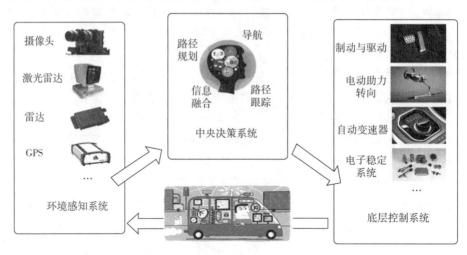

图1-1 自主式智能汽车架构

2006年参加美国DARPA挑战赛的斯坦福大学设计的Junior就是这种自主式智能汽车的代表,通过在外部加装大量传感器实现对车辆周边环境的感知,从而实现智能行驶,如图1-2所示。

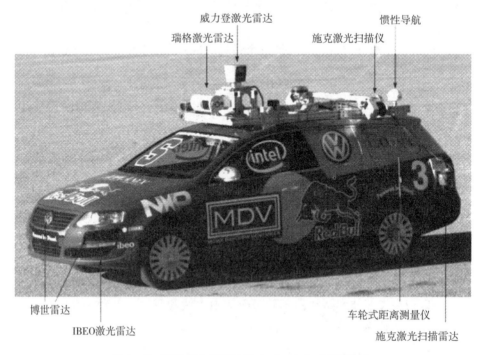

图1-2 斯坦福大学设计的Junior自主式智能汽车

网联式智能汽车除了依靠汽车自带的传感器外，还通过车车通信、车路通信等方式获取环境信息，并且还可通过云计算产生控制决策指令下发到汽车终端，从而对车辆产生控制作用，以实现各交通要素间的信息共享与控制协同，形象地说就是"远程控制"。

网联式智能汽车是一个集环境感知、规划决策和多等级驾驶辅助等功能于一体的高新技术综合体，它以计算机为平台，综合应用了测量传感、信息融合、模式识别、网络通信及自动控制等技术，但对外界的依赖度较高，易受网络连接和通信技术发展水平的制约，使车辆与后台云计算中心的实时交互和响应会存在"滞后"现象。网联式智能汽车架构如图1-3所示。

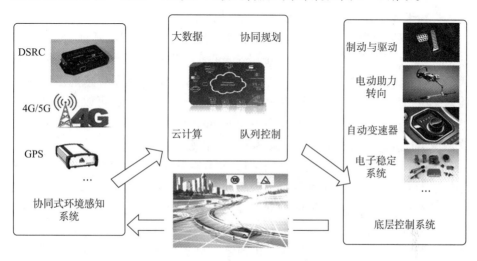

图1-3 网联式智能汽车架构

本书所探讨的智能汽车主要围绕自主式智能汽车展开。这是因为我们发现国内目前多数的智能汽车领域创业项目都属于自主式智能汽车，而中国移动、北京邮电大学以及武汉大学的创业团队所研发的网联式智能汽车的技术架构更加复杂，远超传统汽车的技术范畴，涉及众多汽车学科以外技术的影响和渗透，其中有些新技术和新理论距离汽车学科体系范畴较远，对于传统汽车技术人士来说，这不啻是一次知识结构的重构。在界定完本书探讨的对象范畴后，我们有必要对人类发明和利用工具的历史进行简要回顾和剖析。

人类发明工具的出发点在于提高效率和降低工作难度。从手工工具发展到机械工具，通过自动化程度的不断提升，降低人类的劳动强度，提高机器自主完成指定任务的能力，是人类改进机器设备的动力来源和发展方向。

人类发展机器设备的终极目的，是使人类自体劳动和自体判断范围尽可能减小，使机器自主完成任务的范围尽可能增大，让人类能够尽可能多地摆脱部分思考和劳动，在更加轻松和高效的劳动环境下享受更优越的生活，同时利用解放出来的劳动力去进行新的价值创造，因此可以形象地说，是"懒人思维"在驱动着人类对于工具不断改进的需求。

但是从技术实现上来说，人类的自我判断又具有极大的不可替代性，这源于人类的思维灵活性、复杂性和逻辑性，是传统机器控制系统给定的编制算法所无法比拟的。人类能够对超出事先预料的突发状态进行快速的逻辑构建、态势分析和因果判断，同时人类的大脑思维能力具有典型的多线程、大存储量、快速学习记忆的特点。因此，直至电子计算机技术被大规模应用之前，人类制造和使用的机器设备均只能依赖机械结构实现对特定的、简单的场景和任务的应对。由于依靠的是机械实现功能的自动化原理，其工作逻辑是人类在设计时就已经预先设定，并通过机械动作的切合实现的。

工业机器人的诞生是一个里程碑事件，其经历了从示教/再现（teaching/playback）阶段到传感控制（sensory controlled）阶段的历程。但是，目前绝大多数机器人的灵活性只能达到"反复编程"的程度，其所要求的工作环境相对来说是特定的。我们在许多汽车企业的生产装配线上都可以见到这类工业机器人，但我们习惯称其为操作手（manipulator），而不是机器人，或许在潜意识里，我们觉得机器人应该具有更高的智慧。

"操作手"这一称谓折射出机器相比人类自身存在两个缺陷。其一，机器相较于人类，缺乏复杂环境下的"分析判断"能力。在机械自动化时代，机器的工作开始于人类对机器的启动，停止于人类对机器的关闭，且工作中无论情况如何变化都只能依照其预先设置和机械结构进行工作，不能变通以应对不同局面。其二，与人类相比，机器还不具备数据和经验的存储与调用能力，机械自动化时代没有条件使机器存储工作数据，更加不具备调用的能力。

认识到这些不完美，科学家对机器进行改进研发时，总是希望机器能够尽可能具备人脑的部分能力，即"令机器具备思考的能力"，这一想法最终导致人工智能技术和理论的萌芽。20世纪40年代，美国学者诺伯特·维纳在《控制论——关于在动物和机器中控制和通信的科学》一书中提出："控制论可以看作一门研究机器、生命社会中控制和通信的一般规律的科学，是研究动态系统在变化的环境条件下如何保持平衡状态或稳定状态的科学"。但受限于当时社会的发展条件，对于机器设备而言，机械自动化仍然是主流，昂贵的价格和低下的性能让电子自动化在当时难以产业化，因此维纳的控制论没有办法得到充分发挥和验证。

随着技术的发展，大规模和超大规模集成电路等的出现与广泛应用为验证维纳的控制论架设了理论与实践之间的桥梁。首先，大规模集成电路的超强运算能力使支持控制论等相关人工智能理论的决策机制、思维方式与运算方法具备现实可行性，从而使"控制论"中的"分析比较"一环得到很大程度的提升和解决；其次，大规模集成电路也令各种传感器的性能得到显著提升，例如小型化、高精度的光电探测系统和雷达传感器等纷纷问世，使人工智能获取外界信息与态势方面的能力显著提高，增强了判断的准确性；然后，随着大规模集成电路的发展，新式的存储介质也逐步替代了旧式的光电物理性质的存储介质，存储能力的提高使机器自学习以及信息的大量调用与使用成为可能；最终，机器人开始从传感控制阶段向智能化阶段跃进，移动机器人特别是自主式移动机器人成为机器人研究领域的潮流和热点。

另一方面，为了进一步扩大信息的可获取范围以及信息的传递交互，网络通信技术也在20世纪70年代开始持续实现突破性发展。网络通信技术的发展造成了两个方面的改变：一方面，信息与数据从相对孤立的存在变为能够被大范围收集、存储、共享；另一方面，所有的电子终端以及搭载电子终端的机器均能通过互联网交互链接，通过神经系统般的数据信息的交互以及智能化技术的分析处理，形成一个互相联系、协同工作的整体。

互联网提供的信息交互与共享通道使得每个终端自身的信息与数据存储空间被无限地扩大了，可调用资源和数据进一步多元化，能够极大地丰富其自身进行判断的基础条件。而从整个网络的宏观角度看，由于每个终端在网络中都能够进行自身情况与信息的交流，为宏观网络的使用者提供了进行整体控制与协调的基础。

基于这样的科技发展背景，智能技术与网络通信技术在交通领域得到迅速应用。对于飞机而言，导航是非常关键的，随着探测技术的进步，新的导航与探测设备使得导航的难度有所下降，但随着飞机航程的延长和速度的加快，导航设备获取的空中情况信息和地面情况信息越来越多，以往单纯依赖人力处理这些数据和信息就显得很费力了；同时，飞机自身对于安全性具有非常高的要求，单纯以飞行员自身精力来监测机内众多设备，还要兼顾飞机的操作和导航，已经对飞行安全造成一定隐患，同样的情况在远洋大型船舶上也存在。诸多因素使得对航行或飞行自动化的要求变得非常迫切，加速了智能技术与网络通信技术在上述交通工具中的应用。

智能技术与网络技术在与飞机和船舶结合的过程中，孕育出许多新的技术成果。例如综合导航与自动驾驶系统，通过卫星、无线电、雷达以及电子罗盘等众多传感器获取不同角度的相对位置、高度和速度等信息，并通过与机载/船载电子航线图进行比较，得出正确的航行状态，再通过机载/船载计算机按照操作规范操作飞机或船舶，调整其航行状态以维持正确的航向、高度和速度。整个反馈过程不需要人类的介入，只需要在机载/船载设备中输入相关的航线信息即可。这些技术成为后来船舶和飞机等自动防碰撞功能的支持基础。

汽车上也有智能化应用,例如在汽车上普遍应用的电子底盘稳定系统、气囊系统与安全带系统、自动感应大灯与雨刷以及防抱死刹车系统等,但是与飞机和船舶等行业比较,汽车工业似乎并非在系统层面自发使用先进技术,这成为汽车行业外人士批评汽车产业"保守"的依据。

其实汽车产业的"保守"并非偶然,而是与汽车产业的传统基因有着密不可分的内在联系。例如,在车载信息与通信方面,直到21世纪初,车载的对外通信工具似乎也只是在豪华车上才配备的车载卫星电话。这种车载电话实际上并不方便且功能单一,但在当时却是只有豪华车才有的配置。图1-4所示为奔驰公司在车上装载的卫星电话。

图1-4 奔驰公司在20世纪90年代的600SEL车型上装载的卫星电话

与此同时,在移动通信领域,以诺基亚和摩托罗拉为代表的移动手机正在快速普及,因此豪华车上配备的车载卫星电话成了"鸡肋",并在移动手机快速普及浪潮下很快消失得无影无踪。时至今日,许多汽车基本上还是一个"信息孤岛",车辆与外界不能实时进行信息上传、共享和下载,目前也还无法在车与车、车与外部环境之间进行信息的实时沟通和交互。近年来被热炒的"车联网",除了让涌入的创业者和投资者们深陷"泥潭"之外,并没有让他们看到盈利的"曙光"。

再如,在汽车驾培方面,很多人都考过驾照。其实与几十年前的驾驶员相比,今天的驾驶员所需要掌握的驾驶技术要领和规则并没有太多变化,考试内容也大同小异,似乎选用的训练车型也是"古董型",科目二和科目三考试甚至成为某些人的"痛苦记忆"。

这一点如果与船舶和飞机的驾驶员相比,体验感的差异更加明显。当代的船舶驾驶员已经能够在驾驶活动中从海事卫星网络或导航雷达系统中及时了解航路上的交通情况、天气信息，导航系统会根据这些信息计算出经济且安全的航线并辅助驾驶员，甚至自动引导船舶航行；船舶的中央控制计算机中保存有主要海区的海图、航线图以及主要港口的港务信息；同时，自动避碰系统与自动操作系统交联，将在发生潜在危险的时候报警，甚至自行操纵船舶避险，这与之前需要依靠水手爬上高高的桅杆来瞭望观测航路，依靠口令指挥航行的时代相差甚远。

就内部因素而言，让汽车具备如同船舶和飞机那样的智能化行驶能力是发展目标，但从商业角度考虑，无人驾驶所需的软件和硬件的高昂成本是阻碍其普及应用的一大问题；就外部因素而言，相对于船舶和飞机的自身价值、使用难度和安全系数要求等因素，汽车作为大众消费品，对于这样全方位的智能化、自动化和网络化功能需求也并没有这样迫切。

毋庸置疑，智能网联化必将为汽车带来技术和功能上的"脱胎换骨"。但需要认识到，汽车用户的需求迫切性和对安全性的要求是与船舶和飞机不同的。作为一个具备工业文明和商业文明双重因素结合紧密的现代制造行业的代表性产品，汽车制造商的商业利益诉求也是不容忽视的，汽车智能网联化的过程，除了技术突破和成本降低，最重要的还是要找到用户对汽车功能的根本性需求，尤其是特定的市场需求。

2. 市场背景

智能网联汽车作为当今被广泛探讨的一个技术与产业命题，其产生与趋向离不开市场需求的推动。智能网联汽车产品最终能否被认可和接受，不是取决于制造者的宣传和促销，而是取决于消费者是否心甘情愿地埋单。汽车用户对于智能技术和网络技术在汽车上搭载应用的实际需求，促进了汽车工业对于这些技术领域的研究投入，但不是所有的新应用都是符合消费者真实需求的，有些"孤芳自赏"的智能网联汽车产品势必会被消费者所摒弃、被时代所淘汰。

相较以往传统汽车产品，智能网联汽车会提供驾驶者和产品之间更多交流和互动的可能性，如同拿到一件新的智能电子产品一样，消费者主动参与设置的愿望会很强。这种接触与互动是直接与直观的，因此如果智能网联汽车产品不能够得到消费者的认可，会更容易被消费者所抛弃。

对于希望在智能网联汽车领域有所建树的产品提供者和行业参与者而言，首先需要对消费者需求的产生背景有深入的了解，避免"闭门造车，出门合辙"，尽可能排除"想当然"的做法，在研究消费需求来龙去脉的基础上，客观且准确地分析、预判市场需求变化和走向，选定正确的介入时机、路径和细分产品，确保既能让自己的产品切实地提升性能，又能找到消费者真正的刚需，逐步引领消费者的潜在需求，使其成为消费者感到"惊喜"的产品，而不是追求"大而全"，这一点其实是对所有智能网联汽车制造者的真正"大考"。而且有一点是肯定的——不会每一款智能网联汽车产品都能得到消费者的青睐。

虽然在多数情况下，消费者和制造者对于智能汽车的理解会达成一致——无论汽车如何发展，汽车作为交通工具的属性是不会改变的，但对于汽车在未来不同发展阶段将会承载何种智能网联功能，消费者和制造者却很难达成一致。因此很有必要重新梳理智能网联汽车消费者的需求，新一代的智能网联汽车消费者的"形象"，不能完全用传统汽车产品使用者的"形象"来代替，也不能用"互联网＋"的思维来简单定义智能网联汽车的消费者。原本的消费者客户模型会面临很大的调整，例如潜在消费群体的年龄阶段、消费能力以及对于智能网联产品的偏好等，并且市场消费需求的调研方法和手段都亟待改变。

在过去的几年中，我们以整车厂和汽车产业基金的身份先后与国内外多家咨询机构展开联合研究和企业调研，发现智能网联汽车的使用者会更加强调车主与产品本身或车主与外部的互动沟通，因此对"车辆的互动性和体验感"的重视可能会超过对"车辆配置和驾驶性能以及价格"的关注，这意味着曾经最为敏感的"成本和配置"可能不再是追求互动和科技创新的智能网联汽车消费者关注的首要因素，这也意味着国内自主品牌一直无法突破的品牌升级的"天花板"（产品很难跻身30万元以上的市场）有可能被打开。因此，智能网联汽车的制造企业需要格外重视对"人机交互体验"或"驾驶舒适性"等方面的功能进行优化，消费者或许愿意为满足自身体验需求的智能网联汽车承担更高价格，价格不再是智能网联汽车消费群体考虑的首要因素。

这一方面可以借鉴和参考手机行业的例子，尤其是国产手机制造商华为从传统功能机到智能手机的转型和品牌升级轨迹。在传统功能机时代，华为是以为三大通信运营商生产入网签约手机为主，虽然出货量较大，但价格不高，利润非常薄，品牌影响力也处于手机市场中游，很难突破2000元大关。随着智能手机的崛起，华为加大了手机研发投入，并且开始重新调整自己的产品功能和市场定位，最终在智能手机时代脱颖而出，不仅出货量排名全球前列，而且其高端产品价格也已突破4000元门槛，在国产手机中率先跻身全球智能手机高端阵营，盈利能力和品牌影响力均获得大幅提升。

与手机行业发展历程类似，汽车行业也处于从传统汽车向智能网联汽车过渡阶段，为传统汽车制造商提供了转型和升级的机遇。随着新技术的发展，人们对汽车的需求和定位发生了变化，消费者希望汽车产品具有更好的人机交互体验、更多的驾驶舒适感、智能辅助驾驶功能、实时的联网在线、低廉的使用成本以及丰富的个性化增值服务体验等特性。这些新的消费需求带来了汽车行业发展的新动力，也必将导致汽车产品的更新换代，最终决定着汽车行业竞争格局。

这些新的消费需求并非"无源之水"。作为全球移动互联网发展最快的区域之一，中国的消费者对智能网联产品有着更多功能和体验方面的期待，喜欢追求良好甚至极致的智能化体验。这较以往传统汽车产品的需求有很大的差异，因此如何迎合和满足消费者对智能网联汽车的新期待就成为所有智能网联汽车制造商所必须面对的当务之急。在未来的市场竞争环境下，对智能网联汽车功能的实现程度是汽车厂商核心竞争力的重要体现。

而对于传统汽车制造商来说，这一转变无疑是具有难度的。自汽车诞生以来，在很长时间内，由于客观因素所致，汽车与智能技术及网络技术间并没有太多直接联系。在很长一段时间内，电子、智能等技术水平和效费比达不到匹配汽车产品的地步，而且在主观上也并未达到迫切需求。

回顾汽车工业发展的轨迹，对动力和速度的极致追求曾是汽车技术早期阶段的发展潮流。汽车刚刚诞生时，动力和行驶速度是非常有限的，因此当时的工程师们普遍重视对速度提升的需要。奔驰汽车诞生初期的速度只有10km/h，但到20世纪初最高速度达到85km/h；到20世纪70年代，普通轿车的速度均可达到100km/h。

随着汽车速度的提升，对操控安全性的重视便成为此后发展阶段的新趋势。速度极限的不断突破对汽车操控性能提出了巨大的挑战，汽车操控性能的提升主要是通过应用更加优良的轮胎、刹车系统以及设计精良的底盘悬挂系统来实现的，但是这些物理性的提升有其相对极限，在达到一定程度后很难再有本质的改变。

对于大多数驾驶者来说，在操纵性能没有进一步提升的情况下，速度的提升使得驾驶的安全性变得更加难以保障。在这种情况下，汽车企业开始引入包括防抱死制动系统（Antilock Brake System，ABS）、电子循迹控制系统（Traction Control System，TCS）以及主动悬挂系统等的初级电子智能化系统。使用上述系统来辅助驾驶者的操控，降低车辆的驾驶难度，提高车辆可操纵性和安全性，均是在提升驾驶性能和安全性方面做文章。

在当时的背景下，舒适性和便利性很容易被理解成汽车产品的附属功能，这从我们现在在很多汽车产品简单的内饰配置中可见一斑。倘若从汽车这一交通工具的诞生初衷来看，人类出行舒适性与便利性的需求则是汽车被发明的根本原因之一。就如同人类发明所有工具都是为了省力、提高效率和提高生活品质一样，各种交通工具的发明均是为了人们能够"行得快、行得舒适、行得方便"。因此，在实现汽车可靠且快速的运行目标之后，使汽车尽可能的舒适和方便就成了另一个重要命题。

舒适与便利是一个主观概念，具有鲜明的时代特征和地域特征，这一点从汽车本身的舒适性和便利性设计实现效果在不同时代的变迁就能够清晰地看出来。20世纪初的汽车客户感觉高耸宽敞的车厢代表舒适和便利，到了20世纪50年代，汽车驾驶室内需要有收音机，中置后视镜是选配的高端配件；到了20世纪70年代，柔软宽大的皮质座椅被认为是舒适的；到了20世纪90年代，光碟播放机又开始取代收音机。虽然人们对舒适性和便利性的要求是与其所属时代特征息息相关的，但人们始终希望能够在车上享有当代最新科技带来的愉快体验。

当人们习惯了智能网联技术所带来的便利，当智能网联改变了我们的电视、冰箱、空调，甚至炉灶，当办公室里的纸张与信函越来越少，当乘坐公共交通工具不再需要排队购票并能够沿途享受免费WiFi时，作为人类"第二生活空间"的汽车，也必然会迎来智能网联技术的改造。

反之亦然，当消费者已习惯依赖他们的智能手机，习惯于享用实时动态信息带来的便利，习惯了智能手机为他们规划每次出行的路线和时间，并为他们推荐适合的商品信息，人们将如何期待他们的代步工具呢？很难想象，当他们上车后发现他的车子无法连接网络，"车机"里面的导航地图不能获取城市和道路的最新实时信息，不能连接其他智能终端设备，不能在单调的拥堵中让他们稍事休息，甚至不能在燃料耗尽前帮助他们找到最近的加油站时，他们会不会觉得失望甚至愤怒呢？

这些场景或许就发生在我们身边："为什么我的汽车自带的导航功能不如手机导航？""为什么车载手机支架在淘宝和京东上卖得'很火'？""为什么我的车机不能实时联网？"这些"司空见惯"的问题使我们渐渐麻木，以致潜意识中已经将汽车从智能网联的范畴中剔除出去了。

随着智能网联技术浪潮的降临，汽车厂商们再也无法有意回避消费者抱怨的这些问题了，这迫使汽车厂商们不得不思考一些新问题：未来汽车上的舒适和便利应当通过什么样的方式来体现？将各类消费电子产品搬上汽车是否就可以满足消费者对智能网联汽车的期盼？这些问题不仅需要我们展开无尽的想象，更需要汽车厂商们在合乎成本效应的情况下将其变为现实。作为商品，成本问题是汽车厂商不容回避的，智能技术与网联技术在汽车上的普及应用也同样受到成本问题的困扰，整车厂的品牌规划部门、研发部门、采购部门、质量部门和财务部门围绕是否该增加这部分功能以及究竟应该增加多少功能的成本问题的"激烈斗争"势必将进一步升级。

虽然智能与网联技术在飞机、船舶以及其他很多领域都已经早早开花结果，在军事工业领域的应用甚至已经超乎寻常的想象，但是上述行业与汽车行业对于成本的要求有着很大不同。军工行业因为特殊目的而对于制造成本和费用不敏感，甚至"淡漠"，而这一点对于汽车产品而言则是不可想象的。汽车早已不是奢侈品，而日益成为大规模生产下的普通大众消费品，市场竞争带来的利润空间紧缩使各家整车厂对成本问题越发在意。这就使任何在汽车上采用的技术必然是成熟且价格相对低廉的，否则就无法满足整车厂对生产成本控制的严格预期，这也是激光雷达没有被汽车厂商们优先考虑的原因所在。特别是目前阶段，国内汽车市场同质化竞争趋势日益明显，企业间对于价格和市场竞争的关系越发重视，价格往往成为决定市场竞争成败的"撒手锏"。应该优先加装哪些智能网联功能，突出哪些功能亮点，整体价格应该控制到何种程度，都是让整车厂决策者们殚精竭虑的问题。

总而言之，在进行技术和产品规划时，智能网联汽车产品制造商将不得不考虑智能网联技术的成本因素，以此为依据确定投放产品的功能和形式，而非一股脑地将所有先进技术和功能都添加到单一具体车型上，否则可能会陷入"询价者众，解囊者少"的曲高和寡的境地。这一两难的选择不仅是汽车制造者的苦恼，其实也是汽车产业投资者的难题。

3. 军事背景

智能网联汽车不仅与技术背景和市场背景相关，还与社会时代背景有着密切关联，尤其是军事因素发挥了极其重要的作用。如果说技术发展积累使得智能网联汽车的诞生有了"万事俱备"的条件，那么军事因素则是促使其落地的"东风"。

智能网联汽车的出现，最早源自人们对军用武器装备的试验探索。在冷战后期，美国军方开始持续进行各种类型的军用智能车辆研究，力图代替人工或减少作战环境下的人员伤亡。因其研制的军用智能汽车主要用于战场等非标准化道路，所以配备了各种类型复杂的传感器来应对各种各样的实际场景环境，研发投入巨大且成本高昂。比较有代表性的是美军在20世纪80年代研发的"陆地汽车"（Autonomous Land Vehicle，ALV）项目，如图1-5所示。这是全球首款采用激光雷达导航的无人驾驶汽车。

图1-5 美国军方研发的"陆地汽车"

美国国防部高级研究计划局（DARPA）资助主导了 ALV 项目的研发，为 ALV 装配了基于激光雷达传感器的自主导航系统，并在 20 世纪 80 年代制作出第一款越野地图，使 ALV 可在复杂地形条件下保持 30km 的时速，执行特定的作战任务。

ALV 项目对此后全球无人驾驶汽车的研发进程产生了重要而深远的影响，不仅提供了技术路线上的参考，而且培育了无人驾驶领域的早期研究人才，享誉世界的谷歌公司无人驾驶团队就从中受益匪浅。图 1-6 所示为谷歌无人驾驶汽车。与美国情况相似，中国军方也是我国无人驾驶车辆领域的最早研发者，率先在"天津—北京"以及"长沙—武汉"等国内多条高速路段完成了无人驾驶车辆的测试。时至今日，军方背景的陆军军事交通学院和国防科技大学仍然是国内无人驾驶车辆研发领域的领军者。

图 1-6　谷歌无人驾驶汽车

2017 年 2 月 1 日，中国人民解放军首次公开新型地面无人驾驶平台——"龙马一号"，如图 1-7 所示。这款车是将两辆独立的四轮机动平台通过液压

图 1-7　中国军方的"龙马一号"

铰接构造连接起来,因此整体车身中间形成一个关节。在各种不同的地形环境中行走时,"龙马一号"可以如同尺蠖一样不断调整姿态。在实测中,"龙马一号"能够跨越壕沟、涉水、小半径转弯,甚至一人高的垂直墙面也可以轻松翻越。从更宏观的视角来看,诸多前沿技术都诞生于军事领域,并最终服务于民用领域,智能网联汽车也同样如此。

三、智能汽车的发展历程

1. 美国萌芽

汽车的发源地在欧洲,但智能网联汽车却萌芽于美国。根据已知的文献资料,我们发现最早提出智能网联汽车概念的是美国通用汽车公司,其在1939年4月纽约世界博览会期间,搭建的 Futurama 模拟城市展厅就提出了对20年后(注:20世纪60年代)的智能交通发展畅想。通用汽车公司提出在20世纪60年代的一座模拟城市中,有一个专职的交通管理中心,城市中运行配备了独立声音系统的车辆,所有的道路与交叉口都按照新的交通环境进行了设计,其中最为独特的是提出了自动高速公路的概念。这被认为是目前智能网联汽车和智能交通最早的雏形[1],但是通用汽车公司并没有最终实现这一设想。

20世纪70年代,受益于军事技术的发展,美国建立了电子道路导航系统,并开始在汽车领域应用。20世纪90年代,全球定位系统(GPS)的广泛应用使得汽车导航成为可能。1996年美国通用汽车公司率先发布了全球首款民用车载信息服务系统——安吉星(OnStar),其主要的工作原理是利用在车辆上安装的通信模块将从车辆传感器、电子设备和 GPS 获取的信息通过移动通信网络传送给后台呼叫中心,呼叫中心系统对信息进行处理和分析后,再将输出结果反馈给车主。

安吉星系统侧重于驾驶者的安全服务,其服务内容包括车辆发生碰撞后的主动求助、车门远程应急开启、车辆状况的远程检测、紧急救援协助、车载免提电话和后台人工语音导航等。配置了安吉星系统的车辆与后台服务中心保持实时联网,服务中心可以掌握每辆车的动态并根据需要及时提供各项服务。

---

[1] 引自《梦回1939:谁能想到通用勾画的 Futurarna 竟逐渐成真》,https://www.sohu.com/a/138424740_120958.

安吉星系统的投入使用标志着车联网服务产业的诞生。美国通用汽车安吉星系统的上线，促使其竞争对手纷纷研发各自所属的车联网系统。

在美国，福特汽车联合微软公司发布了 SYNC 系统，如图 1-8 所示，这是一款支持触控功能的多媒体娱乐系统，侧重于将手机、播放器中的设备通过蓝牙、USB 等方式集成到车载终端，扩展车载终端的娱乐功能。在后续的发展中，福特汽车又陆续添加了汽车健康状态检测、自动紧急救援、交通监测和导航等功能。该系统部署方便，不需要专用的车载终端（车机），任何具有蓝牙功能的设备都可以方便地接入汽车，从而使 SYNC 系统支持的设备数量具有极大的扩展性。

图 1-8　福特汽车的 SYNC 系统

SYNC 系统的 APPLink 程序可以实现车载系统与手机 App 的连接，方便驾驶员在驾驶过程中对 App 进行操作，并且在使用这些程序的同时更加安全和便捷。APPLink 最成功之处在于其开放性，可以吸引更多的开发者开发相关的程序。所有的车联网通信都可以通过驾驶员的手机来完成，用户只需要支付自己手机的通信费即可。在 4G 高速发展的时代，流量成本已经变得相对低廉，这对 SYNC 系统的普遍使用具有重要意义，也开创了车联网领域的新发展方向，对于后来的汽车厂商影响很大。

除了汽车企业的尝试，美国政府也在智能交通体系建设的过程中积极推动车辆的网联化。1990 年，美国国家智能车辆公路系统协会（Intelligent Vehicle Highway System，IVHS）成立，并推动国会于 1991 年通过了《综合地面交通效率法案》（Intermodal Surface Transportation Efficiency Act，ISTEA）。1994年，IVHS 改名为 ITS（Intelligent Transportation System），并于 1995 年联合美国交通部公布了美国国家 ITS 系统项目规划。1998 年，美国开始实施《21 世纪交通平等法案》（Transportation Equity Act for the 21st Century，TEA-21），决定在 1998 年以后的 6 年中由联邦政府拨款 13 亿美元经费用于研究和开发

ITS 技术。

2003 年，美国交通部实施了车辆基础设施集成计划（Vehicular Infrastructure Integration，VII），并吸引了全球众多汽车厂商加盟。VII 重点关注 ITS 在可靠性和安全性方面的提升，在汽车型号上主要针对轻型车。VII 通过整合 GPS 技术搭载设备，并利用专用短程通信（Dedicated Short Range Communication，DSRC）无线通信技术，使车辆在行驶过程中可以与路边的基础设施进行实时信息交互，以获取道路自身的条件以及当前的交通状况。从计划实施的数据来看，通过实现车辆与周围道路交通基础设施的联网和交互，可以降低车辆事故发生率，改善并提高道路交通系统的有效性，有利于治理道路拥堵。

2005 年，美国又通过了《新交通公平法案》，决定每年拨款 1.1 亿美元支持 ITS 研究直至 2009 年。目前，美国对智能交通领域相关技术的研发日趋完善，并已逐步开始应用到实际系统中。[①]

2009 年，VII 计划升级为 IntelliDrive 项目。在 VII 前期成功的经验基础上，IntelliDrive 项目进行了更加深入的研究，该项目将试验范围扩展到了更多的车型，并进行了更全面的测试。IntelliDrive 对通信方式也进行了扩展，VII 中采用的是 5.9GHz 的 DSRC 技术；而 IntelliDrive 中，添加了包括手机宽带、WiMAX 和卫星通信在内的多种通信方式。IntelliDrive 项目的研究目的是通过推动车联网通信系统在车辆上的部署情况，使交通系统运行更安全、更智能和更环保，核心思路就是通过无线连接技术，将车、人、基础设施、无线终端等连接起来，提供全方位的无缝车联网服务。

2013 年，美国政府开始强制要求在美国市场销售的汽车产品从 2014 年起必须在出厂时安装电子记录设备（Electronic Recording Device，ERD），以方便美国国家高速公路交通安全管理局（National Highway Traffic Safety Administration，NHTSA）对收集到的数据进行汇总分析，并最终达到减少车祸的目的。

2014 年，美国国家高速公路交通安全管理局在密歇根州的安娜堡市（Ann Arbor）启动无人驾驶小镇项目，通过建设全方位的车联网系统设施来对各汽车厂商的产品进行检测，测试内容包括车与车之间的通信（Vehicle to Vehicle）以及车与道路基础设施之间的通信（Vehicle to Intrastructure）。目前包括中国的长安汽车和上海汽车等在内的汽车厂商已开始入驻安娜堡进行测试。

---

① 王笑京. 智能交通与道路交通安全发展动态建议 [C]. 2008 年第四届中国智能交通年会论文集，2008.

美国政府积极推动普及 V2V 通信技术的标准和协议，目标是在一定的通信距离范围内，利用车辆自身的车载移动通信终端，将周围行驶的其他车辆信息（例如相对位置、行驶速度、加速度、方向等）通过无线网络实时反馈给本车驾驶员，反之亦然。这样驾驶员就能提前预知周边车辆的行驶状况，有效避免交通事故。① V2V 的技术优势是车与车之间的双向通信，有助于提升驾驶员对周边环境变化的预判及应对能力，在前车突然发生变化时，例如强行并线，后车驾驶员可以及时得到预警，这样有助于在恶劣天气情况下避免高速公路上汽车的连环相撞事故。

美国交通部也与加州大学伯克利分校展开了密切合作，启动了 California PATT（California Partners for Advanced Transportation Technology）项目。该项目主要研发综合性的智能交通系统，以解决道路系统中存在的问题。

麻省理工学院开展了 CarTel 车联网项目，该项目是一个利用智能手机和车载传感器进行数据采集和分析并结合后台大数据处理中心在车载终端上显示的分布式移动传感器网络和远程通信系统，其主要关注点在于路面状况监控、危险检测、车间数据传递、基于 LBS 的隐私协议、间断连接的数据库系统设计等。② 面对海量数据，CarTel 采用了大规模数据处理技术，对监测采集到的数据进行高效、实时的分析。

美国智能交通协会也独立开展了 Connected Vehicle 项目的研究工作。Connected Vehicle 项目主要分为三部分：一是制定行业的标准并开发 Connected Vehicle 框架，同时展开国际合作研究；二是基于 Connected Vehicle 项目开展包括安全性、环境等方面的研究示范工作，其主要方法也是借助车与车之间的通信技术和车与道路基础设施之间的通信技术；三是进行相关政策的研究，保障 ITS 项目的有序进行。

正是由于美国在军事工业、人工智能以及电子科技产业的先发和领先优势，谷歌和特斯拉等公司开始了在汽车智能网联技术领域更深层次的探索，美国也成为引领全球智能网联汽车发展的风向标。

2. 欧洲跟进

20 世纪 90 年代，欧洲智能交通协会（European Road Transport Telematics Implemention Coordination Organization，ERTICO）开始致力于智能交通领域的技术推进和标准制定，尽管有欧盟的协调，但由于欧洲国家众多、地域广，无论是文化风俗、科技水平还是民众需求都有着很大的差异。因此，与美国

---

① 钱亚光. 扼制车祸的杀手锏——V2X 通信系统［J］. 汽车消费报告，2014.
② 白春霞. 欧美及中国车联网市场将迎来快速发展［J］. 世界电信，2012.

相比，欧洲的智能网联汽车发展历程存在步调不一致的情况。

2000年9月，德国首先启动了FleetNet项目，该项目旨在实现车与道路基础设施之间的通信，该系统也可以在车辆之间进行数据交互，还可以提供连接互联网的服务。

2001年，欧盟启动了e-Safety计划，并要求到2014年所有车辆必须安装eCall（应急呼叫）系统。e-Safety计划主要针对交通事故发生时的道路救援，其核心是装于车内的"黑盒子"——eCall系统。当车辆发生严重碰撞导致安全气囊启动后，eCall系统会立即自动拨打112（欧盟国家统一的急救电话），并通过无线网络自动向事故地点附近的紧急事故处理中心上传呼叫信号和位置信息。该项目旨在利用先进的信息与通信技术推动安全系统的研发与集成应用[1]，为道路交通安全提供全面的解决方案，即通过V2V以及V2I技术获取道路环境信息，从而更有效地评估潜在的危险，并优化车载安全系统的功能。

2006年，欧盟完成了"跨欧洲智能运输系统项目"（Trans-European Intelligent Transport Systems Projects），该项目主要是解决欧洲陆路的基础设施网络问题，通过该项目的实施，欧洲大陆间的连接更加紧密。

2007年，欧洲20多个国家的150多家企业合作参与了车联网服务应用平台——EasyWay项目。这标志着在欧盟区范围内，各成员国在交通信息服务、管理和货物运输物流等方面达成共识。EasyWay项目力图通过高质量的交通信息交互和系统指导，降低欧洲道路的拥挤程度；通过数据采集和信息发布来挽救生命，增强道路安全；通过优化驾驶员驾驶习惯来减少废气的排放，节约燃油消耗。[2]

2007—2013年，欧盟实施了EcoMove计划，该计划研究目标在于提高车辆通行的经济性，主要通过集成车车通信、车路通信和3G/4G技术等实现。通过该系统，可以优化驾驶员的驾驶行为、降低汽车油耗，寻求最优驾驶线路。

EcoMove项目主要包含6个子项目：①项目协调与宣传；②核心技术集成（包括浮动车信息、交通管理信息、交通状态信息通信）及绿色电子交通地图、生态交通模型、生态交通战略模型；③生态智能驾驶，通过整合车载系统信息（包括导航信息和交通管理信息等），向汽车驾驶员提供低能耗的驾驶方案和驾驶路径，并收集驾驶员出行后的反馈信息；④生态货运和物流，即

---

[1] 陈超，吕植勇，付珊珊，彭琪. 国内外车路协同系统发展现状综述[J]. 交通信息安全，2011.

[2] 汪卫东. 国外汽车安全新理念和安全技术新进展[J]. 上海汽车，2006.

开发面向货运和物流管理的生态驾驶解决方案，通过 EcoSmartDriving 培训系统训练驾驶员，降低货车 10%～15% 的油耗；⑤生态交通管理和控制，即通过优化城市交通信息系统，从整个路网的角度，减少车辆的停车次数，缓解城市的交通拥堵；通过信号灯协同控制，平衡个体与集体的车辆运行效率，并为个体驾驶员提供个性化的信息服务；⑥验证和评价，评价 EcoMove 项目对驾驶员的驾驶行为、机动性、路网的效率和环境问题的潜在影响，并测算实施该项目的成本收益。①

为了提高车辆通过交叉路口的安全性，欧洲的汽车制造商和研究机构等还共同开展了 INTERSAFE 项目。该项目通过在汽车上安装车载设备来实施。当汽车通过交叉路口时，将同路口周围的设施进行信息交互，以提高通过路口的安全性。INTERSAFE 取得了良好的社会和经济效益。在第一期 INTERSAFE 的基础上，2012 年又开展了二期项目（INTERSAFE－2）。在 INTERSAFE－2 中，不仅考虑通过交叉路口的情况，还考虑了更多的场景，如左转右转、直行和闯红灯等一系列的场景。车载设备通过接收外部的信号，大大降低了行驶中的交通事故风险。车载设备不但可以接收路边消息，还可以识别道路上的标记，以有效辅助汽车驾驶员的合理驾驶。

不仅关注车联网，欧盟还比较重视智能驾驶。2001 年欧盟开始了 CarTalk2000（欧洲司机辅助系统）项目，其典型的应用场景为：在行驶的公路上，如果突然有汽车采取了刹车动作，汽车会向周围发送该信息；或汽车遇到颠簸路面，向周围的汽车发送信息，提醒它们减速，从而有效避免车祸的发生。这也是凭借车联网的信息交互来帮助周围驾驶员规避驾驶风险。②

在企业层面，德国汽车企业走在欧洲其他国家的前列。为了将汽车驾驶变得简单方便，同时提升驾驶的安全性，宝马公司于 2000 年推出第一代 iDrive（Intelligent－Drive System）智能驾驶控制系统，主要包括语音导航、车辆信息、紧急呼叫、远程定位、远程控制车辆、车载娱乐等功能。其中，有些细节设计非常符合驾驶场景，比如紧急呼叫在第一次呼叫中断后的 3min 之内呼叫中心会自动回呼，这样就能最大限度确保使用者在紧急情况下能够抓住救援生命的最关键几分钟。③

2002 年，奔驰公司发布了 COMAND（Cockpit Management and Navigation Device）车联网系统。该系统整合了车载智能终端显示屏、功能区和电话按钮

---

① 朱昊，陶晨亮，赵方. 生态型智能交通的国际视野及启示——以上海为例 [J]. 上海城市管理，2013.
② 常促宇，向勇，史美林. 车载自组网的现状与发展 [J]. 通信学报，2007.
③ 《智慧汽车时代来临，宝马 iDrive 智能系统》，引自"内蒙古晨网汽车频道"（http://auto.nmgcb.com）

区域。奔驰的 COMAND 系统和宝马的 iDrive 系统的功能比较相似，主要功能也包括音响功能、导航系统、车载电话、多媒体播放和车辆综合控制系统。但是在操作细节上略有不同，奔驰的 COMAND 系统可以直接使用旋钮来完成导航地图的缩放和移动等功能，而不像宝马 iDrive 系统那样，需要使用菜单选项来操作。

欧洲汽车工业对于智能网联汽车应用，尤其是自动驾驶功能应用的态度与美国相比显得保守，这或许是欧洲智能网联技术发展过程中的推动力更多来自于传统汽车企业的缘故。欧洲智能网联应用偏重于技术路线的可实现性和可行性，而不像美国一样是由众多希望引领潮流的高科技公司来推动，如特斯拉、谷歌等。

传统汽车企业对于技术的态度以实用和安全为导向，欧洲汽车企业在自动驾驶方面的尝试多数始于自适应巡航、车道偏离辅助以及自动灯光控制等单个辅助驾驶功能领域，其似乎并不急于让车子可以进行完整体系的自动驾驶，这样的"小步快跑"起到了积沙成塔的作用。由于拥有强大且根基厚实的传统汽车技术底蕴，欧洲汽车企业在智能网联化方面采取了厚积薄发式的发展路径，注重在传统汽车电子功能基础上分步骤地陆续开发新的智能化功能。

以奔驰、宝马、奥迪、沃尔沃等整车企业和博世、大陆、法雷奥、舍弗勒等零部件企业为代表的欧洲汽车工业，在智能化应用方面比较重视前期的道路测试。例如，大陆与奥迪公司合作的自动驾驶验证车在美国的结构化道路测试环境下已经实现相当高程度的自动驾驶。同时，在更深的技术层次，比如汽车的操控系统、底盘系统等方面，欧洲汽车工业的深厚底蕴以及欧洲发达的高端汽车运动技术都为其在上述技术领域的智能化发展提供了养分。尤其是在激光自适应照明系统以及线传制动系统等方面，欧洲汽车企业已经具有相当的技术积累。

3. 日本模式

由于特殊的政治经济模式，日本政府在汽车产业发展方面扮演了重要推动者的角色。日本政府制定了长期的汽车产业发展规划，给予明确清晰的政策指导，这使得日本汽车工业先后完成了导航体系建设、车联网体系建设和智能驾驶体系建设，形成了独特的政府引导型发展路径。

1996 年，日本第一代智能交通系统——车载数字信息通信系统（Vehicle Information and Communication System，VICS）开始投入使用。该系统可以根据驾驶员的需求和道路拥堵信息，规划最佳行驶路线，信息提供的方式有文字和图形两种。该系统进行了广泛的部署，已覆盖日本国内各高速公路及主干道，装有 VICS 导航器的车主可享有免费的便利服务。

2006 年，日本第二代智能交通系统——SmartWay 开始投入使用，该项目基于日本庞大的 ETC 用户数量，同时整合了较为成熟的车载导航系统（VICS）和安全驾驶系统（ASV）技术，构建了一个开放共用的基础信息平台，用以提供路口信息和安全提醒等信息。通过在车辆上安装车载装置，这些车载装置中内嵌的传感器可以与路边的车辆及环境进行通信；驾驶员在驾驶汽车时，可以接收到上述信息，并将这些信息有效地应用于汽车的驾驶过程中，甚至在遇到危险的情况下，该装置可以代替驾驶员给汽车发出紧急指令，避免车祸的产生，使驾驶员在公路上行驶时生命安全多了一份保障。汽车行驶过程中，不仅驾驶员在操作汽车，安装的电子设备也在某种程度上对车进行控制，其核心目的是提高车辆的安全性，更好地保护驾驶员。

2010 年日本开始更加深入推进 SmartWay 项目，计划进一步提升如下六项功能服务：

（1）安全驾驶：在驾驶员驾驶汽车的过程中，会通过各种传输方式将有用的信息不断发送给驾驶员，以提高驾驶员驾驶汽车的安全性。

（2）提供图像服务：在道路上部署了许多摄像头，对道路的状态进行监控。在汽车行驶的过程中，根据行驶的录像，不断向汽车推送前段道路的实时图像信息。图像由于其直观性，在汽车驾驶的过程中可以方便地被驾驶员接收。这样可以实时地对前方的道路进行了解，极大地方便了汽车的驾驶。

（3）获取汽车信息：汽车在行驶过程中，还可以向周围的接收装置发送信息。这些装置包括该车辆周围行驶中的汽车，也包括该汽车行驶中道路附近的接收装置。消息还可以进行广播，从而使更大范围内的汽车受益。

（4）提供道路合并信息：车载装置采用 DSRC 技术监测主干道路上的汽车，当车辆靠近道路合并路口时，通过通信系统向驾驶员提供信息。

（5）提供停车场电子付费服务：通过电子化的收费方式，可以缩短汽车从停车场开出的时间。

（6）宽带上网：SmartWay 还提供了互联网业务，可以缓解旅途中的劳顿，并可以进行在线办公。有了网络的支持，乘客甚至可以在汽车行驶过程中召开视频会议，极大了扩展了汽车的应用范围。

在政府推动的导航系统不断发展的同时，车载信息服务也在不断升级，车联网普及明显加速。为了在激烈的市场竞争中立于不败之地，日本各家汽车公司也相继推出了自己的特色产品。通用汽车 OnStar 系统的上线，更让日本汽车企业看到了车联网的发展前景。

2001 年，日产汽车公司率先推出 CARWINGS 车载信息服务系统。CAR-WINGS 主要由两部分组成，即信息系统和车载油耗显示仪。实时导航可以提供道路路线预测服务，基于即时的交通信息并结合历史数据计算出行路线，减少了汽车在路上的等待时间，提高了车速，减少了燃油消耗。资讯中心可以为用户提供用语音播报天气、财经等信息功能服务，并为用户开通平台，可以查询汽车档案等相关资料以及与其他用户进行交流。

汽车的仪表盘中可以显示汽车的瞬间油耗和平均油耗，使用户在驾驶汽车时对自己的驾驶操作有量化的标注，并对汽车燃料消耗有着清楚的了解。同时，该系统可以就驾驶进行诊断，提供驾驶习惯的优化建议。CARWINGS与其他系统类似，也对车辆的状态进行实时监测，并主动提醒用户，以及可以根据车辆行驶的状态向用户发出车辆保养通知。针对车辆在行驶中发生的意外，CARWINGS向用户提供紧急救援帮助和报警服务。对于偷盗和拖吊等情况，CARWINGS会向用户发出预警通知，并通过车载的GPS装置追踪汽车的位置。

2002年，丰田汽车公司正式发布G-Book车联网系统，主要功能包括紧急救援、防盗追踪、道路救援等，还可以提供保养通知、话务员应答服务、资讯服务、路径检索、预订酒店和飞机服务等车联网增值通信服务。G-Book车联网系统依托后台呼叫中心，提供了多种语音服务内容，用户只需连线呼叫中心，通过和呼叫中心座席人员交流提出服务请求，目的地信息、路径计算结果、资讯信息、保养通知等服务内容均通过车载系统屏幕来显示。通过语音获取服务的方式，G-Book减少了对驾驶员的干扰，但是由于服务内容结果多数通过车载系统屏幕显示，并不适合驾驶员查看服务内容，所以最好是副驾驶人员来使用G-Book服务，从而确保驾驶员驾车安全。

此外，在智能化自动驾驶方面，日本汽车企业也投入了较大的精力。以增强主动安全性为目标，丰田汽车公司当前已经开始在日本市场上全面推广其制动辅助系统以及车道保持系统。丰田汽车公司在美国的智能汽车研发部门在研发中应用了与谷歌公司相似的技术方案，应用了包括激光雷达在内的多种先进传感器，本田汽车也在密歇根大学的安娜堡试验其多种智能驾驶辅助系统。

日本企业在智能网联汽车发展的优先次序方面呈现了非常鲜明的特点——重"硬"轻"软"。这是由于日本本土已具备发达完善的基础设施和公共服务，以及具备全球领先的传感器等"硬实力"，能够率先重点发展智能汽车与智能交通的结合领域，但在车载系统研发、车联网以及大数据开发等"软实力"方面落后于欧美汽车企业。

4. 渐入中国

车联网是智能网联汽车功能的重要体现，如果把2009年通用汽车的安吉星系统进入中国市场视为车联网进入中国的起点,那么智能网联汽车对于中国来说只有不到10年的发展历程,是又一次的"西风东渐"。但中国本土汽车制造商的响应速度却非常迅速,纷纷着手跟进研究;同时受益于中国互联网产业的发展,智能网联功能和产品被中国消费者很快接受,这给智能网联汽车在中国的发展带来了强劲的动力。

中国政府的响应速度也很快。2011年国务院四部委下发了《关于加强道路运输车辆动态监管工作的通知》:要求自2011年8月1日起,新出厂的"两客一危"车辆①,在车辆出厂前应安装符合JT/T 794—2011《道路运输车辆卫星定位系统车载终端技术要求》的卫星定位装置。对于不符合规定的车辆,工业和信息化部不予上车辆产品公告。道路运输管理部门在为车辆办理道路运输证时,要检查车辆卫星定位装置的安装和工作情况。凡未按规定安装卫星定位装置的新增车辆,交通运输部门不予核发道路运输证。对于已经取得道路运输证但尚未安装卫星定位装置的营运车辆,道路运输管理部门要督促运输企业按照规定加装卫星定位装置,并接入全国重点营运车辆联网联控系统。从2012年1月1日起,没有按照规定安装卫星定位装置或未接入全国联网联控系统的运输车辆,道路运输管理部门应暂停营运车辆资格审验。公安部门逐步将"两客一危"车辆是否安装使用卫星定位装置纳入检验范围。②

2012年,工信部发布《物联网"十二五"发展规划》,指出"物联网是战略性新兴产业的重要组成部分,对加快转变经济发展方式具有重要推动作用"。规划中明确提出,物联网将在智能电网、智能交通、智能物流、金融与服务业等领域率先重点部署。车联网作为物联网在汽车行业的重要应用,现已正式被列为国家"十二五"重点项目。工信部正在从产业规划、技术标准等多方面着手,加大对车载信息服务的支持力度,以推进车联网产业的全面铺开。③

在企业层面,我国汽车企业在吸取了G-Book和OnStar的发展经验以后,结合我国的国情以及企业自身的发展情况,相继推出了车联网服务。

2009年,长安汽车推出了InCall智能网联系统,该系统是由长安汽车、

---

① 注:"两客一危"车辆是指从事旅游的包车、三类以上班线客车和运输危险化学品、烟花爆竹、民用爆炸物品的道路专用车辆。

② 《交通运输部、公安部、安全生产监督总局、工业和信息化部关于加强道路运输车辆动态监管工作的通知》(http://zizhan.mot.gov.cn/sj/yunshs/chelianggl_yshs/201410/t20141013_1706597.html)。

③ 工业和信息化部:《物联网"十二五"发展规划》(http://www.gov.cn/zwgk/2012-02/14/content_2065999.html)。

中国联通、北京远特科技有限公司（以下简称"北京远特"）联合推出的，三方分别负责整车集成、通信服务、车载硬件终端和车载信号服务，可实现实时通信、蓝牙、WiFi及在线交互等智能车载无线终端技术。长安悦翔车型首先配备该系统，包括选用由北京远特提供的车载终端（车机）、联通公司提供的无线网络以及北京远特提供的后台服务中心。

2010年，上汽集团在荣威350车型上首先尝试搭载智能网联系统——InkaNet，这使荣威350车型成为全球第一款基于3G网络的互联网轿车。InkaNet由上海博泰公司开发，并提供车载信息终端（车机）。第一代系统相对简单，只提供基本的导航功能；第二代系统着重添加了语音功能iVoka、车载网络浏览器和InkaStore；第三代系统对人机交互体验做了较大提升，同时实现了多种网络接入方式，并对iVoka进行了优化。

2010年，吉利汽车也与中国联通联合发布了基于3G网络的车载网络服务系统G–NetLink。这套系统首先在其高端车型"帝豪EC8"上装备，随后用于中端车型EC7系列，最后在全系车型上标配。G–NetLink定义为基于3G无线通信，为驾驶员和车辆提供通信、信息咨询、安全保障、诊断维护、出行及生活服务的智能车载信息系统，基于Linux系统开发，采用Intel凌志ATOM主频1.6GB的CPU，内置8GB固态硬盘、512MB内存，由于设置了SD插槽和USB接口，可以外接大容量存储设备。[①] 不仅是车联网，在汽车智能驾驶这一领域，中国汽车企业也开始探索。2014—2017年，每届北京车展或上海车展，国内十大汽车集团都竞相展示自己产品的先进驾驶辅助系统（Advanced Driver Assistance System，ADAS）功能和无人驾驶功能，尤其是2016年北京车展期间，长安汽车完成了"重庆—北京"2 000多千米的无人驾驶道路测试项目，北汽集团也在车展期间进行了封闭区域内的无人驾驶试乘试驾活动。此外，宇通客车也在"开封—郑州"之间的高速路段进行了无人驾驶测试。据不完全统计，2015年以来，国内先后进行了20多次无人驾驶路测试验，积累了第一手的路测数据。

截至目前，我国已在上海、重庆、武汉、无锡、长春、北京和杭州等地开展无人驾驶测试示范工作，测试规范和测试场景库等工作正在积极推进中；同时，有些旅游景区也开始尝试无人驾驶试点工作，我国特有的驾驶路况场景（例如道路中间往往设有栏杆，且栏杆的标准各异等）将是国内外整车及零部件企业所无法忽视的测试和研究领域，我国本土汽车企业和创业公司在这方面已经开始积极地探索。

虽然无人驾驶测试在中国各地如火如荼地展开，但是中国汽车工业的智

---

① 胡杨一，王俊渊. 驶向未来——智能行车系统全体验[J]. 移动信息，2012.

能网联化进程也面临诸多深层次挑战。

一方面是相关关键技术的积累薄弱，例如实现自动驾驶或者高级驾驶辅助功能需要调用的底盘制动系统、稳定系统以及高性能的转向系统等关键技术，其设计和制造均被少数几家国际零部件巨头把持，而这些关键技术和产品又是今后发展智能驾驶所必不可少的，技术壁垒和标准制约将是影响中国汽车企业未来在智能驾驶领域发展的致命隐患。

另一方面，也是更加深入的方面，是对于智能网联汽车技术的认知和理解存在片面性和盲目性。例如，在 ADAS 领域，有些创业项目不顾中国国情实际，盲目照搬国外技术路线，不仅难以进入前装市场，而且在后装市场大打价格战，导致大量人力和物力的同质化浪费，许多 ADAS 创业项目陷入融资困境；在智能车载硬件领域，有些创业项目打着所谓的"互联网思维"做产品，结果"曲高和寡"，大批创业项目纷纷倒下；在智能汽车领域，某些创业项目缺乏对汽车产业的深入了解和尊重，用各种发布会和 PPT 来欺骗投资者。

中国当前智能网联汽车领域的创业困境，在一定程度上是由于有些创业者缺乏对汽车产业发展规律和趋势的理性认识，尤其是缺乏对智能网联汽车技术及产业发展模式的深入研究，盲目追逐"资本风口"，导致"揠苗助长"的事件层出不穷，极大地损害了中国智能网联汽车产业健康发展所需要的内外部大环境，使得一个原本处于萌芽发展阶段的新事物，被寄予过高期望而变得"浮躁"且"华而不实"，急于"弯道超车"，不仅"欲速则不达"，也会催生步入"险象丛生"窘境的风险。

第二章

智能汽车技术架构

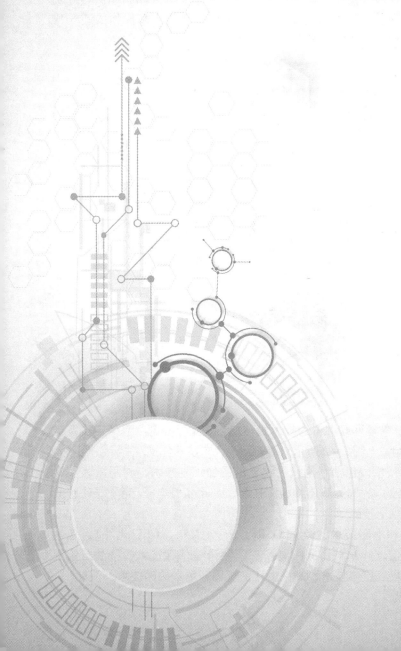

一、技术架构

国内外关于智能网联汽车的定义较多,众说纷纭。中国汽车工业协会指出,智能网联汽车为"搭载了先进的车载传感器、控制器、执行器等装置,并融合现代通信与网络技术,实现车与X(人、车、路、后台数据中心等)智能信息交换共享,具备复杂的环境感知、智能决策、协同控制和执行等功能,可实现安全、舒适、节能、高效行驶,并最终可替代人来操作的新一代汽车"。图2-1所示是智能网联汽车的三大功能。

图2-1 智能网联汽车三大功能
(来源:中信证券)

根据上述定义,智能网联汽车的技术由传感、决策、控制、通信定位及数据平台等关键技术组成,图2-2所示为智能网联汽车技术全貌,主要包括:

(1)先进传感技术,包括利用机器视觉的图像识别技术,利用雷达(激光、毫米波、超声波)的周边障碍物检测技术,利用柔性电子/光子器件检测和监控驾驶员生理状况技术等。

(2)通信定位和地图技术(例如DSRC、3G/4G/5G、GPS/北斗),包括智能网联汽车之间信息共享与协同控制所必需的通信保障技术、移动自组织网络技术,以及高精度定位技术、高精度地图及局部场景构建技术。

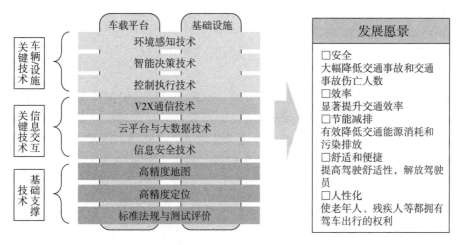

图2-2 智能网联汽车技术全貌

（来源：中国汽车工程学会）

（3）智能决策技术，包括危险事态建模技术、危险预警与控制优先级划分、多目标协同技术、车辆轨迹规划、驾驶员多样性影响分析、人机交互系统等。

（4）车辆控制技术，包括基于驱动、制动系统的纵向运动控制，基于转向系统的横向运动控制，基于悬架系统的垂向运动控制，基于驱动/制动/转向/悬架的底盘一体化控制，以及利用通信及车载传感器的车队列协同和车路协同控制等。

（5）数据平台技术，包括非关系型数据库架构、数据高效存储和检索、大数据的关联分析和深度挖掘、云操作系统、信息安全保障机制等。

根据上述定义，智能网联汽车的产业链主要包括：

（1）先进传感器厂商，能够开发和供应先进的传感器系统，包括机器视觉系统、雷达系统（激光、毫米波、超声波）等。

（2）汽车电子供应商，能够提供智能驾驶技术研发和集成供应的企业，如自动紧急制动（Autonomous Emergency Brake，AEB）、自适应巡航（Adaptive Cruise Control，ACC）等。

（3）整车企业，提出产品需求，提供智能汽车平台，开放车辆信息接口，进行集成测试。

（4）车联网相关供应商，包括通信设备厂商、通信服务商、平台运营商以及内容提供商等。

智能网联汽车涉及的技术种类繁多且产业链较长，从近年来国内股权投资情况来看，投资机构普遍关注智能驾驶领域的投资项目，尤其是环境感知类项目（包括硬件传感器和技术）和决策控制类项目。囿于篇幅，本书只对上述两类技术进行介绍，对其他技术点到为止，有兴趣的读者可以根据本书所附的参考文献扩展阅读。

1. 环境感知

环境感知如同驾驶员的视觉和听觉，如果没有环境感知作为智能驾驶的支撑，将无法实现智能驾驶。智能网联汽车需要多种传感器的融合，包括摄像头（单目、双目或多目）、雷达（毫米波雷达、红外雷达、激光雷达、超声波雷达）。本节将主要介绍车载雷达传感器（硬件）和相关技术。

1）车载雷达传感器

车载雷达传感器一般具有测速、测距以及测角等功能，可以预判车辆危险并向驾驶员发出不同级别的警报。根据车载雷达的安装位置不同，可分为前向雷达、侧向雷达和后向雷达；根据车载雷达的功能不同，可分为测速雷达、自适应巡航控制雷达和防撞雷达等；根据车载雷达的工作原理不同，可分为超声波雷达、激光雷达、毫米波雷达等。[①]

（1）超声波雷达。

超声波雷达是一种运用超声波定位的雷达，通常是作为汽车的防碰撞雷达。超声波雷达的工作原理是：由脉冲信号发生器产生的脉冲信号经过调制放大后，经由送波器向外辐射，当超声波遇到障碍物后发生反射，收波器接收回波信号并对其放大、检波、再放大后，交由单片机控制器进行数据分析。控制器会对接收到的回波信号与脉冲信号发生器输入的初始参考信号进行对比，从而计算出车辆与障碍物之间的距离。控制器会根据车距判断危险程度，向驾驶员发出声光报警、显示器指示，或者直接控制动力系统降低车速，甚至在达到危险距离时，直接控制制动系统刹车以防碰撞。超声波雷达原理如图2-3所示。

（2）激光雷达。

激光雷达依靠照射在前车后部后反射回来的激光波束测量两车距离，其测距效果易受外界环境影响。由于雨、雪、雾等天气因素和部位反射本身因素（如位置、表面污染、磨损等）的影响，反射激光束散射损失增加，进而影响到探测的准确性，并使在一定功率下探测距离比可能探测的最大距离减少1/3~1/2。

最早的前方用激光雷达都是发出多股激光光束，并依靠车辆前方的反射时间来测定其距离。但是由于要对前方车辆进行辨别，因而开始采用扫描式

[①] 任亚欣. 汽车防碰撞雷达概述［J］. 科技情报开发与经济，2007.

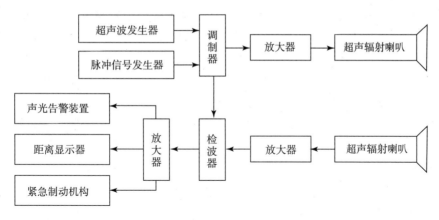

图2-3 超声波雷达原理

激光雷达[1]，如图2-4所示。如此设置，不但前方车辆的距离可测，而且其横向的位置也可以检测出来。

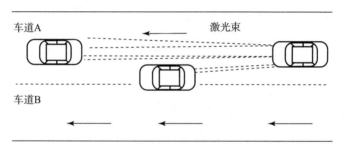

图2-4 扫描式激光雷达

（3）毫米波雷达。

毫米波雷达是利用毫米波测距的雷达系统，由传感器、信号处理器和控制机构三部分组成。其工作过程是：由传感器通过天线发射探测信号，并由天线接收经障碍物反射的回波信号，经信号处理得出汽车相对障碍物的距离、速度等数据。该数据一方面被送到处理机构，控制本车的自动减速、换挡、制动等操作；另一方面被送到显示器，给驾驶员提供减速、制动、转向、停车等警示信号。

与超声波、激光、红外雷达相比，毫米波雷达具有以下优点：受雨、雪、雾、阳光等天气因素和杂音、污染等环境因素的影响较小，抗干扰能力较强，

---

[1] 杨超云．车载雷达提高行车安全性[J]．轻型汽车技术，2011．

有较好的相对速度感应,探测精度高,天线和高频器件体积小,易于安装等。① 图2-5所示为各种雷达性能对比。

	短距离雷达	长距离雷达	激光雷达	超声波雷达	车载摄像头	三维摄像	红外摄像
测距范围<2 m	0	0	0	++	−	++	−
测距范围(2~30 m)	+	++	++	−	−	0	−
测距范围(30~150 m)	n.a.	++	+	− −	−	−	−
测距角度<10°	+	+	++	−	++	+	++
测距角度>30°	0	−	++	0	++	+	++
角分辨率	0	0	++	−	++	+	++
直接速度信息	++	++	− −	0	− −	− −	− −
在雨天运行	++	++	0	0	0	0	0
在雾雪天气运行	++	++	−	+	−	−	0
在视线很差情况下	++	++	0	++	− −	− −	−
夜视	n.a.	n.a.	n.a.	n.a.	−	0	++

++:非常适合/+:表现良好/0:有可能,但低于预期
−:只有付出更多努力才有可能
− −:不可能

图2-5 各种雷达性能对比

与可用于汽车上的其他雷达相比,毫米波雷达具有显著的综合优势,所以目前国内外量产车型上使用最多的是毫米波雷达。但是毫米波雷达对于任何目标物输出的均是一个点,而激光雷达输出的是一个点阵。对于无人驾驶智能车而言,除了判断目标物位置、相对速度等信息外,还需要获取目标物的形状、宽度等信息,因此能够输出点阵的激光雷达在无人驾驶应用领域同样得到高度重视。

相对于超声波雷达和激光雷达等技术来说,毫米波雷达在全天候使用及可以直接获得距离和速度信息等方面具有非常大的优势,而且也具有明显的成本优势。1999年奔驰汽车首先将基于毫米波雷达的ACC系统引进S系列轿车中,之后基于雷达的ACC系统逐渐应用于多种中高档轿车上。77GHz雷达传感器不仅应用到ACC系统中,在汽车的其他安全辅助系统如碰撞预警及碰撞缓冲等系统中也有大量的应用。

---

① 陈同林,樊海博. 雷达技术在现代公路交通中的应用[J]. 西安邮电学院学报,2004.

(4) 汽车雷达的国外生产厂商。

车载雷达可以应用到诸多汽车安全辅助系统中，包括自适应巡航控制系统（ACC）、起停（Stop and Go）巡航控制系统、碰撞预警缓冲和避免、换道提醒和辅助、盲区监视、刹车辅助、停车辅助、倒车辅助及追尾预警等。

根据汽车防撞雷达的覆盖范围不同，将汽车雷达分为两类：远距离雷达（Long Range Radar，LRR）和短距离雷达（Short Range Radar，SRR）。用于车辆防撞的远距离雷达（LRR）通过窄波束检测车辆前方的道路，确定车辆与前车最小的安全行驶距离，可以覆盖的距离范围较大（可以达到 150~250m），覆盖的角度较小（9°左右），车速范围较广（可以为 30~250km/h），频率带宽低于 1GHz，分辨率可达 0.5m；用于车辆安全系统的短距离雷达（SRR）具有很宽的视野，可以覆盖的距离为 0.2~30m，覆盖的角度很大，可达到 80°，车速范围可为 5~150km/h，频率带宽低于 5GHz，分辨率可达 0.1m。

77GHz LRR 的国外生产商主要有大陆、博世、德尔福、电装、富士通天和日立等公司。基于 76GHz 的电装 LRR，丰田汽车从 2003 年开始为雷克萨斯 RX 330 装配碰撞预警系统，提供了刹车辅助及可逆的安全带拉紧功能。本田汽车在富士通天的 76GHz 雷达基础上开发了减缓碰撞刹车系统（CMBS），可以减缓尾部碰撞并控制刹车操作。主要 LRR 雷达及其生产厂商如图 2-6 所示。

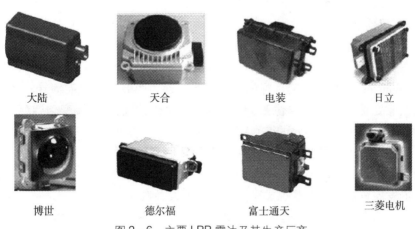

图 2-6　主要 LRR 雷达及其生产厂商

为了补充远距离雷达（LRR）不能覆盖到 30m 以内距离的缺陷，短距离雷达（SRR）也逐渐发展起来。SRR 主要用来扩展普通的 ACC 系统到全速 ACC 系统（实现起停巡航功能），也可运用到碰撞预警系统、辅助停车及倒车或换道提醒等驾驶辅助系统中。主要 SRR 雷达及其生产厂商如图 2-7 所示。

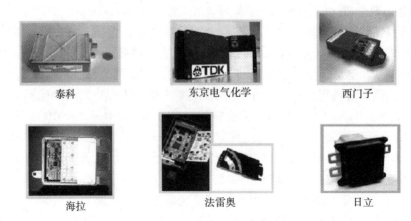

图 2-7 主要 SRR 雷达及其生产厂商

受益于汽车智能驾驶功能需求的带动，全球毫米波雷达产品销量突破 1 000 万支/年，且增长趋势强劲。这一趋势吸引了我国本土企业的注意：依托北京理工大学雷达技术研究团队的雷科防务以及依托上海汽车集团的华域汽车等上市公司，研发制造 77GHz 的毫米波雷达产品。随着毫米波雷达用途日益广泛，一些军工体系科研院所也开始研制民品，例如中国航天科工集团第三研究院 35 所等单位。此外，许多创业团队也纷纷进入毫米波雷达的研制领域，使该领域成为近期的创业和投资热点。

2）机器视觉技术

车辆视觉属于机器视觉的范畴，就是指用机器来替代人眼的视觉，通过光学图像传感器（Charge Coupled Device, CCD; Complementary Metal Oxide Semiconductor, CMOS）将目标的光线信号转换为图像的模拟电信号，然后传送给图像处理系统，根据像素分布、亮度和颜色等信息，转变为数字信号，最后通过对数字信号的处理得到特征信息①。

车载视觉指的是在汽车中应用机器视觉传感器来替代人眼的视觉，其是结合了光学、计算机技术等知识以及车辆运动的特点而形成的，是无人驾驶技术的发展重点，但车载视觉易受到如下因素影响：

（1）天气变化。天气变化主要影响光线强度变化状况。光线直射，会引起摄像机过度曝光；光线过暗，会影响摄像机曝光不足。这会使摄像机图像中产生无纹理的高光和低光区域。

（2）车辆速度变化。一般来说车辆速度与画面质量成反比。速度较慢时，

---

① 王鲲鹏. 基于 Otsu 算法和 Sobel 算子的连接件图像边缘检测［J］. 现代计算机, 2011.

图像接近静止图片，质量较好；速度较快时，受相机拍摄帧数的限制，会在原始图像中产生模糊区域。

（3）车辆运动轨迹。一般来说车辆运动轨迹分为直线和曲线两种。当在直线位置时，相机前后帧当中特征匹配重叠率较高，相机水平面基本与地面平行；当在曲线位置时，相机与地面有侧倾角，使相机水平面侧倾于水平地面，从而降低匹配重叠率。

（4）相机安装位置。安装位置分为车内和车外，车内和车外的主要区别在于玻璃反射率和车内阴影的影响。还有一个重要因素是俯仰角的区别，相机俯仰角越朝下，对照度越敏感，越容易出现曝光或曝光不足。相机安装越平行于路面，由于视觉图像中像素精度和距离成反比，图像算法的精度就越低，故安装位置的不同对后期算法开发有重要影响。

（5）随机扰动。随机扰动包括轮胎与地面的摩擦系数、路面的凹凸等情况，这些随机扰动都会使运动图像产生模糊，进而影响车辆行驶监测效果。

3）识别技术

车载视觉传感器往往采用融合方案。本书基于常见的传感器算法框架，介绍图像预处理技术、车道识别技术、车辆识别技术、行人识别技术等。

（1）图像预处理技术。

对图像进行预处理的目的是从摄像装置获取的图像中提取有用的信息，去除图像噪声和无用信息。常用的图像预处理方法包括滤波降噪、对比度增强、边缘增强、二值化等[①]。

滤波降噪主要是为了去除图像噪声，常用的滤波器包括均值滤波器、线性近似滤波器（Linear Approximation Filter）、二维高通滤波器（2D High Pass Filter）、一维小波滤波器、中值滤波器等。

近年来，随着图像采集技术的发展，摄像机的性能不断完善，采集图像的信噪比和对比度均较高，已能够满足智能网联汽车环境感知的任务需求，通常可以省去滤波降噪及对比度增强的技术环节，仅需对图像中的边缘特征进行提取和增强后进行二值化即可获得理想的预处理后图像。

边缘强化技术用来加强图像中的目标边界，如车道边界、本车前方障碍物的边缘等。边缘强化可以利用边缘算子对原始图像进行卷积运算，从而得到边缘图像，常用的边缘算子包括 Roberts 算子、Prewitt 算子、Sobel 算子、

---

① 图像二值化，就是将图像上的像素点的灰度值设置为 0 或 255，也就是整个图像呈现出明显的只有黑和白的视觉效果。

Laplace 算子及 Canny 算子等。其中 Sobel 算子①的应用最为广泛，很多创业公司都采用该算子进行边缘强化操作或者使用它去计算各像素点的梯度方向及幅值。

虽然针对边缘强化的处理要求开发了多种算子，但这些算子在设计和使用过程中普遍没有考虑到车道线的方向特性，使得这些边缘强化算子在实际使用中没能实现车道线特征的最优提取。因此，可以通过二值化操作将经过边缘增强的图像像素点分为两类，一类是不包括特征像素点的集合，也称为背景像素点集；另一类是包含特征像素点的集合，也称为前景像素点集，以此来区分目标特征和背景。

（2）车道识别技术。

车道识别是车载机器视觉的关键技术之一，它是实现车道偏离报警和车道保持等功能的基础。对车道边界的定义既包括结构化道路的可识别车道线（例如高速公路的分道线），也包括一些城市、乡村道路的自然边界（例如路肩等），甚至在某些军事用途中对车道边界的定义更加广泛，凡是可以行驶的区域都可以算作"路面"。

车道的识别方法多种多样，有些创业公司致力于用双目视觉来解决这个问题。利用双目视觉进行车道识别具有较高的精确性，但是对两个摄像机获取的图像进行匹配比较困难，算法复杂，实时性较差，其成本也比单目视觉系统高；还有部分学者利用彩色图像来进行路面分割和车道边界提取，例如 SCARF 系统采用两个彩色摄像机来获取彩色图像，进行彩色分割，并运用类似于 Hough 变换的处理方式来提取车道边界。这种依赖于彩色图像的算法实时性不高，其算法运行过程中占用的存储空间很大。从汽车前装对可靠性的要求来看，双目视觉还需要不断优化完善，而且要降低成本，才会有竞争力。

基于上述原因，单目视觉系统越来越多地受到整车厂和创业公司的关注。近年来，在单目视觉获取的灰度图像基础上对车道进行识别的算法得到长足发展，在车道识别过程中涉及的技术细节包括感兴趣区域选择、车道边界约束条件、车道模型等几个方面。

（3）车辆识别技术。

目前，对基于机器视觉的车辆识别，按照摄像装置的安装方式可分为两种，一种是基于固定摄像机的车辆识别，另一种是基于车载摄像机的车辆识

---

① Sobel 算子是计算机视觉领域的一种重要处理方法，是由美国学者埃尔文·索贝尔（Irwin Sobel）在 20 世纪 70 年代提出来的，主要用于获得数字图像的一阶梯度，常见的应用和物理意义是边缘检测。它是一个离散的一阶差分算子，用来计算图像亮度函数的一阶梯度之近似值，在图像的任何一点使用此算子，将会产生该点对应的梯度矢量或是其法矢量。

别。其中前者主要应用于道路车流量的计算和交通状况的监控，目前已经有比较成熟的产品在市场销售。针对此类应用，有多种车辆识别算法被开发出来，包括前馈神经网络方法、形态学方法、基于模型的方法、背景学习方法、采用红外图像的方法、小波变换方法以及色彩模型方法等。

固定摄像机可以通过对图像序列的差分，得到在图像中的运动元素。由于图像中只有车辆是运动的，道路和背景是静止的，因此车辆识别就可以基于这些运动的元素进行分析和完成。另外，固定摄像机拍摄图像中的背景相对比较稳定，可以基于摄像机的安装位置和环境情况进行车辆识别算法的设计。

相比于固定摄像机，利用车载摄像机进行车辆识别更加困难。对于车载摄像机而言，路面、背景环境和车辆在图像中都是运动的，很难利用图像的差分进行车辆识别，而且车载摄像机的使用环境多变，尤其是光照、阴影等对于算法的影响很大，因此车载摄像机对车辆识别算法的鲁棒性[1]要求更高。

（4）行人识别技术。

行人识别是智能网联汽车对行人采取安全保障措施的前提。对于智能驾驶而言，这是一项重要且关键的技术，也是必须攻克的难关。基于机器视觉的行人识别是指利用车辆上安装的摄像头获取车辆前方的视频图像，经过计算机处理后进行分析计算，最后判定前方是否有行人并且获取行人位置信息。

由于行人所处的场景复杂多变，行人本身衣着、姿态等也各不相同，因此基于机器视觉的行人识别技术必须有较高的鲁棒性，即面对不同的环境和不同的行人（无论高矮胖瘦），系统都要能准确识别。在将行人识别技术应用到智能网联汽车上时，系统的实时性也必须得到保证，不能出现"滞后"反应，因此这又要求算法不能太复杂。

为了保证系统同时满足上述两方面的要求，现在的行人识别技术通常将整个识别过程分为两个阶段：感兴趣区域（Regions of Interest，ROI）的提取和行人假设验证。提取 ROI 是通过一些简单的方法在图像上找出可能存在行人的区域，从而避免对整幅图像进行穷尽分析，以提高系统的实时性；行人假设验证则是分析 ROI，验证其中是否存在行人，行人假设验证的性能决定了整个行人识别技术的鲁棒性。

根据基于机器视觉的行人识别的两个阶段，目前行人识别方法分类如表 2-1 所示。

---

[1] 鲁棒是英文单词 robust（强壮、健壮）的音译。鲁棒性是指控制系统在一定的参数摄动下，维持某些性能的特性和能力。例如，计算机软件在输入错误、磁盘故障、网络过载或有意攻击情况下能否不崩溃，就是该软件的鲁棒性。

表 2-1　行人识别方法分类

识别阶段	提取 ROI	行人假设验证
常用方法	基于特征	基于运动特征
	基于运动	基于模型
	基于立体视觉	基于模板匹配
	基于摄像头位置	基于统计分类

（5）多传感器融合技术。

在智能网联汽车中，各种类型的传感器均有优缺点，因此整车厂更倾向于采用多种传感器间的融合方案，很多创业公司也都开始这方面产品的研发和生产尝试。从目前的实际运行数据来看，不同类型的传感器之间能够很好地互补各自的缺陷，经过融合之后，可以得到更好的输出结果。

在传感器融合算法的研究中，有多种理论和方法得到了应用，如极大似然估计、D-S 证据决策理论、熵理论、神经网络、遗传算法等。目前在智能汽车领域应用较多的是卡尔曼滤波方法和贝叶斯方法。

图 2-8 所示为一种利用雷达与摄像头机器视觉的融合实现运动车辆跟踪的方法示意，该算法采用 Bicycle 动力学模型对车辆运动进行描述，并且还考虑了车身运动与转向角之间的关系。

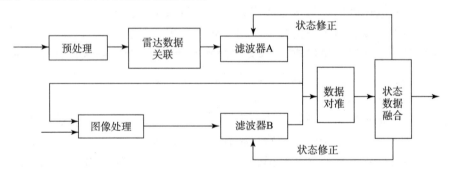

图 2-8　融合跟踪系统简图

为了减少图像处理时间、降低计算损耗，以雷达滤波获取的目标位置作为依据，建立自适应的视觉跟踪窗口，窗口中心位于目标形心，在窗口范围内获取目标的转向角作为图像的量测输出，进行跟踪滤波，将其结果与基于雷达量测的滤波结果进行状态数据融合，并以融合结果更新滤波器 A 和 B 的状态及协方差矩阵，从而获取更为可靠的目标状态估计[①]。

---

① 陈莹，韩崇昭. 运动车辆的多传感融合跟踪 [J]. 西安交通大学学报，2004.

在上述的融合框架中，雷达与图像传感器的融合主要是通过两部分来实现：①利用雷达的量测数据建立视觉窗口，缩小视觉跟踪的处理范围；②采用基于扩展卡尔曼滤波的多传感器数据融合，充分利用多传感器数据间的冗余和互补以获取目标状态的综合描述。

2. 决策规划

决策规划是指智能汽车根据环境感知获取的交通环境信息和自身行驶状态，自主产生遵守交通规则的驾驶决策的过程，相当于大脑根据眼睛和耳朵感知的信息下达行动指令，这是智能驾驶中核心且关键的技术，也是技术难点所在。在这方面，目前国内只有少数整车厂可独立完成，大部分整车厂需要与外部技术服务提供商合作。虽然国内在这一领域的技术服务商（包括创业公司）受到投资机构的青睐，但其未来发展还需要与整车厂或一级零部件供应商进行深入协同或联合开发测试，如何能够获得整车厂或一级零部件供应商的青睐，是这些资本市场"宠儿"要面临的艰巨考验。

智能汽车的行为决策规划系统主要包含全局路径规划（或任务规划）、行为规划和局部路径规划（或运动规划），智能汽车行为决策系统的结构如图 2-9 所示。

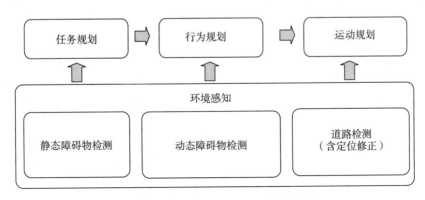

图 2-9　智能汽车行为决策系统的结构

路径规划的目的是在智能汽车行驶之前找到一条最优的路径供智能汽车行驶。最优的标准可以是最短行车距离、最少行车时间、最低费用和最少拥堵等，当然前提都是保证行驶的安全性和遵守交通规则①。全局路径规划和局部路径规划都属于路径规划的范畴。

---

① 汤淑明. 从"由人驾驶"到"无人驾驶"——三大系统使汽车行驶安全可靠[J]. 创新时代，2016.

全局路径规划为智能汽车的自主驾驶提供方向性的引导，确定其依次需要通过的路段和区域序列。行为规划是处于全局路径规划和局部路径规划中间的层次，行为规划根据全局路径规划确定的路径和当前的道路状况，选择和决定当前智能汽车应该进入什么行驶模式，例如路口左转模式、超车模式等。局部路径规划依照行为规划确定的当前行驶模式，结合环境感知获取的信息计算出局部范围内精确的行驶轨迹。智能汽车采取的是全局路径规划和局部路径规划相结合的方式。

1）行为规划

众所周知，车辆从起点到达终点需要完成一系列的驾驶行为，常见的驾驶行为主要包括起动、换道、维持车道、减速避让、超车、道路交叉口择向和停车等。实际上，在结构化的道路上发生的安全、合法的行车行为根据它与车道的关系可简单分为换道和车道保持两种基本的驾驶行为：换道指驶向不同车道，车道保持指保持在当前车道。

在实际道路上行驶时，智能车辆需要利用传感器对当前所处的环境进行感知，根据感知的内容判断车辆是否需要进入或保持哪种驾驶行为，对未来的行驶做一个预判和规划，从而指导车辆平顺、稳定地行驶。目前大多利用有限状态的方式进行行为的规划。图2-10所示是2006年参加美国DARPA挑战赛的斯坦福大学智能网联车Junior的驾驶行为状态切换示意，其利用这些行为模式顺利地完成了比赛。

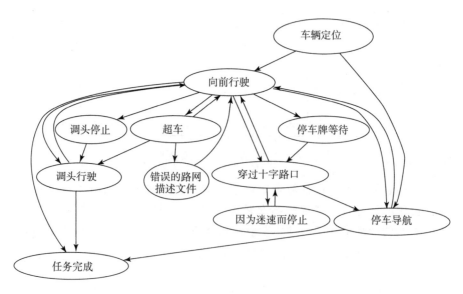

图2-10 斯坦福大学的无人车Junior驾驶行为状态切换示意

2）全局路径规划算法

路径规划的目标是要到达事先规划好的目标点，并且在整个过程中保障行驶的安全和舒适性，不发生任何危险。路径规划问题基本上可以分为两类：基于环境信息已知的全局路径规划和基于环境不确定的依赖于传感器实时信息的局部路径规划[①]。

局部路径规划是当全局路径规划结果不可行或者全局路径规划结果不理想的情况下，也就是全局路径规划行不通的条件下，但依然以全局规划的结果作为基础，根据实时的环境信息对原有的路径进行局部修正和优化，从而达到对安全性的保障和对效率的追求。局部与全局的关系就是：局部是对全局的具体优化与调整，全局对局部起指导性和方向性的作用。全局路径规划的方法主要包括可视图法、自由空间法、Dijkstra算法等。

（1）可视图法。

可视图法是将机器人（可将汽车视为移动机器人）视为一点，把机器人、目标点和多边形障碍物的各个顶点进行连接，要求机器人和障碍物各顶点之间、目标点和障碍物各顶点之间以及各障碍物顶点与顶点之间的连线都不能穿越障碍物，这样就形成了一张图，称为可视图。由于任意两直线的顶点都是可视的，显然移动机器人从起点沿着这些连线到达目标点的所有路径均是无碰撞路径。对可视图进行搜索，并利用优化算法删除一些不必要的连线以简化可视图，缩短了搜索时间，最终可以找到一条无碰撞最优路径。此方法的优点是可以求得最短路径，缺点是此法缺乏灵活性，即一旦机器人的起点和目标点发生改变，就要重新构造可视图，比较麻烦。

（2）自由空间法。

自由空间法的基本思想是采用预先定义的基本形状（如广义锥形、凸多边形等）构造自由空间，并将自由空间表示为连通图，然后通过对图的搜索来规划路径，其算法的复杂度往往与障碍物的个数成正比。自由空间法的优点是比较灵活，机器人的起点和目标点的改变不会造成连通图的重新构造；缺点为不是任何时候都可以获得最短路径。

（3）Dijkstra算法。

Dijkstra算法是由荷兰学者迪科斯彻（Edsgar Wybe Dijkstra）提出的，该算法能够找到图中一个节点到其他任意节点的最短路径，若以机器人运动起点为源节点，终点为目标节点，则可以找到一条从源节点到目标节点的最短

---

① 孙浩、邓伟文、张素民、吴梦勋：《考虑全局最优性的汽车微观动态轨迹规划》，引自《吉林大学学报（工学版）》，2014年7月。

路径。在实际的应用中，Dijkstra 算法会耗费大量的内存空间和计算空间①。

（4）A*算法。

A*算法是美国学者 Ole Nilsson 提出的，是一种应用极广的启发式搜索算法，其原理是通过不断搜索逼近目的地的路径来获得优选路径。A*算法是一个求最短路径的函数，它由两个函数组成，一个是评估函数，也就是确定机器人移动的下一个位置必须离目标位置最近，评估函数评估的结果越精确，则寻找路径的速度越快；另一个是寻径函数，也就是根据评估的结果做出响应，然后从新位置继续评估下一个位置，若无路可走（四周都是封闭路径），那么折回一个路径节点，尝试其他方向。这个算法有个缺点，即随着处理节点的增多，会严重影响处理速度，且需占用信息处理系统大量的内存。

3）局部路径规划算法

现有的局部路径规划方法可简单分为两大类：①将全局路径规划算法应用于局部路径规划；②基于模型预测原理（Model Predict Control）的局部路径规划算法。由于篇幅所限，在这里无法对这两大类规划方法进行详细展开，只能列举 4 种常见的具体局部路径规划法：人工势场算法、D*算法、模糊逻辑算法、神经网络算法，希望有助于增进读者的理解。

（1）人工势场算法。

人工势场算法是由斯坦福大学教授 Oussama Khatib 提出的，它仿造物理学中电势和电场力的概念，建立机器人工作空间中的虚拟势场，按照虚拟势场力方向实现局部路径规划。其基本思想是构造目标位置（Object Pose）引力场和障碍物周围斥力场共同作用的人工势场，搜索势函数（Potential Function）的下降方向来寻找无碰撞路径，其是应用于机器人路径规划的一种虚拟力场的方法②。

这种方法的核心理念是"将移动机器人在环境中的运动视为一种在抽象的虚拟人工受力场中的运动，即在环境中建立人工势场的负梯度方向指向系统的运动控制方向"，如图 2-11 所示。在目标点附近虚拟一个引力势场，对移动机器人产生引力，而障碍物附近有虚拟的斥力势场，对移动机器人产生斥力，其结果是使移动机器人沿"势峰"间的"势谷"前进，最后求出合力来控制移动机器人的运动。

这类方法的突出优点是系统的路径生成与控制直接同环境实现了闭环，从而大大加强了系统的适应性与避障性能，并且结构简单，计算量小，实时

---

① 黎红. 自主移动机器人路径规划中的主要方法［J］. 中国电力教育，2010.

② Zhang B, Chen W M, Fei M R. An optimized method for path planning based on artificial potential field［J］. ISDA06. Jinan：ISDA, 2006 (3)：35~39.

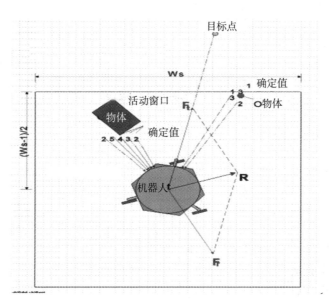

图2-11 人工势场法示意

性好,所以得到广泛应用。但是人工势场法也有若干缺陷,如当目标点靠近障碍物时,机器人无法运动到目标点,存在局部稳定点等[1]。

(2) D^* 算法。

D^* 算法建立在 Dijkstra 算法和 A^* 算法[2]的基础上。D^* 算法可称为动态的 A^* 算法,由于能够适用于复杂环境,因此在许多移动机器人实例中得以应用。通常先采用 A^* 算法建立目标距离势场,机器人向目标距离减小的方向前进,当遇到动态障碍时,从机器人当前的位置规划一条能够到达小于被阻挡路径上的目标距离势场位置;然后机器人沿着修改后的路径绕过动态障碍,到达原先建立的目标距离势场区域后,恢复向目标距离减小的梯度方向搜索前进。上文提到的美国 DARPA 陆地战车研究项目就采用了 D^* 算法。

(3) 模糊逻辑算法。

模糊逻辑法基于对驾驶员的工作过程观察研究得出,驾驶员避碰动作并非通过对环境信息精确计算完成的,而是根据模糊的环境信息,通过查表得到规划出的信息完成局部路径规划。模糊逻辑控制是一种基于规则的控制,它直接采用语言型控制规则,出发点是现场操作人员的控制经验或相关专家

---

[1] 吕永刚,谢存禧. 移动机器人的导航与路径规划研究 [J]. 机电工程技术,2004.

[2] Yahja A,Singh S Stentz. An efficient online path planner for outdoor mobile robots [J]. Robotics and Autonomous Systems. 2000,Vol. 32 (2-3):129~143.

的知识，在设计中不需要建立被控对象的精确的数学模型，因而使得控制机理和策略易于接受与理解，设计简单，便于应用。模糊逻辑方法利用反射式机制，该算法在环境未知或发生变化的情况下，能够快速而准确地规划机器人的局部路径，对于要求有较少路径规划时间的机器人是一种很好的规划方法。但是，当障碍物数目增加时，该方法的计算量很大，影响规划结果，而且其只利用局部信息做出快速反应，较容易陷入局部最优。

（4）神经网络算法。

人工神经网络（Artificial Neural Network，ANN）是一种自适应非线性系统，采用大量简单的神经元相互连接而形成。该理论最早可追溯到20世纪40年代，就其理论和应用实现真正的突破，则是在20世纪80年代，加州理工学院约翰·霍普菲尔德（John Hopfield）的两篇关于神经网络的研究论文奠定了神经网络软件描述和硬件实现的理论基础。

神经网络算法仿效生物神经系统，是一种综合的信息处理方法，能够对输入的数据进行非线性变换，完成聚类分析技术所进行的从数据到属性的分类[1]。基于高度并行的分布式系统，它包括以各种方式联结的多层处理单元，特点是处理速度快且不依赖于精确的系统数学模型，不仅能够处理突发、例外及非正常的导入数据，且具有自适应和自学习的能力。其中，神经元的特性、神经元之间相互联结的形式、为适应环境而改善性能的学习规则，这三者是决定神经网络整体性能的主要因素。当前神经网络的种类多样，多数的神经网络惯常采用多层感知器模型和BP算法[2]，主要用于增强移动机器人避障能力与路径规划。

3. 控制执行

智能网联汽车的控制执行部分类似于人类的手和脚，它是在大脑根据对环境感知做出指令后的具体操作，由于涉及汽车底盘控制等，因此其所要求的安全等级是最高的，是智能驾驶尤其是无人驾驶阶段的关键技术，也是技术难点。这方面的技术壁垒大多掌握在国外零部件巨头手里，是中国发展智能网联汽车亟待突破的领域。

智能网联汽车的运动控制分为纵向控制和横向控制两部分。其中，纵向控制指的是速度控制，通过协调油门和制动来实现；横向控制指的是方向盘

---

[1] 伊连云，金秀慧，贺廉云. 基于神经网络的移动机器人避障控制和决策［J］. 农业装备与车辆工程，2006.

[2] BP算法（Back Propagation）是一种按误差逆传播算法训练的多层前馈网络，它的学习规则是使用最速下降法，通过反向传播来不断调整网络的权值和阈值，使网络输出的误差平方和最小。

转角的控制，其目的是在保证车辆稳定行驶的前提下能够按照期望速度和路径安全以及舒适地行驶在公路上。

对于车辆的纵向速度控制，需要控制车辆的油门和制动踏板，从而使车辆快速达到期望速度并平稳运行，与横向控制相比实现较为容易。目前常见的控制方式有滑模控制、模糊控制、模糊比例－积分－微分控制器（Proportion Integration Differentiation，PID）、模型预测控制（Model Predictire Control，MPC）、棒棒控制①等。

对于车辆的横向控制是无人驾驶车辆稳定性控制系统中的一个重要问题，需要确保车辆的转向控制过程平滑过渡，并考虑车辆行驶舒适性和安全性。横向控制算法有很多，有基于航向预估的控制算法，也有基于滑模变结构的控制算法。下面以圆弧路径为例来说明。

车辆以圆弧曲线运动来确定前轮中点转角的方法是选取车辆前方一定距离 d 处的期望路径上的坐标点（x_t，y_t），如图2－12所示。假设以固定转角 θ 进行圆弧转弯运动，正好到达那个目标点，那么这个前轮转角 θ 就是当前时刻应该发出的期望转角，并在下一个采样时间用同样的方法进行更新。

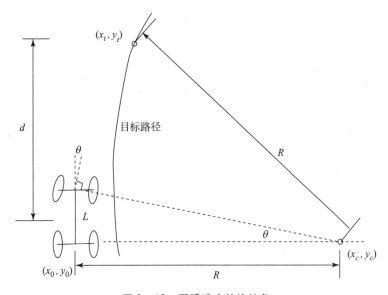

图2－12 圆弧确定前轮转角

---

① 棒棒控制（Bang－Bang）实际上是一种时间最优控制，它的控制函数总是取在容许控制的边界上，或者取最大，或者取最小，仅在这两个边界值上进行切换，其作用相当于一个继电器，也是一种位式开关控制。

确定圆弧半径 R 的方法如下：

如果车身朝向正对着预瞄点，那么 R 为无穷大，期望前轮转角为 0；

如果车身没有正对预瞄点，则定义车辆第二轴的中点坐标为 (x_0, y_0)，预瞄点坐标为 (x_t, y_t)，这两对坐标值为已知，并且圆弧中心的坐标 (x_c, y_c) 一定是在第二轴两轮连线的延长线上，那么圆心坐标应满足

$$\begin{cases} (x_c - x_0)^2 + (y_c - y_0)^2 = (x_c - x_t)^2 + (y_c - y_t)^2 \\ y_c = kx_c + b \end{cases}$$

式中，k 和 b 由第二轴两轮的坐标来决定。

当得到圆心坐标后，圆弧半径为

$$R = \text{sqrt}\left[(x_c - x_0)^2 + (y_c - y_0)^2\right]$$

则此时前轮中点期望转角为

$$\theta_t = \arctan(L/R)$$

通过计算得到的前轮转角是根据车辆和预瞄点的位置准确地计算得出的，并且也具有一定的物理含义，避免了参数和系数的选取，从而可以适应不同的车型。当然，在实际中有很多不理想不精确的软硬件特性，这就要求增加一些修正方法来进行补充修正。

在相关具体产品层面，中国零部件企业以及创业公司近年来持续取得突破，例如在 EPS[①]（Electric Power Steering）产品方面，目前本土零部件企业的有刷 EPS 产品已经进入本土整车厂前装；但在无刷 EPS 方面，国内企业与国外企业还有一定差距，还需要花费更多努力来突破，能否真正得到国内整车厂认可而进入前装领域，这是很多投资机构的关注点，也是本土汽车零部件企业及创业公司面临的最大不确定性。同时，以上海汽车集团为代表的整车厂也在积极研发 EPS 产品，目前正在进行第二代的产品研发。

4. 其他关键技术

1）人机交互技术

人机交互（Human–Machine Interaction，HMI）技术，是指专业系统与用户彼此交互关系的科学。依据具体使用环境，系统的范畴涵盖各种类型的机器和计算机化的系统与软件。人机互动的界面为用户可视化部分，使用者通过该界面与系统实现互动和沟通，并进行指令性操作。随着通信与信息技术

[①] EPS 最大优点是可以随速控制助力，在低速时提供较大助力，保证轻便转向；在高速时减小助力，提供驾驶员足够的路感。EPS 只在转向时发挥作用，因此不像液压转向会一直对发动机造成额外负担，从而减小油耗，同时没有不可回收件，更加绿色，从各方面满足环保的要求。

在交通运输领域的广泛应用，关于汽车方面的人机交互现状正发生着巨大的变化。基于智能网联汽车的人机交互设计主要有三个方面的技术应用：触摸屏技术、语音识别技术和手势识别技术。

（1）触摸屏技术。

随着便携设备与智能手机的发展，高清晰度、高灵敏度、大尺寸的触摸屏（Touch Panel）[1]也高速发展。为了满足需要，触摸屏的发展必须导入更薄或架构更精简的触控设计方案，以达到越来越灵敏，同时越来越贴合产品的要求。

触摸屏技术的应用大大简化了计算机的输入模式，使用者不必事先接受训练或者不需要对计算机有相当程度的了解，只是用手指触碰显示器屏幕，就可以启动或关闭计算机，以及进行数据分析和资料查询，使用变得更加简单和快捷。触摸屏技术提高了用户对系统功能需求输入与反馈的速度，极大地方便了用户的使用，在市场、旅游、服务业、商业、教育培训、工业控制、医疗健康等领域有广阔应用前景。目前市场上广泛采用的触摸屏技术，依据其工作原理不同，大体上可以分为各具特点的电阻式、电容式、红外线式、表面声波式四种。在智能网联汽车中，触摸屏技术得到了广泛的应用。

（2）语音识别技术。

语音识别技术（Automatic Speech Recognition，ASR）的功能是将人类语音中的词汇内容以按键、二进制编码或字符序列转换为计算机可读的输入信息。长久以来，人类梦寐以求的事情是与机器进行语音交流，让机器明白自己在说什么。作为一种伴随信息革命诞生的新兴交叉技术，语音识别旨在引导机器通过识别和理解过程，把语音信号转变为相应的文本或命令。

20世纪50年代，人类开始了对语音识别系统的研究，伦敦学院（College of London）的Denes率先将语法概率应用于语音识别，随后卡内基·梅隆大学的李开复博士率先提出了第一个基于隐马尔可夫模型（Hidden Markov Model）的大词汇量语音识别系统Sphinx，这一系统的发明帮助他获得了1988年"美国商业周刊最重要发明奖"[2]，也奠定了后来语音识别技术的研究框架。

进入21世纪以来，全球范围内语音识别技术的发展风生水起、方兴未艾，逐渐从实验室迈向大众消费市场，在手机、家电、医疗、工业、通信、汽车电子、家庭服务等诸多领域应用广泛。在未来的智能网联汽车应用场景

---

[1] 触控屏是一个感应式液晶显示装置，用于接收触头等输入信号。屏幕上的触觉反馈系统在屏幕上的图形按钮被触碰时，可以依据预先编设的程序驱动各种连接装置。这种方式取代了机械式的按钮面板，并借助液晶显示画面创造出生动逼真的影音效果。

[2] 孙晶，凌云峰. 语音识别系统技术及市场前景探析［J］. 科技资讯，2011.

中，很多研究者和创业公司都希望将语音识别技术应用进来，他们会经常描绘一个场景：用户只要对着手机说话，汽车就会自动从车库开到你的面前来接你上班。

语音识别领域的创业项目非常容易受到投资机构的青睐，不论是在一级股权投资市场还是在二级证券市场，科大讯飞、思必驰、云知声、得意音通等公司先后完成了多轮融资，它们代表了国内目前在智能语音技术研究、软件及芯片产品开发、声纹识别和语音信息服务以及电子政务等领域的最高水平，并且在教育、医疗、家电和金融等领域获得越来越多的应用机会。由于汽车车厢内处于噪声环境，因此对语音识别的降噪要求会更高，这也是目前语音识别技术还需进一步提高的地方。

（3）手势识别技术。

作为一种直观、自然、便于掌握的人机交互手段，手势输入是实现自然、直接人机交互不可或缺的核心技术。目前的手势识别技术主要分为基于数据手套和基于视觉两种。这两种方法各有长处，也都取得了一些研究成果，但都还不成熟。

手势输入在人机交互技术中占有重要的地位，可以简单地分为三个级别：二维手型识别、二维手势识别、三维手势识别。前两者完全是基于二维层面的手势识别技术，只需要不含深度信息的二维数据作为输入即可。类似日常拍照所得的相片即包含二维信息一样，只需要使用单个摄像头捕捉到的二维图像作为输入，通过计算机视觉技术对输入的二维图像进行归类、辨识与分析，获取指令和需求信息，进而实现用户的手势识别[①]。第三种是基于三维层面的手势识别技术。三维手势识别需要输入包含有深度的信息，这一点是三维手势识别与二维手势识别的最根本区别。这导致三维手势识别无论是在硬件还是在软件方面均比二维手势识别复杂得多。针对一般的简单操作，二维手势识别就足够了，比如只是想在播放视频时暂停或继续放映。但是，对于一些复杂的人机交互需求，三维手势识别确实是日常不可或缺的，比如现在火爆的虚拟现实 VR 应用方面。

在未来的智能网联汽车中，手势识别技术将成为一种便捷的交互方式，只要朝着屏幕做规范的动作，系统就会识别我们的动作，并给出相应的应答。图 2-13 所示为手势识别示意。目前国外的手势识别芯片价格正在快速下降，因此可以预期手势识别技术进入汽车前装领域的时间或将大大提前。

---

① 李清水，方志刚，沈模卫，陈育伟. 手势识别技术及其在人机交互中的应用[J]. 人类工效学，2002.

图2-13 手势识别示意

2）车联网技术

车联网在汽车圈早已脍炙人口，国内关于车联网的定义也是五花八门，但大家普遍认同车联网是车内网（CAN①/LIN②）、车际网（V2X）、车载移动互联网"三网"融合的智能系统，它是智能动态信息服务和车辆智能化控制的重要手段，可服务于汽车智能制造、电商销售后市场等环节。车内网和车载移动互联网已广为大众熟知，受篇幅所限，本书在此着重介绍相对陌生的车际网。

车际网（Vehicle to X，V2X），是指"车对外界"的无线信息交换技术，致力于实现车与外界的信息沟通与交互，是车联网应用领域的核心技术之一，主要包括车对车（V2V）信息交换和车对基础设施（V2I）信息交换两个技术方向。它使车与车、车与基站、基站与基站之间能够通信，从而获得实时路况、道路信息、行人信息等一系列交通信息，从而提高驾驶安全性、减少拥堵、提高交通效率、提供车载娱乐等。

装配有V2X通信模块的汽车具有感知周围环境的功能，为最优行驶路线的自动选择、交通事故的规避等功能的实现提供实时信息交互和数据支撑，其技术架构主要由网络云平台、车辆和行驶环境三部分组成，通过实现缺一不可的三部分之间的互联互通，达到车与外部的实时交互，决定着车载硬件终端（车机）的实际应用体验，也因此成为车联网应用的关键技术。

其中，行驶环境包括信号灯、道路信息、附近车辆、行人及其他交通基础设施等与车辆行驶相关的外部环境，这些信息通过无线网络与车载硬件终端（车机）实时互联。依托GPS、北斗等卫星导航技术以及4G技术等业已成熟应用的关键核心技术，车辆与网络平台、网络平台与外部环境之间的信息

---

① Controller Area Network：控制器局域网络。
② Local Interconnect Network：局域互联网络。

传递与反馈等沟通能力已经十分通畅，而 V2X 技术的发展重点将瞩目于解决车辆与行驶环境之间的实时信息交互问题，需求的提升就需要采用更先进的通信技术，因此 5G 技术未来在车联网领域会有很大发展空间。

美国对发展 V2X 技术应用的背景起源于 21 世纪初多起严重的校车事故，美国国家运输安全委员会在对这些校车事故调查后指出，如果肇事车辆上安装了能与其他车辆进行通信的系统，诸多事故完全可以避免[①]。随后，美国公路交通安全管理局（NHTSA）开始着手进行 V2V 授权工作，发布安装这项技术的最低性能要求。目前美国已出台了相关法规要求，无论是本土生产的车辆，还是进口车辆，在美国销售的新车必须加装 V2X 模块。

随着各国对 V2X 技术的积极部署和推广，V2X 技术日益成熟，逐渐成为车型标配，预示着车联网时代即将来临。但同时，各国也都在争夺 V2X 技术标准的主导权，美国高通公司和中国华为公司之间为此的较量博弈仍在进行中。

3）信息安全技术

随着车联网的快速发展和信息化程度的不断提高，黑客远程操纵汽车以及汽车软件漏洞等方面事件逐渐增多，保障信息安全的重要性日益凸显，加强车联网信息安全成为当务之急，也成为汽车行业创业投资的风口。通俗地讲，根据信息安全技术的特性、保护对象及所能发挥的作用，信息安全技术可分为基础支撑技术、主动防御技术、被动防御技术和面向管理的信息安全技术四个不同层次。

（1）基础支撑技术：其主要是提供包括机密性、完整性和抗抵赖性等在内的基本信息安全服务，同时为信息安全攻防技术提供支撑。密码、认证、数字签名和其他各种密码协议统称为密码技术，例如现在开始在车辆上应用的声纹识别等生物体认证技术，是信息安全基础支撑技术的核心。

（2）主动防御技术：其主要是提供阻断和控制信息安全威胁的技术，主动防御技术始终代表信息安全技术发展的主流，防火墙、虚拟专用网络（Vritual Private Network，VPN）和反病毒等技术是经典的主动防御技术。防火墙技术最为流行，主要包括数据包过滤、应用级代理、地址翻译和安全路由器技术等；VPN 技术是通过建立可信的虚拟专用网来保证局域网间通信安全；反病毒技术就是用嵌入病毒特征码的杀毒扫描程序对目标进行对比查杀。在实际股权投资工作中，我们接触到的车联网安防技术项目大多来自传统的杀毒公司，都是力图将 PC 端和移动端的主动防御技术应用到车载端，而且都比较重视云端和软件攻防技术，对硬件安防方面则关注不多。

---

① 赛迪智库：V2X 技术引领智能交通进入车联网时代，2015 年 9 月（http：//www.cnelc.com/Article/1/150907/AD100229063_1.html）。

（3）被动防御技术：其主要是着眼于信息安全威胁的发现和如何在信息安全威胁发生后将损失降到最低。被动防御技术主要包括 IDS[1]、网络扫描、密钥、数据备份与恢复、信息安全审计等技术，其中 IDS 技术尤为重要[2]。此外，作为被动防御技术之一的网络扫描技术是通过模拟攻击，确认网络或系统中安全威胁的分行情况，为实施进一步的控制措施和管理手段做准备；密钥技术是通过主动设置包含指定脆弱点的设备，进而捕获攻击者或攻击行为的特征；数据备份和恢复则是被动地为信息系统的稳定运行和业务的连续性提供最根本的保证；信息安全审计为受信息安全威胁的系统提供审计信息，为事后分析和计算机取证提供依据。

（4）面向管理的信息安全技术：其是以提高信息安全技术效率和集成使用信息安全技术为基本出发点，并在一般意义信息安全技术的基础上引入了管理的思想，是一种综合的技术手段，主要包括安全网管系统、网络监控、资产管理、威胁管理等技术。面向管理的信息安全技术是信息安全技术的必要补充，也是信息安全技术发展的重要方向之一。

目前国内信息安全技术领域的创业项目比较受青睐，不论是上市公司绿盟科技，还是创业公司梆梆安全等都先后完成多轮融资，这些公司都处在从移动信息安全领域向车联网信息安全领域转型的阶段，对于车联网信息安全要求以及盈利模式等方面还在积极探索中。

国内互联网公司也一直在关注车联网信息安全领域，因为这会和车载操作系统、云计算、大数据以及虚拟运营商等业务形成协同效应。腾讯成立了科恩实验室，阿里和百度也加强了相关技术人才的储备，360 公司更是一直在给整车厂介绍"黑客破解特斯拉"的案例。伴随着中国车联网产业的逐步落地，车载信息安全市场空间将不可限量，各方参与者宜提早投入布局，做好技术准备和人才储备，提早与整车厂的研究院进行技术和项目对接，以期预先抢占行业商机，通过合作的方式推动产业和资本的互利共赢。

二、自动驾驶分级及发展路径

智能汽车的发展注定是一个漫长而痛苦的过程，不仅需要相关技术发展和融合，而且需要制定标准和法规，并通过大量的测试去验证和修改完善，

---

[1] IDS 是英文"Intrusion Detection Systems"的缩写，意思是"入侵检测系统"。形象地说，假如防火墙是一幢大楼的门锁，那么 IDS 就是这幢大楼里的监视系统。一旦小偷爬窗进入大楼或内部人员有越界行为，只有实时监视系统才能发现情况并发出警告。

[2] 韩淑艳. 关于对信息安全技术体系的探讨［J］. 科技与企业，2015.

这个过程势必将伴随着艰辛和汗水。

NHTSA（美国国家公路交通安全管理局）和 SAE（美国汽车工程师学会）对无人驾驶发展程度率先给出了分级定义标准，将智能网联汽车的无人驾驶程度由低到高划分为几个层级，即无自动驾驶辅助功能（Level 0）、特定自动驾驶辅助功能（Level 1）、部分自动驾驶辅助功能（Level 2）、有条件自动驾驶（Level 3）以及高度自动驾驶和无人驾驶（Level 4、Level 5），如表 2-2 所示。

表 2-2 NHTSA 和 SAE 对自动驾驶的分级

自动驾驶分级		称呼（SAE）	SAE 定义	主体			
NHTSA	SAE			驾驶操作	周边监控	支援	系统作用域
0	0	无自动化	由人类驾驶者全权操作汽车，在行驶过程中可以得到警告和保护系统的辅助。	人类驾驶者	人类驾驶者	人类驾驶者	无
1	1	驾驶支援	通过驾驶环境对方向盘和加减速中的一项操作提供驾驶支援，其他的驾驶动作都由人类驾驶者进行操作。	人类驾驶者系统			部分
2	2	部分自动化	通过驾驶环境对方向盘和加减速中的多项操作提供驾驶支援，其他的驾驶动作都由人类驾驶者进行操作。				
3	3	有条件自动化	由无人驾驶系统完成所有的驾驶操作。根据系统请求，人类驾驶者提供适当的应答。	系统			
4	4	高度自动化	由无人驾驶系统完成所有的驾驶操作。根据系统请求，人类驾驶者不一定需要对所有的系统请求作出应答，限定道路和环境条件等。	系统	系统	系统	
	5	完全自动化	由无人驾驶系统完成所有的驾驶操作。人类驾驶者在可能的情况下接管。在所有的道路和环境条件下驾驶。				全域

与 NHTSA 对无人驾驶程度分级相对应，中国汽车业界也将智能汽车的无人驾驶发展过程分为五个阶段，即低级驾驶辅助、高级驾驶辅助、半自动驾驶、高级自动驾驶和全自动驾驶/无人驾驶阶段，如图 2-14 所示。

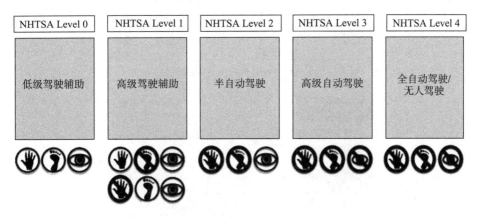

图 2-14　NHTSA 自动驾驶分级中不同等级下驾驶员的介入与参与情况

1. 第一阶段：低级驾驶辅助

第一阶段（低级驾驶辅助阶段）是指汽车基本上没有装备任何自动驾驶辅助系统，仅仅安装了一些预警系统，如前向碰撞预警（Forward Collision Warning，FCW）、车道保持提醒（Lane Keep Warning，LKW）等。汽车低级驾驶辅助系统主要运用车上安装的低成本传感器检测周围环境和车辆，在必要时对驾驶员进行提醒，如前向碰撞预警雷达系统会在行驶过程中实时监测前方，判断本车与前车之间的距离、方位及相对速度，如果有碰撞危险则会对驾驶员进行警示。该档次系统只在预判车辆处于危险情况下对驾驶员进行信号警示，本身不会采取任何措施控制车辆加速、制动或转向。汽车低级驾驶辅助系统功能如图 2-15 所示。

2. 第二阶段：高级驾驶辅助

第二阶段（高级驾驶辅助阶段）主要以 ADAS（Advanced Driver Assistance System）为发展目标和方向，我国国内汽车企业大多处于这一阶段。

一类ADAS应用：识别+预警

前碰报警(Forward Collision Warning, FCW)

利用前部测距雷达或者使用动态视频摄像技术，并通过计算机图像处理技术、视觉算法，识别前方车辆，判断与前车距离，实现前车碰撞预警

车道偏离报警(Lane Departure Warning)

通过摄像头监测前方车道线，计算出车道线与本车车身距离，当驾驶员无意识偏离车道时，给予驾驶员提示回到原来车道

盲区检测(Blind Spot Detection, BSD)

通过后保险杠两侧的雷达监测车辆两侧盲区范围内的车辆，并在外后视镜上显示一个视觉信号，以提示盲点区域是否有运动的汽车存在，警示并提醒驾驶员此时不可变道

交通标志识别(Traffic Sign Recognition,TSR)

提前识别和判断常见交通标志，提醒驾驶员注意及遵守这些交通标志，一般与车辆导航系统结合使用，可以和LDW系统共用一个图像传感器

行人碰撞警示(Pedestrian Collision Warning,PCW)

利用前置摄像头，在白天能够在即将和行人或者自行车发生碰撞前最多2 s发出警告信息来尽可能避免事故的发生

图2-15 汽车低级驾驶辅助系统功能

ADAS以环境感知和电控执行为核心。环境感知产品的优劣很大程度将决定公司智能驾驶进程，车联网系统是ADAS信息输出媒介，也是数据上传入口，执行机构配合环境感知能实现价值较大的自适应巡航、自动紧急制动、智能远光大灯等功能。ADAS与无人驾驶是两个不同的概念，两者之间的逻辑关系如图2-16所示。

单车智能的实现形式是感知、决策和执行。若用人进行类比，感知就是人的眼，处理即人的脑，而控制就如同人的手和脚一般，如图2-17所示。

车的感知是通过传感器得以实现的，摄像头、毫米波雷达、红外线传感器等设备使汽车可以感知图像、距离、夜景等多种功能信息。处理阶段可以分为两部分：分析和决策。

分析阶段：传感器传来的只是图像、距离信息等数据流，通过算法将图像中车辆、行人、道路等甄别出来，并将前方障碍物距离和相对速度得到的碰撞概率等进行分析。

决策阶段：对分析得到的结果进行综合决策，是否应该预警、降低车

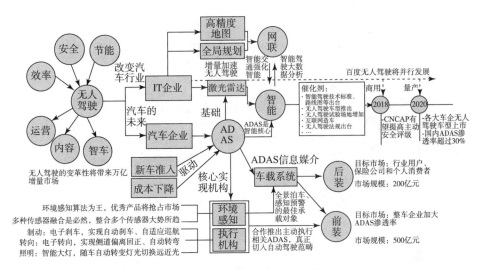

图 2-16 ADAS 与无人驾驶逻辑图

（资料来源：海通证券）

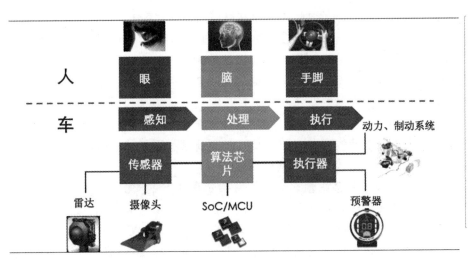

图 2-17 ADAS 为基础的单车智能结构示意图

（来源：长江证券）

速等。

决策后的结果最终是需要传统的车身控制系统等输出设备进行执行的，将潜在危险对驾驶员进行提示或直接通过发动机、制动系统参与提前降速或进行规避等。图 2-18 所示为 ADAS 传感器应用示意。

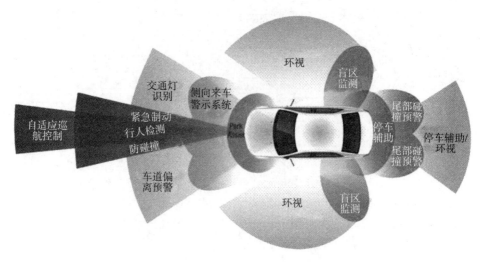

图 2-18 ADAS 传感器应用示意图

3. 第三阶段：半自动驾驶

第三阶段（半自动驾驶阶段）是在高级驾驶辅助系统的基础上更进一步，汽车半自动驾驶包含所有的高级辅助驾驶功能，并且技术更加成熟和全面。

半自动驾驶系统除了包括自适应巡航控制系统、车道偏离警示系统、紧急制动系统、自动停车系统、公路自动导航装置等外，还将搭载集成度更高的自适应巡航和全自动泊车系统等，目前欧美日等国家和地区的汽车企业已开始将上述功能投放使用。例如，在 2017 款美版凯迪拉克 CTS 上，我们看到具备半自动驾驶功能的汽车，结合 CTS 前期测试和系统体验来看，这套系统的核心在于 V2V 通信以及超级巡航功能。

V2V 通信技术能够让相邻车辆间互相发送基本的安全信息，诸如位置、速度以及行驶方向等，可以有效减少汽车碰撞，缓解交通拥堵。这项技术能够在各种危险情况下提醒驾驶员实施操作以规避风险，它是对现有安全装置如车辆碰撞警告报警系统的有效补充。基于 V2V 理论延伸出的 V2P（Vehicle to Pedestrian，车与行人）功能，是利用随身携带的手机或移动终端发射的信号与汽车进行连接，从而识别行人的方向、速度等行进状态，同时还可通过手机上的软件控制车辆，实现远程控制的功能。

4. 第四阶段：高级自动驾驶

第四阶段（高级自动驾驶阶段）是指汽车可以在一定的时间内自动控制行驶，但仍需要有驾驶员监控，以便在突发情况下接管汽车操控。随着汽车的自动化性能和可靠性的提高，驾驶控制可以由人逐步过渡到车辆自身，这已成为智能网联汽车的重要发展方向。例如，全球汽车零部件巨头安波福宣称，由其改装的无人驾驶汽车"SQ5"实现了穿越美国的全自动驾驶。预计到 2020 年，会有自动驾驶量产车相继投放市场，实现产品的大众消费和功能化应用。

5. 第五阶段：全自动驾驶

第五阶段（全自动驾驶或无人驾驶阶段）是指不再需要驾驶员监控，自动驾驶系统可以自主完成所有的驾驶操作，平稳安全地到达目的地；而且在路上的所有车辆均已实现车与车、车与路之间的实时通信，从而保障路上全部的车辆能够做到全自动驾驶/无人驾驶。这是国内外汽车企业、科研机构和创业公司共同努力的终极目标，但目标的实现还有赖于整个智能交通体系的搭建和相应政策法规的出台。

在过去十多年间，ADAS 和自动驾驶等相关技术一直由汽车厂商和零部件供应商主导研发，处于"文火慢炖"的状态。转折点出现在 2014 年，美国谷歌公司发布自动驾驶汽车项目，带动了 IT、互联网和人工智能等领域的公司试水自动驾驶业务，新进入者们所提出的自动驾驶解决方案包含了传统汽车企业过去从未提出过的全新理念和新兴技术，开辟了实现自动驾驶终极目标的另一条发展路径，并且进展可喜、成就斐然，把传统汽车企业甩在后面。这一情况使得汽车产业深受"触动"，引发了新一轮汽车企业在自动驾驶方面的技术研发热潮。

在实现无人驾驶方面，以谷歌为代表的 IT 企业和传统汽车企业选择了不同的发展路径。IT 企业以达到无人驾驶最高阶段为目标，对成本不是很敏感，广泛采用价格昂贵的"激光雷达 + 高精度地图 + 人工智能"等方式直接追求无人驾驶功能的实现；传统汽车企业则从技术可靠性和成本可行性出发，从无人驾驶初级阶段开始，逐步向最高阶段发展，如表 2-3 所示。

表 2-3 无人驾驶两条发展路径

发展路径	IT 和互联网企业	传统汽车企业
代表企业	谷歌、百度等	传统整车厂、特斯拉等
技术目标	直接研发无人驾驶的最高阶段	从低级阶段逐步发展到高级阶段
主要配置	激光雷达、毫米波雷达、摄像头、传感器、高精度地图等	毫米波雷达、摄像头、超声波雷达、高精度地图

续表

发展路径	IT 和互联网企业	传统汽车企业
技术性能	通过激光雷达对周边环境进行全景扫描，并进行三维建模，可实现车辆厘米级的定位	定位精度没有采用激光雷达的方案高，还无法实现更高阶段的无人驾驶，但可实现初级阶段的无人驾驶
成本情况	非常昂贵	与外部零部件公司共同开发，注重性价比

互联网企业对传统汽车产业的渗透，主流汽车厂商深受启发，也开始利用人工智能和深度学习等技术，推动 ADAS 和自动驾驶的研发进程，目前变道辅助、车道保持辅助、驻车辅助、障碍物检测、碰撞前紧急制动等 ADAS 技术已经在部分高端车型上得以应用，多个汽车厂家的无人驾驶样车也已陆续试制出来并开始路试。

三、全球主要汽车企业自动驾驶发展计划

近年来，全球主要汽车企业均开始涉足自动驾驶领域。据日本汽车研究机构 FOURIN（富欧睿）对国内外主要汽车企业的研究结果，预计全球主要汽车企业在未来 5~10 年将逐步实现从高速公路自动驾驶过渡到普通道路自动驾驶。汽车企业利用 IT 技术创新、人工智能、大数据收集等新技术的融合，使汽车的自动驾驶由愿景规划变为仿佛触手能及的现实。

但是，由于法规的制定和安全的验证是一个循序渐进的过程，真正意义的自动驾驶的推广还需要很长的时间方能实现。自动驾驶的推进进度也根据各个国家及地区情况的不同而存在差别。但是总体来看，2020 年以前 ADAS 的推广应用将加速，2020 年前后将在高速公路、停车场或指定区域等实现自动驾驶，2025 年左右有望在普通道路上实现自动驾驶，预计在 2030 年前后实现完全自动驾驶，如表 2-4 所示。

从全球各主要汽车企业发布的信息来看，2017 年已开始实现 Level 1 或 Level 2 水平的自动驾驶，Level 3 或 Level 4 水平的自动驾驶将在 2020 年开始正式实现，但正式推广要到 2025 年以后。

美国市场中，通用汽车早在 1996 年就开始推出车联网安吉星业务，在自动驾驶技术方面已经实现了自适应巡航控制、车道偏离预警系统、驻车辅助、自动制动等 ADAS 功能，预计 2020 年以后实现 Level 3 阶段的自动驾驶，有望在 2025 年以后实现全自动驾驶。福特汽车在 2015 年已实现停车辅助、根据

表 2-4 自动驾驶的推进进度

功能类别	2013年 2014年 2015年	2016年 2017年 2018年 2019年 2020年	2025年以前	2025年以后
驾驶	▲车道变更辅助 ▲车道保持辅助	▲拥堵路段驾驶辅助 ▲横穿马路时的驾驶辅助 ▲高速公路上的自动驾驶	辅郊区自动驾驶 ▲一般道路上的自动驾驶	▲完全自动驾驶
停车	▲停车操作辅助 ▲自动停车	▲自动代客泊车辅助	▲代客泊车	
安全	▲障碍区驾驶辅助 ▲碰撞前紧急制动、碰撞前行人保护	▲紧急降低发动机功率 ▲紧急操作辅助		

交通流量调整速度、紧急制动、车道保持辅助、自适应巡航控制系统、预碰撞系统、主动式泊车辅助系统的搭载；2017 年开始将逐步推出搭载半自动驾驶功能的车型，计划到 2025 年前后投放具备完全自动驾驶功能的车型。特斯拉则是最早尝试半自动驾驶的汽车企业，但 2016 年 5 月以来连续发生的多起自动驾驶伤亡事故不仅影响了特斯拉的自动驾驶技术方针，对全球的自动驾驶技术推广也造成了很大的影响。2016 年下半年，特斯拉发布新的自动驾驶技术方针，新导入的第二代自动驾驶系统停止采用依赖于 Mobileye 摄像头的传感器系统，计划 2017 年年末升级到 Level 4。

欧系企业中，大众集团内部明确划分了自动驾驶和自动停车开发任务，自动驾驶的开发主要由奥迪负责，自动停车的开发则由大众负责，在技术方面集团内部的其他品牌可以共享。2017 年上市的 Audi A8（第 8 代）搭载 Pilot Drive 功能，速度在 60km/h 以下，从转向到加速、制动均可自动操作，驾驶员仅负责监视系统工作。另外，到 2020 年具有自我学习型功能的半自动驻车系统将实现量产化；大众为了实现高度自动驾驶，与博世、大陆集团等共同进行研发，如果交通法规、成本方面的难题得到解决，到 2025 年左右可以实现量产。戴姆勒在德系企业中对自动驾驶技术的开发最为积极，2013 年搭载 360°监控雷达、摄像头、GPS 导航的自动驾驶车 S500 Intelligent Drive 进行了 103km 的路试，截至目前已经在美国和德国进行自动驾驶的路试。在技术上，戴姆勒综合利用 2015 年收购的诺基亚 Here 高精度地图与导航、车车间、车路间通信等，实现基于云服务的自动驾驶，计划到 2020 年实现在高速公路自动驾驶。此外，戴姆勒在美国 CES 2015（International Consumer Electronics Show，国际消费电子展）发布的未来自动驾驶概念车 F015 将在 2030 年实现应用。宝马在自动驾驶方面与大陆集团等德系供应商紧密合作推进开发，还参与收购了高精度地图企业 Here；预计 2018 年推出的宝马 3 系将实现有条件的 Pilot Drive，力争到 2025 年左右实现自动驾驶。

日本汽车工业协会提出的自动驾驶技术路线图是基于长期构想，以实现社会零负担作为长期目标，开展自动驾驶战略。所谓社会零负担，即零交通事故率、零拥堵，同时实现自由移动和高效物流，力求通过自动驾驶技术为包括摩托车、行人在内的所有交通参与者做出贡献。具体的自动驾驶发展时间表是到 2020 年实现有条件的自动驾驶，到 2025 年左右实现高度自动化，到 2030 年实现完全自动化，2030 年以后将普及扩大自动驾驶。日本汽车工业协会的自动驾驶路线图基本上按照内阁府发布的内容，但首相安倍明确表示将在东京奥林匹克运动会上实现完全自动驾驶服务，推进相关法规的制定，为此，在首都附近以及相关省厅附近，很有可能提前实施自动驾驶。

日本各制造商公司以 ADAS 为中心推进扩大采用安全驾驶辅助技术，但受到全球以实现完全自动驾驶为目的的系统开发潮流的影响，也在积极获取对于完全自动驾驶必不可少的 AI 和深度学习周边识别技术。丰田已在普锐斯、卡罗拉、皇冠等主力车型上配备了新一代安全驾驶辅助系统 Toyota Safety Sense，丰田以未来实现交通零事故、零死亡为目标的同时，还基于以向老年人和残疾人提供自动移动服务为目的的 Mobility Teammate Concept，加速开发高度自动驾驶，力争到 2020 年实现高速道路自动驾驶技术的应用。本田在各种车型上配备驾驶辅助技术 Honda Sensing，力争在 2020 年实现高速公路自动驾驶。本田开发了由单目摄像头和毫米波雷达组成的安全驾驶辅助系统 Honda Sensing，不仅在杰德及雅阁等中大型车上采用，还在 Freed 以及 Vezel 等紧凑型车上配备；本田旨在 2020 年实现高速公路自动驾驶，为此在日美实施了试验。2016 年 6 月在美国发布了基于 Acura RLX 的自动驾驶试验车辆，除使用摄像头以及激光雷达等检测车辆周围环境以外，还采用车车间通信技术。日产以领先于其他日本汽车制造商于 2020 年实现在包括十字路口在内的普通道路上的自动驾驶为目标，致力于相关开发。为实现自动驾驶，2016 年 5 月向伊势志摩峰会提供了基于聆风开发的自动驾驶汽车，配备摄像头、毫米波雷达以及高性能激光扫描器。日产在 ProPILOT 的开发中，与以色列 Mobileye 合作。日产计划在 2016 年以后扩大 ProPILOT 的搭载车型，此外力争在 2020 年成功开发出高精度自动驾驶技术。

韩国的现代汽车早在 2010 年就已经开始研发自动驾驶技术，近期推出的 Ioniq 原型车就搭载了三部激光器、三部雷达以及两部摄像头，其可以对行驶过程中的各种情况实现有效侦测，并在 2016 年的洛杉矶车展上首次公开展示了自动驾驶版 Ioniq 概念车。现代将在未来三年内推出自动驾驶汽车，到 2020

年将推出首款用于高速公路行驶的自动驾驶系统。最初推出的自动驾驶系统可在较长时间范围内具备控制车辆加速、制动、转向、变换车道以及自动识别障碍的功能，但上述功能只在高速公路行驶时才可生效。现代汽车的技术方针是首先将自动驾驶功能在高速公路环境下得以实现，之后再向城市道路环境扩展。其目标是到 2020 年实现高速公路自动驾驶，而到 2030 年再将这一功能延伸至城市道路环境。

中国的本土汽车制造商自 2010 年以来，推进乘用车新产品开发及高端化的同时，在新车型上开始搭载 ADAS 相关技术。本土汽车制造商将 ADAS 作为一种安全舒适的技术在乘用车上搭载，并以此为卖点运用到新产品战略中。据 FOURIN 统计，截至 2017 年 3 月，自主品牌厂商乘用车产品有 19 款车型搭载了 LDW（车道偏离预警系统），有 14 款车型搭载了 SVA（Side View Assist）盲点预警系统，有 13 款车型搭载了 FCW（前方碰撞预警系统），搭载 ACC（自适应巡航控制）、NVS（夜视系统）的车型各有 8 款。在搭载车型的型款上，有 55 个型款搭载了 DMS，有 33 个型款搭载了 SVA，有 24 个型款搭载了 FCW。自主品牌制造商将 ADAS 运用到车型高端化战略中。通过搭载 ADAS 技术，上海汽车、长安汽车、东风汽车、北京汽车、一汽轿车、广州汽车、长城汽车、吉利汽车、奇瑞汽车、江淮汽车、东风裕隆均向市场投放了售价高达 20 万元以上的、前所未有的高价车型。采用 ADAS 相关零部件的车型有荣威 i6、长安睿骋、红旗 H7、传祺 GS5 Super·GS8、哈弗 H7、吉利博瑞·博越、奇瑞瑞虎 7、东风裕隆优 6·大 7 等，人气较高的 SUV 占据很大比例。其中，上海汽车、长安汽车、广州汽车、吉利汽车积极推进 ADAS 技术在新产品上的应用。

中国政府在 2015 年 5 月发布的《中国制造 2025》中明确将智能网联、自动驾驶作为汽车行业未来的发展方向。受此影响，各汽车生产企业正在加速布局自动驾驶汽车业务，并已从概念开发进入路试阶段。另外，为实现在 2020 年以后推广应用，2016 年以来中国政府开始着手法规建设，试验及试运营设施的建设也呈现活跃化。我国将 ICV（Intelligent Connected Vehicle，智能网联汽车）的发展分为 DA（驾驶辅助）、PA（部分自动驾驶）、HA（高度自动驾驶）、FA（完全自动驾驶）4 个阶段，力争到 2020 年 DA、PA 整车自主份额超过 40%，2025 年 DA、PA、HA 整车自主份额达 50% 以上（其中 HA 为 10%~20%）。但 FA 的推广应用预计要到 2025 年以后方能实现。为响应政府的方针和号召，自主品牌厂商在布局自动驾驶汽车方面展现出了积极的姿态。

第三章

智能制造

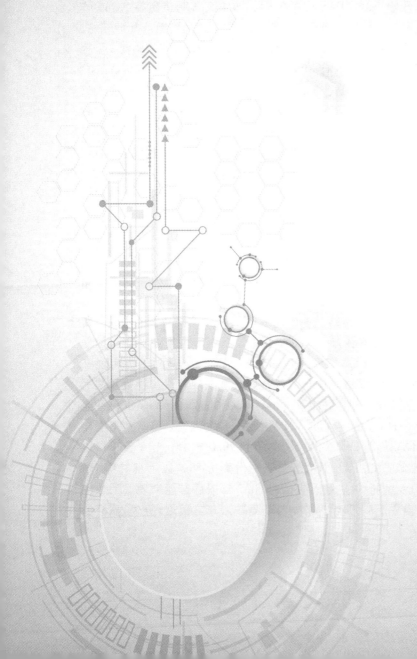

全球汽车制造业由小批量手工生产逐步向大批量流水线生产、柔性化、自动化、数字化精益制造转变。20世纪70年代以来,一批新技术涌现出来并很快应用到汽车制造领域中,促进了汽车制造业新一轮变革。这一阶段的发展是随着CAD①、CAM②、机器人制造技术、成组技术等先进技术的诞生和应用而发展起来的。

伴随信息技术、网络通信技术、数字化技术、人工智能技术的发展,汽车制造业和其他工业一起,进入一个新的发展阶段。2012年以来,工业互联网、工业4.0、智能制造等理念掀起了一股工业创新与变革的浪潮。汽车制造业被裹挟在其中,被新时代的涌浪推向潮头。

一、汽车智能制造的使能技术③

2016年,中国汽车工程学会主编的《节能与新能源汽车路线图》给出了随着新技术的出现汽车制造技术发展演变的进程图。可以说,构成自动化、数字化、智能化制造的关键使能技术有很大一部分首先应用于汽车制造业并获得了成功,甚至有的技术就源自汽车制造业。汽车制造是这些技术的集大成者,汽车智能制造就是关键使能技术的综合应用,汽车智能制造的先进程度取决于使能技术的综合应用能力。汽车制造模式发展进程④如图3-1所示。

汽车产业智能制造的发展取决于两个方面:一方面,汽车企业积极探索和开展智能制造是发展源头,通过企业的实践,总结和归纳有效的方法和实施手段;另一方面,智能制造各层面技术支撑对汽车行业的智能制造发展程度起着决定性的作用。

从汽车诞生到现在,整车制造工艺和技术已经非常成熟,适合大规模生产的汽车制造传统工艺已经成为汽车制造厂建设规划的标准。从车身冲压、焊装、喷涂、动力总成到总装,各整车厂的制造工艺水平和车间装备自动化程度大体相当。从制造车间来说,各整车企业生产线加工装备自动化水平都非常高,焊装、涂装车间大量使用机器人;生产线采用射频识别(Radio Frequency Identification,RFID)系统实现了车间信息采集;开发了自动导引运输

---

① Computer Aided Design:计算机辅助设计。
② Computer Aided Manufacturing:计算机辅助制造。
③ 使能技术是指一项或一系列的、应用面广、具有多学科特性、为完成任务而实现目标的技术。
④ 中国汽车工程学会. 节能与新能源汽车技术路线图 [M]. 北京:机械工业出版社,2016.

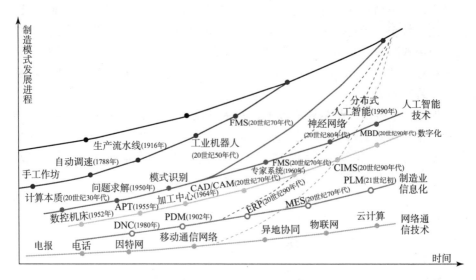

图3-1 汽车制造模式发展进程

车（Automated Guided Vehicle，AGV）等自动物流系统；应用了机器视觉等人工智能技术。

在企业管理信息化方面，汽车制造企业建立了企业资源管理（Enterprise Resource Planning，ERP）系统、生产过程执行（Manufacturing Execution System，MES）系统，以 ERP 为基础，开发多功能的经销商管理（DMS）、客户关系管理（Customer Relationship Management，CRM）系统，并实现集成。在数字化设计、制造建设方面，国内外汽车生产企业相继进行了产品数据管理（Product Data Management，PDM）、产品生命周期管理（Product Lifecycle Management，PLM）系统建设，并从产品设计端向制造端延伸，实现了产品开发设计、制造工艺、制造车间三维模型仿真，以及基于模型的一体化系统工程。

对汽车制造业来说，以上是实现智能制造的关键使能技术。2016 年 5 月，工信部发布《关于深化制造业与互联网融合发展的指导意见》，将智能制造的基础概括为"一硬、一软、一网络、一平台"新四基。其中的硬件基础就是挥动着手臂集群、上下翻飞、复杂而又有序的机器人。机器人技术的应用是汽车制造业全自动化生产线实施的基础，现在也被视为汽车智能制造的标志之一。

1. 机器人技术

工业机器人技术源于汽车工业，这已经是不争的事实。1958 年美国联合控制公司研制出第一台机械手，用于美国通用汽车焊接车间。自此，第一台实用化工业机器人诞生，命名为 Unimate（万能自动），随后点焊、喷涂和弧焊机器人先后问世，并首先应用于汽车车身制造。工业机器人的发展历程如表 3-1 所示。

表 3-1 工业机器人的发展历程

年份	1960	1965	1970—1975	1975—1980	1980—1985	1985 以后	当前
主要趋势	初期阶段	成长阶段	更新阶段	复苏阶段	增长阶段	广泛应用	普及应用
产品形式	基础型	实用化	小型化、轻量化	低油耗	高质量	高速度、高精度	智能感知、人机协同
生产方式	少量车型	大批量	多车型	混合多功能生产线	混合多用途生产线	混合多用途生产线	大规模定制生产线
实用技术	机械化	自动化	自动化	柔性化	柔性化	柔性化	智能化
车身技术	部分点焊	个别工位多极点焊	主要工位多极点焊	生产线机器人化	各种焊接新技术机器人化	全方位机器人化	无人化

日本自 1969 年从美国引进工业机器人技术后大力从事研究，目前日本不仅是汽车强国，更是机器人强国，日本发那科公司（Fanuc）占据了汽车制造机器人大部分市场份额。

从表 3-2 可见，全球工业机器人品牌中，日本占半壁江山。合资、自主品牌汽车企业高度自动化的生产线如焊接、涂装等，基本采用发那科、库卡、ABB、柯马等品牌的机器人。

表 3-2 用于汽车制造的各国机器人品牌

序号	1	2	3	4	5	6	7	8	9
公司名称	发那科	库卡	那智不二越	川崎	ABB	史陶比尔	柯马	爱普生	安川
所属国家	日本	德国	日本	日本	瑞士	瑞士	意大利	日本	日本
序号	10	11	12	13	14	15	16	17	18
公司名称	新松	现代	罗普伺达	OTC	优傲	松下	电装	广州数控	埃夫特
所属国家	中国	韩国	韩国	日本	丹麦	日本	日本	中国	中国

德国制造业从 1970 年开始应用机械手，主要用于起重运输、焊接和设备的下料等作业。1971 年德国梅赛德斯－奔驰公司开始在辛德尔芬根（Sindelfingen）工厂使用工业机器人用于汽车制造，如今辛德尔芬根工厂已经拥有 4 500 个工业机器人用于汽车制造。

在当今汽车生产大国中，轿车车身上的焊点绝大多数是由焊接机器人完成的，焊接自动化率可达 90% 以上。

随着新工厂投入使用，工业机器人的使用数量呈现出大幅上升趋势，尤其是德国汽车制造企业。如一汽大众佛山工厂车身车间有超过 800 台机器人，北京奔驰的后驱车型工厂车身车间有 800 多台机器人，华晨宝马大东工厂有 856 台机器人。国内部分汽车企业使用的机器人数量如表 3-3 所示。

表 3-3　国内部分汽车企业使用的机器人数量

企业	广汽丰田	华晨宝马	长安福特	上汽大众	上汽通用	神龙汽车	长安汽车	东风悦达起亚	北京现代
工厂	第三工厂焊接车间	铁西工厂车身车间	杭州工厂车身车间	宁波工厂车身车间	武汉工厂车身车间	成都工厂焊接车间	两江工厂焊接车间	第二工厂焊接车间	第二工厂焊接车间
台数	682	635	503	468	452	452	427	284	266

人工智能技术又赋予了工业机器人新的技能，目前的工业机器人有微型电子计算机控制系统，具有视觉、触觉能力，机器人上安装有各种传感器，把感觉到的信息进行反馈，使机器人具有更多感觉机能。这些新技能机器人也被用于汽车制造，装备智能技术的提升直接提高了汽车智能制造的水平。如华晨宝马铁西工厂，高标准的计算机控制系统可以确保完成复杂的抓手更换动作，同时确保极高的精确度。在奔驰、大众汽车的制造车间，机器视觉系统被安装在机器人上，机器人就像人长了眼睛，可以根据不同工件的流动情况或工件的位置孔信息，判断抓取工件或放置在不同的规定位置，实现多车型柔性化生产。再如博世（Bosch）公司推出的协作机器人 APAS，具有触觉感应能力。机器人上安装了触觉检测外套，当检测到人靠得太近时，会自动降低运行速度甚至停止运动，在人离开该区域后，机器人会自动恢复正常运行速度。

在汽车制造业中，工业机器人是众多智能装备应用技术的典型代表，除此以外，还有数控加工机床、AGV 小车、3D 打印、RFID、传感器、可编程控制器（Programmable Logic Controller，PLC）甚至无人机等硬件构成汽车制造生产车间及物流控制与执行系统。但是，即使在汽车制造车间里使用了像谷歌 Alphabet 旗下波士顿动力公司研制出的智能机器人，也无法实现完全的智能制造。智能硬件系统必须有信息化、网络化系统的支撑才能在整个制造系统中发挥出相应的作用。

2. 工业软件

汽车智能制造中应用的工业软件分为两类，一类是以帮助企业完成信息化系统为代表的 ERP、MES、DMS、CRM 等；另一类是以帮助企业实现数字化制造为代表的计算机辅助设计（CAD）、计算机辅助制造（CAM）、计算机辅助工艺过程设计（Computer Aided Process Planning，CAPP）、PDM、PLM 等。目前，这两类工具软件也在融合发展和集成发展。

ERP 起源于企业的库存管理需求，企业发展的需求推动管理信息系统不断升华。ERP 是企业信息化管理系统发展中的一个阶段，它替代了 MRP Ⅱ（Manufacturing Resource Planning Ⅱ，制造资源计划 Ⅱ）成为当今企业信息化管理系统的主流。ERP 的发展历史如图 3-2 所示。

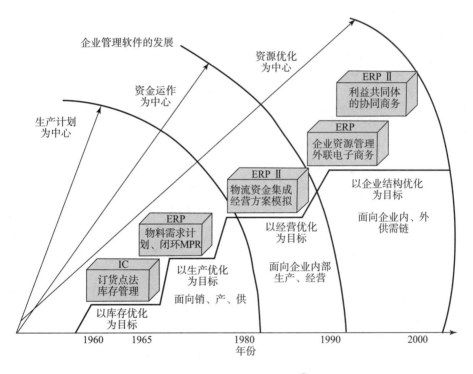

图 3-2　ERP 的发展历史[①]

汽车企业运行管理信息系统建设是一个渐进的过程，经历了萌芽阶段、基础应用阶段、系统建设阶段、应用整合阶段和价值整合阶段。世界上第一

---

① 杨景宜. ERP 阶段不可逾越 [EB/OL]. http://articles.e-works.net.cn/erp/article4818.htm，2003.

大 ERP 系统供应商是德国 SAP 公司，成立于 1972 年。到 1987 年，德国百强企业中有 60 家已经使用 SAP 公司的信息化管理软件，其中不乏汽车企业及零部件供应商。

国内汽车企业实施信息化管理起步较晚，一汽大众和上汽通用自 1997 年开始使用 ERP 系统进行企业管理；自主品牌江淮汽车 1999 年开始进行 ERP 建设，2002 年进行了系统升级；华晨汽车、奇瑞汽车、长安汽车于 2002 年开始使用 ERP 系统；吉利汽车于 2005 年开始使用 ERP 系统；长城汽车 ERP 系统于 2012 年正式上线，用于管理企业财务、成本、采购和销售等业务。国内汽车企业应用 ERP 的情况如表 3-4 所示。

表 3-4 国内汽车企业应用 ERP 的情况

汽车企业	上汽通用	上汽大众	一汽大众	北京奔驰	华晨宝马	东风汽车	奇瑞汽车	比亚迪	上汽乘用车
ERP供应商	SAP	SAP	SAP	SAP	SAP	SAP	SAP	SAP	SAP
汽车企业	吉利汽车	郑州日产	长安汽车	广汽乘用车	江淮汽车	东风本田	江铃汽车	华泰汽车	东南汽车
ERP供应商	SAP	SAP	Oracle	Infor	Infor	上海信岩	QAD	北京利玛	神舟数码

但是，汽车企业车间级信息化是薄弱环节，发展 MES（Manufacturing Execution System）技术是提升车间自动化水平的有效途径。MES 强调车间级的过程集成、控制和监控，以及合理地配置和组织所有资源，满足车间信息化需要，提高车间对随机事件的快速响应和处理能力，有力地促进企业信息化进程向车间层拓展。

MES 从 ERP 系统中获得主生产计划及物料、供应、采购和库存等生产准备相关信息后，进行车间计划排产，并将生产任务下发给分布式数控（Distributed Numerical Control，DNC）系统安排数控加工，将检验任务下发给质量系统用于质量跟踪。同时，MES 通过数据采集系统获得生产过程中的任务执行、加工、物料、工时、设备、工装和人员等信息，用于生产过程监控和车间事件处理。如长安汽车 MES 系统包含 7 个子系统，可实现强大的信息管理功能。

长安汽车 MES 系统通过生产过程控制（PPC）来对生产排序、主数据管理、可视化等进行控制，以及通过质量管理系统（Quality Management System，QMS）、停线管理系统（Line Stop System，LSS）等来实现生产全过程的精益管理。系统与底层的设备通过可编程控制器（PLC）、车体自动识别（Auto Vehicle Identify，AVI）、可视化哲理工具（ANDON）、射频识别（RFID）等物联网建设，自动采集生产全过程数据，实时监控生产线运作，建立过程控制评价标准，实时展示生产控制指标，以数据支撑生产决策。图 3-3 所示为长安汽车渝北工厂 MES 系统架构。

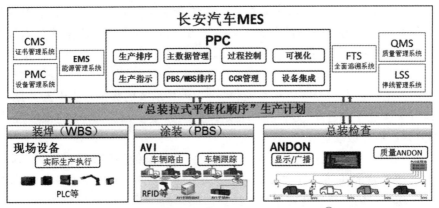

图 3-3　长安汽车渝北工厂 MES 系统架构①

从两化融合的角度看，智能制造的基础是生产自动化与企业管理信息化进行融合。企业完成的智能制造第一步是将 ERP、MES 和生产线的制造过程控制系统集成在一起，形成一个上传下达、信息可传输、可反馈的信息系统。这一集成被称为纵向集成，是智能制造实施的必要条件。因此，三层系统集成被誉为智能制造框架的制造金字塔。智能制造的三个维度如图 3-4 所示。

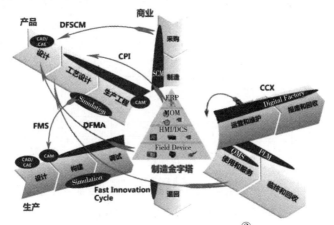

图 3-4　智能制造的三个维度②

---

①　吴劲浩. 长安汽车智能制造探索与实践 [J]. 汽车工艺师，2016（3）.
②　柏隽，林雪萍. 美国智能制造三部曲（中）[EB/OL]. http://mp.weixin.qq.com/s/OJDe5nadGggySGKBW3M-cg，2016.

围绕制造金字塔横向贯穿的两条重要链条,一是以 PLM 为主线的产品生命周期管理系统,二是以 Digital Factory(数字化工厂)为主线的生产周期管理系统。这两条线都以数字化软件工具 CAD、CAE、CAM 为使能技术。

20 世纪 80 年代,计算机集成制造系统产生,它是集产品设计、产品制造、企业经济管理于一体的制造系统。它引入了 CAD、CAM 集成技术以及 CAPP 等数字化软件工具,为企业信息管理提供了方便。1996 年,江淮汽车开始国家 863 计划 CIMS 工程,甩掉了绘图板 PDM 一期工程,实现了文档管理、产品结构管理、工作流程管理和与 MRP Ⅱ 系统的集成。"十五"期间,江淮汽车建立了自主开发平台的规划,重点完成了三维 CAD 的推广应用、CAPP 系统的升级改造。

在 PDM 一期工程实现基于文档的开发业务管理的基础上,江淮汽车通过 PDM 二期工程的实施,建立以过程为核心、面向产品全生命周期的 PLM 系统,形成数字化的产品开发平台,建立产品知识"孤岛"之间的联系,促进了公司产品开发体系的建设和发展,提高了创新产品开发能力。在建设 MES 系统后,江淮汽车实现了 ERP、PLM 与 MES 系统及底层设备控制系统的集成。江淮汽车信息系统总体框架如图 3-5 所示。

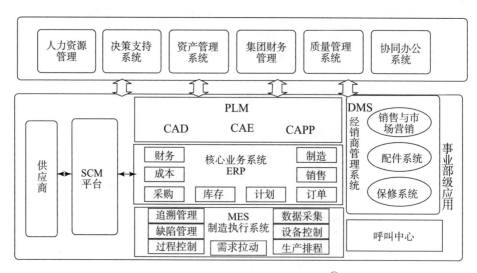

图 3-5 江淮汽车信息系统总体框架[1]

20 世纪 90 年代,在产品设计阶段三维 CAD 系统的应用已相当普及。1997 年,美国机械工程师协会(American Society of Mechanical Engineers,ASME)开

---

[1] 李世杭. 从设计到管理的集成化数字化系统案例 [R]. 2010.

始全三维设计相关标准的研究制定工作,并于 2003 年颁布了 Y14.41(Digital Product Definition Data Practices)标准,把三维模型和尺寸公差及制造要求统一在一个模型中表达。在生产部分,各类数控设备在加工精度和智能控制水平上都得到飞速发展。基于三维模型的单一数据源和数控设备的广泛应用使得从设计端到制造端的一体化成为可能。自此之后,从基于二维图纸和结构化信息的 PLM 应用信息集成向以基于模型的定义(MBD)数据集为核心的三维产品生命周期(3D-PLM)集成发展。

数字化产品的数据从研制工作的上游畅通地向下游传递,大幅减少了制造装配所需的标准工装和生产工装。在汽车领域,通用、丰田等企业逐步采用最新的数字化制造技术,颠覆了传统产品设计方法。2003 年 CIMdata 咨询公司的调查显示,采用了数字化制造技术的汽车制造企业,其产品推向市场的速度提高了 30%,重复设计减少 65%,生产规划流程精简 40%,平均产量增长了 15%[1]。

在汽车制造环节,企业使用数字化工厂软件对制造设备、生产线、工艺、物流等进行建模仿真,减少了制造调试时间和制造成本。国内汽车企业使用数字化工厂软件的历史可追溯到 1999 年,上汽大众在帕萨特发动机生产线引入数字化工厂软件,对发动机生产线进行规划和验证。国内最早使用数字化工厂软件的自主品牌企业是一汽集团轿车公司,于 2005 年开始进行数字化工厂建设,但国内企业大范围进行数字化工厂建设的时间是 2014 年以后。

三维产品生命周期(3D-PLM)管理系统建立和数字化工厂软件工具的应用,使汽车企业内部信息传输的表现方式转向数字化,而企业网络化发展使数字化信息能够全方位、无孤岛、高速快捷、准确无误地传达到各部门,企业的互联互通网络是数字化信息流通的渠道和保障。

3. 互联网

如果说汽车智能制造的硬系统是自动化设备的话,那么软系统就是能让这些自动化设备的工作节拍、物料的投递根据生产的需求进行联网化控制,协同工作,让工厂能根据市场变化而进行精确生产管理的工业级以太网布局。

在工业以太网和自动化设备之间,起到信息传输和控制作用的是 PLC。1969 年,美国数字设备公司成功研制出第一台 PLC,并应用于通用汽车公司。长期以来,PLC 在汽车工业中得到了充分的应用,为各种各样的控制设备提

---

[1] UGS,华中科技大学. 中国汽车制造行业与数字化制造——价值体现与发展趋势[R]. 2007.

供了非常可靠的控制和完全可靠的整体解决方案；同时，随着网络技术的发展，引发了控制领域深刻的技术变革，控制系统结构向网络化方向发展。

在工业以太网和 PLC 之间还有现场总线用于底层工业控制和信息通信，是最基础的工业控制网络。现场总线产生于 20 世纪 80 年代，首先应用于美国汽车制造业。由于各国各公司有不同的现场总线技术，国际电工委员会（IEC）从 1984 年开始着手制定工业总线标准。1999 年，有 8 种总线标准被公布，在汽车制造业普遍应用的有美国罗克韦尔 ControlNet 总线、德国西门子 Profibus 总线、德国菲尼克斯 Interbus 总线、IEC61158 技术规范 FF H1 总线。1996 年日本三菱电机公司推出 CC–Link 总线，2001 年被国际半导体制造商组织批准为现场总线标准，随之也进入汽车制造业。工业以太网是在工业总线基础之上发展而来的。

第一个进入中国的现场总线是德国西门子的 Profibus，随上汽大众合资公司进入中国。此后，各种现场总线和工业以太网进入中国汽车制造业。如 2002 年，广汽本田采用罗克韦尔的工业以太网实现自动控制，通过厂区企业信息管理以太网将现场数据及汇总数据接入企业内部的 ERP 系统中。

近年来，总线技术和工业以太网在整车生产厂得到普及应用，各大整车企业的新建工厂都使用了工业以太网技术。如广汽本田 2014 年新建第三工厂，实施 CC–Link IE 总线，基本实现车间数据的互联互通。上汽通用凯迪拉克金桥工厂和武汉二期工厂都应用了工业以太网。通过工业级以太网的控制，可以根据市场对凯迪拉克车型的订单来决定每天对车身车间投递多少板材来冲压钣金件，AGC 物流机器人则根据冲压件的数量来决定运输到焊接生产线的速率和数量，而焊接机器人则根据运送物料的多少来决定焊接时间。

2005 年，随着物联网概念的提出，RFID 技术与汽车制造技术深度融合。汽车制造利用 RFID 技术把配件、汽车产品、制造过程与互联网连接起来，进行信息交换和通信，以实现智能化识别、定位、跟踪、监控和管理。例如，梅赛德斯–奔驰公司采用 RFID 技术实现数据与信息在汽车生产过程中全程追溯。华晨宝马大东工厂全新宝马 5 系 Li 的每个零部件以及每台机器的每次作业都可通过 RFID 系统被追踪和分析。基于物联网架构，先进的设备并辅以自动进行的大数据监测和分析，让生产线的品质管理更为高效。

2013 年，通用电气（GE）在物联网技术基础上推出全球第一个大数据与分析平台，管理云中运行的由大型工业机器所产生的数据，工业互联网平台的概念进入智能制造领域。工业互联网平台是全球工业系统与高级计算、分析、传感技术以及互联网的高度融合；利用大数据、复杂分析、预测算法等能力,提供理解智能设备产生的海量数据的方法,能够帮助选择、分析和利用这些数据,从而带来网络优化、维护优化、系统恢复、机器自主学习、智能决策等益处。另外,智能装备在大数据分析与积累的基础上可实现自我调节、自我改善。

2015—2017 年,国内外众多公司相继推出工业互联网平台,如西门子推出的 MindSphere 平台、海尔集团推出的 COSMO 平台、三一集团推出的"树根互联"平台、航天科工集团推出的"航天云网"平台、施耐德推出的 EcoStruxture 平台等。

二、汽车智能制造关键技术

作为汽车企业,是以智能制造技术与装备的使用者身份存在的,在选择智能制造技术组成自己的智能制造体系方面自由度比较大。就汽车企业本身来说,在智能制造实践过程中需要自身投入力量解决的关键技术有三个方面,一是数字化制造,二是系统集成,三是大数据挖掘与分析利用。

1. 数字化制造

数字化制造是利用三维仿真软件对产品的全生命周期进行建模,完成从产品设计、生产规划、工厂组态、生产制造到服务五大环节,打造统一的无缝数据平台,形成基于数字模型的虚拟企业和基于自动化技术的现实企业镜像。目前,汽车企业数字化制造建设工作主要体现在三个层次,一是产品设计,二是生产制造,三是数字化工厂。

这三个层次紧密相关,产品设计阶段的三维模型是后续仿真规划分析的基础,因为工艺及装备的设计必须依据产品材料及外形尺寸要求;而车间生产状态又可以反过来驱动生产模型,作为分析工厂运作的数据源;数字化车间需要智能装备的支撑,而要想最大限度地发挥智能装备的效益,则需要三维系统支撑的数字化车间提供全局的信息和基于全局信息的决策。汽车企业数字化制造建设工作如图 3-6 所示。

1) 基于三维模型的数字化协同研制

在汽车产品的设计阶段,仿真系统的应用已相当普及,尤其是在多地协同研发的应用中,三维仿真图形可以给工程技术人员更直观的感受,将自己设计的部分与其他设计对接,与系统对接更加容易。用于制造业的仿真软件如图 3-7 所示。

图 3-6　汽车企业数字化制造建设工作[1]

图 3-7　用于制造业的仿真软件

随着汽车企业开发的车型越来越多,对产品的协同开发也就变得越来越重要。协同开发主要是利用 PDM、PLM 对产品数据和相关信息进行管控和集成,建立以三维模型文件为基础的实时在线设计平台。例如,长安汽车在发动机零部件多地协同开发中,利用三维软件解决了产品三维设计、三维实体造型及装配验证、三维仿真性能分析等多项技术。三维软件系统是全球数字化协同研发平台的基础,不仅进一步提高了长安汽车各地资源的利用率,而且在不增加投资的情况下使异地研究院的分析效率提高数十倍。长安汽车数字化协同研发平台如图 3-8 所示。

基于三维软件数字化系统的协同研发平台应用到了设计、仿真、验证、

---

[1]　张国军,黄刚. 数字化工厂技术的应用现状与趋势[J]. 航空制造技术,2013(8).

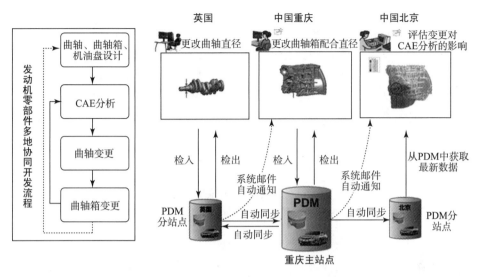

图3-8 长安汽车数字化协同研发平台

工艺等整个产品开发过程,基于同一平台的协同研发保证了基于全球协同的数据源实时、唯一、准确,实现了无序的协同环境向高度集成的协同环境的转变。

2)三维仿真数字化工厂

通过数字化制造系统,制造工程师可以在一个虚拟的环境中创建某个制造流程的完整定义,包括加工、装配线、加工中心、设施布局、人机工程学、资源分析利用。在制造产品之前,出于重用现有知识和优化流程的考虑,可以对产品的生产流程进行仿真。同时,数字化制造还可将实际生产作业反馈回来的资料融入产品设计流程中,使企业在整个策划阶段都能利用车间相关状况的实际资料。

三维仿真软件在产品生产工艺阶段有两方面的作用,一是新工厂建设规划,二是旧生产线的改造。在新工厂的规划中,又分为三维工厂布局规划、生产工艺优化、物流规划三方面内容。

(1)新工厂建设。

基于虚拟仿真技术的数字化模拟工厂是以产品全生命周期的相关数据为基础,采用虚拟仿真技术对制造环节从工厂规划、建设到运行等不同环节进行模拟、分析、评估、验证和优化,指导工厂的规划和现场改善。

由于仿真技术可以处理复杂生产系统,能够准确地描述现实情况,确定影响系统行为的关键因素,因此该技术在生产系统规划、设计和验证阶段有着重要的作用。数字化模拟工厂在现代制造企业中得到广泛的应用,通过基于仿真模型的预演,可及早发现设计中的问题,减少建造过程中设计方案的更改。

　　汽车制造中最复杂的是焊装车间,其数字化仿真包含焊接工艺、总装工艺仿真,以及车间内物流仿真分析,其中焊接主要进行机器人仿真、焊枪优选、焊接可达性分析等,总装主要进行装配顺序、可装配性验证以及人机工程分析。机器人仿真实现了验证机器人焊接的焊点可达性、机器人路径规划、机器人节拍分析、机器人离线编程等功能。焊装工艺机器人仿真如图3-9所示。

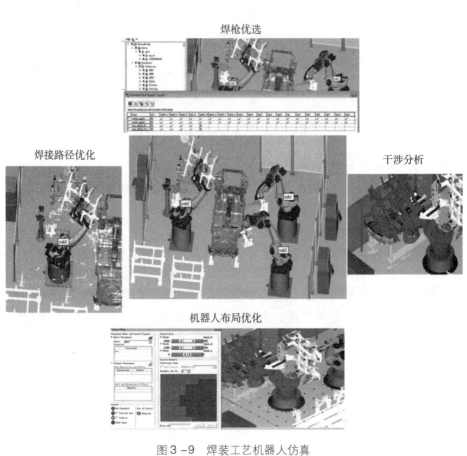

图3-9　焊装工艺机器人仿真

　　同时,通过虚拟调试连接仿真模型与实际的PLC、HMI和机器人等自动化设备,测试对复杂生产系统的控制情况,通过虚实结合的实时仿真和优化,生成无干涉的工艺运动路径以及给自动化设备进行离线编程,对生产系统进行有效的验证,提升PLC代码的编制质量,减少生产准备时间,对生产系统进行虚拟培训以及场景预演等,如图3-10所示。

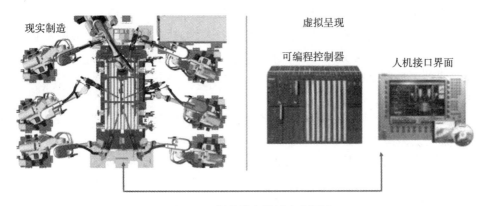

图3-10 焊接线虚拟试生产调试

(2) 旧生产线改造。

在一汽轿车焊装线4SD改造A501的实例中,工艺人员利用三维仿真技术完成车身焊接生产线和相关资源建模,建立标准工艺数据库、资源库。建模完成后,对现有生产线进行优化,在现有生产线上生产新车型前,在虚拟制造环境中进行工艺检验和仿真优化,优化完成后再进行工厂实际的改造,降低工艺投资150万元,减少2周停线改造时间。

通过三维虚拟仿真,在旧生产线改造项目上,可以大大降低工艺设计缺陷,通过离线编程将程序下载到现场机器人,减少现场调试时间和样车的使用数量,已经在国内多家汽车厂获得了验证。

3) 智能制造虚拟现实交互

目前,数字化工厂的开发工作包括两个方面:一是增加用户经验,在工厂建设及制造实施之前,信息就能得以呈现;二是利用虚拟工厂,实现智能制造虚拟现实的互交。

所谓虚拟工厂,是把"现实制造"和"虚拟呈现"融合在一起,通过遍布全厂的海量传感器采集现实生产制造过程中的所有实时数据,这些数据数量巨大,可实时、快速地反映生产中的任何细节。基于这些生产数据,在计算机虚拟环境中,应用数字化模型、大数据分析、三维虚拟仿真等方法,可对整个生产过程进行仿真、评估和优化,使虚拟世界中的生产仿真与现实世界中的生产无缝融合,利用虚拟工厂的灵活可变优势,来促进现实生产。

虚拟工厂有几个关键点:第一是真实工厂与虚拟工厂同步运行,真实工厂生产时的数据参数、生产环境等都会通过虚拟工厂反映出来,这需要采集的生产数据实时可用,并通过连续、不中断的数据通道交互;第二是虚拟与现实结合,利用三维可视化技术将生产场景真实展现出来,生产数据实时驱动三维场景中的设备，使其状态与真实生产场景一致，从而让管理者充分了解整个生产场景中各设备的运行状况，达到监测、查看、分析的目的；第三是通过大数据与分析平台，将云端中汇集的海量数据转化、分析、挖掘，帮助工厂制定更明智的决策，快速提高生产效率、降低成本和实现质量目标。

要实现真正的智能制造，尚需要真实有效的数据分析和处理。因此，实现信息物理系统中的数据传输至关重要。在虚拟与现实之间，需要实现数据传输，企业要完成信息化平台集成工作，打通各个信息链，消灭信息孤岛是关键。因此，智能制造要在数字化工厂的基础上实现全流程端对端互联，对整个制造环节进行水平整合和垂直整合，打造一个互联工厂。

2. 系统集成

汽车企业要完成数字化工厂建设工作，要实现 3D – PLM 集成、PLM 与其他信息系统的集成。从低级到高级，汽车企业要实现三个层次的集成方式：基础集成、中级集成和高级集成。

1）基础集成

如前文所述，基础集成是底端设备控制层、中间执行层 MES 与上端企业管理层 ERP 三层架构集成，如图 3 – 11 所示。

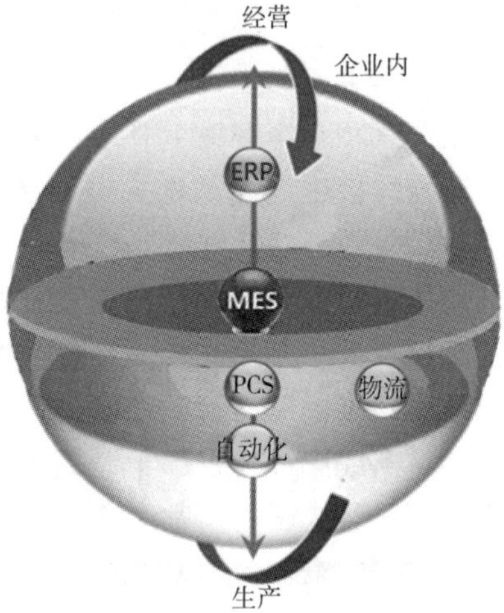

图 3 – 11　基础集成

集成框架中，MES 是处于计划层和现场自动化系统之间的执行层，主要负责车间生产管理和调度执行。一个设计良好的 MES 系统可以在统一平台上集成生产调度、产品跟踪、质量控制、设备故障分析、网络报表等管理功能，使用统一的数据库和通过网络连接可以同时为生产部门、质检部门、工艺部门、物流部门等提供车间管理信息服务。系统通过强调制造过程的整体优化来帮助企业实施完整的闭环生产，协助企业建立一体化和实时化的 ERP/MES/FCS[①]（现场总线）信息系统。功能强大的基础集成架构如图 3 – 12 所示。

---

① Fieldbus Control System：现场总线控制系统。

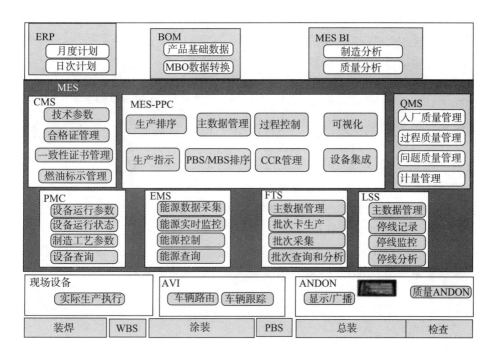

图 3-12 功能强大的基础集成架构

2) 中级集成

中级集成是 PLM 平台与上述的基础集成融合，企业与供应商实现互联。

PLM 与 MES 是企业数字化工厂的左右两翼，在 ERP 之下已经完成数字化工厂全部设计、制造过程。中级集成方案如图 3-13 所示。

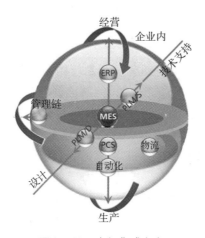

图 3-13 中级集成方案

3）高级集成

智能制造的高级集成阶段是在企业内部实现了 ERP 数据到车间设备层传感器级别数据的纵向集成；实现了从产品研发到售后服务的横向集成；建立产业链协同平台，实现了从原材料供应到客户的端到端集成。高级集成框架如图 3-14 所示。

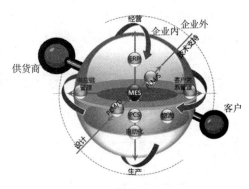

图 3-14　高级集成框架

目前，国内汽车制造企业长安汽车可通过物流供应链系统（On-time Delivery，OTD）平台建设集成设计、制造、质量、物流各环节信息系统，实现智能化管理。图 3-15 所示为长安汽车个性化定制流程。

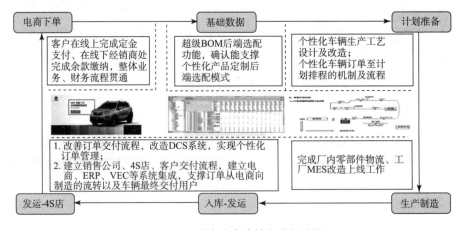

图 3-15　长安汽车个性化定制流程

在汽车行业里，订货提前期有一个专门的名词与之对应，即"订单—交付"（Order To Delivery，OTD）。如果能够准确地感知客户的需求，并对其进行恰当的诠释，将其转化为业务计划和执行步骤，按照有组织的方式与外部合作伙伴进行沟通，对于任何一个行业来说都是十分有价值的。但单纯的 OTD 平台并不能实现智能制造高级集成，要利用 OTD 平台将各个系统的信息串接起来，透明生产过程，实现拉动式生产方式。

OTD 系统是近年来在汽车行业里伴随着精益制造思想出现的，打破旧的"库存+计划推动"生产方式，建立新的"订单/订单拉动"生产方式的重要手段。从 1999 年到 2002 年，国外的汽车厂家均已开始实施或着手实施 OTD 系统，并取得了不错的效果，大幅度缩减了 OTD 时间。如德国欧宝汽车实施

OTD 后，库存从 30 万辆减少到 18 万辆，经销商订单比例从 45% 提高到 70%，OTD 时间从 44 天缩短到 20 天。

汽车整车企业有很强的管理平台系统集成能力，国内也有实力较强的自动化生产线集成供应商为整车企业完成自动化生产线、智能生产管理系统的建设与集成工作。

3. 大数据挖掘与分析利用

大数据将在三个方面为企业的智能制造提供服务：一是生产过程中产生的大数据采集、分析与应用；二是产品大数据分析与应用；三是市场大数据分析与应用。

1）生产制造大数据

汽车制造企业中生产线处于高速运转中，由工业设备生产、采集和处理的数据非常复杂且多变。这些数据是由生产线上安装的数以千计的小型传感器来探测的温度、压力、热能、振动和噪声信息。利用这些数据可以实现很多形式的分析，包括设备诊断、用电量分析、能耗分析、质量事故分析、生产线物联网分析、供应链优化、生产计划与排程优化等。

在全球汽车产业中，丰田汽车就委托美国辛辛那提大学智能维护系统产学合作中心为生产线机器人装备提供智能维护解决方案。该中心的团队对丰田汽车工厂中的数千台机器人做了压力、振动、噪声方面的信息采集与跟踪工作，并利用积累的数据作出了数学分析模型和机器人正常工作曲线区间，当某台机器人收集的数据生成的曲线超出了正常工作曲线区间，维护小组就会收到报警信息。

目前的数据分析模型可以预知机器人的故障程度和判断失效时间，并能给出某一机器人将要失效的零部件位置。中心的工作人员评价认为，工业大数据就是指把这些看不到的问题分析出来，再利用数据状况找出还没有发生的问题，进而避免它。在这个基础上，在还没有产生问题的时候维修，而不是出现问题之后维修。

装备状态信息采集对汽车制造厂的意义在于检测和评价现场连续工作的可靠性，实时检测生产使用状况、了解设备状态、跟踪反馈优化设计、适时调整生产流程工艺。在研发样机和小批量产品的情况下，则可以早期及时发现故障点和故障规律，有利于设计改进；对设备使用而言，可以实时掌握设备故障情况和设备利用情况，进而修改计划提高生产效率。

智能装备状态信息采集，将物联网、移动互联网、云服务概念和智能装备制造业相结合，通过无线互联网和云服务模式提供可靠性数据的收集和分析服务，实现对生产系统进行全天候独立监控。工业大数据的一个非常重要的功能是可以被用来对产品的生产过程建立动态虚拟模型,或对在工艺规划阶段建立的三维仿真模型进行验证和实时信息连接。实时数据与三维仿真模型连接后,工厂将可视化和透明化,工艺人员可持续对生产工艺进行优化和改进。另外,智能装备在大数据分析与积累的基础上可实现自我调节、自我改善。如机器人装备在夹具轻微磨损的情况下,可依据反馈信息自主移动手臂到相应位置,弥补轻微磨损造成的误差。

大数据技术的战略意义不在于掌握庞大的数据信息,其重点在于对数据的"加工能力",对大量的数据进行专业化的处理,使之能转化成有用的信息。数据平台的技术核心是高级分析系统。工业互联网的核心是解决人与机器的连接问题,其中涉及的先进分析,就是工业大数据专业分析。与普通的数据分析不同,它涉及复杂的工业知识模型。在这三个要素中,智能机器将现实世界中的机器、设备、机群和网络通过先进的传感器、控制器和软件应用程序连接起来;高级分析则是使用基于分析与预测算法,结合各种关键学科的深厚专业知识来理解机器与大型系统的运作方式;而人员的连接也是关键的一步,通过实时连接,连接各种工作场所的人员,将人的决策性因素与设计、操作、维护以及服务相关联。

2)产品大数据

在波音飞机上,发动机、燃油系统、液压和电力系统等数以百计的变量组成飞行状态参数,这些数据会在几微秒内被测量和发送。GE公司则通过以上数据对飞机飞行情况进行分析,对零部件故障进行预测和预诊断,并进而向航空公司提供提高燃油效率的方案,其盈利模式从提高生产率转向提高利润率,即服务型制造。

由以上案例可见,产品大数据的价值可以从三方面体现:第一,提高能源的使用效率;第二,提高工业系统与设备的维修和维护效率;第三,优化并简化运营,提高运营效率。

目前,潍柴动力可以通过研发自主知识产权的柴油机 ECU[①] 产品,实现柴油机的全数字化控制。同时,ECU 可实时采集发动机的运行数据,并将采集的数据通过无线通信网络传输回厂内。ECU 可实现电控数据的远程刷写,从而为实现产品的远程故障处理提供条件。

整车企业在汽车内安装车载智能终端(TBOX)——网络通信单元,实现车内数据与服务平台、其他终端设备(如影音系统、手机等)的信息交互,完成远程控制、远程车况查询、远程诊断、防盗追踪、紧急救援等功能。车

---

① Electronic Control Unit:电子控制单元。

联网 TBOX 模块核心技术如图 3-16 所示。

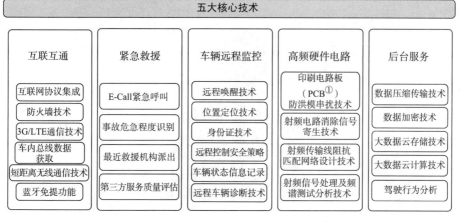

图 3-16　车联网 TBOX 模块核心技术[2]

汽车企业通过 TBOX 将车身数据与用户数据通过无线互联网上传，采用私有传输协议进行传输。上传数据在云服务中心利用实时数据库进行存储，再通过数据分析引擎进行分析，获得分析结果，进而向车主提供服务信息或进行产品更新和开发。

3）市场大数据

通过大数据来分析市场当前的需求变化和组合形式是大数据应用的又一个层面。大数据是一个很好的销售分析工具，通过历史数据的多维度组合，可以看出区域性需求占比和变化、产品品类的市场受欢迎程度以及最常见的组合形式、消费者层次等，以此来调整产品策略和铺货策略。

在销售方面，各个汽车企业都比较重视，有委托第三方进行市场调查的，也有企业自己进行市场调查的，比较领先的汽车企业已经可以通过 ICT 技术直接从店面终端获取大数据信息，然后进行跟踪服务和生产规划。

为应对营销模式的改变，国内有汽车企业建立了舆情管理、用户画像大数据分析项目，全方面地分析用户的特征和喜好。舆情管理通过抓取互联网微博、论坛数据，跟踪分析用户发表的用车感受，并对汽车企业关注的热点进行实时监控，指导品牌营销和公关。根据用户画像分析汽车用户的群体特征，可以找出主要群体特征，发现群体特征变化趋势，协助业务人员更好地了解用户的行为偏好和关注点，帮助业务人员制定更加有效的传播推广策略，提升传播推广的效率。图 3-17 所示为汽车企业大数据用户画像。

---

① Printed Circuit Board：印刷电路板。
② 李丰军．中国一汽车联网创新思考［C］．中国汽车工程学会年会论文集，2014.

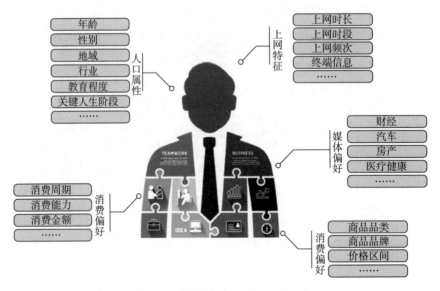

图 3-17　汽车企业大数据用户画像

汽车企业通过商业智能项目和大数据项目，逐步形成数据分析体系和业务模型，打造数字化智能决策平台，利用数据驱动管理变革，提升公司经营活动效率和决策准确率。

三、汽车智能制造的中国实践

1. 北京奔驰工厂

在德国制定工业4.0战略之后，众多德国企业纷纷制订了对应计划，戴姆勒就是其中的领先实践者之一，尤其是在中国提出"中国智造2025"规划设想之后，戴姆勒与北汽集团的合资公司北京奔驰也开始了对工业4.0、大数据等信息化及工业化融合方向的探索研究，跨部门成立了睿联工业4.0创新实践小组，在中国开始了汽车工业4.0的探索。工业4.0的发展历程如图3-18所示。

以北京奔驰总装车间为例，目前已经实现在一条生产线上可同时装配三种不同车型：标准轴距C级车、长轴距C级车以及长轴距E级车。目前，北京奔驰工厂每日生产下线大约1 000辆车，包括长轴距C级车、标准轴距C级车、长轴距E级车、标准轴距E级车，以及GLC SUV、GLA SUV。

而在未来工业4.0的理想工厂下，生产模式不再是按照车型生产，而是

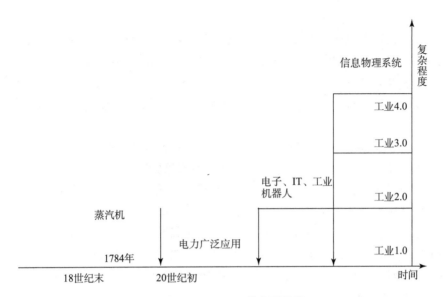

图 3-18 工业 4.0 的发展历程

（资料来源：DFKI、国海证券）

依托高度柔性化生产的智能制造，最终实现依据客户订单进行大规模定制化生产。在北京奔驰看来，要建立这套工业 4.0 的生产体系，需要包括四个方面：

（1）信息物理系统（Cyber Physical System，CPS）：通过网络收发/处理数据的嵌入式系统，让设备具备实时感知能力，从而实现动态控制与系统协同。

（2）物联网 IoT：是无数 CPS、设备、IT 系统和使用者组成的一个大网络，赋予设备交互能力，实现互联互通。

（3）大数据与云计算：通过数据分析产出有价值的信息，实现数据共享，让设备具备学习与判断能力，做出决策。

（4）智能工厂：在数字化工厂基础之上，依托 CPS 系统监控实体生产流程，依靠 IoT 实现设备之间的信息通信，在大数据与云计算的数据分析结果之上，提高生产过程可控性，优化生产管理，最终实现生产的自动化、互联化与智能化。

目前，对于工业 4.0，汽车业内都在探索之中，北京奔驰也不例外。在通往大规模定制化生产服务的道路上，北京奔驰的智能化生产控制系统已为其带来高度柔性化生产的能力。以全新长轴距 E 级车为例，此款车型具有 70 多个选装包，客户可以在提供的选装包中按需选择，在一定程度上实现定制化购买。

北京奔驰现已开始的智能化改造内容主要包括工作模式、设备互联、质量控制、模拟预测四个方面。

1）智能发动机加工

北京奔驰发动机工厂虽然与德国有着 7 000 多千米的距离，但在这座戴姆勒公司海外首个梅赛德斯－奔驰汽车发动机工厂中，同样酝酿着工业 4.0 的巨变。据北京奔驰介绍，其最为核心的 3C（缸体、缸盖、曲轴）机加工生产线，自动化率已经达到 95% 以上，从物料的运输、加工到制作均由机器人自主完成。

不过，这条生产线对于工业 4.0 更为深远的意义在于，它正在带来一种全新工作模式的变化——不再是完全按照生产链的模式生产，而是分为多线生产。当其中某条生产线上遇到问题临时停止或者满线，那么机器人将会自动调整后续新加入的生产命令到其他生产线上，以提升生产效率。

在北京奔驰看来，这是未来工业 4.0 工作岛模式的雏形。工作岛将现在的串联生产模式变成并联模式，制造过程从以生产线为中心变成以原材料为中心，可移动的部分变成了工位，从而实现高柔性化生产。

2）智能装配

智能装配是实现 100% 订单式生产的关键，而智能装配实现的关键则是在大量的自动化设备应用基础之上，赋予设备感知与通信的能力，从而迈入智能化的大门。

北京奔驰的生产设备统称为 PLC。感知能力的得来，是源于每辆车和每个零部件都有的电子标签，在标签中涵盖其部件类型、所属订单、安装部位与要求、质量检测等所有相关信息。安装在设备（PLC）中的标签识别装置，可以通过读取这些数据来进行识别。如果发现安装错误或者安装不达标的情况，则会发出警示。

至于通信能力，可以看作将原本独立的控制设备进行联网，实现数据与信息共享。在自动化时代，每一个独立的 PLC 都拥有一个控制模块，以对其下达命令。尽管此时的自动化率可以达到很高水平，但 PLC 只能按照预设命令单向完成任务，不具备自主分析和随机应变的能力，只能适应单一车型的单线高效生产。

现在，北京奔驰已经将每个 PLC 的控制模块接入同一个终端控制系统，让 PLC 与零部件之间可以进行通信，通过交换信息来决定下一步工作。此外，终端能够纵观全局，在预设命令之外还可以下达实时命令，把握生产节奏，进而提高效率。在北京奔驰，这个终端控制系统被称为 PLUS。

目前北京奔驰以机器人岛的模式进行区域划分，每个机器人岛上均有七八个机器人在同时工作。有了通信能力，机器人便可预知下一台制造车型的详细信息，并自主切换和共享所有参数及工艺标准完成工作，为多车型混线高效生产提供了保障。而这也正是大规模定制化生产的必要条件。

为了实现订单式生产，智能装配从客户下达订单就已经开始。订单生成后，对应车辆会生成一个 Code 码，记录其订单、车辆型号等信息。零部件的电子标签与车辆 Code 码能够相互对应，在装配时只有 ID 信息匹配，才能通过系统检测。

生产排序科会在收到订单后对其进行生产排序，并输入智能生产控制模型中。这个控制模型会贯穿从订单到车辆出厂的整个环节，不同的部门——财务、采购、质量监控、供应商——都可以接入控制模型实施共享信息。控制模型还能够根据工厂的当前状况与订单要求对生产进行重排，供应商会根据要求提供零部件并安排物流。

依据电子标签与控制终端，可以实现转配质量控制、生产系统报告数据的实时监控、记录、分析、反馈与调节的闭环控制。

3）质量控制

北京奔驰的装焊车间里，每条生产线的线尾都有一个在线的智能机器人负责质量检测，检查强度是否合格、间隙宽度是否在公差范围内、表面是否平顺等。这个质量检测环节不可人工干预，也不可改写。当检测数据生成之后，会传给 PLUS 系统进行记录。

当产品到达下一个检测节点时，除了进行当前节点质量检查之外，还会复查前面所有节点的检查内容。当发现在任一节点出现不合格情况，产品将无法进入下一生产环节。需要进行进一步分析，选择返修或报废。

所有的数据与质量信息在进入 PLUS 之后会载入戴姆勒全球数据库，保存 15 年，以便进行质量追溯与全球统一化标准。这个数据库戴姆勒全球都可以看到。除了进行数据存档之外，也可以提交问题，由所有的戴姆勒工程师参与解答。

4）基于大数据的预测功能

大型自动化设备正常维修流程耗时久，如果出现意外故障，则随时会造成紧急停产，对企业生产效率产生影响。在确保产品质量的前提下提高产能，找到合适的时间节点进行设备维修就成为北京奔驰重要的研究课题。

基于大数据的预测，就是结合大数据分析将预测性维修应用到实际的维修场景中，根据数据分析得到的预测性维修模式可以降低停机时长，提高备件使用率，进而保证产品质量。

在北京奔驰的项目中，首次启用了大数据思维来建立数据模型，在大数据平台上运行算法，进行数据挖掘与分析，支撑机器学习模式。

预测功能首先对机器数据及日志文件进行抽取和转换，并将得到的数据存储到中转服务器上；再经过大数据平台的 DATA LAKE① 对数据进行清洗和加工，形成可以被 R 语言②识别的中间表；最后通过 R 语言的建模与分析，输出最终的预测结果并反馈给现场维修工程师。

维修工程师会根据预测结果到现场维修，并将预测结果是否准确反馈给系统，系统会根据反馈的内容通过机器学习的方式继续优化模式与算法，逐步提升预测准确率。经现场验证，点焊案例可以提前 8 小时以 80% 的准确率实现设备故障预警，涂胶案例可以提前 24 小时以 78% 的准确率实现设备故障预警。

下一步，北京奔驰计划将质量检测设备的数据加入大数据分析项目之中。通过分析数据中显示出装配质量的变化，对生产线的质量趋势进行预测，从而判断装配环节是否出现问题，是否需要对生产线进行调整。

在未来工业 4.0 的模式下，这种基于大数据的预测可以扩展到整个工厂的范围，其所依赖的是数字工厂的建立。所谓数字工厂，是指在计算机中虚拟出一个与现实世界中一模一样的工厂，并且实现连通作业。因为在虚拟设备中并不存在时间与空间的概念，因而可以更加高效地模拟现实世界的生产，对包括流程和工艺在内的所有环节进行设计和优化，进而降低风险和成本浪费，快速响应用户需求。据了解，北京奔驰正在开展数字工厂的试点工作。

目前的状态是，对 PLC 的故障预测和部件的质量预测都需要人参与分析。要想在未来实现由设备进行分析并作出判断，那么需要设备具有更高的智能化，再进一步，需要设备具备认知能力。在这方面，软件算法上还需进行很多研究与探索。

2. 博世苏州工厂

德国是传统的制造业强国和汽车顶级品牌代表国家。在新的信息化时代到来并方兴未艾之际，德国人秉持一贯的审慎、务实的作风，提出了《德国 2020 高科技战略》的发展蓝图，为德国的工业指出了新的发展方向，并为其他国家提供了有意义的借鉴。

工业 4.0 是德国政府提出的十大未来项目之一，旨在提升制造业的智能化水平，建立具有适应性、资源效率及基因工程学的智慧工厂，在商业流程及价值流程中整合客户及商业伙伴，其技术基础是网络实体系统及物联

---

① DATA LAKE，可翻译为"数据湖"，它是一种大型数据存储库和处理引擎，能够存储大量各种类型的数据，拥有强大的信息处理能力和处理几乎无限的并发任务或工作的能力。

② R 语言来源于美国 AT&T 贝尔实验室开发的 S 语言，是一种用来进行数据探索、统计分析和作图的解释型语言。

网——利用物联信息物理系统（Cyber Physical System，CPS）将生产中的供应、制造、销售信息数据化、智慧化，最后达到快速、有效、个人化的产品供应。

从时间线上来看，制造业转型升级并非始自德国，但却在德国提出工业4.0的概念之后迅速成为热点话题。2014年，在德国政府的支持下，德国联邦政府教育研究基金和德国联邦政府公共事务与能源基金已投入超过2亿欧元，支持工业界对工业4.0进行研究。

由于各国的工业基础存在差别，在工业智能化转型中所面临的问题各不相同，进而决定了各国在工业智能化道路上选择了不同的发展方向。对于德国来说，工业4.0需要解决的问题，是追求创新与质量的德国制造业遭遇互联网时代之时生产效率、研发速度与生产制造的灵活性。德国相对孱弱的互联网技术正在极大地影响着制造业的发展，如果不能在这方面加速赶上，曾经的全球机械制造工业霸主地位将变得难以保障。这一点，也是欧洲制造业的通病。

因而，在德国提出的工业4.0战略中，核心就是信息物理系统（CPS）的构建。德国的西门子、博世等零部件企业在CPS上已经建立了各自的体系，博世更是推出了基于AUTOSAR标准的封装系统，除了在德国本土实施外，也在积极开拓中国市场。

1）博世的智能制造特征

与奔驰汽车公司一样，博世也是最早一批响应德国政府工业4.0战略的企业之一。博世不满足于自身生产线设备的工业信息化能力，也致力于出售包括传感器开发、用于智能管理的软件模块等工业4.0设备，博世的规划是成为汽车工业核心零部件制造商与相关智能加工设备供应商。

当前在博世的一些制造工厂里，已经进行了产线的工业4.0改造。博世目前已经完成了自己的CPS体系搭建，并且还基于AUTOSAR标准提供封装、测试系统。从已经完成的改造来看，博世认为在工业4.0时代，智能制造体系在互联互通的基础之上，应该具备两个显著的特征：

（1）数据采集与分析体系。

博世认为，数据将会是工业4.0时代最重要的资产。汽车传感器的研发与制造给博世积累了诸多难以替代的经验，而作为数据采集设备的智能传感器正在CPS系统中发挥着十分重要的积极作用。

博世位于德国伊门施塔特的工厂已经开始使用具备数据采集与共享功能的设备，有些设备配置的微型传感器最多超过100个，每个传感器采集一类数据。上述数据数量庞大。据介绍，每台联网机器每天产生的数据经过分析处理将会生成长达20页的报告。这些数据不仅在工厂内部进行共享和分析，同样也会传送到博世位于斯图加特的数据中心进行集中处理，给出汇总意见并做出适时反馈。

基于数据的分析，博世意图打造制造领域内的自反馈与自调试工业体系。现阶段博世正努力推动三项功能目标的实现：生产设备的自我诊断、根据生产装备需求自动下达零部件订单以及设备维修需求的预测。

最后一项功能被称为预知型维护系统。安装在设备内的传感器会详细监控关键的状态参数，并将数据发送到云端进行分析，及时掌握设备的运行状况与维护需求。这一分析并非简单地判断维修时间，还可分析出是否需要更换零部件、需要进行何种维修，进而精准地派出具备相应技能的工作人员前去维修。这一感知性和智能化十足的维护系统目前已经在博世位于苏州的工厂正式投入使用。

（2）身份识别。

基于 RFID 芯片的身份识别，也是博世工业 4.0 战略中的一大特色。

在博世的产线上，进入加工制造工艺流程的每个原材料将会被赋予一个身份档案，档案中详细记录了原材料的相关信息，包括其本身的参数、后续用于哪个部件上。这样做有两方面的意义：一是便于系统进行生产排序；二是原材料在生产线上经过的每一道流程都将被记录，便于进行质量追溯和产品维修。

这表明，博世智能制造概念体现在对每个单体产品的关注上，给每个产品贴上智能身份证，让不同地域生产的零部件无缝对接，努力让每个零件都"说话"，实现了集体的"对话"。身临博世德国洪堡工厂改造后的生产车间，会看到一箱箱汽车发动机零部件堆砌成楼，绿灯闪亮，吞吐口传送出一盒盒零部件，随着传输带抵达终端。工人师傅把每盒零件摆上行李架，将它同更多的零件一起运送到装配工厂的"公交站"，然后卸进"超市"，等待装配。该产线的特殊之处在于，所有零件都有一个独特的射频识别码，能与沿途关卡自动"对话"，根据指令进入下一操作环节，实现了有序无缝的工艺连接，从而提高了整个生产效率。鉴于它对工业 4.0 技术的有效应用，该套系统曾获得德国汽车工业协会颁发的年度物流奖。

作为一种无线电通信技术，射频识别的原理并不复杂。工业 4.0 的核心是"物联"，粘贴智能标签是实现产品制造和应用中"物物相连"的常规做法之一。给产品贴智能标签有几种方式，主要包括条形码、二维码、射频码和传感器。条形码和二维码必须进行近距离扫描，容易受水和化学品等腐蚀，而射频码则可以穿透各种介质快速读取，更适合工业制造环境下的普遍应用。

洪堡工厂引入的射频码系统需要花费几十万欧元，但最终的效果却是事半功倍的，效费比大得让人惊诧。使用射频码系统之前，工人需要在计算机上手动扫描和输入相关信息,不仅烦琐而且容易出错,往往导致冗余成本的付出。新的系统投入使用后,工厂库存减少 30%,生产效率却增长 10%,由此节约的资金高达数千万欧元。使用射频码也使得整个产品流程的控制更加透明化、实时化,因此得以大规模的推广和普及。目前博世在全球 10 家工厂每个月扫描 200 万个射频码。

应用射频码系统最大的难点在于,如何将新技术融入原有流程进行标准化生产。给每一个零配件都贴上智能标签,不管这些零配件是哪里生产的,进入流程需要遵循共同的操作控制,各个部件汇集在一起,演奏出的应该是彼此和谐的"大合唱",而非各行其是的个人独奏。为此,德国联邦经济与技术部在 2010 年牵头 20 家零部件供应、整车生产和物流相关企业,开展在汽车生产链条中普及射频码的示范项目。该项目为期 3 年,取得了良好的成果,德国几个代表性企业通过射频码识别系统实现智能化制造,旗下在不同国家的工厂实现了生产工艺流程的无缝对接。

博世的成功案例之一,是在中国苏州的汽车电子厂。该厂的传感器测试中心自设计与建设伊始就遵照工业 4.0 的原则,其一大特色是依靠自动材料供应,根据实时消耗数据,能够自动将材料从垂直储存系统装载并送至车间。此外,该中心通过使用博世 Web 传感器并整合来自公司全球各个制造厂的海量数据,实现了全局性生产维护,可以预测机器的性能,并在合适的时间执行相应的维护任务。总体而言,该项目可以节省运营成本并提高生产效率。

此外,博世的身份识别不仅用在生产线上,在苏州工厂,这个身份识别已经扩展到工厂内的每一个组成单元,包括机器与在生产线上工作的工人。每天工人通过安检闸机时,系统就会通过闸机旁边的大屏幕提示他今天的工作内容,甚至还能提醒他前几天错过的培训需要找谁去补习才能完成该项目的工作等。

2)智能制造与柔性生产

生产更加智能后,人会完全被取代吗?博世的选择给出了清晰的答案。在洪堡工厂,喷油器装配生产线有两条线同时运行,一条是全自动化生产线,另一条是由 15 名工人同机器人"混搭"而成的,自动化生产线的组装速度虽稍高于人工,但很多精细环节出错率很高,就当前的智能化水平而言,工人对生产环节的介入依旧必不可少。智能化工厂时代,工人的存在并非去完成机器剩余的手工工作,他们将成为问题解决者,在工厂中穿行,观察一切是否运转正常。这意味着人才培养的方式需要相应改变,职业培训和学术教育的僵硬边界将被打破。这种人机设置体现了智能化系统的本质不是为了减少人力,而是提高生产效率,把人力转移到更加灵巧和复杂的工序中去。正如德国人工智能研究中心教授迪特里夫·齐尔克指出的,人始终能在智能生产中找到一席之地，因为人是整个生产体系中最灵活的一部分。

在新的工业4.0生产方式下，汽车工厂收到客户在互联网订购的产品信息，无须改造生产线，便可立即按照客户的个性化要求进行不需要太多人力配合的高自动化和自主化制造。工厂像积木那样，可以被轻松拆解，然后组合成一种新的形式。而人的监管在于确保生产线上的差异化制造不会出现系统性的紊乱。这种柔性化生产同样影响着以博世为代表的全球汽车零部件生产与供应巨头们。消费者的定制化需求将从汽车制造商反映到上游供应链之中。因而，工业4.0中的互联不会被局限在同一个公司内部，而会把产业链的上、下游串联起来。这种定制化需求的出现，将会催生新的商业模式。博世的智能制造方向无疑代表着未来工业最可能的演进趋势。

3）博世智能制造的成功之处

博世当前的成功主要基于以下五个因素：

第一，建立了核心领域的专业技术体系。其中有两个领域需要特别关注：一是具备软件与信息技术能力，以及发展新商业模式的能力；二是具备专业技术知识，即使是在工业4.0时代，仍旧需要从专业技术角度去理解生产系统的各项功能。

第二，制定了共同的标准，以便价值链上的各个环节能相互联系，交换信息。这意味着需要将数据结构以及软硬件接口标准化。这一目标的达成需要跨部门间的协同合作。

第三，致力于建立覆盖全国乃至全球范围的高速宽带网络，以应对在未来出现的大量数据传输交换的需求。

第四，针对数据安全努力提供完整且明晰的规范与指导。只有在确保信息处理以及使用绝对安全的情况下，企业和客户才会乐于进行数据沟通与交换。

第五，支持经济转型的大环境。人们能自由地寻求探索创意想法，实践合作的新模式、新方法，政府应当在其中起到前瞻性与建设性的指导作用。德国政府的德国工业4.0规划和中国政府的中国制造2025蓝图，代表在新的时代下，大的系统集成与整合需要在遵守市场经济规则的情况下从政府层面进行规划与指导，才能实现全局性的功能提升。

作为工业4.0的设备供应商，博世的优势在于硬件。为了提升自身的软件实力，博世将原本的软件事业部变成旗下的子公司，专门进行软件开发，提升博世的软件实力。根据博世的预测，到2020年，联网的生产装配线、预知型维修系统以及带有一定程度自我意识的机器将能够为博世带来额外10亿欧元销售额，而这些技术的使用还将为其带来同等金额的运营成本降低。

当前的挑战在于，确保设备互联互通的通用标准依然还在制定之中，而满足如此庞大数据实时传输的 5G 网络也还没有实际应用。但从博世的路线选择可以看出，富含时代意义的智能制造是一个大范畴和大概念，任何一家公司或细分领域企业都不能独立完成。在赋予 PLC 感知、通信能力上，无论是作为硬件的传感器与芯片，还是作为软件的控制模块，都需要整车厂、核心零部件供应商的共同参与，需要双方联合，整车厂基于对需求和设备能力的判断、供应商的技术进度，去共同完成智能化转型。

从某种意义上来说，工业 4.0 下的汽车智能制造与汽车应用本身的智能化是同样的发展模式和思考逻辑，都是要让它们从被人类控制到自身具备感知与思考的能力，能够独立进行决策，再借助强大的计算能力，减少人工参与的部分，提升自动化与智能化进程。因此，智能制造这一概念与智能汽车两者有着相辅相生之道，共同推进着汽车制造和汽车应用高端智能化时代的到来。

第四章

智能座舱

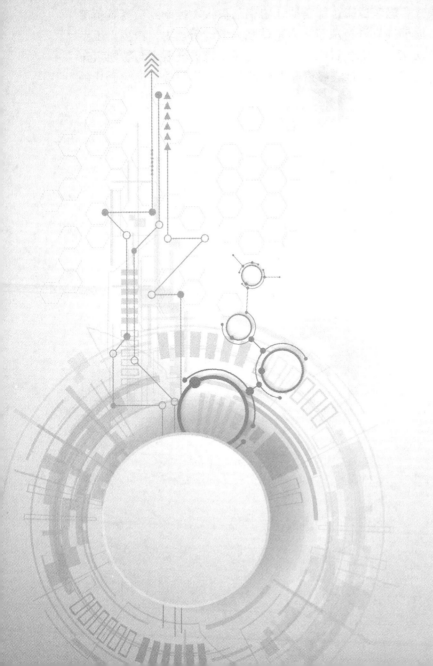

人机交互方式已经在量产车上书写了一段精彩的成长史，并且在近几年的更新频率越来越高。好的人机交互界面设计会帮助使用者更简单、更正确、更迅速地操作机器，也能使机器发挥最大的性能并延长使用寿命。中控、仪表盘、抬头显示、语音控制、手势控制代表了人机交互（Human Machine Interface, HMI）输出及控制的几大方面，在智能化的影响下，日渐将驾乘空间变成一个崭新的智能座舱，整个产业链也随之发生显著的变革。

从行业趋势看，高清、集成、智能是汽车仪表及显示技术的三大发展方向。而具体到产品层面，高端车型车载信息娱乐系统（In Vehicle Infotainment, IVI）的功能会更强、用户体验更棒。同时全液晶虚拟仪表成为标配，酷炫的用户界面（User Interface, UI）、更人性化的HMI、集成更多的车联网及自动驾驶功能、与IVI的融合更深；在中低端车型上，可能会采取低成本的解决方案，相比高端车型在两块屏的融合交互上稍弱一些；而在低端车型上，仪表和IVI或许会完全整合在一起，通过一块屏完成传统仪表和车载娱乐信息系统的简单功能。平视显示系统（Head Up Display, HUD）作为新兴的显示方式，也会伴随着增强现实（Augmented Reality, AR）技术的发展在车内占据越来越重要的位置。

一、输出的进化

1. 中控

2000年前后，车载娱乐系统主要是音频类功能，包括音频、磁带、收音机，主要的模式是通过硬件输入。2012年，触屏变得越来越流行，然后开始出现6in①左右的触屏，并逐渐朝大屏化发展。到2016年，大部分车载系统屏幕都在7in以上，要么是完整的触屏，或者是触屏周边有一些物理按键，在中高端的车型中会出现中央控制旋钮和触屏共同存在，比如宝马在2016年推出带有触屏功能的导航系统。

触屏不仅能提供导航娱乐功能，也有车辆控制功能，包括温度和车辆驾驶模式的调节。所以从2014年到2017年中央控制旋钮搭载和装配车型的数量逐渐减少，主要是因为新推出的一些导航系统或者信息娱乐系统并没有装配中央控制旋钮，取而代之的是更多的触屏。根据咨询公司SBD的监控数据，到2017年，触控屏的装载率已经超过80%。

---

① 1 in（英寸）= 25.4 mm（毫米）。

从最初的 CD、卡带、收音机，到近些年的大尺寸触屏、8 核处理器、4G 网络，中控的形态发生了天翻地覆的变化。更重要的是，在走过产品的青涩期后，越来越多智能中控开始装载"用户思维"，从起初的"好看"逐渐过渡到"能用"，甚至现今的"好用"。从目前的趋势看，中控与车辆深度结合、车机手机深度结合、做精做专核心功能，已成为业内所公认的几个发展方向。

1）功能与服务做减法

在 2013 年前后，车联网概念刚刚在国内起步时，业内最主流的声音是做加法。一时间以 MirrorLink 为代表的各种 Link 风起云涌，Android Auto、Carplay 以及国内百度 Carlife 等产品，纷纷开始在量产车型上实现前装。

现在，情况则大不相同了。一些豪华品牌带头开始做"减法"，谈 Android Auto、Carplay 的少了，深耕导航体验、语音交互等核心功能的多了。在这个过程中，为了优化用户体验，车企研发的难度大大增加。例如，捷豹 XJ 车型上搭载的基于 Linux 深度定制的 InControl 系统，为了适配高德地图，不仅需要克服本身比较复杂的系统架构，将高德地图接入，还需将后者与其他功能进行协同、匹配，甚至与博世的硬件平台进行匹配，这几乎涉及深度定制每一个协议、交互逻辑、用户体验（User Experience，UE）、UI 等。此外，一些根据品牌和产品特性规划的功能开始出现，例如路虎车联网系统中特有的越野状态及涉水状态显示系统。

围绕着安全这一汽车产品的核心诉求，车载服务产品也在发生着潜移默化的变化与创新。事实上，在进入智能汽车时代以来，行业在汽车安全领域的研发就始终没有停歇，一方面关于车辆自动化，例如 ADAS 功能实现中需要的雷达、摄像头等硬件以及配套的软件方案升级；另一方面则关于车载安全服务，最典型的如 E–call 紧急救援，在通用、丰田等公司的相关产品中，用户如果在驾驶车辆中出现交通事故，E–call 功能会自动启动，接通人工后台，以最快的方式开启救援工作。

在中国市场，翼卡车联网对传统的 E–call 功能进行了升级，将过去单纯的电话沟通过程向可视化服务推进。具体而言，基于 ADAS，对行车安全的主动干预延伸到行车事故发生后，依靠传感器数据和翼卡大数据处理能力，以及深度学习算法，形成碰撞识别、疲劳识别等自动安全监测与诊断模型，并将事故数据第一时间传送至翼卡云呼叫中心，调动医疗救援资源，保护车主人身安全。这是一种通过智能（精准识别）、人工（极速响应）、服务（安心服务）等多层次操作模式建立起来的行车安全云平台，是"ADAS + 事故救援"的行车安全全程服务系统。

2）中控与车辆深度结合

所谓深度结合，是指中控与车辆形成一个有机体，用户可以在中控上完成一系列车控功能，包括开关车灯、开关车锁、开关天窗等。而在此之前，中控充其量只是一个独立的 Pad，只能实现与车辆本身无关的导航、音乐等功能。

中控与车辆深度结合的例子中，典型的是荣威 RX5，该车型最大的特点即首次以深度前装的形式搭载阿里 YunOS for Car 车载操作系统，该系统全面接管了车内原有的系统及功能。此前，基于与车辆的结合，特斯拉 Model S 最早实现了通过中控触摸屏调节天窗开合度的功能，而在 RX5 上，基于将语音功能的融入，用户可以通过语音指令控制车辆天窗开合。

3）车机与手机深度结合

关于车机手机互联，业内曾走过一段时间弯路，即把手机屏上的服务和应用一股脑地投射到车机屏，导致中控的功能和服务暴增，但作为一种短时间的过渡方式，车机和手机使用场景的差异性最终导致这种尝试失败，就好比用户永远不会在车机上玩切水果游戏。

但是，手机与车机的互联并非没有价值，投射应用之外的另一种方向已被证明有更大的应用空间，即手机与车机的深度结合。试想，在炎热的夏季，你在上车前便可先起动空调；在寒冷的冬季，开车之前便可远程起动发动机热车；在出行前，可以事先检查车况，并可在手机上规划行程下发给车机，在到达目的地后自动切换成手机步行导航。

总体而言，车机上的服务和功能开发在逐渐回归正道，导航等核心功能的体验也确实得到了优化；但另一方面，基于车辆数据、车主数据开发的一系列可能的衍生服务和功能还有很大的想象空间，车主的车内体验仍显枯燥。

受制于前装产品的时间跨度，在经历了一段嘈杂的过渡期后，近两年才可以说真正在 C 端消费者处落地，并逐渐被深度感知。几年前可有可无的噱头产品、噱头功能，正快速成长为消费者选车时绕不过去的一道坎。对于车企而言，中控屏的产品力开始直接代表整车成色。

从中远期来看，随着中控的智能化，带来更重要的影响是车内交互界面优先级的调整。在车内有抬头显示、数字化仪表盘的情况下，中控屏幕的优先级会逐渐低于前两者，所承担的责任也相应会降低，主要是一些信息、娱乐、沟通类的功能，关键的行车数据会安排到抬头显示或者仪表盘中。

一个可能出现的趋势是，在前排驾驶员的位置会出现独立屏幕，方便驾驶员获取信息。此外，前排驾驶员的屏幕也有可能在未来与中控屏进行融合。

2. 虚拟仪表

汽车仪表随着汽车行业的高速发展而不断改革技术，经历了几次变革，不管是从形态还是功能，都发生了巨大的变化。它已不再是一个仅提供转速、车速的简单元件，而是能展示更多重要的汽车信息。集成和数字控制技术的普及，让汽车仪表的功能前所未有地丰富，并且视觉效果也更加赏心悦目。

这个方寸之地不但体现出工程师设计的技术实力，更能够展示设计师的审美视角，可以为汽车OEM（Original Equipment Manufacture，原始设备制造商，俗称"代工厂"）厂商提供更高的电子产品附加价值，与车型进行更完美的个性匹配，为消费者提供更加多样性的选择和个性化的驾驶体验。

早期常规仪表包含车速里程表、转速表、机油压力表、水温表、燃油表、充电表等，之后汽车仪表还需要装置稳压器，专门用来稳定仪表电源的电压，抑制波动幅度，以保证汽车仪表的精确性。

20世纪90年代以来，随着电子技术的不断发展，机械式仪表逐渐过渡到电气式仪表。电气式仪表可以实现控制器局域网络（Controller Area Network，CAN）总线信号输入，驱动仪表显示信息，增加了不少功能，汽车信息反馈也更多、更及时。从真空荧光显示屏（Vacuum Fluorescent Display，VFD）发展到采用液晶显示器（Liquid Crystal Display，LCD）、小尺寸薄膜晶体管显示器（Thin Film Transistor，TFT），仪表显示信息越来越清晰、快捷。

全数字仪表可谓有了长足的进步与发展，它是一种网络化、智能化、虚拟化的仪表，有智能处理单元，可以与汽车其他控制单元交互信息。功能更加强大，显示内容更加丰富，线束连接更加简单，更人性化地满足了驾驶需求。

数字仪表用屏幕取代了指针、数字等现有仪表盘上最具代表性的部分，其优点是可以由用户自己定义仪表系统，以满足不同的要求，也更容易与网络、外设及其他应用相连接。得益于更强大的图形处理和效果显示功能，更多的指示灯被拟物化设计，从而有效降低用户的接受过程，多媒体娱乐信息和车辆基本信息也可以更符合逻辑地显示出来。集中显示有助于提升驾驶安全，驾驶员的视距也不必在多个位置频繁切换；另外，简化的设计也可以将更多空间留给乘坐区域或者储物。可以说数字仪表是目前为止最先进的汽车仪表。

仪表盘的下一代技术包括3D仪表盘和有机发光二极管（Organic Light - Emitting Diode，OLED）仪表盘。3D仪表盘是由两块仪表盘和一块玻璃，利用镜像的方式来达到3D的显示效果；OLED的显示方向与曲面相结合，未来可以让车辆内饰设计更加多样化。

除了本身的技术升级之外，仪表还越来越多地与新兴技术相融合。从车辆智能化的发展可以看出，未来的车内信息显示不会是一个独立的系统，与车辆底层功能诸如ADAS、自动驾驶相关的结合已经是必然。

在 2017 上海车展上，伟世通展示了一款具备 ADAS 能力的仪表盘。仪表盘上增加了一个摄像头，用于对驾驶员进行监控，以防驾驶员注意力不集中或者出现意外情况。用于演示的仪表盘中增加了一块屏幕，可以清楚地看到摄像头在捕捉驾驶员的眼球运动轨迹以及对面部进行识别。图 4-1 所示为伟世通具备驾驶员监控技术的仪表盘。

图 4-1　伟世通具备驾驶员监控技术的仪表盘
（来源：车云）

不过，就在虚拟液晶仪表将成为智能化汽车的入口之一时，特斯拉却在 2017 年 7 月 28 日上市的 Model 3 上取消了仪表盘，这一举动引发了行业的争议。众所周知，特斯拉 Model S 的中控大屏已经显示了绝大多数人机交互所需要的信息，包括里程管理、充电管理、故障提示、空调信息等，液晶仪表只显示了车速、瞬态导航提示、自动驾驶提示等少量行车必备信息，其他信息则可以通过配置来选择显示。

虽然取消仪表盘让 Model 3 的造型设计更具想象力，也许也能降低一些成本，但是势必会受到用户习惯的挑战。行驶速度、电耗、故障提醒等信息都将无法按照之前的习惯获取，安全问题可能会被放大。也许，时间会是此举利弊最好的见证者。

3. HUD 与 AR HUD

抬头显示技术（HUD）最早出现在飞机上，它利用光学反射的原理将重要的飞行相关资讯投射在一片玻璃上面。这片玻璃位于座舱前端，高度大致与飞行员的眼睛水平，投射的文字和影像调整在焦距无限远的距离上面，飞行员透过 HUD 往前方看的时候，能够轻易地将外界的景象与 HUD 显示的信息融合在一起。借助 HUD 投射原理，汽车装配 HUD 后可以使驾驶员不必低头就可以看到信息，从而避免分散对前方道路的注意力；其次驾驶员不必在观察远方的道路和近处的仪表之间调节眼睛，能够有效地避免眼睛的疲劳。

HUD 系统成像的关键是在光学和材料学方面，一种透明的高折射率镀膜是其真正的成像根基。这种镀膜并非单独存在，它是特殊的前挡风玻璃的表层功能部分，这种挡风玻璃的生产主要采用浸渍法和网印法等。由于它含有氧化的钛（Ti）和硅（Si），折射率为 1.8~2.2，大于普通前挡风玻璃 1.52

的折射率，所以表面的反射率就可以增大，再经过多次光干涉就可在远处成像。

目前，越来越多的汽车制造商在新车型上提供 HUD 功能，但如何让每一辆老车都具有类似功能呢？在汽车后市场，也出现了不少 HUD 产品。早在 2013 年 10 月，先锋就推出过一款名为 SPX–HUD100 的后装 HUD 设备，售价 3200 元，但最终因为用户体验不佳而销售惨淡。

真正将后装 HUD 炒热的是美国的抬头显示器创业公司 Navdy。Navdy 在 2015 年前后的 8 个月中共获得 3 300 万美元融资，在产品未发布的情况下，通过众筹就收到 600 多万美元的预购款项，但是因为技术等问题，Navdy 的交货时间屡次延期，到 2016 年 10 月 25 日产品正式发售时，价格从之前预告的 499 美元上涨到 799 美元。这足以说明 HUD 的量产在技术和成本上都存在极大问题。

还有批评者指出，HUD 会显示很多 App 信息，尽管驾驶者眼睛盯在路上，但是在看这些信息时，大脑并没有集中精力在道路上，反而会造成驾驶者分心而影响行车安全。

但 Navdy 的明星效应很快影响到中国，在 2015 年前后，仅深圳地区就有几十家后装 HUD 厂商，他们大多采用与 Navdy 相同的数字光处理（Digital Light Processing，DLP）投影方案，基于德州仪器（TI）为投影产品研发的 DLP 芯片。但显示和温度是这种方案的天生缺陷，而且 DLP 是针对投影的芯片，HUD 是显示产品，实质上是两类功能。因此，有一些公司另辟蹊径采用 TFT 光学成像方案。这种方案虽然比较成熟，显示效果比较清晰，但也面临成本、体积和散热等问题。

不论是哪种方案，都各有优劣势，而且除了硬件上的问题，这些后装 HUD 产品的按钮、遥控、语音控制、手势识别等人机交互方式也并不完善，用户体验欠佳，与不同型号车辆的匹配也存在难度，这些都制约了整个行业的发展。在短暂的热潮之后，市场上并没有出现突破性的产品，反而越来越追求功能的堆砌，导航、通话、音乐、收发微信、车况信息……，甚至还叠加了 ADAS 功能，逐渐偏离了汽车硬件本身存在的意义，消费者也难以为此买单。

2016 年年底，汽车娱乐信息系统最大的供应商之一哈曼国际投资了 Navdy，哈曼将帮助 Navdy 直接向汽车生产商出售产品，Navdy 也将帮助哈曼研发汽车维修提醒系统。这似乎预示着走向前装才是 HUD 创业的最终归宿。

1）未火先虚，AR HUD 大跃进

研究机构 SBD 中国有一份数据显示，搭载抬头显示功能的车型占比从 2014 年不足 3%，到 2016 年有 14% 的车选装。抬头显示提供的图像质量和信息搭载内容也发生了改变，从简单的导航信息投射，发展到将所有的关键行车信息以完整的彩色形式投射到前挡风玻璃，更进一步朝 AR HUD 方向研发，可以将行车的关键信息通过增强现实，以更加立体的形式投射到前挡风玻璃上，估计在 2018 年会有产品推出。

其实早在 2014 年，大陆公司就展示过它的 AR HUD 技术，但这项本预计在 2017 年量产的技术最终难产了。反倒是其中使用的 DMD（Digital Micromirror Device，数字微镜元件）芯片，被大陆用在第二代 HUD 产品上，其显示范围与屏幕亮度与上一代产品均有提升。

伟世通也演示过它的 AR HUD 产品，如图 4-2 所示，这项技术正在开发中，未来将会与自动驾驶技术相结合。在 2017 年上海车展上，日立也展示过其 AR HUD 产品，如图 4-3 所示。

图 4-2　伟世通的 AR HUD 产品
（来源：伟世通）

图 4-3　日立的 AR HUD 产品
（来源：日立）

AR HUD 作为下一代人机交互的新技术，受到车企、创投圈的热捧，主要还是因为阿里巴巴集团在 2017 年 3 月对初创公司 WayRay 的一笔投资。WayRay 的主营业务是基于增强现实技术的车用导航产品，总部设在瑞士，成立四年来一直在开发面向驾驶员的 HUD 抬头显示器以及用于自动驾驶汽车的增强现实和虚拟现实系统，此前曾与三星有过合作，并在 2017 年 1 月初召开的 CES 美国消费电子展上展示了基于增强现实技术打造的车用 HUD 系统原型。

WayRay 的 B 轮融资金额总计 3 000 万美元，其中阿里巴巴作为领投方投资了 1 800 万美元。WayRay 还将与阿里巴巴和上汽集团成立的合资公司斑马科技合作开发一套全新的汽车导航车载娱乐系统。首款搭载 WayRay 增强现实抬头显示器产品 Navion 的上汽车型，将于 2018 年量产上市。

大多数观点认为，AR 是汽车导航的未来，它能显著提高行车安全，驾驶员不必在驾驶过程中低头查看仪表，只需扫一眼风挡上的数据即可。不过，这个圈子却是，水还没热就开始浑了。不少借机炒作的伪 AR HUD 层出不穷，那么到底怎么理解 AR HUD 的概念？

从本质上来说，AR HUD 是信息显示与驾驶辅助技术的结合。HUD 这项从航空领域引进的技术本身就是为了让驾驶员能够集中注意力而存在的，最早 HUD 需要有一个单独的屏幕来辅助信息呈现，被称为 C - HUD；而进阶的 HUD 则去掉这块屏幕，直接将信息显示在挡风玻璃上，被称为 W - HUD。AR HUD 还是将信息投射到挡风玻璃上，不同之处在于，投射的内容与位置会与现实环境相结合，显示的范围也不局限在某一处，而是扩展到整个挡风玻璃。

从现阶段各家企业的概念产品展示来看，AR HUD 显示的信息依然是驾驶员最需要注意的内容，包括导航路径规划与指示、其他道路使用者提示，如车辆、行人、骑行者等。未来这项技术也可能作为人机交互的进阶方式，比如通过 AR HUD 的方式显示周边车辆和建筑的信息。

相比传统的 C - HUD 与 W - HUD，AR HUD 显示的范围更大，距离更远。伟世通曾经发布一份关于 AR HUD 的白皮书[1]，其中介绍到，C - HUD 的显示范围是 3°×1° ~ 6°×2.5°，W - HUD 则增大至 4°×2° ~ 10°×2.5°，而 AR HUD 目前最大能显示 17°×6.5°，约为一张 A4 纸大小的范围，最大距离可以增加到 7m 左右。与前两项技术相比，AR HUD 可以让驾驶员几乎不用低头看，低头的角度可以调整到 1°以内。

---

[1] 伟世通，《Augmented reality head - up displays：HMI impacts of different field - of - views on user experience》 （https：//www.visteon.com/products/documents/augmented_ reality_ nov_ 2016_ FNL.pdf）。

AR HUD 要怎么实现呢？有一种低成本的方法是全息膜。所谓全息膜，是一种透明的显像元件，能够在显像的同时让人看到背后的景物。从实现手段来看，理论上与传统 HUD 算作一类，不过在挡风玻璃上贴膜，不同国家不同地区的法律规定都不一样，对透光率也有要求。而且，考虑到挡风玻璃是曲面的，用全息膜也会存在变形等问题。

全息膜现在常被用来进行 AR HUD 的 Demo 演示，另外，演示中也经常使用平面玻璃，与实际挡风玻璃采用曲面玻璃不同，曲面玻璃光学调校存在一定门槛。

如果不用全息膜这种便捷的方式，要如何实现 AR HUD 呢？其实可以反推一下。要在路面上显示指示箭头，系统首先需要知道路口在哪里、车辆与路口之间还有多远距离、在什么时候显示出这个信息比较方便。首当其冲，环境建模是必需的，系统必须要知道周围环境是什么样子，再决定显示哪一类信息，然后要处理好显示出来的信息是否与环境贴合。更进一步，还要知道驾驶员在看哪儿，根据驾驶员所看的位置去显示对应的信息。所以涉及的技术包括环境建模（传感器、算法、芯片）、信息显示（光学元件、算法）、驾驶员眼球追踪。

作为一家 HUD 企业可以不具备环境建模能力，通过寻找合作伙伴补足，光学显示硬件同样可以依赖于产业链，但光学调校是核心竞争力。

2014 年大陆公司就开始研发 HUD，彼时视频上效果已经很好，但目前这项技术还在由德国团队研发当中；伟世通方面则表示会将 AR HUD 与 Level 3 以上自动驾驶相结合，现阶段量产针对的是 W–HUD。

AR HUD 根本没有进入量产阶段。难点在哪里？目前不同企业说法不一。

有人认为量产的限制在于光学芯片，如果芯片能够达到车规级，就可以量产。

还有人认为难点在于 AR 算法，也就是环境建模这方面。光学显示上虽然也存在一定门槛，但是相对容易解决。如何能够快速根据环境变化来进行实时显示，是他们正在攻克的难关。

总体上来看，可以归结为以下四个方面：

（1）芯片与光学技术。目前 TI 并没有一款满足车规级要求的芯片；另外，光学技术上面，针对曲面的挡风玻璃，如何进行光路设计，如何在显示距离远近与信息大小之间做平衡都是需要考虑的。

（2）环境建模算法。在 ADAS 或自动驾驶技术上，这项技术也依然没有完全发展成熟，环境识别与建模的准确度还有待提升。

（3）体积。大陆公司的 AR HUD 在 2014 年体积为 13L。现在 HUD 产品正向小型化方向发展，以更小的体积实现更大范围的显示。体积越大，在量产布局上受限越大。

（4）信息显示。一方面要让信息显示在与环境相对应的位置，另一方面则是要根据驾驶员所看的范围去显示信息，而不是将所有的信息都显示出来，过多的信息也会分散驾驶员的注意力。

目前，还只有少数车企在进行 AR HUD 上的研发投入。这也可以理解，毕竟 HUD 本身都没有普及。从价值论来看，AR HUD 本身不应该作为一个单纯的信息显示技术，如果它能够与更高级别的自动驾驶技术相结合，会更加具备竞争力。

4. 案例：谷歌内嵌式安卓车机，真的在车上干掉了手机

尽管目前支持 Android Auto 的汽车品牌数量已经有 57 家，但绝大多数不过是在自家车载娱乐信息系统的基础上提供用户车机–手机互联的一种方式。这种近乎浅尝辄止似的小玩闹，显然并不能让谷歌满意。2017 年 5 月 18 日开幕的谷歌 I/O 开发者大会上，搭载有全新内嵌式 Android Auto 车机的奥迪、沃尔沃概念车，是谷歌汽车战略下一步计划的直观呈现。

可能很多人还不大分得清楚 Android Auto 和汽车内嵌式安卓系统（Embedded Android for Automotive）的区别。其实抛开文字概念，这两套产品的差别还是比较明显的。目前支持 Android Auto 的汽车品牌数量有 57 家，它主要是通过映射的形式来呈现具体功能：将安卓手机通过 USB 或无线的方式连接至车机，它会在中控屏上显示为汽车定制输出的 Android Auto 软件 UI，如图 4–4 所示。

图 4–4　使用 Android Auto 将手机与车机连接

（来源：谷歌）

当然，汽车原有的车机系统并非只是简单地扮演着外部显示器的角色，它也集成了一些关键功能的控制，譬如说可以通过方向盘上的语音控制按钮激活谷歌 Assistant 智能助手，但即便如此也基本是手机在掌控着整个交互过程。

相比之下，内嵌式的安卓车机是在汽车本身的系统之上运行的，无须连接手机。这对谨慎保守的车企而言意义重大，因为它们能够在很大程度上控制 UI 的呈现形式，对部分功能的整体控制性也会更高一些。

在谷歌 I/O 开发者大会现场展示了一辆闪烁着橘红色金属光泽的奥迪 Q8 运动版概念车，奥迪车型经典的 MMI 车载娱乐信息系统被全新的安卓车机所取代，一列应用的快捷图标位于整个操作界面的左侧，屏幕剩余的区域用来显示这些 App（导航、多媒体、天气等）的具体交互形式，点击左侧顶端的圆形按钮，右边显示区域会出现各个应用的 widget 窗口视图。与 Android Auto 不同的是，用户不能在安卓和原本的车机系统之间进行切换。在内嵌式的解决方案中，用户能够使用的只有一个安卓车机系统。图 4 - 5 所示为奥迪 Q8 运动版概念车上的内嵌式安卓车机界面。

图 4 - 5　奥迪 Q8 运动版概念车上的内嵌式安卓车机界面
（来源：奥迪）

当然，其好处也是显而易见的。搭载了内嵌式安卓车机系统的奥迪等车企，再也不用求着开发人员为自己的产品开发定制化的软件，它可以运行任何从谷歌 Play 应用商店下载的程序。不过按照谷歌方面的说法，OEM 主机厂可以对车主的使用权限进行限制。譬如从安全的角度考虑，系统不允许在汽车行驶中下载和安装软件；在内嵌式安卓系统支持的 App 之外，企业可以自主安装应用，以奥迪这辆概念车为例，除了谷歌地图之外，奥迪本身提供的地图应用由 HERE 提供服务。

对开发人员而言，只要跟得上 Android Auto 的更新速度，那么他们开发的软件应用就能够和内嵌式安卓车机进行良好适配，车企本身对 UI 进行的调校和修改并不影响 App 的运行和使用体验。因为能够运行于 Android Auto 的 App 程序一定是在谷歌交互标准的基础上开发的，当转移至内嵌式安卓车机上时，只是将 UI 的不同元素根据不同品牌车型的输出要求进行重组，呈现形式可能略有不同。

对车主、汽车制造商和谷歌来说，这无疑是三赢的产品策略。对喜欢新鲜事物的年轻消费者而言，一款搭载了谷歌车机的车型显然要比同类产品吸引人得多，智能手机可以实现的功能和服务被移植到车里，后续通过 OTA 无线更新的方式可以随时升级；对于车企，则可以借助谷歌的平台获取大量的应用资源，产品本身就是很大的卖点，相比传统车机，Android Auto 因为拥有谷歌手机业务的庞大用户群，不存在接受难的问题。

当然，谷歌能够享受到的红利更不用说。借助和车企联合开发的内嵌式车机，安卓生态在车内将扎根，生长，枝繁叶茂。而且像谷歌 Assistant 人工智能助手功能的加入，可以让谷歌获取诸如地理位置、驾驶模式以及用户个人喜好等数据信息，这对提升其相关产业链服务的能力大有裨益。

不过由于在数据隐私保护及用户数据的归属问题上有分歧，丰田在 2016 年年初就宣布将使用福特 AppLink 车载系统的开源版本——SmartDeviceLink（SDL）来为旗下汽车产品提供包括 GPS 导航以及车载娱乐系统等服务，完全将苹果或谷歌晾在了一边。所以如果谷歌未来希望大规模推广嵌入式安卓车机解决方案的话，用户隐私和数据归属安全等是下一步需要好好解决的问题。

二、输入的进化

1. 语音交互

1）语音是最天然的人机交互方式

回顾人类的发展史，在近几百万年的演化过程中，人与人之间的通信方式一直是语音，传承信息的方式是口口相传。只是由于后来需要记载的信息越来越多，只用语音难以全面覆盖，人类才发明了文字和书写。但不可否认的是，语音对话依旧是人与人之间最自然的交流方式。所以，当各类机器设备像钢铁侠的智能管家贾维斯一样具有高度智能的时候，人类与之交流最自然的方式应该仍然是语音，特别是在无法安装触屏或键盘的场景中。

康奈尔大学的教授弗雷德里克·贾里尼克（Frederick Jelinek）和他领导的 IBM 华生实验室（T. J. Watson Labs）在 1972 年找到了使计算机获得智能的新方法，即基于数学模型和统计的方法。采用基于统计的方法，IBM 将当时的语音识别率从 70% 提升到 90%，同时语音识别的规模从几百单词上升到两万单词，使语音识别有了从实验室走向实际应用的可能。

在此后的 1988 年，IBM 的彼得·布朗（Peter Brown）等人提出了基于统计的机器翻译方法。随着可用于训练的数据的不断积累，2005 年谷歌公司用该方法做出了当时世界上最好的机器翻译系统。

乔布斯去世之前为苹果公司做的最后一个决定是收购 Siri，因为他认为这将是人机交互方式的一次重要转换。在 Siri 被收购 4 年后，谷歌公司推出了类似的虚拟助手产品谷歌 Now，认为它将终结我们熟悉的搜索，因为它是通过对话的方式来获取和交流新信息，而不是人们日常所做的在搜索框中进行静态搜索。

目前，汽车语音交互主要是通过方向盘上唤醒语音识别的按钮来开启，但由于车载语音交互涉及远场，再加上车内环境比较复杂，要像人与人之间的交流一样自然、持续、双向、可打断，整个交互过程需要解决的问题很多，准确率也受到限制，用户体验不佳。根据 J. D. Power 2016 美国新车质量调查，在车主反馈的问题中，娱乐系统和语音识别系统相关的故障占比高达 23%。

要搞清楚语音识别在哪里出现问题，首先需要了解整个语音交互的流程。从大的方面来说，语音交互可以分成语音识别、语义理解、语音合成三大主线。

在语音识别之前，首先需要做到语音唤醒，唤醒是人机交互的主要触发方式，和跟一个人聊天首先要叫其名字是一个逻辑。机器被唤醒后，就需要知道说话人的方位，才可以定向地拾音，解决噪声、混响、回声带来的影响，同时对说话人进行语音增强。这个声源定位和语音增强主要是用麦克风阵列的相关技术，要保证识别率满足车载交互需求，还要有专门针对远场环境下基于大量数据训练的声学模型，并解决人声检测和断句问题，过滤无效语音，做出快速响应。

语音交互必须解锁的第二项技能是语义理解。相对完美的语义理解，不是指导式的，而是不设定规则或者语法的自然对话的。在语音模型中，一般有专门的模块去判断语音命令里的意图，在语句中寻找关键参数。意图与参数就构成了这条语音命令所要表达的信息。比如说"我要去天安门"和"天安门在哪儿"对于系统来说是一样的语义，"天安门"是参数，"在哪儿"和"要去"是意图。当然，这些模型并不需要人去手动逐个建立，也是通过大量的数据模型去训练机器。

完成语音识别和语义的理解后,机器再通过语音合成,把信息传递给用户,构成一个完整的语音交互回合。虽然语音交互存在已达半个多世纪,车机、后视镜、HUD 等硬件都在使用语音交互,但仍然体验不佳,这其中有识别的原因,也有语义理解的原因,还有诸如不能纠错、指令式交互体验乏味、操作复杂等原因。很多交互方案还是触屏+部分语音的方式,不同应用中内置不同的语音方案,造成了操作的烦琐;还有的缺乏语音唤醒,不能真正解放双手。

总体而言,基于终端大规模数据的收集和深度学习技术的出现使语音技术逐渐走向成熟,更好的语音交互需要用到更大体量的数据集以及更好的语音模型。虽然要花费的时间很多,但值得期待的是,语音识别叫醒耳朵只是第一步,当机器慢慢能够听懂人类的话,下一步必定是能够亲口说出"Hello World",开启真正的语音交互时代。

2)发展趋势:软件、硬件、数据、服务一体的语音助手

2010 年之前,车内语音交互是"命令式交互"。2010—2017 年,"自然语音交互"发展成主流,未来,语音交互将向"主动对话式交互"发展,单纯的语音识别将变成功能更强的语音助手。国际语音巨头 Nuance 大中华区研究部副总裁吴建雄博士曾经用了一个非常形象的类比描绘语音助手的三个层次①:

(1)最基本的层次是打字员:他可以将你说的话准确地记录下来,这样你就不需要将相同的话向多人重复,助手会把话中布置的任务交给相应的人去做。

(2)第二个层次是办公室文员:文员与打字员的区别是,文员可以帮助你去完成一个具体的任务。例如,你想在周末去餐厅吃饭,文员会通过查询包括餐厅地点及驾车路线、停车场位置及是否有空位、能否订到位置等信息来完成该任务。

(3)最高层次是秘书:秘书与文员的区别是,秘书能够领会领导的意思,即很多事情领导即便不说,秘书也能心领神会,将其完成。

就这三个层次的实现情况,目前语音识别厂商在打字员层次上的功能已经做得非常好了。但对于消费者来说,理想的车载系统要随时随地听懂他在讲什么,当用户产生疑问时,车机可以即时提供相关的解决方案,帮助消费者完成任务,消费者不需要用额外的操作、烦琐的页面完成功能。语音助手涉及的技术并不简单是语音识别,还会涉及数据的收集、处理,如何将人工

---

① 沈纪余,车云,《Nuance 为什么在中国突然爆发?它的声龙驾驶又是几个意思?》2017.3.28(http://www.cheyun.com/content/15528)。

智能和机器学习运用到机器处理当中,如何将这些数据衔接,将消费者用户需要的功能真正传递给消费者。

目前行业内正在解决的是,如何让语音助手自动完成一个任务。其难点在于,有些时候,人并不是把任务中的所有要求细节都说出来,需要通过多次人机对话,以提问的方式来逐步获取缺失的信息。至于要让语音助手领会人的意思,还需要积累更多有关个人习惯的数据,通过机器学习的方式来集成到语音助手系统内。需要将麦克风阵列、前端声学处理、语音唤醒、端点检测、语音识别、语义理解、语音合成等技术在整个交互链上进行深度融合的系统,并且支持全双工、多轮交互等新特性。

在国际上,宝马、大众、现代、福特、奔驰等多家车企已经将亚马逊的虚拟语音助手 Alexa 整合进车内,Alexa 目前支持 23 种语言以及多种方言口音的识别,并且在进一步将汽车与智能家居打通。2017 年 4 月,梅赛德斯-奔驰宣布将在随后生产的新款奔驰轿车中接入 Amazon Alexa 和谷歌 Home。奔驰车主可以在车内用语音远程控制智能家居,也能待在家里通过亚马逊智能音箱 Echo 对车辆发号施令,或者提前将导航信息直接导入车载系统中。

亚马逊 Alexa 语音服务源于智能硬件 Echo 的试水,在消费级硬件 Echo 成功之后,亚马逊开放了 Alexa 的软硬件开发工具,直接导致接入 Alexa 的硬件呈爆发式增长,亚马逊因此得以快速建立起数据优势和平台壁垒。此外,一个平台级的语音助手需要云计算和搜索技术的支持,而亚马逊在这一领域已经有十多年的积累,有强大的软硬件基础设施作为支撑。可以说,软件、硬件、数据以及服务的四位一体,是亚马逊语音助手成功的关键。

在中国,科大讯飞的车载业务从最初的语音技术提供商慢慢发展成为语音服务提供商,走了与亚马逊同样的"软硬数服"一体的道路。奇瑞和科大讯飞在 2016 年联合开发的 Cloudrive2.0,就是一款搭载了深度定制语音技术的车载系统,整套系统都由科大讯飞操刀,算是科大讯飞向服务转型的里程碑产品,已搭载在艾瑞泽 5、瑞虎 7、瑞虎 3x 等产品上。

此后,科大讯飞在与长安汽车的合作中,将这一合作模式进一步深化。双方建立联合实验室,以智能车载语音技术和大数据分析领域、图像识别领域、车载终端产品及车载应用平台的相关研究为工作重点,展开围绕声纹识别、声源定位、主动式语音交互、语音智能提示、360°环视障碍物识别和倒车后视障碍物识别等技术和产品方面的研究。科大讯飞也将支持长安汽车定义长安智能车联网平台的技术框架及体系标准和技术路线,充分利用科大讯飞的软件开发、语音云服务、大数据分析及资源整合能力。

将软件、硬件、数据、服务甚至标准整合起来形成体系能力,提供结合了语音、人脸、人体追踪、手势、红外等多种方式为一体的人机交互解决方案——这已经远远超出一个语音技术供应商的常规角色,但确实又代表着语音交互未来的发展方向。很多人认为语音交互只是用语音来说话,这实际上是一种误解。语音交互涉及视觉通道、触控通道、手势通道等多通道结合,只有将各项技术整合在一起,才能让用户体验逐渐进阶:

(1) 第一步核心是解决安全问题,解放双手,避免视线分散。

(2) 第二步是提高效率,减少学习,解放大脑,让驾乘者对不同场景及时反馈。

(3) 再往上进阶则讲究交互的乐趣,语音可以非常情感化地与人互动,而且可以缓解疲劳,是一种精神的享受。

所以语音助手接下来的发展方向是衍生出来更多堵车、事故预判及预警、日常关怀提醒、疲劳驾驶、紧急信息处理等应用场景,进一步改变用户的用车及生活方式。比如通过场景化的声音提示及语音互动,降低驾驶过程中的疲劳感,保证行车安全;通过情感化的语气语调、声音娱乐方式,缓解堵车过程中用户的焦躁情绪,减少驾驶安全隐患;当用户注意力集中,双手被占据的时候,通过语音完成文字内容输入等复杂任务,通过声音获得操作反馈,保证行车安全,提高任务效率。

如果说未来的设计趋势是管家式体验的话,语音交互对于汽车而言,不仅仅是为了带给用户更好的任务操作体验,而应该在用户的用车生活中提供更多的情感化互动,提供更多的友好性、趣味性,提升用户的精神愉悦感,包括基于声纹识别技术、方言识别技术、语音多轮交互、语义理解技术等,提升语音交互的准确性和效率;通过对语言理解的深度学习和用户数据分析,针对不同用户的语言习惯、用车偏好等,增强语音交互体验的个性化和差异性;未来的交互甚至可以通过语音识别情绪,通过语音识别身份,智能化地引发汽车的相应反应。

想要做好这些,车载语音系统需要提升哪些核心能力?前期在于自然"语言处理(Natural Language Processing)+自然语言理解(Natural Language Understanding)引擎"的能力,后期在于"数据和计算能力+资源整合能力"的提升。过去常有人说,车载语音交互技术的发展将会是一个缓慢的发展过程。现在看来,至少这一进程比预期来得要快。并且,随着核心竞争点的逐步转移,聚焦在车载语音交互的领域,大玩家之间的联盟会越来越紧密。

2. 手势控制

1)手势控制的三大技术流派

触摸控制方式正在逐渐取代汽车中控屏上的物理按键,但触控并非唯一被选择的交互方式。语音、手势,甚至包括眼球、意念控制都出现在各式各样的概念车上。说到手势控制技术，大众曾经在 2015 年展出过一辆带有手势控制功能的 Golf R Touch，英特尔也展出过三维实感技术，其不仅可以捕捉手部动作，还能够实现面部识别、三维扫描建模等。而在谷歌 2015 年的 I/O 开发者大会上，一款名为 Project Soli 的可穿戴智能设备芯片能够实时检测双手和手指上的微小活动，并根据设定执行相应动作。

虽然都是手势识别技术，但是它们所采用的具体技术却不尽相同。大众的 Golf R Touch 采用的是 ToF 技术，英特尔采用的是结构光技术，而谷歌则使用了毫米波雷达技术。ToF 的全称为 Time of Flight（飞行时间），是一种通过计算光线的传播时间来测量距离的技术。根据距离的不同来判断出不同手指的具体位置，从而判断出具体的手势，再对应到相应的控制命令上。

要通过光线传播来测算距离，就需要一个能够发射光线的装置和接收光线的感应装置。大众使用了一个三维相机模块来发射脉冲光，再利用内置的感应器接收用户手部反射回的光线。然后，根据二者的时间差，处理芯片就可以构建出手部目前的位置和姿势。

通过实时采集这些信息，中控系统就可以调用相应的数据库获得用户正在进行的动作。再根据预先定义的功能，实现不同的操作。由于光的传播速度非常快，基于 ToF 技术的感光芯片需要飞秒级的快门来测量光飞行时间。这也是 ToF 技术难以普及的原因之一，这样的感光芯片成本过高。

ToF 技术在应用时还有一个明显的缺点——外部叠加误差。所谓外部叠加误差，是相对于由光线散射导致的内部叠加误差而言的。误差产生的原因在于相机发射的光线在到达手部时没有直接返回相机的感光元件，而是通过几次不规则漫反射才回到相机模块，这样测量出来的距离就与实际距离不匹配。然而，如果相机中的背景是固定的，感应器就可以忽略外部叠加误差引起的测量错误。大众 Golf 正是利用车厢这一固定的背景来减少误差带来的影响。

结构光技术基本原理与 ToF 技术类似，不同之处在于其采用的是具有点、线或者面等模式图案的光。以英特尔公司的集成式前置实感摄像头为例，其包括红外激光发射器、红外传感器、色彩传感器以及实感图像处理芯片。其基本原理为：首先激光发射器将结构光投射至前方的人体表面，再使用红外传感器接收人体反射的结构光图案。然后，处理芯片根据接收图案在摄像机上的位置和形变程度来计算人体的空间信息。结合三角测距原理，再进行深度计算，即可进行三维物体的识别。摄像头把采集到的信息发送到负责实感计算的软件开发包（Software Development Kit，SDK）后，该 SDK 结合加速度计算器，就可以提供手势识别等功能。

作为一种快速、便携、高精度的三维测量技术，结构光测量技术在航空、模具、医疗等领域均得到广泛的应用。手势识别只是其中的一个应用案例，最需要解决的问题首先是验证是否适合用在车内。另外，从用户体验来看，识别的准确度还有待提升。

毫米波雷达的原理同样与 ToF 技术基本相同，只不过用于测量的介质从光线变成了无线电波。Project Soli 利用内置的毫米波发生器把无线电波（雷达波）发射出去，然后利用接收器接收回波。这时，内置的处理芯片会根据收发之间的时间差实时计算目标的位置数据。图 4-6 所示为谷歌 Project Soli 芯片。

图 4-6　谷歌 Project Soli 芯片
（来源：谷歌）

通过比较不同时间段手指位置的不同，Project Soli 就可以与内置的数据比较，得到手指正在进行的动作。毫米波雷达的缺点在于信号容易被空气阻挡，扫描范围有限，因而对远距离目标探测不清楚，但对近距离目标勘测十分清晰。在主动安全技术中，毫米波雷达的身影已经不可或缺。另外，在近程高分辨率防空系统、导弹制导系统、目标测量系统等也有应用。

Project Soil 采用的是频率为 60GHz、波长为 5mm 的极高频毫米波无线电波来捕捉动作、距离、速度等信息，感应误差精细到毫米。然而，如何把具有如此精度的设备微小化是一件十分难的事情，最难的地方在于微小化会影响器件的发射功率和效率、感应灵敏度等。谷歌用了 10 个月左右的时间才将其从 PC 主机大小缩小到硬币大小，且为了提高精度与排除干扰，用到 2 个发射器与 4 个接收器。目前，Project Soli 还没有正式应用到具体设备中。

除了技术研发上的难题之外，用户在使用时的体验也对开发者提出了挑战。

与传统操作方式不同，开发团队需要设计一套新手教程，来让用户逐步了解体感技术的使用方法；用户在使用过程中可能手的一部分会在探测区域之外；在实际的应用中，系统也需要根据环境进行摄像头的矫正，存在一个学习的过程。这些都需要开发团队提前想好应对策略。

2）手势控制的车载应用难题

大众的手势识别技术在体验过程中虽然反应略慢,但是准确率还不错;英特尔的实感技术据称已经研发了三年之久,在游戏上也已经开始使用;谷歌的 Project Soli 则还只是个展示,尚未正式应用。但是不管是哪一个,车载的路依然很长。

目前唯一将手势识别技术实现量产的是宝马,2015 年 10 月上市的宝马全新一代 7 系 iDrive 操作系统第一次有了手势交互,由安波福(Aptiv)提供技术支持,采用 ToF 技术。安波福手势控制实现原理如图 4-7 所示。

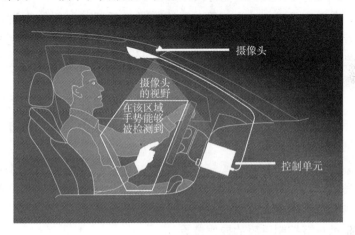

图 4-7　安波福手势控制实现原理
(来源:安波福)

安波福将红外线摄像头安装在车辆顶部的一个罩衬之内(通常用来放太阳镜),能够检测出中央扶手、换挡杆到中控屏幕这个范围之内的手势动作,也就是在腰部到肩部之间的位置。安波福对这套手势控制系统预设了一些动作,宝马新 7 系选出四种功能设计成手势操控。

2017 年 6 月上市的宝马新 5 系也搭载了手势识别功能,并将手势控制动作增加到六种。但因为手势控制是比较新的内容,即便现在可实现的功能比较简单,在用户使用过程中还是存在识别率不高、反应不及时、触发手势容易误操作等问题。

(1)误操作的概率。

目前,无论哪一种流派的手势识别技术,都对驾驶员的手势有限制要求——手指指令必须在一个特定的三维空间内操作。

如宝马采用的技术,对手势指令的要求是手势必须在中央扶手、换挡杆到中控屏幕的纵向长度范围内执行动作,同时宽度也要限制在腰部到肩部之间的位置。与此同时，所有手势还必须符合系统对动作标准的要求。譬如宝马新 5 系对接听、拒听电话、控制音量，或进行翻页查询交互界面信息、缩放地图页面等控制命令分别对应左右挥手、空中轻点、手指画圈以及两个手指的平行或斜向拖曳等手势。

正是由于要求比较多，所以可以说这套手势控制系统并不是非常成熟，这一点从宝马新 5 系依然保留了可以对应同样功能的物理按钮便能判断出来。在特定情况下，指令手势难免会与一些自然手势产生冲突。比如驾驶者在车内用手指向车外某一个方向，或者向车外某人挥手告别时，驾驶者的动作便存在误触发手势控制系统的可能性。

之前，奥迪为了避免这个问题，曾在自己的手势控制系统中引入一个触发机制，就是把右手放在控制区内做一个下压动作来激活手势控制系统，不过这明显是一个冗余设计，与其这样激活手势控制系统再操作，还不如直接操作机械按钮来得方便。

所以，如何让手势控制系统智能地识别命令手势，在准确率和过滤误差的冗余度方面做到均衡，是手势控制系统能不能好用的关键，同时也是对眼下手势识别技术的一大挑战。

（2）效率的相对性

在宝马新 5 系上，如果想操作音量控制功能，就需要在指定位置用食指画圈，顺时针画圈是放大音量，逆时针画圈是减小音量。这个功能比较好用，但需要先熟悉一下控制手势的操作位置。

但类似音量操作这种功能，有没有必要通过手势控制系统来实现还存在一定争议。因为把手势控制和中控台的音量旋钮相比，前者或许还有一定优势，但是当手势控制和多功能方向盘上的音量调节按键比起来，前者几乎可以说是在易用性上完败——因为方向盘上的音量按键是一个二维平面操作，操作它甚至不需要驾驶员松开手或用眼睛看，但手势控制系统是一个三维空间操作，还需要驾驶员关注手摆放的位置。

与宝马的做法不同，安吉星在 2016 年的 CES Asia 上全球首发了一款手机 App 和智能手表相结合的手势控制系统。这个手势控制技术是通用北美研发完成的，使用前需要在手机上下载一个名为 Gestures 的 App，通过蓝牙映射到智能手表上，智能手表通过感知到手势变化，去操控车辆闪灯、开启后备厢、车辆上锁及解锁四项便捷功能。

无独有偶，沃尔沃也在该年的 CES Asia 上发布了一款用 Apple Watch 远程控制汽车的应用，其功能与安吉星差不多，不同之处在于不需要通过手机，而是直接由智能手表完成。它们都算是利用新兴的人机交互方式将传统的安防秀了一把科技感，但从现场的体验来看，命令执行正确性还有待提高，在效率上的优势并不突出。

(3) 产品落地。

手势交互的产业链包括车厂、车机、HUD、手势以及内容等，不管是车企还是供应商，在落地上都面临着一些难点。首当其冲的便是车规级问题，比如说振动测试、老化测试、高低温测试、防腐、阻燃、耐光、电磁兼容认证等。此外，硬件的质量、功耗、体积以及软件的启动速度、操作反馈、系统底层都是需要解决的问题。车机算力不足、车载电子系统落后、车内环境光复杂对算法也提出一些挑战。

未来智能汽车将与智能家居进行交互，如何将手势、语音、人工智能（Artificial Intelligence，AI）、权限、安全等整合在一起，统一接口，让汽车与家居做到无缝连接，则是更长远的攻克难点。

汽车厂商曾经执拗地认为驾驶过程中伸手去触摸屏幕或分手操作是一件非常危险的事情，所以在人机交互系统设计上一直坚持非触摸屏＋旋钮操作，然而随着大屏幕智能设备的全面普及，人们对于触摸屏和手势的使用越来越依赖，学习成本也更低，因此车企也在归顺潮流。

现阶段手势控制系统还处于发展初期，对指令方式和人机交互需求的理解尚属浅层次。前端供应商在研发手势控制系统的时候，不但要考虑到硬件性能和准确率等基本问题，也要和主机厂合作，探讨相应功能在相应产品上是否符合用户使用情境，对现有的操作习惯是否会起到优化作用，能否提高人机交互效率，而不是单纯为了宣传技术噱头而增加功能。

虽然手势控制在一段时间内还不会具有对人机交互形态的实质性颠覆能力，但是随着自动驾驶等技术的逐渐实现，手势控制系统作为核心系统的支撑技术，对扩展人机交互应用的意义无比重大，手势识别将从前排走向后排，在中控、HUD、车内乘客娱乐系统等多种应用场景中大肆释放各种创造力。

3. 案例：三个天马行空的手势控制

那些未必量产的技术往往指向了新的可能。在现有的手势控制应用中，有三个有趣的案例。捷豹路虎最为科幻，福特展现出了较高精度表现，而微软的项目可谓轻便有趣。

1）捷豹路虎和超触觉（Ultrahaptics）：摸得着、看不见

捷豹路虎投资了一家非常年轻的英国创业公司——Ultrahaptics，这家创业公司研究出来的手势触控技术名叫ULT003 Mid‑air touch，实现的效果非常炫酷。最有趣的一点在于，当你在空中做出触控操作时，手可以感受到类似操控物理按钮的触觉反馈。图4-8所示为ULT003 Mid‑air touch展示样品。

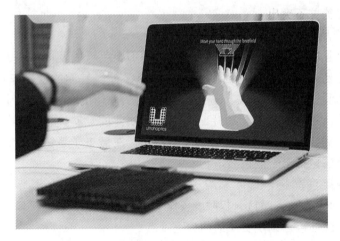

图 4-8　ULT003 Mid-air touch 展示样品
（来源：Ultrahaptics）

这背后的技术原理在于，在触控区域会有一个超声波发射设备，通过气压变化，在某个特定位置汇聚几个声波高压点，就能生成一个摸得着、看不见的界面。只要手在一个有效范围内运动，设备就会追踪到你的手部位置变化，在合适的位置凭空"捏造"出一个虚拟的三维立体物件，也可以是一个旋钮或者按键。

和一般触控操作相比，按钮会根据手的位置同步移动，没有传统手势控制中看着屏幕寻找触控点位的需要，而且使用者能够通过触摸获得具体信息，手部可以真实感受到按钮的按键力及触摸到平面的质感，对操作效果的判断会因为实在的触觉反馈显得笃定很多。

整个交互过程好比你在聚精会神地阅读一本小说，顺手拿过桌边的水杯喝水，而视线不需要从书本上挪开，并且水杯会自己"跑到"手边。曾经有不少人质疑，手势触控仍然要留意触控位置是否在合适的范围，操作是否成功也要扫一眼屏幕确认，Ultrahaptics 的这项"手到擒来"的技术，就一次性打消了这两个顾虑。

2017 年，哈曼也与 Ultrahaptics 合作，将触觉感应定制、体感控制和哈曼的可视化交互性图形用户界面（Graphic User Interface，GUI）定制相结合，允许驾驶员在空中通过手部动作并感受触觉弹力回馈，以控制多个车载系统。

2）福特和英特尔：复杂的面部识别

福特和英特尔合作的手势控制隶属于名叫 Mobii 的项目，原理上使用摄像头识别手势，使用到的是结构光技术，尤其擅长三维重建一个立体图像。

在功能呈现上，手势控制搭配简单的语音命令组合，可以在开车时单用手势调节温度或开关天窗。不过，结构光技术在手势控制上显得有些大材小用，福特和英特尔瞄准的是更加复杂的面部识别。

利用驾驶员前方的摄像头对驾驶位的人脸扫描，判断是否为认证车主，有没有启动车载系统的权限。陌生人在做出进一步操作时，车主手机会收到车内人的正面图片，可以在手机端授权。已经获得认证的驾驶者除了可以开启车机系统等一系列功能，还可以调用系统中保存的个性化设置。

从面部识别技术的展示中，我们也可以从侧面发现这项技术的两点优势。首先，刷脸验证身份的方式可以佐证这项技术的精细程度，毕竟看清人的脸部五官和分清手部形态变化相比，达到了一个更高的精准层级。其次，资料显示，如果系统检测到车内还有其他乘客，就会关闭透露个人隐私的页面，仅仅对导航界面露出，某种程度上反映了用于识别的系统可支持多线程作业。

3）丰田和微软：四种手势姿势

微软关于手势控制的思考看起来很有意思。这家互联网公司曾经考虑把手势控制引进汽车内部，用到的设备仅仅是手机上的内置摄像头。和前两个案例相比，这是一个适用车内环境的后装方案。

这个动向之所以被人发现，是因为一则来自2012年微软的专利申请。专利内容中，三位研究人员搭建了汽车娱乐信息系统的手势控制系统，但这些控制动作和我们常见的抬手、滑动、旋转完全不同，它们是图4-9所示的样子。

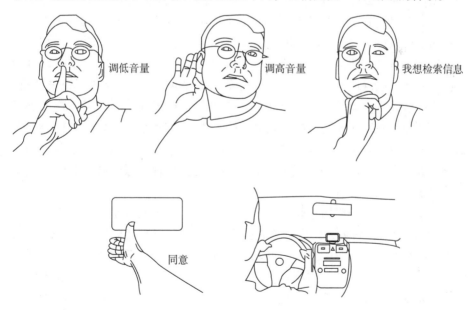

图4-9 微软在2012年关于手势控制的一项专利申请

（来源：美国专利商标局）

食指抵住嘴唇表示调低手机外放音量，类似思考着的攥下巴动作则表示我想检索信息，而点赞动作代表同意操作。

使用这个系统时,你需要把智能手机搁在仪表盘上方,利用手机的内置摄像头来捕捉车内人的手势和体态动作。推测一下,背后支持这项功能的应该是图像识别技术。软件层面,三位研究人员对系统的设定是手势控制搭配语音识别一起使用,后者在车内人机交互中更为常见。

这个手势控制方案最终没有看到落地案例,目前还无法目睹人们在车里的这些奇奇怪怪的控制手势。信息还显示,微软2013年和丰田合作的概念车Smart Insect的项目中,已经用车内前装摄像头实现了前装版本的手势控制功能。所有手势恢复了常规的抬起落下,多数用来操作车内的二级控制功能,例如信息娱乐系统、导航或者拨打与车机连接的手机。

4. 意念控制与眼球追踪

中国道路交通事故死亡人数连续数年居世界第一位,疲劳驾驶是导致交通事故的第二大诱因。有效的疲劳监测系统能防患于未然,这也是很多机构研究驾驶者状态识别技术的初衷,意念控制和眼球追踪都是其中的代表技术。

如何稳定识别大脑意图、如何实现自主控制、如何实现对人无伤害是意念控制汽车技术的三大难题。人们对于大脑意念的研究,最早是将脑电图(electroencephalogram,EEG)作为一种计算机身份验证的生物识别方式。2013年,日本鸟取大学的研究员Isao Nakanishi发明了一种通过脑电图来保护汽车的安全系统,以此实时判断驾驶员是否具备驾驶能力。

任何设备如果要连续不断地运转,如汽车及其他机器,就应当有一种持续认证方式,以保证安全性,但持续认证会要求操作者不断地进行系统应答。最理想的认证方法就是既能保证是同一个操作者在操作机器,又不需要不间断地向安全系统输入认证数据,脑电图的工作原理就完全能满足这样的要求。脑电波测量仪其实是一种能贴在头皮上的网络电极,它能不间断地监视操作者脑电波的变化情况。与人类的指纹、眼睛虹膜和视网膜一样,每个人的脑电波都是独一无二的。

日本鸟取大学研究的车辆安全系统就是采用脑电波测量仪来测量驾驶员的 $\alpha-\beta$ 脑电波。研究人员要求驾驶员在没有受到酒精(或疲劳)的影响下,严格按照交通法规来驾驶汽车,并利用安全系统记录下驾驶员正常驾车时的脑电波数据。如果驾驶员被强行拽下汽车或是汽车被盗,脑电图就会发现开车人并非驾驶员本人,安全系统就会关闭发动机。研究人员还指出,如果安全系统探测到驾驶员过于疲劳或者处于酒驾状态,安全系统同样会关闭发动机。图4-10所示为脑电波监测数据。

在意念的主动控制方面,我国近年也取得了突破。2015年年底,南开大学的研究团队历经两年研究,成功将人脑控制汽车变成了现实。驾驶者只需

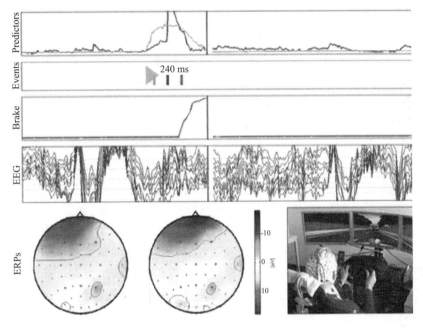

图 4-10　脑电波监测数据
（来源：日本鸟取大学）

佩戴一种可读取脑电波信号的设备，即可操纵汽车前进、后退、停车、锁车和开锁。该设备由 16 个传感器组成，可捕捉驾驶者大脑的脑电波信号，行驶对应"紧张"，而制动则对应着"平静""放空"。试验过程如图 4-11 所示。

图 4-11　南开大学研究开发的人脑控制汽车系统
（来源：南开大学）

这项研究对理解大脑认知过程、研发处理高度复杂数据的新型信息感知技术和模式识别技术具有重要价值，有利于防止酒后驾驶、开发疲劳驾驶系统，以及实现残疾人无障碍驾驶汽车。如果能够实时了解驾驶员开车时的情绪，就可以根据情绪来调整多项汽车的控制。例如，推测驾驶员焦躁不安时，可以播放有助于舒缓情绪的音乐。自动驾驶汽车实现之后，如果推测出驾驶员很疲劳，就可以切换为自动驾驶模式。

但是，脑电波测量仪有一个缺点，就是它过于笨重。实际上，人们已经开发出一些简单的脑电波传感器，但这些产品不太可能让驾驶员始终佩戴。在人的头颅内植入脑电波测量仪的方法开始被期待。这种测量仪对汽车、电脑、智能手机及其他设备不断地发出无线信号，以进行持续认证。

还有一些公司另辟蹊径，开发不使用脑电波传感器，而是使用车载传感器来推测情绪的技术。该技术可以将通过脑电波推测的情绪结果与其他车载传感器的测量结果进行比对，如果能够查明驾驶员的视线方向、表情等与通过脑电波测量的情绪之间的关系，那么不使用脑电波传感器也能实时推测出驾驶员的情绪。

除了脑电波，还有一种路线是利用眼球追踪技术（Eyetracking）监测驾驶员眼球和头部运动。比如通用汽车公司就研究过通过眼睛闭合时间和头部停留位置判断是否存在疲劳驾驶。通用还将眼球追踪进一步用在了车灯上，不管你往哪儿看，车灯都会跟着眼睛转。他们把这项技术叫作 Headlights，Headlights 监控传感器是一套红外线和光电二极管，以每秒 50 次的频率反复扫描驾驶员的眼球。一方面系统会根据行车速度、地理位置和交通状况分析车灯的照亮方向，另一方面眼球追踪技术将辨别驾驶员眼球移动方向，同时车灯也会即时调整横向和垂直位置，确保照亮驾驶员看到的任何地方。

在 2017 CES 上，大众也展示了最新的眼球追踪技术，该技术可以识别驾驶员在车内视线的聚焦点。当驾驶员不看屏幕的时候，该技术会自动减少屏幕上显示的内容，图形的变化也会最大限度地减少，来降低屏幕对驾驶员注意力的分散。而通过眼球，驾驶员也可以更快地选择到想要控制的功能，而不需要通过方向盘或中控等烦琐的步骤。

作为一种前沿的车内人机交互方式，研究人员对于人的意念和眼球变化的捕捉，初衷都是为了更好地理解乘客的意愿和感受，监控驾驶员的行车安全。但是随着汽车智能化程度的提高，尤其是过渡到自动驾驶时代，驾驶操作变得不再重要，探索利用脑电波和眼球来控制车内智能设施，为人提供舒适的服务是下一步的发展方向，也注定会和语音、手势等其他交互方式进一步融合。

三、设计的挑战

我们通常所说的人机交互界面是指用户可见的部分,通过人机交互界面与系统交流并进行操作,因此,人机交互界面的设计要包含用户对系统的理解(即心智模型),这是为了系统的可用性或者用户友好性。

传统意义上的汽车 HMI 一般由中控计算机、方向盘控制键和显示屏几大部分组成,在过去的 10 年里,汽车 HMI 主要经历了如下方面的变革:

(1)先进的显示技术已经改变了传统的中控台布局,从相对静态向更灵活、更动态以及更方便驾驶操作的方向逐步发展。

(2)触摸设备逐渐成为主流,驾驶员输入信息和得到反馈的渠道有了新的体验。

(3)语音识别功能降低了驾驶员在行车途中操控车机系统带来的风险。

(4)车机系统的处理器性能更强大、更智能,可以更好地和车主进行人机互动。

Business Insider 旗下研究机构 BI Intelligence 预测,到 2020 年全球范围内销售的 9 200 万辆汽车将使用与互联网连接的硬件设备。想象一下,数以千万计的车辆应用系统每时每刻都在进行数据输入/输出,将带来怎样的用户交互体验?在共享数据的辅助下,行车安全性可以得到大幅度提升,提前的线路规划策略也能够降低燃油消耗量。系统是如何判断哪些数据对驾驶者或者车载系统本身有所帮助,哪些相关性不大的数据会让行车驾驶更复杂、更麻烦、更危险?

行车安全性一直以来都是智能汽车重点考虑的要素,输入/输出信息流也变得越来越复杂,解决驾驶者的精力不集中问题势在必行。在这种背景下,了解交通人因学,就成为 HMI 设计者的一堂必修课。

1. HMI 的用户研究、界面设计与测试

如何做 HMI 的用户研究是令很多车企头痛的问题。在以前的研发模式中,车企并没有与用户建立起直接的沟通渠道,了解用户的使用习惯和体验效果成为难点。对于 HMI 的用户研究、界面设计和测试工具,目前还处于发展的早期,交通人因学在某种程度上提供了一些方法指南。

交通人因学是以驾驶人为中心,结合生理学、心理学、人体测量学、汽车工程、道路交通工程等多个学科,研究如何提高交通系统宜人性、安全性和效率的交叉学科。它包括对人、车辆、道路环境的交叉研究,每一个交叉

都会派生出汽车领域的新研究方向。图4-12所示为交通人因学研究范畴图解。

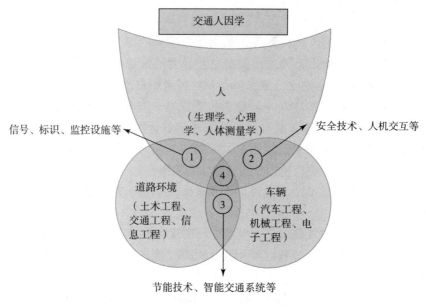

图4-12 交通人因学研究范畴

1）人因学三大理论模型

人因学在交通领域的应用中有三个理论模型较为重要，第一个是著名工程心理学家威肯斯教授提出的多资源理论模型，如图4-13所示。他把人的信息处理模式用一个立方体表示。人接收信息最主要的是视觉、听觉、触觉，对开车而言最主要的是视觉，其次是听觉，接收信息后大脑进行编码操作，最后用手执行，用声音表达出来。

公司设计了一个HMI产品，但是没有相关人员去检测，如何比较简洁地了解产品是不是好用？最简单的方法是定性的。驾驶员在使用系统时，接收信息、处理信息和反馈信息的过程中，有没有和驾驶任务本身形成冲突，一旦形成冲突，就会占用在驾驶上的认知资源，很可能会导致事故。定量的方法是，你可以根据任务的重要性分配权重，然后进行计算。

第二个是驾驶员在动态驾驶过程中的信息处理模型，其中比较重要的情境意识和汽车的自动化息息相关。图4-14所示为复杂系统动态决策过程中的情境意识模型。

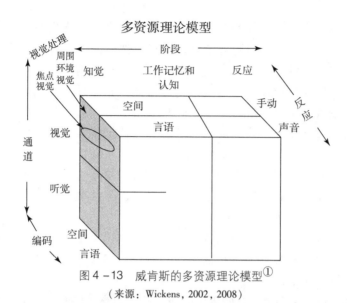

图4-13 威肯斯的多资源理论模型[1]
（来源：Wickens，2002，2008）

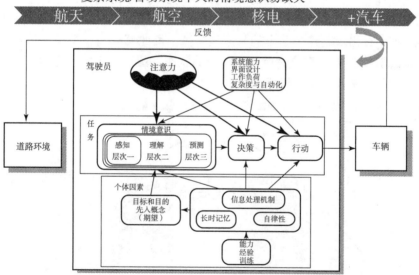

图4-14 复杂系统动态决策过程中的情境意识模型（图改编自Endsley，1995）[2]

---

① Wickens, C. D. (2002). Multiple resources and performance prediction. *Theoretical issues in ergonomics science*, 3 (2): 159-177.

Wickens, C. D. (2008). Multiple resources and mental workload. *Human factors*, 50 (3): 449-455.

② Endsley, M. R. (1995). Toward a theory of situation awareness in dynamic systems. *Human factors*, 37 (1): 32-64.

在无人车时代可以把驾驶者剔除出去吗？这个观点肯定是错误的。从现在的航天、航空、核电系统可以发现，飞机大部分时间是在自动飞行，汽车的自动化程度远远低于飞机，可是飞机仍然没能离开驾驶员。即使在自动化程度非常高的航天系统和核电系统，操作人员依然是最重要的，而且航天系统和核电系统发生事故的最大原因，就是人的问题。

人在开车过程需要不停地对周围环境进行数据采集，然后加工处理进行决策、采取行动、操作车辆。这中间有一部分就叫做情境意识，是指人对所处的状态和周围环境有一个正确的感知。航天等领域的操作很多时候都是自动的，时间长了，人就不知道当下在干什么了，等到突然需要决策操作按钮时，决策失误、操作延迟等问题导致了事故。

当汽车自动化程度越来越高的时候，情境意识就是很严重的问题。当人在车里时，即使不用自己开，也需要情境意识，如果丧失了情境意识，最简单的操作也可能出错。

耶克斯-道德森定律①是心理学领域有关学习绩效的一个传统理论。把它用在驾驶理论中，可以看到人的工作负荷，比如开车时的工作量，过高和过低都是不对的。工作负荷特别高，资源就利用完了，人就应付不了。如果负荷低，就容易出现高速公路上的长期性疲劳。因此驾驶员不管是在传统车还是自动驾驶汽车中，都要保持一个理想的状态。图 4-15 所示为麻省理工学院提出的驾驶绩效与工作负荷模型。

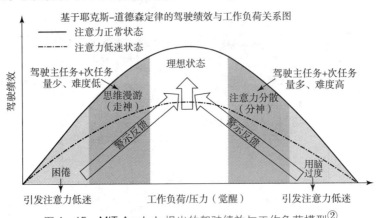

图 4-15　MIT AgeLab 提出的驾驶绩效与工作负荷模型②

（来源：Coughlin, Reimer & Mehler, 2009）

---

①　耶克斯-道德森定律是指动机强度与工作效率之间并非是一种线性关系，而是一种倒 U 形曲线关系。

②　Coughlin, J. F., Reimer, B., & Mehler, B. (2009). Driver wellness, safety & the development of an awarecar. AgeLab, Massachusetts Institute of Technology, Cambridge, MA.

2）智能驾驶中的人因学问题

世界在过去 10 年发生的最大变化，是每个人都时时刻刻通过互联网和手机在连接。手机在驾驶环境下会带来潜在的安全问题。

看手机，眼睛就离开了路面，没法开车。还有很多驾驶员用蓝牙耳机连接手机通话，或者用语音操控手机，虽然眼睛没有离开路面，但是如果操作比较复杂，人就很容易产生认知分心。交通领域很多的手机 App 应运而生，但也会让驾驶员分心。还有车载软件，特斯拉引以为傲的中控台对 HMI 来说很有可能是个灾难，很多按钮都在驾驶员难以触碰到的最下端，还有很多改进空间。

提取美国国家公路交通安全管理局（NHTSA）死亡分析报告系统（Fatal Analysis Reporting System，FARS）对每起交通事故的数据记录，可以发现，从 2010 年到 2014 年，手机引发的事故比例是显著上升的，除去音响空调之外的车载设备，导致的分心事故占比也在逐年上升。移动互联生活确实给交通安全带来了前所未有的挑战。图 4-16 所示为注意力分散原因在所有分心事故中的比例。

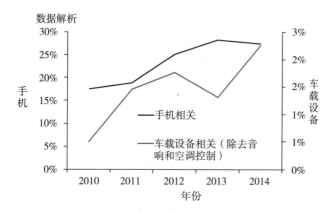

图 4-16 注意力分散原因在所有分心事故中的比例[①]

（来源：美国国家公路交通安全管理局死亡分析报告）

有学者认为，国家应考虑出台智能手机 App 和车载行驶 App 的相关标准，车企应该依据标准严格设计软硬件的功能和 HMI，可以有一个 Drive Mode，类似飞行模式，可能不是屏蔽所有功能，但应该屏蔽对驾驶员影响较大的那些功能。

而关于驾驶辅助系统，人机交互分为三个阶段。目前我们还在先进人机

---

① 数据来源：美国国家公路交通安全管理局 FARS 2010-2014，https：//www.nhtsa.gov/research-data/fatality-analysis-reporting-system-fars.

交互界面，也就是 ADAS 阶段。这个阶段要关注的就是技术对驾驶员的认知和视觉的要求有多高，所有的视觉和认知都需要经过一个需求评测。接下来我们一只脚已经迈到半自动化阶段，半自动化阶段有很多主动、被动安全技术，驾驶员状态和 HMI 相关，很多技术失效一次，就不会用了。全自动化对技术信任的要求会更高，另外还需要讨论情境意识。

那么在自动驾驶阶段，会有哪些人因学问题呢？

（1）技术的鲁棒性，技术是不是够好。

（2）倦怠和分心。自动驾驶程度一高，驾驶员就容易分心，导致对行驶中的关键事件识别缓慢，对紧急状态反应迟钝。

（3）模式困惑。比如人们习惯于用苹果的系统后再用安卓系统就很容易按错键。半自动和人工切换的过程，也容易出现错误决策。

（4）技术信任。操作者一旦发现某项功能不可靠就会弃之不用。

（5）机能退化。打字打多了写字就难看，开车也一样，自动驾驶用多了开车技能也会退化。所以在设计的时候，我们不应该让驾驶员 365 天每天都让自动系统在开车，每天至少要让驾驶员练一练，所有这些都应该有具体的决策。

在解决方法上，HMI 设计要有效减少模式困惑、倦怠和分心。比如现在是车在开还是人在开，系统要给驾驶员一个清晰的职能分配认识。欧洲 EU - Project HAVEit 在做这方面的研究。自动驾驶、半自动驾驶的 HMI 设计中，要始终把驾驶员放在场景中，而不能把他踢出去。自动驾驶汽车需要知道驾驶员处于什么状态，如果遇到紧急状态驾驶员在睡觉怎么办？车应该对驾驶员状态进行评估，知道他的状态后才能去预警或者唤醒。没有机器是完美和百分百可靠的，正如人不可能是完美和百分百可靠一样。即使存在 0.001% 的失效概率，人类也不应该丧失对机器可靠性的怀疑和对抗机器失效的能力。因此时不时提醒驾驶员"自动驾驶并不是永远安全的"是很必要的。应当偶尔在可控的情况下让驾驶员知道自动驾驶车辆并不是百分之百可靠，促使驾驶员警惕地、主动地自动补偿机器可能造成的驾驶绩效不足。

3）汽车人机交互的研究与测量方法

汽车的人机交互设计与评估在科研和工业实践中有很多方法，包括测试车、高保真模拟器、低保真模拟器、非驾驶试验测试等。通常的实验室仿真测试或实际道路实车测试可以获得非常多来自不同通道的数据，包括汽车总线 CAN 数据、车道数据、GPS 数据、雷达数据、驾驶员生理数据、眼动数据、视频数据、音频数据等，这些数据都是人因所关心的。研究目的主要有五点：

（1）评估 HMI 需要多少视觉和认知资源。

（2）评估 HMI 对驾驶员车辆操作绩效的影响。

（3）评估 HMI 对驾驶安全的影响。

（4）建议更优的 HMI 设计，提升用户体验。

（5）出台和评估 HMI 的设计应用准则。

4）工作负荷度量

对工作负荷量的测量有两种，一种是直接测量，另一种是间接测量。

间接测量法最典型的手段是检测反应任务（Detection Response Task，DRT），在驾驶员应用 HMI 完成一项任务的同时，哪怕用余光扫到一个物体，驾驶员都可以对这个物体进行反应，比如我们规定驾驶员在开车使用 HMI 的同时，每看到路边出现一个小孩，就按一个安装在方向盘上的按钮进行反应确认（这就可以算作一个 DRT）；在进行一连串的测试后，我们就会得到驾驶员对这个小孩进行反应，也就是 DRT 的准确率和反应时间，在同等的道路交通环境下，如果 DRT 准确率越低、反应时间越长，就说明驾驶员在开车时使用的那个 HMI 对大脑的消耗越高，安全性和效率越低。常见的 DRT 装置分很多种，可以有远程式，比如在车里放一个灯，每闪一下就让测试者按一下按钮，测试反应时间；也可以有头戴式、触觉式装置，其方法都是不时给驾驶员一个视觉或触觉刺激，让测试者反应之后按一个按钮。常见的 HMI 都是会增添驾驶员大脑消耗的，但自动驾驶对驾驶员的影响却正好相反，它并不增加驾驶员的大脑消耗，相反的，它帮助驾驶员减轻了工作负荷和压力，但驾驶员却很可能由于长时间处于无所事事的状态而走神或疲劳，警醒程度降低，同样不能对 DRT 做出正确和快速反应，也暗示着驾驶员不能对行驶过程中需要人干预的突发紧急情况进行正确和快速反应。总的来说，无论哪种原因造成的 DRT 正确率低和反应时间长，都预示着危机的潜伏。

工作负荷的直接测量又分为主观测量和客观测量。主观测量可以参考 NASA – TLX[①] 的工作负荷量表，例如找 5 个被试者使用产品，然后让其打分，根据分数高低评估产品。当然主观度量的准确性并不是特别高，所以还要引入客观测量，比如测试视觉负荷和认知负荷。

视觉负荷的重要评价标准是眼动指标，这是指分析驾驶者使用产品时的注视时长、频率等，其中很重要的一项是长注视，要求用户在使用产品完成某个任务的时候，单次视线离开路面的时间不应该大于 1.6s 或者 2s（不同的学术文献中使用的标准不同）。如果 HMI 任务需要长注视，肯定是不安全的。

除了视觉负荷测试，还有基于一系列生理指标的认知负荷测试。比如测试执行 HMI 任务时花了多少脑力，可以通过心电（Electrocardiogram，ECG）、

---

① NASA：National Aeronautics and Space Administration，美国国家航空航天局；
NASA – TLX：NASA – task load index，美国国家航空航天局负荷指数。

皮电（Calranic Skin Reaction，GSR）、脑电（EEG）、瞳孔直径等计算出来，来判断驾驶员的压力大不大、负荷高不高。其中心电和皮电因为更容易测得而比较常见。

现在工程师设计的人机交互界面系统，把驾驶者的眼睛和耳朵作为系统交互的主要途径，但实际上并不只局限于这两种方式。交互途径过于单一是全行业普遍存在的问题。通过增加对手指、手掌，甚至手腕的利用，可以降低驾驶者的认知负荷，及时发现交通中的潜在危险。

除此之外，行业也在研究更好地激发人类空间感知能力，让人机交互界面变成多元立体的形式。例如哈曼公司研究团队在 2015 年启动了一项基于先进三维显示器和视点绘图技术的人机交互界面测试，这是一款类全息显示系统，目的是充分利用驾驶者与方向盘存在的体积空间，通过机器智能技术判别出哪些信息和驾驶者息息相关，然后把最重要的信息呈现在其最近的位置。[①]

5）HMI 任务

HMI 任务一种是实际任务，是根据 HMI 在驾驶中的实际工作场景设计规范化的试验任务，难度可呈阶梯变化；还有一种是替代任务，是用一些标准任务来替代实际任务。替代任务可分为认知类和视觉类两类，认知类的诸如数字记忆任务（N-back Task）、钟表任务（Clock Task）；视觉类的包括箭头任务（Arrow Task）、替代参考任务（SURT）等。HMI 有很多国际标准化组织（International Organization for Standardization，ISO）标准可以查，也有很多文献可以去对比效果。另外，在自动驾驶过程中，如果需要知道一个人的情境意识有多好，也可以用标准任务来测试。

近年来，研究人员对 HMI 设计做了一些专项的研究，比如说字体显示对人机交互的影响，结果显示，男性对 HMI 显示中方形字体的注视时长要比对圆形字体注视时长多百分之十几，这意味着在使用方形字体时驾驶员的眼睛要多离开道路百分之十几的时间，危险是不言而喻的；相比之下，字体形状对于女性则没有显著影响。或许企业投入了很大的精力让车辆的预警时间提前 1 秒，但如果字体没有设计好，就白白抵消了这 1 秒的价值。因此，好的 HMI 确实可以帮助削减开支，提升性能表现。

福特针对自动泊车系统对驾驶员压力缓解的效果也做了一项测试，发现停车时使用自动泊车系统的驾驶员心率比人工停车少 12BPM（Beat Per Minute，每分钟节拍数）以上，等待停车时预期使用自动泊车系统的驾驶员也比人工泊车低 3.4BPM 的心率，这说明使用自动泊车系统后人的生理紧张程度

---

① 《未来人机交互界面设计思路 防止驾驶员分心》，盖世汽车网（http://i.gasgoo.com/news/0000792584.html）。

确实有所降低[1]。研究人员还发现 HUD 与方向盘上的语音触控相结合，可以得到比较好的效果[2]。

驾驶员状态管理是 ADAS 中的重中之重，可以更好地预警、防止碰撞、提升安全，商业机会非常多。驾驶行为、生理测量、视觉注意、情绪、环境信息、车辆操作、驾驶风格等指标，可以帮助测量了解驾驶状态。图 4 – 17 所示是 MIT AgeLab 提出的驾驶人状态检测系统输入信息框架。

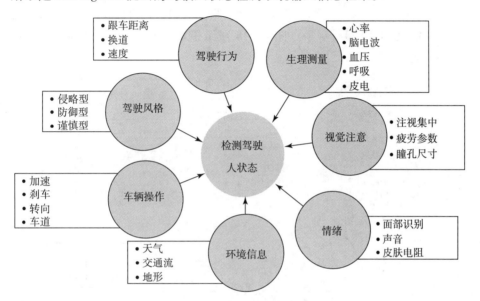

图 4 –17　MIT AgeLab 提出的驾驶人状态检测系统输入信息框架
（来源：Coughlin, Reimer & Mehler, 2009）[3]

---

[1] Reimer, B., Mehler, B., Wang, Y., et al. An exploratory study on the impact of typeface design in a text rich user interface on off – road glance behavior. In *Proceedings of the 4th International Conference on Automotive User Interfaces and Interactive Vehicular Applications* (pp. 25 – 32). Reimer, B., Mehler, B., & Coughlin, J. F. (2016). Reductions in self – reported stress and anticipatory heart rate with the use of a semi – automated parallel parking system. *Applied ergonomics*, (52): 120 – 127.

[2] Wang, Y., He, S., Mohedan, Z., Zhu, Y., Jiang, L., & Li, Z. (2014, October). Design and evaluation of a steering wheel – mount speech interface for drivers' mobile use in car. In *Intelligent Transportation Systems (ITSC), 2014 IEEE 17th International Conference on* (pp. 673 – 678). IEEE.

[3] Coughlin, J. F., Reimer, B., & Mehler, B. (2009). Driver wellness, safety & the development of an awarecar. AgeLab, Massachusetts Institute of Technology, Cambridge, MA.

就自动驾驶汽车而言，非常值得研究的一个领域是模式切换。我们在真正达到全自动驾驶之前还有很长的一段路要走，在此之前当自动驾驶系统出现故障或者道路环境不宜采用自动驾驶时，就需要人工接管汽车，这个接管过程中就很容易发生交通事故，谷歌汽车已有几起事故发生在模式切换时。因此在汽车驾驶模式进行切换时要密切关注驾驶员的状态，如果驾驶员状态不适宜立即接管汽车，就需要采取必要措施，帮助驾驶员回到正常状态，或启动应急模式。解决方法包括驾驶人状态监督与调节、模式切换安全性评价，以及失效预警HMI设计评价。图4-18所示是本节作者①提出的自动驾驶模式切换研究内容。

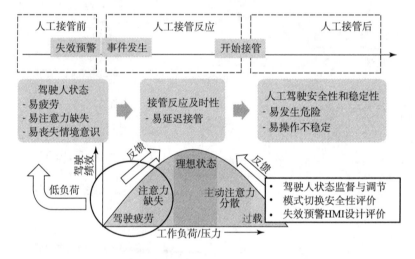

图4-18　自动汽车：模式切换研究内容

可能很多人认为汽车HMI设计的最终目的无非在于为用户提供好的用户体验，增强用户的驾驶乐趣或驾驶过程中的操作体验。但相比于互联网的用户体验，HMI的设计最为不同的是其独特的环境，这个环境更加注重驾驶的安全性，这样使得HMI的设计在同时满足好的用户体验和行车安全时，有时候也许能共赢，有时候也许要平衡，有时候却必须做出取舍，且永远应当把安全放在第一位。

不同于互联网，汽车多媒体系统相对封闭，几乎每一个汽车品牌都有属于自己特色的HMI系统，但这种百家争鸣的发展方式反而对用户来说略显枯燥单一，因此互联网多元化的特质对车联网的冲击将是必然的。从另一方面

---

① 本节作者：王颖，美国联合人因咨询公司（United Human Factors）创始人兼首席咨询师。

来看，汽车作为带有明显社会属性的工具，个性化的路子必须走，因此，结合互联网的冲击与用户自身的需要，这个封闭的系统需要发展得开放、开源，否则就有可能重蹈塞班系统的覆辙。

2. 自动驾驶对汽车内饰设计的影响

2017 年 7 月，在量产 Level 3 级别自动驾驶技术的全新奥迪 A8 发布之后，人工智能技术驱动的理想化自动驾驶汽车离我们又近了一步。随着自动驾驶技术的一步步成熟，它无疑将给汽车的设计带来重大变革——不但汽车的结构和空间布局会发生改变，而且解放的双手和注意力也能让乘员在车内完成更加多元化的任务，对于老人和小孩子来说，不再需要学习驾驶技术也可以单独操纵汽车。

在这些变革和进化中，内饰无疑会成为人们重要的关注点。当自动驾驶在车辆上普及后，传统意义上的内饰空间将由承载工具变成独立的休闲娱乐空间，这种观念的转变会让人对汽车内饰有一个全新的定义。

1) 回归

自动驾驶技术普及对车辆内饰带来的最直接影响就是空间变大，部分传统意义上的仪表盘、中控台、方向盘等驾驶设备也都会缩小、消失或被虚拟屏幕取代（现在很多内饰供应商就已经展示过可折叠收缩的方向盘）。

由于无人驾驶汽车多会使用电动汽车的平台，车里不再有发动机，所以未来汽车内饰的布局也将会彻底改变——传统的三厢车会回归古时候四轮马车的轿厢样式，变成一个空间更大的箱式整体，这样座椅在相同空间大小的情况下可以由过去的四座变为六座，甚至八座。而且，人们不再需要观察交通情况，座椅的布局也会发生许多变化，由原来的同向布局变为对坐或者围坐等形式。

2) 重造

由于自动驾驶车辆将接管所有的驾驶工作，所以车内乘员在特定空间内的时间变得相对自由，无人驾驶汽车的座舱对乘员的意义也就发生了根本的改变。

此时的汽车对乘员来说，不再意味着传统的驾驶舱，人们不是为了出行而被迫坐在里面，而是找到了一个相对私密、属于自己的空间进行情感放松，所以未来汽车内饰会更加侧重于让人们感觉身处一个情感释放的休闲或娱乐空间，人们可以在里面进行更多的娱乐活动，比如打 AR 游戏、按摩治疗、看电影等。

同时，由于座椅布局的改变，人们可以相对而坐，这样就增加了人们之间的互动性。整体座椅的排布像一个小型的会议室或者播放厅，人们在车里可以开会谈论，可以家庭互动。而这样更加促进了人们之间的交流，增加了人们的互动和睦，如图 4-19 所示。

图 4-19　在座舱对乘员的意义产生变化之后，随之而来的可能是一次
围绕内饰发生的技术大爆炸
（来源：车云）

上网在当下是人们离不开的一种娱乐、信息沟通方式，所以未来汽车的内饰很可能处处是屏幕，我们可以利用各种设备在线购物、看电影，甚至打 VR 游戏。而为了实现这些功能，诸如用显示、投影、手势控制、语音识别和 AR 技术武装起来的无人驾驶汽车，会向着给乘客塑造一个完全的虚拟世界的方向前进。

而未来座椅技术的革新也会随着无人驾驶技术的发展进行改革。可以记录人们的健康状况，比如心率、体重，从而做出相应的变化。未来座椅甚至可以变成按摩器，给车里的人提供按摩理疗，这或许也将影响未来医院或者诊疗所这些医疗机构的工作方式，或许未来只有大型手术一类的医疗需求才会在实体的医院里进行，而常规治疗都不需要患者专程跑一趟，外出坐车的时候顺便就完成了。

3）颠覆

无人驾驶技术对车辆的终极影响，可能让绝大多数车辆失去继承了百年的私有化属性，面向个人却大大拓展个性化的属性。

随着无人驾驶技术发展到成熟的阶段，未来交通出行的发展方向也会由无人驾驶导向车联网，最后实现共享汽车的出行方式。那时人们不需要有自己的汽车，内饰将会变成可拆卸并且通过联网自定义的平台，人们可以拥有自己的内饰平台。所以内饰恰恰将会成为他们展现个性的最佳舞台，人们也将会像现在装修自己的家一样精心设计汽车的内饰,并随机在外出乘坐的不同车辆内呈现。

总之,随着人机智能技术的迅猛发展,未来汽车也必将更加智能化、细分化,甚至成为一个有自己意识的工具。譬如,未来汽车和人类共同分享城市空间,所以如何有效地通过时间上的错位来分配汽车行驶的空间,是未来无人驾驶一个很重要的研究方向。这样就能实现让无人驾驶车一直动起来,作为可移动的工具供人使用。比如接送货物的快递车、运载行李的载物车,甚至可以进行安检的检测车,都可以利用人机智能的高效性解决人们的问题。

当然,眼下我们离真正实现无人驾驶还是有一段距离的。除了要在现有技术上取得突破以外,汽车内饰里的人机安全问题,以及现有的法律、传统的伦理道德观和网络安全问题都必然会带来巨大挑战。因此,无人驾驶技术对车辆内饰设计带来的影响,也必然会伴随着一系列新技术的成熟以及相关法律法规的完善才能实现。

3. 案例:新一代 MMI 的人机交互设计分析

奥迪上的多媒体界面(MultiMedia Interface,MMI)系统。它集成了车辆控制、功能设定、信息娱乐、导航系统、车载电话等多项功能,驾驶员可方便快捷地从中查询、设置、切换车辆系统的各种信息,从而使车辆达到理想的运行和操纵状态。MMI 系统是奥迪公司首创,率先被应用在顶级豪华乘用车 A8L 上,经过优化改进后,逐步下放至奥迪其他车型中使用。

在 2017 年 7 月发布的全新奥迪 A8 车型中,新一代 MMI 系统亮相,人机交互界面全面进化,主要特点集中在两个地方:①全液晶仪表+中控共三块大屏的配置使得车内基本操作实现全面触控;②新增触觉反馈功能。

由于采取了环绕一体化的设计逻辑,全新奥迪 A8 的仪表板和中控台已经取消了物理按键,取而代之的是三块液晶触摸屏。其中除了全数字化仪表盘位于方向盘之后,其他的两块屏幕分居中控台上、下位置:上面的屏幕(OLED,10.1in)与传统中控台显示屏的作用一样,可以控制 MMI 娱乐系统以及重要的驾驶模式等功能,而下面的屏幕(OLED,8.6in)则主要控制空调系统。当这些功能按键都转化成触摸屏的虚拟按键之后,整个奥迪 A8 的驾驶舱看起来整洁了许多。图 4-20 展示了全新奥迪 A8 的中控双屏设计。

不过和宝马 iDrive 非百分百触控化的策略类似,在全新奥迪 A8 这些平整的触摸屏周边,依然保留了物理按键,是事关车辆行驶安全的核心功能控制系统(如发动机起动、Audi AI、倒车雷达和电子手刹等)。需要指出的是,在新奥迪 A8 后排座椅中央扶手控制区,除座椅坐姿调整系统,其他的功能按键也都被触摸屏代替了。至于空调出风口的风量调节和灯光控制部分,也是

图 4-20 全新奥迪 A8 的中控双屏设计
（来源：车云）

由嵌入内饰板材的触摸组件代替了原有的机械旋钮。

从物理按键到触摸屏，对车辆内环境带来的最直观影响莫过于让以往乱糟糟的中控台看起来清爽了许多；而且，由于屏幕显示的灵活性，以往需要分庭抗礼的功能区块，现在可以通过同一块屏幕显示并提供操作界面，这无疑大大提高了中央通道处的空间利用率。

或许有人会提出异议，认为触摸屏提供的操作体验不会比实体物理按键提供的操作感更加准确，手感更好。为了解决这样的问题，全新奥迪 A8 新增了类似苹果 3D Touch 的触控技术，当手指在特定区域进行触控操作时，屏幕会通过振动等方式给手指以反馈，从而给使用者以物理按键的触感，提高了操作的准确性。

此外，全新奥迪 A8 还支持智能会话，通过全新自然语音控制单元激活车内多项功能，避免驾驶者因操作分心而导致危险。目的地和媒体信息可以预先在车内设定，或通过云端 LTE 高速传输，这些都属于车联网的一部分，它们由奥迪的 Car-to-X 服务提供支持。

从奥迪最新的人机交互系统设计来看，大屏的加入对保守的德系车企而言已经算是很大的进步，越来越多的功能倾向于通过触屏的方式实现，物理按键在逐步减少，全液晶仪表基本成为标配。奥迪从一开始抵触触控设计到如今奥迪 A8 两块中控屏以及后排座椅扶手智能平板系统的引入，着实产生了质的变化。

四、未来的趋势

为了改变人们的驾乘体验，汽车内部空间开始被重新定义。在某种程度上，人们对智能化的理解，是因为智能座舱的到来而变得更加直观的。

要讨论智能座舱如何为我们带来更好的用户体验，至少要站在 10 年后来思考用户体验。我们不仅要了解哪些新技术将被广泛应用到汽车内部，更重要的是要清楚智能座舱的硬件和软件体系架构该如何演化，并且随着智能化技术的发展，智能座舱和车内驾驶员、乘客的交互关系悄然改变，技术要找到更好的陪伴方式。

1. 入侵智能座舱的新技术

1）DLP[①] 驾驶安全认证

通过 DLP 技术可以实现驾驶人员的面部三维扫描和授权使用，如图 4-21 所示。面部三维扫描通过采集、记录、泛化、融合和优化五个步骤完成，记录的信息包括空间位置、质地、反射率、透射率和颜色等，为后期的授权提供了精确的信息保障。

图 4-21 DLP 驾驶安全认证

基于 DLP 技术，一方面可以监视驾驶人员是否处于疲劳驾驶状态等，另一方面可以对车的驾驶使用作授权认证。随着共享出行变得越来越普及，DLP 驾驶安全认证技术将成为智能座舱的标准配置之一。

2）指纹识别

作为比 DLP 三维扫描更加简单和易于实施的技术，指纹识别将在智能座舱中有广泛应用的机会。通过指纹识别的方式，实现对车辆各种操作的授权使用，可以增强系统使用的安全性，如图 4-22 所示。

---

① DLP 是 Digital Lignt Processing 的缩写，即数字光处理，这种技术要先把影像信号经过数字处理，然后再把光投影出来。

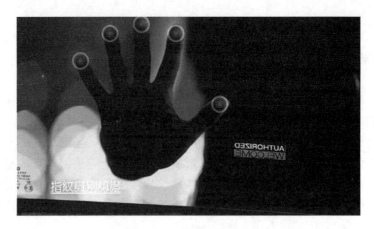

图 4-22　指纹识别认证

3）无线充电和智能安全同步

手机是我们生活中的第一块屏幕，笔记本、平板电脑是第二块、第三块屏幕。智能座舱，在某种意义上可以看作第四块屏幕。正如我们已经意识到的，现在的竞争是时间的竞争，当一件物品在生活中占有的使用时间较多时，别的物品得到使用的机会就会大大降低。如何提高智能座舱的使用频度，就是我们需要研究的方向。

手机已经成为信息的中心、娱乐的中心和计算的中心。随着移动互联网的发展，我们基本上可以用手机完成生活中的绝大多数事务，这也是为什么我们容易忽略汽车上的屏幕。智能座舱要想提高被使用的频率，需要能够帮助手机在功能上进行扩展，而不是与手机直接竞争。相比传统的 USB 充电方式，无线充电会给车主带来更大的便捷性。图 4-23 展示了车上的无线充电和智能安全同步技术。

图 4-23　无线充电和智能安全同步

对于智能同步而言，同步需要同时考虑智能和安全，智能就是如何把手机的内容无缝地扩展到智能座舱中。现在的一些手机投射技术已经部分地实现了这项功能，比如苹果的 CarPlay、谷歌的 Android Auto 以及 Miracast 等。相对于汽车本身，手机系统更加脆弱，如果手机应用，特别是车联网应用被恶意攻击，黑客可以通过破解通信过程去攻击汽车，从而控制转向、刹车等操作，产生无法想象的灾难性后果，因此手机同步过程中的安全性非常关键。

4）智能感知和检测通知

尽管智能座舱的体系架构正在向多个域的方式演变，ECU 的管理结构上会有一些变化，但不会改变 ECU 本身对组件的控制和读写。智能座舱通过微控制单元（Microcontroller Unit，MCU）与 ECU 进行通信，获取汽车各个关键组件的实时信息，并通过人机交互以更直观的方式通告给驾乘人员。随着大数据分析和人工智能技术的应用，智能座舱能提供的信息和反馈将越来越实时和高效，如图 4-24 所示。

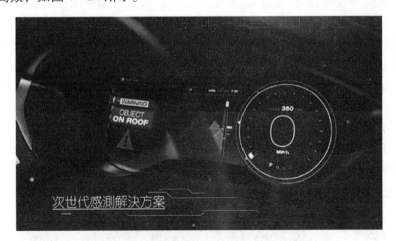

图 4-24　下一代感测解决方案

5）360°全景

360°全景可被用于辅助或者全自动泊车系统，它的原理是将前、后、左、右四个广角摄像头的视频输入，通过特定算法，计算产生俯视的视频画面。如何计算生成更精确、无畸变的视频图像，对摄像头的位置调校和处理算法都有很高的要求，如图 4-25 所示。

6）DLP 雨滴反射消除技术

在无人驾驶成为现实之前，对于自然环境的变化我们一定要有相应的措施，比如在下雨或者下雪的环境中，各种光的反射、折射会影响我们的视线，进而降低驾驶的安全性。

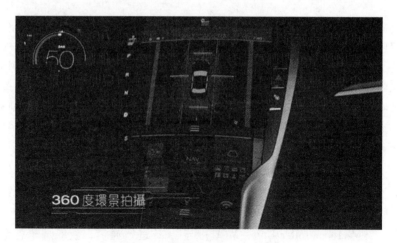

图 4-25　360°全景泊车系统

DLP 雨滴反射消除技术就是一种能够应用到智能座舱的新技术，它使用摄像头追踪雨滴或雪花的运动，并通过应用算法来预测雨滴或雪花粒子在几毫秒之后的位置，进而调整投射光束，自动照亮系统预测位置上的粒子来提高能见度。这样的技术既可以通过配置专用 DLP 投射装置来实现，也可以通过改造车灯 LED 光源来实现。比如卡内基·梅隆大学的研究人员通过将 LED 光源与单个芯片上的图像传感器结合，根据 LED 矩阵来确定雨滴的位置，开启或者关闭某个或多个照明单元。这样的智能车灯系统不会彻底消除在驾驶员视线中的雨雪，但是能够大幅减少降水产生的反射和扭曲，可以显著改善能见度，减少对驾驶员注意力的分散。另外可以第一时间检测出对面来车，并且将光线自动从对方的视线中移开，防止光线直接照射到对方的脸上，保证彼此的安全，如图 4-26 所示。

图 4-26　DLP 雨滴反射消除

7）虚拟游戏和教育

随着虚拟现实（Virtual Reality，VR）技术的发展，我们可以把虚拟游戏和教育放进智能座舱。车内交互式的三维动态虚拟游戏或教育环境，要比手机带来的体验效果更佳，而这类技术一定会成为智能座舱发展的热点，如图4-27所示。

图4-27 虚拟游戏与学习

8）高级电池管理和监视

未来的车更多的是新能源车，而无论是应用锂电池还是氢电池充电或者换电的商务模式，都需要有硬件和软件结合的高级电池管理和监视技术。通过高级电池管理和监视，可有效保护和监测电池的使用，并通过智能座舱的人机交互实时通告车内人员，从而保障驾乘的安全性，如图4-28所示。

图4-28 高级电池管理与保护

2. 智能座舱与智能网联的融合趋势

智能汽车有三大发展方向——智能座舱、车联网和无人驾驶，这三个领域正随着各项技术的发展相互融合，相互渗透，互为补充。

下一代智能座舱的软硬件架构正往一体化聚合的方向发展，与车联网的关系也变得更加紧密；只有让智能座舱的人机交互与云端的车联网服务结合起来，才能带来更好的用户体验。

随着车载芯片处理计算能力的不断增强，汽车将会具备超级计算能力的"大脑"，概念类似通信领域常见的 19 英寸机架式设备由 CPU 主线卡和各类 I/O 线卡、计算处理子线卡组成。

汽车"大脑"也可以由类似的结构组成，包括一块支持各种车内总线架构的通用背板加上模块化的主处理器卡，可以支持各种摄像头、毫米波雷达、激光雷达等传感器的 I/O 卡，专门用于各种场景人工智能机器学习的计算板卡。这样的模块化架构让各个部分的升级和维护变得非常简单，考虑到一辆车近 20 年的工作生命周期，必须采用与手机等消费电子设备不同的可升级硬件架构。

目前智能座舱由分离的虚拟仪表、中控娱乐信息系统、T-box、HUD 等设备组成，相互之间通信开销较大，而且由于每个设备有单独的硬件，总体成本较高。图 4-29 展示了智能座舱的各个组成部分。

图 4-29 智能座舱的组成部分

而在聚合的一体化车载硬件上，不需要每个功能实体由真实的硬件承载，只需要在车载主芯片上进行虚拟化的软件配置，形成多个虚拟机，在每个虚拟机上运行相应的软件实例，即可实现仪表、中控、T-box、HUD 等各种功能实体，从某种意义上就是实现了软件定义汽车，如图 4-30 所示。

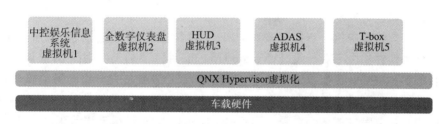

图4-30　下一代智能座舱的软硬件一体化聚合

这样的硬件聚合加软件虚拟化的架构可以大大降低汽车零配件供应厂商协同设计的成本，也会减少各个设备之间相互通信的开销。软硬件的一体化聚合已经成为下一代智能座舱的发展趋势。

当然，在往一体化聚合硬件发展的道路上也会面临一些问题，比如目前智能网联最重要的设备是T-box，由于通信的要求需要一直在线，因此必须保证持续供电。对于一体化的智能座舱，T-box变成了软件功能实体，如何继续保持单点供电，是设计时需要考虑的问题。如果不能保证整体智能座舱的功耗，必须把类似T-box这样的功能变成子卡模式，有独立的MCU和单独供电模块。

除了车端软硬件的重新定义，云端数据平台建设也是智能座舱的基础。

目前在很多场合，车厂不愿意直接跟互联网厂商合作开放自己的数据，因为一旦开放，互联网厂商就会把传统车厂变成类似富士康的代工厂。

对于车联网来说，最关键的内容就是数据平台，而数据平台的核心就是与车相关的数据，既包括位置信息、从车内各个ECU获取的数据，也包括类似车与车、车与基础设施等通信的数据。有了数据平台，通过标准的数据服务接口，就可以被各种应用调用，比如微信的服务号、UBI（Usage Based Insurance）保险、分时租赁、互联网金融等。

有了车联网应用的支持，智能座舱的人机交互就增加了有实际使用价值的线上线下服务。

除了这些基础设施建设，在线升级（Over-the-Air Technology，OTA）也非常重要。智能座舱的固件和软件智能升级，通常需要OTA技术来实现。

OTA分为两类，第一类是像T-box映像和ECU固件的刷写，我们称之为移动终端的空中下载软件升级（Firmware Over-the-Air，FOTA），比如可以通过对发动机ECU的刷写进行参数的调校，从而改变发动机的性能。过去这类操作需要到4S店由专业服务人员连接专用的刷写工具完成，而今后将可以在计算机客户端甚至手机上直接完成。

为防止ECU等的固件被非授权修改，OTA过程必须有相应的加密和鉴权机制，才能保证无论是客户自己升级，还是厂家远端推送升级，OTA使用的映像都是安全可靠的。

第二类是像中控、虚拟仪表和 HUD 这类映像占用空间较大的系统升级，通常称为软件空中下载升级（Software Over the Air, SOTA），由于升级涉及的内容较多，差分升级变得非常关键。所谓差分升级就是只升级与原映像内容不同的部分，即生成差分包进行升级。这里差分包生成的算法和相应的鉴权机制也是需要考虑的核心要素。图 4–31 所示是 OTA 升级流程示意。

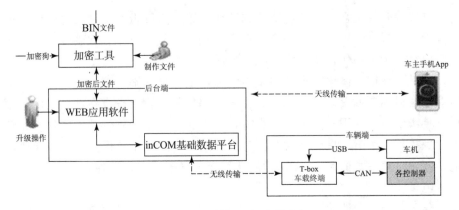

图 4–31　OTA 升级流程示意

智能座舱与智能网联的融合需要考虑以下几个层面的问题：

第一，现有的智能座舱与手机的互联模式是否真的解决了我们的问题？如果一种模式只把某个厂家的软件和应用生态连接到车里是有局限性的，互联模式的接口和通信标准必须是开放的，不能仅仅依附某个厂商，才能有效地将手机内容和服务扩展到智能座舱中去。

第二，传统的呼叫中心是否仍然有效？答案是肯定的。只有当人工智能发展到可以完全替代人类进行信息类交互，才能放弃呼叫中心，因此在相当长的时间内，智能座舱提供的车联网服务仍然是由人工智能加传统的呼叫中心服务组合而成。

第三，智能座舱中的语音服务应该如何发展？未来，启发式的主动车联网语音服务会成为发展方向。

目前的车联网语音服务都是被动式的，比如需要唤醒词激活，缺乏活跃的交互式体验，因此必须在模式上有所改变。比如，当我们起动车辆时，启发式的主动车联网服务就会询问车主想去哪儿，在得到车主信息反馈后自动规划路线，并且在行驶的过程中实时监控车的行驶状态，如果发现刹车片磨损严重，就会主动提醒驾驶人员去附近的 4S 店进行配件更换。

另外，可以根据驾驶员的驾驶行为及场景的不同，提供各种启发式的语音车联网服务。只有融入人工智能技术的车联网服务,才能真正把智能座舱变成我们的生活伴侣。

和自动驾驶相比,智能座舱的相关技术距离落地要更近一些,并且因为更靠近用户端体验,成为智能汽车发展进程中备受关注的领域。但在耳目一新的交互体验背后,掌握现有最新技术并不是占领这块高地的全部技能,面向长远的架构设计,以及保证与时俱进的更新方式,都将是每个玩家不可或缺的技能。

第五章

智能驾驶

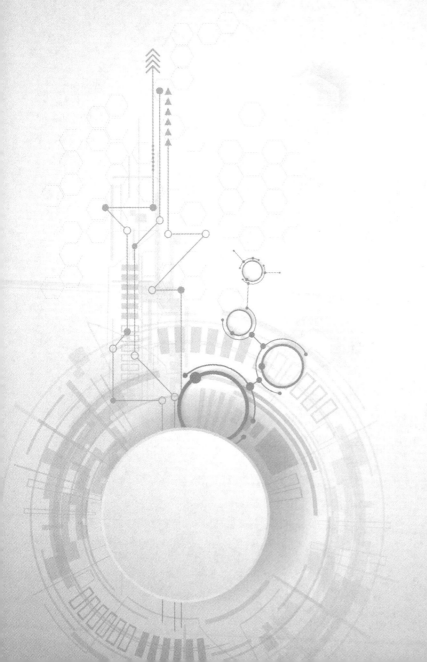

第五章 智能驾驶

智能驾驶可谓智能汽车的核心，我们常说的自动驾驶就属于智能驾驶的范畴。自动驾驶的技术水平和落地能力将直接决定智能汽车竞争的最终胜负。

智能驾驶集中运用了计算机、现代传感、信息融合、通信、人工智能、测绘及自动控制等技术，是典型的高新技术综合体。本书在第二章已经介绍了智能汽车的整体技术架构，其中环境感知、决策规划、控制执行是智能驾驶的三大功能模块，还有几项关键技术直接影响到智能驾驶的最终效果，也是各大车企、创业公司、零部件企业最为关注的竞逐点。它们分别是激光雷达、高精度地图和高精度定位、计算平台、执行控制以及仿真测试。图 5-1 所示是单车智能化的关键节点。

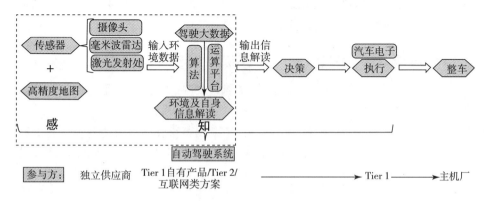

图 5-1 单车智能化的关键节点

（来源：中信证券）

在众多感知传感器中，激光雷达的排位赛刚刚开始，目前还没有一款适用于自动驾驶 Level 4-Level 5 车规级别的激光雷达，技术方案也还在百家争鸣阶段。高精度地图和高精度定位涉及国家的基础设施建设，虽然刚刚起步、挑战重重，但国内公司拥有先天优势。计算平台正变得越来越重要，各大芯片厂商加紧合纵联盟，但哪种解决方案将占据主流仍悬而未定。对于自动驾驶汽车最终落地的执行控制机构，中国公司受制于传统技术的缺失，很难占据优势，但新能源汽车的勃兴又为我们带来一线曙光。在自动驾驶的测试验证上，传统的路测已经不能满足需求，仿真测试的重要性日益凸显。

我们试图通过技术、商业化思考以及企业案例，尽可能呈现出智能驾驶这些关键技术发展中的模样。

一、激光雷达

在众多自动驾驶的传感器中,专业人士对激光雷达的评价是"必不可少"。从最早的谷歌"豆荚车"到层出不穷的车企测试案例,激光雷达已经逐渐发展为标配。不难发现,随着各企业自动驾驶方案的明确,车用激光雷达的商业化也相伴而生。

但不同激光雷达企业进入自动驾驶领域的策略各不相同,产品技术也存在差异。激光雷达与自动驾驶如何走到一起?有先发优势的公司与后来的创新者,打开市场的姿态有何不同?

1. 激光雷达的技术特长——"高精度"

"传感器+高精度地图+云计算"目前被业内认定为"最靠谱的自动驾驶方案"。

传感器是自动驾驶汽车的"眼睛",用来观察行驶时环境的动态变化。高精度地图为汽车提供全局视野,尤其擅长预告检测范围外的道路情况。云计算保证传感器数据更新上传,让高精度地图以及算法始终处于最新版本并下发车辆。

要让自动驾驶系统代替人类驾驶员,头等大事就是在任何时间、任何地点"看清"周围环境。行车环境复杂,汽车无法单靠一种传感器胜任全部工作。本着"谁行谁上"的原则,摄像头、激光雷达、毫米波雷达发挥各自优势,分工完成了全套感知,保证在不同时间、气候下,360°范围内检测车道、交通、行人、标志、刹车灯和路障等各类实时信息。

其中,激光雷达最擅长的是障碍探测与障碍追踪。

与雷达原理相似,激光雷达使用的技术是飞行时间(Time of Flight,TOF)。简而言之,就是根据激光遇到障碍后的折返时间,计算目标与自己的相对距离。不过,激光束比声波更加聚拢,因此可以准确测量视场中物体轮廓边沿与设备间的相对距离,这些轮廓信息组成所谓的"点云"并绘制出三维环境地图,精度可达到厘米级别。

用激光雷达看世界,效果好比近视戴上了合适的眼镜。这种精度对上路行驶的全自动驾驶汽车而言,可以更加接近100%安全。毫米波雷达可以发现路边障碍,但只能"看到"模糊形体。而激光雷达可以清楚区分出障碍是路缘石还是斜坡,断定是斜坡后,自动驾驶汽车就可以做出安全开上车道的决策。

当然激光雷达并非万能。对于环境颜色信息的区分，激光雷达不够直接、快捷，而这方面正是摄像头的强项。毫米波雷达可以快速获得速度信息，并且在雾天衰减率低，穿透性好，这点与激光雷达相比，是其优势。遇到让传感器都束手无策的天气，就需要借助高精度地图。

2. 激光雷达的关键参数

不同激光雷达的构造存在差别，不过大致由发射系统、接收系统、信息处理等部分组成。如果再深入了解激光雷达如何描绘周围图景，主要是看激光雷达的探测范围，包括有效探测距离、水平和纵向的识别范围，以及激光雷达的角分辨率。

激光雷达车载应用在保证足够反射率的情况下，最远探测距离普遍为 $100 \sim 200m$，有的甚至可达 $250 \sim 300m$。

激光雷达纵向会依次发射出好几束激光，激光束的数量叫线数，所有激光束在纵向打开的角度我们称之为纵向探测角度。目前主流的激光雷达有 1 线、4 线、8 线、16 线、32 线、64 线等。同理，水平方向激光可以覆盖的探测范围就是水平探测角度。对于水平和纵向探测范围，一般角分辨率越小，激光雷达可以看清楚相邻两个物体的准确性就越高。

关于激光雷达到底要多少线数，人们一直都有讨论。1 线激光雷达扫描的区域可以简单定义为一个平面，是一个二维扫描方案。4 线、8 线纵向扫描范围为 $3.2° \sim 6.4°$，这个范围不能称为一个三维的扫描，一般定义为 2.5D 扫描方案。线数越多，整个范围面就越大。Velodyne 在售的 64 线激光雷达纵向甚至可以达到 $30°$，能够收集整个环境的三维点云数据，单位时间内收集到的反馈点数多，数据量大。

除此之外，激光雷达还有几个可以关注的参数。目前安装到汽车上的激光雷达工作电压一般是 12V，使用波长是 905nm。波长选择主要考虑两个因素。第一，905nm 激光器工业比较成熟；第二，在非可见光范围，对人眼安全等级高。激光雷达的输出符合以太网的通讯协议规范，一些车厂要求未来激光雷达在车上应用时的输出符合 FlexRay（高速实时总线协议）规范。

本书以 Velodyne VLP-64E 作为案例，来形象地说明激光雷达的各个参数。如图 5-2 所示，从正面看，整个激光收发器可以视为上、下两部分，每部分都有 3 个并排透镜，两侧透镜是激光发射处，中间是接收处。转到产品背后会发现，两侧凸镜后各有 16 个一组的二极管，中间透镜对应 32 个接收器，可以把光信号变成电信号。

 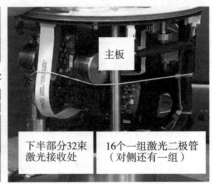

图 5-2　Velodyne VLP-64E 拆解图①

激光束从两侧透镜发出，遇到障碍物折返后经过中间透镜被抓取，接收器处理分析后判断障碍物位置。所有的时间信息、控制信息、接收信号都会传到顶端的主板上进行信息处理。底部的旋转记录器会记下旋转时所在位置和旋转信息。所有原始数据可以通过底部数据线传送至计算机。为了让机器旋转时保持平衡，这款 64 线激光雷达加装了一个沉重的底座。

工作时这款产品垂直方向有 64 条光束呈放射状射出（线数），可以覆盖垂直方向 28.8°的角度（垂直视角），最小分辨率为 0.4°。产品旋转覆盖水平 360°的视域（水平视角），可达到的最小分辨率为 0.08°。VLP-64E 可以探测到 100～120m 处的物体（检测距离），探测障碍所在位置的误差大约 10cm（精度）。通电后底座电动机会驱动激光雷达每秒旋转 10 次（频率），每圈输出 13 万个信息点（点密度），形成所谓的"点云"。

3. 车用激光雷达方案

其实在一些 Level 2、Level 3 自动驾驶车上，可以看到车用激光雷达的身影。车企的产品需求主要集中在三个方面：

第一，小型激光雷达和汽车更配。在车企观念中，为了兼顾驾驶乐趣和风阻系数，自动驾驶汽车和普通汽车在外观上不应该有任何差别。激光雷达最好能被做成小体积直接嵌入车身，这就意味着要将机械旋转部件做到最小甚至抛弃。当然，不排除一些企业想让自动驾驶汽车充当街景车，利用车顶激光雷达绘制高精度地图。有些公司觉得车顶激光雷达可以将自动驾驶汽车和传统车辆区别开来，反而可以凸显身份，实现自我营销。

---

①　hizook，http：//www.hizook.com/blog/2009/01/04/velodyne-hdl-64e-laser-rangefinder-lidar-pseudo-disassembled，文字说明：车云。

第二，激光雷达在安装上要采用嵌入式安装方式，还有一些激光雷达公司在和零部件供应商合作，想办法把激光雷达隐藏到车灯中去。对于一些ADAS功能，激光雷达只需关注一个角度，因此不必具备360°的视角。Level 4及以上自动驾驶功能更强调安全，需要覆盖水平360°视角，嵌入式安装会导致检测范围遮挡，可以用多点布局的方式覆盖全视场（图5-3）。

图5-3　Ibeo车用激光雷达嵌入式方案
（来源：北京欧百拓信息科技发展有限公司）

第三，车企对成本比较敏感，在保证上述功能的前提下，它们希望激光雷达的价格能够尽量便宜。相比机械式激光雷达，微机电技术（Micro Electro Mechanical Systems，MEMS）激光雷达、相控阵激光雷达、Flash激光雷达等技术方案更可能出低价产品。如果对降价空间潜力排序，机械旋转式＜MEMS＜相控阵。

MEMS激光雷达的原理是通过激光光束打到上、下、左、右震颤的MEMS镜面后经过透镜发出，就可以对外形成一个螺旋状扫描。从外部看，整个激光雷达是静止的，但是因为内部有活动部件所以也可以称为混合固态激光雷达。MEMS技术的难点在于可控的高频振动。为保证实时检测，每秒要振动数十万次。对激光雷达这样要求精准测量的传感器而言，MEMS的控制要求很高。

另一种固态激光雷达使用了光学相控阵技术（Optical Phased Array，OPA），用电子扫描代替机械部件，采用集成电路上的小镜子扫描各个方向，然后输出车辆周围的三维图像。总体来说，相控阵激光雷达在目前还是个新技术，因为是固态电子元件，理论上可以独立控制每束激光的发射方向，在每微秒变成任何你想要的形状。比如行驶时，自动驾驶汽车可能想要更多激光指向前方和两侧;当停在十字路口时,可以让激光集中到车身两侧判断来车。这种激光光束的方向自发改变且在短时间内完成。

Flash 激光雷达不能扫描,而是固定一定的视角。这种方法是使用二维焦平面阵列(Focal Plane Array,FPA)捕捉像素距离信息,同时发出激光来照射大块面积。在大部分情况下(闪光激光雷达)会避免采用直接测量光线发射回波时间的方法,而是选用间接测量,比如发射多组激光脉冲(精确控制脉冲时间),然后测量累计的回波光量。使用间接方法测量距离的成本较低,但是实时性较差,可以是一种低成本短距离高精度距离测量的解决方案。

激光雷达因为美国国防高级研究计划局(Defense Advanced Research Projects Agency,DAPPA)无人车挑战赛与自动驾驶结缘,随着自动驾驶商业化赛程拉开序幕,各企业都在争取尽快拿出满足车规标准的产品。毕竟打入量产车市场,才是扩大销量、拉低价格最直接的方式。因此,即使各家技术路线迥异,却都在做同一件事:把激光雷达越做越小,越做越便宜。而且,当务之急是把产品卖到量产车上去。

4. 激光雷达的三大热门公司

1)Velodyne

Velodyne 是一家美国公司,在参加了两届 DAPPA 无人车挑战赛后,从 2007 年开始专注研究激光雷达,用一款 Velodyne VLP-64E 进入 360°高性能激光雷达领域,于是就有了 2011 年谷歌无人驾驶汽车测试时,吸引人们目光的"大花盆"。

Velodyne 的首笔投资来自互联网企业和车企。2016 年 8 月 16 日,Velodyne 获得由福特汽车与百度的联合注资,共计 1.5 亿美元。投资将主要用于扩大旗下低成本激光雷达传感器的设计和业务规模,降低生产成本,并加速相关技术在未来市场的规模化应用。

如图 5-4 所示,Velodyne 目前已经量产销售的激光雷达有三款,分别是 HDL-64E(64 线)、HDL-32(32 线)、VLP-16(16 线)(表 5-1)。除了之前的谷歌、百度、Uber 等无人驾驶汽车使用过 64 线产品,还有一些车企也使用 32 线和 16 线产品测试。例如在 2016 年 1 月的 CES 上,福特就展示了安装 Velodyne HDL-32 的混动版蒙迪欧自动驾驶研究车。法国初创公司 NAVYA 的两款全自动驾驶 ARMA 公交穿梭车测试了 VLP-16 和 HDL-32,最后选用了 32 线。

虽然这三款激光雷达可以满足外部环境感知需要,但严格来说并不是专为汽车而生。Velodyne 64 线最早是用于地图及相关行业,32 线主要用于固定翼无人机。随着小型多旋翼无人机的出现,Velodyne 配套生产了更小更轻的

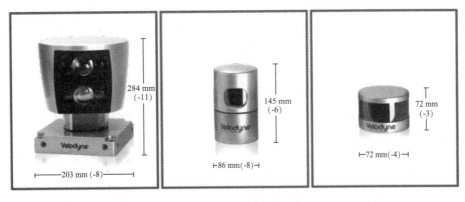

图 5-4 从左至右分别为 Velodyne 64 线、32 线、16 线

16 线产品，推出了超轻 VLP16，质量由原来 830g 降至 530g。虽然上述三款产品常常现身于各款自动驾驶汽车，但是它们都还不是车规级产品。

为了尽快应用在量产车上，Velodyne 在车规量产策略上选择多家 Tier 1 结为伙伴关系，2017 年 7 月 Autolive 成为其第一家零部件供应商。两家分工各取所长，Velodyne 只做设计不做生产，提供专有的激光雷达 ASIC（Application Specific Integrated Circuit，专用集成电路）引擎和核心的三维软件技术，车规设计要求、组件开发和功能验证则交给一级零部件供应商来完成。

未来，Velodyne 支持车规的产品会有两款：一款是 VLS-128™（图 5-5），内部带有旋转部件，水平视角 360°，主要客户是自动驾驶出租车，安装位置是车顶；另一款是混合固态激光雷达 Velarray，产品可以安装在汽车前方、侧面，或者拐角，用多个配置的方式做到车身水平 360°覆盖。

图 5-5 Velodyne VLS-128™ 样品，大小参考 350mL 小瓶矿泉水

（来源：车云）

2017 年 11 月，Velodyne 正式推出 128 线激光雷达产品。VLS-128™ 是 HDL-64E 线激光雷达的接班人，是一款用于实现 Level 4/Level 5 自动驾驶的

传感器。与 HDL-64 相比，VLS-128™ 尺寸缩小 70%，探测距离提高了 1 倍，分辨率提高了 4 倍。这款雷达使用了可量产 CMOS 半导体技术，采用 905nm 光源，可以在干燥气候和潮湿环境下正常工作。

随着产品的研发，VLS-128™ 的参数也在逐渐固化，官方给出的参考信息是：采用 905nm 光源，探测距离大于 200m，水平视角为 360°，水平角分辨率可以达到 0.1°，垂直视角为 40°，局部垂直角分辨率可以达到 0.17°，单个供货价格可能会接近 HDL-64E。

VLS-128™ 会进入 Velodyne 与 Tier 1 的合作项目，并成为车规级量产品。未来 Velodyne 会根据客户需要定制车规级的 64 线、32 线、16 线产品。

2017 年 4 月，Velodyne 揭晓了混合固态激光雷达 Velarray（图 5-6），尺寸为 125mm×50mm×55mm，探测范围覆盖垂直 35°，水平 120°，产品价格预计可以降至数百美元。

图 5-6　混合固态激光雷达 Velarray

表 5-1　Velodyne 产品矩阵

产品型号	尺寸	线数	探测距离	水平视角参数	垂直视角参数	产品状态
HDL-64E	203mm×284mm	64	100~120m	水平可视角为 360° 最小分辨率为 0.08°（5Hz）	垂直可视角为 28.8° 最小分辨率为 0.4°	量产（非车规）
HDL-32	86mm×145mm	32	80~100m	水平可视角为 360° 最小分辨率为 0.1°（5Hz）	垂直可视角为 30° 最小分辨率为 1.3°	量产（非车规）
VLP-16	104mm×72mm	16	100m	水平可视角为 360° 最小分辨率为 0.1°（5Hz）	垂直可视角为 30° 最小分辨率为 2°	量产（非车规）

续表

产品型号	尺寸	线数	探测距离	水平视角参数	垂直视角参数	产品状态
VLS-128™	比HDL-64E缩小70%	128	200m+	水平可视角为360° 最小分辨率为0.1°	垂直可视角为40° 最小分辨率为0.17°	研发中，2019年第四季度推出最终车规等级产品
Velarray	125mm×50mm×55mm	32、16、8	200m	水平可视角为120° 最小分辨率为0.1°	垂直可视角为35° 最小分辨率为0.1°	研发中，2019年第四季度推出最终车规等级产品

（来源：车云）

除上述两款产品之外，Velodyne开始尝试更加前瞻的激光雷达技术——将摄像头和激光雷达进行硬件融合，实现一个传感器兼得激光雷达数据和RGB色彩信息，因此具备读懂红绿灯的能力。

Velodyne一直面向汽车行业出售激光雷达硬件，但是不提供激光雷达软件算法。在下一步计划里，Velodyne会逐渐开始提供软硬件一体的产品。其已经在总部组建一支软件团队，未来会把研发好的激光雷达软件算法做到ASIC版本中去。

2）Ibeo

Ibeo于1998年成立于德国汉堡，成立之初就主要研究车载激光雷达应用。2000年Ibeo被德国传感器制造商施克公司（Sick AG）收购，作为后者的车载激光雷达部门。2000—2008年，Ibeo研发了激光扫描技术，并且开始了若干自动驾驶项目的尝试。公司和欧洲委员会共同研发了十字路口安全的驾驶辅助产品，在全球范围售卖。2009年，Ibeo脱离施克公司（Sick AG）独立，成为一家独资公司。

在全自动驾驶测试车上，常用的多点布局组合是Ibeo的miniLUX和LUX（图5-7）两款产品。LUX有4线和8线两款，可以用于高速公路自动驾驶和城市自动驾驶，功能上可用于自适应巡航控制（Adaptive Cruise Control，ACC）并应用于行人检测，利

图5-7　Ibeo LUX产品
（来源：Ibeo）

用多回声技术适应不同天气的需要,绘制车辆周围360°的环境图景。

miniLUX主要用来检测车侧和车后障碍。用于检测车辆侧面时,主要可以在转向时用作侧面保护、车道变更时的盲点监测,以及复杂的自动停车。用于车后检测时,可以作为全三维泊车支持和车尾传感器。

Ibeo提供的自动驾驶案例耳熟能详。2013年10月13日,日产LEAF搭载6个LUX测试了其高级驾驶辅助系统。斯坦福大学测试的自动驾驶奥迪TT Shelley、计划2020年在日本商业化的自动驾驶出租车Robot Taxi、Rinspeed概念车Buddi,都使用了Ibeo的激光雷达产品。

第一款用上量产车的激光雷达来自Ibeo和法国法雷奥合作的ScaLa(图5-8)。两家的合作始于2010年,2017年实现量产,并且率先安装在2017年发布的全新奥迪A8的进气格栅处。

图5-8 法雷奥与Ibeo合作量产的ScaLa
(来源:Valeo)

ScaLa是一款4线激光雷达,一般用于汽车紧急制动时的核心检测传感器。2015年搭载法雷奥Cruise 4U系统的大众半自动驾驶汽车曾完成了环法路试。当时车上就使用了与Ibeo合作量产的ScaLa,用来取代毫米波雷达作自动刹车系统(Autonomous Emergency Brake,AEB)中的测距模块。

与Velodyne不同,Ibeo除了有涉及高级驾驶辅助系统(Advanced Driver Assistance Systems,ADAS)到自动驾驶整个进程的硬件产品,还有包括软件在内的整套解决方案。软件方案涉及算法内容,会输出周围车辆、行人、障碍物、路面信息等有效环境信息,而非原始的点云数据。Ibeo公司能提供的激光雷达融合系统可将6个传感器采集的信息实时整合到一个ECU后,实现智能追踪识别。和其他公司相比,Ibeo是最早涉足车载激光雷达产品并提供路上物体追踪、识别的公司。

关于未来的自动驾驶激光雷达,Ibeo选择直接跳过机械旋转式的多线数激光雷达,把更多精力放在下一代雷达技术研发上。它认为下一代车载激光雷达应该彻底摆脱掉旋转部件，并且可以智能锁定那些会对本车产生影响的目标物，再把足够多的分辨率分配给这个目标物。

截至 2018 年 3 月，Ibeo 的固态激光雷达正在研发之中，官方透露了产品的部分参数：探测范围可以达到 0~300m，水平视场角范围可以根据客户需要定制。第一代固态激光雷达的水平角分辨率会做到 0.25°，第二代升级为 0.1°。目前这款固态激光雷达还处在工程样件阶段。图 5-9 所示为这款固态激光雷达模型，根据计划，产品会在 2021 年完成车规量产。

图 5-9　Ibeo 固态激光雷达模型
（来源：车云）

2016 年 8 月，德国采埃孚收购了 Ibeo 40% 的股份。此后，Ibeo 除了在对新型固态激光雷达的研发上进入了新阶段，本身的角色也从单一的激光雷达软硬件供应商，进阶到对 ADAS 各项功能的完整开发。

Ibeo 正在做的一项重要工作是传感器融合。Ibeo 自 2005 年开始研究多个激光雷达传感器的数据融合，并开发了新的概念模型，用于激光雷达和其他传感器数据的融合研究。Ibeo 在定义传感器融合的标准接口，包括每一类传感器在融合时提供的数据结构、采用的数据加密模式。

在本土化方面，Ibeo 借助一家创业公司（北京欧百拓信息科技发展有限公司）在中国落地产品。欧百拓主要在做两项工作：一项是提供用于自动驾驶测评的参考平台，用基于激光雷达的算法代替人工，借助参考平台自动完成对真实数据的标定；另一项工作是做本地的算法研发，进行激光雷达的数据采集和场景分析工作。图 5-10 所示为欧百拓的测评车。

3）Quanergy

和 Velodyne、Ibeo 相比，Quanergy 是一家激光雷达领域的新晋创业公司，但其融资履历十分丰富。

（1）2014 年 5 月，获得来自三星电子风险投资、特斯拉创始人以及清华

图 5-10 欧百拓的测评车

企业家协会天使基金的种子投资。

（2）2014 年 12 月，完成 3 000 万美元的 A 轮融资。

（3）2015 年 7 月，Quanergy 得到安波福的战略投资。安波福收购了 Quanergy 部分股权，两家公司的工程师正在努力研发激光雷达。Quanergy 负责技术开发，安波福有可能负责生产。

（4）2016 年 8 月，Quanergy 宣布获得 B 轮融资 9 000 万美元，公司估值超 10 亿美元。森萨塔科技（Sensata Technologies）、安波福汽车、三星创投、Motus Ventures 和 GP Capital 参与了本轮投资。

Quanergy 的第一款产品 M8-1 于 2014 年 9 月投入使用，当时被用在奔驰、现代等公司的试验车型上面，在路试过程中为软件模块积累经验。M8-1 单个标价是 1 000 美元。为了覆盖车身周围的全部区域，一共安装了 3 个样品，两个位于车顶，一个位于车头前方。可能因为是一款机械旋转式激光雷达，M8-1 当时并没有获得特别大的关注。

真正让 Quanergy 获得瞩目的是一款相控阵激光雷达产品。在 2016 美国消费电子展 Quanergy 展台上，Quanergy 展示了只有约"一盒名片大小"的新产品 S3。S3 是一款 8 线激光雷达，探测距离为 10～150m，扫描频率为 30Hz，只需在车辆前后对角线各装一个，就能覆盖 360°视域范围。

图 5-11 为 S3 样机。Quanergy 声称，如果订货量在 10 000 台，每台售价有望减至 100 美元。非车规级 S3 产品于 2017 年 9 月下线，车规级产品将在 2018 年交付客户。

图 5-11　Quanergy S3 样机

（来源：Quanergy）

Quanergy 也会提供软硬件一体的产品。在拿到 B 轮投资后不久，Quanergy 就宣布收购了 Raytheon BBN Technologies 的 OTUS 人员跟踪（OTUS People Tracker）软件，把这款软件与 Quanergy 激光雷达传感器结合使用时，可识别并跟踪 100m 处拥挤环境中的一个行人目标。Quanergy 的软件涉及内容很广，不仅在感知方面提供目标检测、目标跟踪、目标分类的软件算法，还会涉及决策规划和定位。

5. 案例：特斯拉 AutoPilot 为什么没有采用激光雷达

2016 年 10 月 19 日，特斯拉发布声明称，包括还未上市的 Model 3 在内，目前工厂在产的特斯拉汽车将全部配备能够实现完全自动驾驶的硬件。其中，包括 8 个车身周围的摄像头、12 个最新的超声波传感器、1 个增强版前向毫米波雷达以及处理能力将比上一代高 40 倍的车载计算设备 NVIDIA's Drive PX 2（如表 5-2 所示）。

表 5-2　特斯拉 Full Self-Priving Capabilty 功能包新配硬件

设备	功能
摄像头	提供 360°视角，最远监控距离为 250m
超声波传感器	对视觉系统提供辅助，可同时探测硬、软物体，探测距离是上一代系统的两倍
前置雷达	在冗余波长上提供与环境相关的补充数据，所发出的电磁波能够穿透大雨、雾、灰尘，甚至前方的汽车
车载处理器	提供比上一代处理器快 40 倍的计算能力，用以运行特斯拉新开发的一套神经网络系统（Tesla Neural Net），以处理视觉、声呐以及雷达数据

（来源：特斯拉）

特斯拉全自动驾驶的这条新闻一经发布，便在全世界范围内引起热议。其中很重要的一个争议点在于，特斯拉的全自动驾驶方案避开了"业内必备"的激光雷达。

在硅谷有一个明确的做事原则，即要最大限度地采用便宜的资源，尽可能节省宝贵的资源。该做法最初是受由香农第一定律①引出的霍夫曼编码②（即时码）的启发得来的，在经济学上被称为"吉尔德定律"（Gilder's Law）③。例如，由于摩尔定律的作用，集成电路芯片上所集成的晶体管的数目每隔18个月翻一倍，反过来看便是相同性能微处理器的成本每隔18个月降一半，这是一种较便宜的资源。因此，类似谷歌和Facebook这样的IT巨头必然将越来越多原本由工程师这种较昂贵资源来完成的工作交给计算机来完成，以降低总的办公成本。

具体到特斯拉全自动驾驶系统采用"摄像头+40倍计算能力"的方案，而不是像谷歌、Uber那样使用激光雷达，亦可用"吉尔德定律"来解释。在摩尔定律的作用下，计算能力的成本随时间以较陡的曲线下降，而机械旋转式激光雷达和机械制造部件的成本对时间并不敏感，几乎只能随着大规模生产所产生的规模效应而降低。图5-12表示了无人车各部件成本随时间发生的变化。

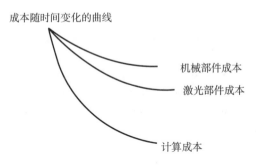

图5-12 无人驾驶汽车各部件的成本随时间的变化
（来源：驭势科技）

---

① 香农第一定律是可变长无失真信源编码定理，其主要意义是让符号携带的信息量达到最大，用最少的符号传送最多的信息。

② 霍夫曼编码是一种用于无损数据压缩的熵编码算法，霍夫曼编码使用特定方法来选择每个符号的表示，从而产生前缀代码，用比较少的代码来编常见符号，用比较长的代码来编不常见的符号。这便使编码之后的字符串平均长度、期望值降低，从而达到无损压缩数据的目的。

③ 吉尔德定律被描述为：未来25年，主干网的带宽每6个月增长一倍，其增长速度是摩尔定律预测的CPU增长速度的3倍，同时他预言将来上网会免费。

由于特斯拉的汽车已经量产，成本的控制对销量的提升便是至关重要的。相对应的，谷歌与 Uber 的无人驾驶汽车目前还只是处于测试阶段，几百辆的规模即便全部配置 8 万美元的激光雷达也花不了多少钱。所以，特斯拉"低成本感知＋高性能计算"的选择对于短期控制整车成本是十分合理的。

虽然特斯拉 CEO 伊隆·马斯克在多个场合表示"I'm not a big fan of LiDAR, and I don't think it makes sense in this context."（我不是激光雷达的支持者，我并不认为它对于无人驾驶汽车是绝对必要的），但考虑到当年比尔·盖茨在微软的 DOS 系统①与苹果公司的"视窗＋鼠标"系统竞争时也表达过类似的态度，却在背地里偷偷地研发 Windows 3.0 系统，我们可以将马斯克的话理解为对媒体和用户的洗脑，用自己的个人威信给特斯拉解决方案的安全性背书，目的是为激光雷达价格的下降争取时间。因为包括 Velodyne 和 Quanergy 等公司成熟的固态激光雷达产品正在研制中，根据这两家公司的公开信息，其成本可降到 250 美元以下。

激光雷达对于保证无人驾驶汽车大于 99.999 9% 的行车安全依然是十分必要的，我们有理由相信，等到固态激光雷达的成本降到 100~200 美元，Elon Musk 的态度或许会有所不同。据网友在 Twitter 上曝光，在加州道路上拍摄到车顶装有激光雷达的特斯拉正在道路上测试，由此可以一窥马斯克的真实想法。

二、地图与定位

就像人开车需要导航，自动驾驶汽车也需要导航，而导航离不开地图和定位。

不过，自动驾驶汽车导航所需的地图和定位有所不同。地图除了精度更高、要素更多之外，所起的作用也发生了变化。为了和地图精度匹配，定位精度也需要升级。借助一系列技术手段，自动驾驶汽车可以获得更加细致化的坐标信息。

1. 高精度地图

自动驾驶汽车需要知道的环境信息可以划分为两部分：一部分是相对固定的环境信息，比如车道、周边建筑等不会即时变化的要素；一部分是会发

---

① DOS（Disk Operating System）是个人计算机上的一种操作系统，从 1981 年至 1995 年的 15 年间，DOS 在 IBM PC 机市场中占有举足轻重的地位。

生瞬时变化的交通组成部分，类似其他交通参与者、天气等。对于后者，一般由车辆自带传感器完成即时判断，而前者一般要提前采集后写到地图中去，再与传感器的探测结果进行比对。

那么自动驾驶所需的地图是什么样呢？

SAE 把自动驾驶按照 Level 0 ~ Level 5 分级，不同级别自动驾驶汽车对地图的要求是不同的。对此清华大学汽车工程系杨殿阁教授认为：

（1）对于自动驾驶 Level 1 ~ Level 2 级，米级精度的 ADAS 地图就足以满足功能需要，并且车辆是否配备地图也只是一个选项，并不强制要求。

（2）对于自动驾驶 Level 3，需要 ADAS 地图和高精度地图，大部分需要达到米级精度，部分区域要达到厘米级。部分情况下地图可以作为选项，对于一些必须用到的情况，地图要强制搭载。

（3）对于 Level 4 ~ Level 5 级的自动驾驶汽车，它将行驶在一个虚拟城市中，这个城市是基于地图构建的，而且精度一定要达到厘米级。[1]

结合使用场景，自动驾驶汽车与地图的结合会存在两种模式：一种是弱地图模式，地图只用来作为寻路和简单的定位辅助，其他还是靠车辆传感器做环境感知；另一种是强地图模式，此时的地图是一个重要的传感容器，各种传感器感知到的信息都会融合到地图中来，成为一种数据基础。而自动驾驶的 Level 4、Level 5 级一定是强地图模式。

具体到地图由哪些部分组成，杨殿阁提出了一种地图分层模式，即不同的图层会帮助对应到自动驾驶汽车所需完成的不同任务。

最底层是道路模型，包含道路信息。自动驾驶汽车从 A 到 B 点的任务规划就可以在这一层完成，这一层也被称为宏观地图层。

往上一层是车道层，宏观任务完成后，智能车还需要确定自己每时每刻在哪个车道，为自动驾驶汽车给出局部路段的车道级任务点。在车道信息和道路层之间存在一个连接层，主要负责解决怎么把任务从道路级降维到车道级上去，并且车辆轨迹要符合车辆动力学模型。

再往上的驾驶辅助层会叠加传感器获得的周围障碍物信息，把感知到周围的人、车、物都放到地图里来，构建出一个虚拟的三维场景，于是车就知道可以走哪里，不能走哪里。

因此总结起来，高精度地图需要提供的功能十分丰富。它需要像导航地图一样辅助车辆随时调整通行方案，提供超出传感器视距的道路信息，帮助车辆更快、更高效地到达目的地；可以在具体路段提供操控建议，减轻车辆

---

[1]《高精度地图与智能汽车路径规划》，选自杨殿阁在 2017 年第四届中国国际智能网联汽车技术年会上发表的演讲。

传感器的负担，甚至在部分传感器失效时，高精度地图因为本身自带部分障碍物信息，可以成为最后安全防线的一部分，辅助车辆最大限度地采取安全措施。

而且从长远考虑，做高精度地图就是做标准建设。发展到 Level 4 ~ Level 5 级自动驾驶系统后，驾驶辅助层需要统一物体在地图中的表达形式，比如定义地图时需要做三维数据表达标准，做好了这个标准，算法就无所谓使用哪家的地图信息，都可以用统一的参数来表达障碍物信息。

1）高精度地图的难点

现阶段高精度地图还处于研发状态，技术、标准与产品均不明晰。在技术方面，测绘采集、数据标定、内容生成、数据更新，每个阶段都存在各自的难题。

测绘采集受到多方因素的影响。交通状况就是其中之一，会让能够采集的时间大幅缩短，从而导致采集到的数据量大打折扣。另外，激光雷达扫描技术与定位技术也是个门槛。如果在采集过程中精度不达标，则会出现重复采集工作。

在地图制作方面，如果单纯依靠人工操作，工作量将非常巨大。百度就在使用深度学习的方法处理地图采集后获得的原始数据。但现在的高精度地图还没有办法做到完全自动化，人工标定依然占据重要成分，后续在技术层面还存在很大的优化空间。

还有地图的大小和存储问题。高精度地图在经过向量化等处理之后，每千米的地图数据需要尽可能地大幅度压缩。但是随着采集范围的增加，总千米数一直在增加，数据量也会变得越来越庞大，需要合理分配车辆的本地化存储内容。

再比如说究竟需要生成哪些内容。高精度地图是自动驾驶必备的条件之一已经成为行业共识，但是自动驾驶需要什么样的高精度地图、里面需要包含哪些数据，却并没有定论。这些问题都需要在与车企的合作过程中去逐一确定，找到需求。

在这个过程中，同时还要去寻找合适的更新数据方式。一方面是在采集到的数据中提取更多的元素，另一方面则是道路和交通环境本身变更所带来的更新。

值得一提的是，高精度地图的采集除了要尽可能地扩大覆盖率，丰富特征物信息，更重要的一个指标是地图的鲜活度。因此对高精度地图而言，众包采集的模式更加适合地图更新。比如 Mobileye 的道路经验管理系统（Road Experience Management，REM），就借助车辆传感器采集路上的各种导流标志、方向标识、信号灯等，依靠这些建立的路标，再通过上传云端、信息比对更新、下发车辆的方式,来更新地图信息。目前,宝马、奔驰、日产、通用、大众等主机厂都加入了数据匿名分享的队伍。

2) 国内图商进展和商业化

在我国,获得甲级测绘资质的专业测绘单位才能进行高精度地图的采集,因此地图资源具有本土性,中国企业有很大的优势。目前国内多家图商都制定了高精度地图的发展路线图,并给出了相应的时间表:

(1) 百度:截止到2017年1月,百度高精度地图的覆盖率大于1万千米,包含中国的高速公路和城市快速路。相对精度达到10~20cm,绝对精度达到60cm,生产过程中有高达90%的自动化率。百度的高精度地图真正应用到智能车取决于主机厂产品规划,时间可能是2018年。

(2) 高德:2016年年底完成28万千米的全国高速公路的自动驾驶级别的高精度地图(Highly Automated Driving,HAD)的制作,获取全国国道/省道的ADAS级别高精度地图数据;2017年年底ADAS级别数据扩展30多座城市的主干路,HAD级别向国省道和主要城市内部扩展。

(3) 四维图新:2016年年底,可以提供覆盖全国高速公路的基于ADAS的高精度地图;2017年年底,提供支持至少20个城市的Level 3高精度地图;预计在2019年,一方面完成Level 3所有城市高精度地图的制作和采集,另一方面开始Level 4高精度地图的制作。

在高精度地图的争夺战中,一个不容忽视的新对手就是滴滴,其旗下的滴图(北京)科技有限公司在2017年11月获得了第十四张导航电子地图制作的甲级测绘资质。滴图科技的诞生意味着滴滴对数据主导权的宣示。滴滴平台上拥有的车辆足以覆盖全国大多数地区,在众包采集更新地图方面有其他图商难以比拟的优势。未来哪怕只有运营车辆的1/10用于众包,其数据量也是不可想象。众包车辆的配置会决定回传哪些数据,决定更新哪些地图要素,未来滴滴就有能力参与到定义车辆的环节中去,利用自动驾驶功能和地图测绘结合,实现最终的理想更新模式。从这个角度来看,滴滴离产品落地,只差"核心传感器软硬件能力"。

虽然大家根据自动驾驶的阶段发展给出了阶段性产品方案,不过在商业落地层面,高精度地图在很长一段时间内都无法盈利。此前高德甚至不惜在发展初期,宣布在自动驾驶汽车开发测试期间,免费向汽车行业的合作伙伴提供高精度地图数据的营销方案,以此换取更加丰富的数据资源。更快地做出低成本、高精度的产品、拥有持续运营能力并在商业模式上取得突破,将是高精度地图甚至自动驾驶行业取得量产化突破的关键。

不过,高精度地图也不是一家公司"闷头"研发就可以完成的事情。首先在规模与资金上,高精度地图的内外业需要大量的人力、物力来推动,而且配置了激光扫描设备的采集车成本也颇高,最低也达到百万的门槛;再联系上面提到的各类技术问题,以及标准问题,图商与车企、其他汽车行业供应商共同合作开发势在必行。

2. 高精度定位

定位就是精准提供车辆此时此刻的三维坐标。对应着地图精度的提高,定位也必须提高到足以与之匹配的精准,才能共同提供最终的导航功能。目前自动驾驶商业量产的定位技术有多种,主要有卫星定位、匹配定位以及同步定位和地图构建(Simultaneous Localization and Mapping,SLAM)技术等。

1)全球导航卫星系统定位

世界上的全球导航卫星系统(Global Navigation Satellite,GNSS)有四种,分别是美国的全球定位与授时系统(Global Positioning System,GPS),俄罗斯的全球导航卫星系统格洛纳斯(Global Navigation Satellite System,GLONASS),欧盟的伽利略卫星导航系统(Galileo)以及中国的北斗卫星导航系统(BeiDou Navigation Satellite System,COMPASS)。

在实际使用时,卫星信号会受到影响,产生误差。比如树木建筑遮挡、天气不佳以及金属干扰都会影响定位精度。所以在峡谷、林荫道、城市林立的高楼以及遮蔽的隧道里,传统卫星定位的效果不佳。加上国防等原因,卫星定位会刻意引入误差,民用导航卫星系统的定位精度为 10~20 米。

由于这样的定位精度还达不到无人车的要求,需要借助辅助增强手段,把定位误差缩小到厘米级别,主要方法是研发定位算法,以及建设辅助定位的基础设施。

在算法方面,需要借助高超的厘米级定位算法来克服上述误差。另外考虑到自动驾驶汽车需要同时处理大量数据,因此定位算法要尽量用低功耗处理器以节省运算所占用内存。加州大学正在研发一种数据处理算法,在手机和可穿戴设备这类消费级数码产品上,获得厘米级精度的定位数据,并且兼顾实时性和经济性。

另一种方式是建设卫星导航增强系统,主要有星基增强系统(Satellite - Besed Augmentation System,SBAS)和地基增强系统(Ground - Based Augmentation System,GBAS)两大类,原理都类似,即通过增加已知位置的基准站,来达到减少误差的目的。

具体来说,地基增强系统就是在位置精确测定的已知点上,再设立一个可接收定位数据的地面基准站,由基准站发送修正数据,车辆接收后对接收机的观测值进行修正,以获得精确的定位结果。地面基准站的数量和分布都会影响到定位精度。

著名的地基增强系统有美国的局域增强系统（Local Area Augmentation System，LAAS）。另外，国内公司千寻位置目前在全国建立起 1 450 个地基增强站，根据卫星轨道、电离层状况等信息，消除各类系统误差带来的影响，辅助卫星定位达到动态米级和厘米级的高精准定位。

星基增强可以类似地理解为通过增加卫星数量来增强定位效果。在普通卫星定位时，车端定位模块一般至少需要同时收到 4 颗卫星发送的信息，才能确定设备所在的经度、纬度以及海拔信息，也就是（x，y，z）坐标。通过增加卫星的数量辅助定位，就可以提高定位精度，减少误差。

美国的广域增强系统（Wide Area Augmentation System，WAAS）、俄罗斯的差分校正和监测系统（System of Differential Correction and Monitoring，SDCM）都是星基增强系统。另一个比较新的系统是日本的准天顶系统（Quasi-Zenith Satellite System，QZSS），它是基于 GPS 的一个区域性星基增强系统，可以用来补充美国运营的 30 颗 GPS 卫星定位信号，获得更加准确的定位。

2）匹配定位

这种定位方法要借助车辆传感器和高精度地图的配合来完成。一般用到的是摄像头，简单来说逻辑是这样的：车载摄像头实时观察此时环境中有哪些特征物，比如车道线各种转向标志，就可以获得本车相对特征物的角度、距离；然后，汽车会从自带的高精度地图里读取这一路段的同一个特征物，把图中的特征物和现实的特征物匹配，推测出汽车当时所处的车道位置。

从这个逻辑也可以看出，这种高精度定位方法一方面取决于感知能力上能不能准确识别特征物，另一方面取决于高精度地图中特征物的多少。因为车载摄像头模块价格低廉，所以其更加有利于商业化量产。目前百度 Level 3 自动驾驶使用的就是这种定位方式，并在 2017 年亚洲消费电子展上展示了带有高精度定位功能的车载模块。

3）同步定位和地图构建（Simulataneous Localization and Mapping，SLAM）

在自动驾驶汽车处于一个完全陌生、没有地图的环境中时，可以借助 SLAM 的技术来完成定位和地图构建。常用的是视觉 SLAM 和激光雷达 SLAM 两种，后者与前者相比，在技术上更成熟一些。

以激光雷达 SLAM 为例，搭载激光雷达的车辆在陌生环境内行驶，即时生成周围环境的特征地图。当未来再次通过这个区域时，就能把激光雷达实时看到的数据和地图数据匹配，实现自主定位。这种定位方式对于卫星定位不佳的地段有很好的补充作用。

4）轨迹推算

在已知准确起始点的情况下，可以根据车辆的每一步状态推算位置的变化,这种定位方法统称为轨迹推算法。

一种是借助惯性导航和里程计等设备来测量定位。车辆可以使用自身采集到的车辆速度和航向角进行位置跟踪。假如车辆从 A 点出发,知道每个时刻行驶的角度、速度,就能累加出当前所在的位置。这种方法的缺点是容易产生误差。

另一种是基于传感器的航迹推算法。把传感器观测到的连续两帧环境观测数据匹配起来,就能计算出车辆在两帧之间的位置变化,用递增形式推算出位置。实现这种方法的传感器包括摄像头和激光雷达,匹配算法是关键。

考虑到未来自动驾驶的应用场景,尤其是从封闭区域到更加广阔的城市环境,自动驾驶汽车不可能完全依靠某一种单独的方式或者手段来满足定位需要。多种定位方式形成冗余、互相补充,才能保证自动驾驶汽车在行驶中持续定位。同时产品化阶段要考虑的因素也很多,比如车辆本身的计算能力有限,部分用于定位的传感器成本高昂,算法复杂,因此挑选一种性价比更高的技术组合方案也是必须的。

三、计算平台

自动驾驶任务的复杂性,意味着开发人员需要兼顾软件和硬件的协同。当传感器接收信息后,数据继而被导入计算平台,由功能各异的芯片进行处理。因此,计算平台的选择会直接影响到无人驾驶系统的实时性和鲁棒性。工程师需要衡量的指标包括计算平台的性能、功耗和功能安全。

为了保证自动驾驶的实时性要求,软件响应的最大延迟必须在可接受范围内,这对计算资源的要求相应也变得极高。目前,自动驾驶软件的计算量达到 10 个 TOPS(每秒万亿次操作)级别,这使得我们不得不重新思考对应的计算架构。

1. 主流计算平台解决方案

1)基于 GPU 的计算平台解决方案

GPU 的多核心、高内存带宽等设计优点,意味着它在并行计算、浮点运算时的性能是 CPU 的数十倍甚至上百倍。特别是当人工智能在自动驾驶领域广为应用时,使用 GPU 运行深度学习模型,在本地或云端对目标物体进行切割、分类和检测,不仅花费的时间大幅缩减,同时也无须更多的数据处理设备支持,可以实现比 CPU 更高的应用处理效率。所以,凭借强大的计算能力以及对深度学习应用的有力支持,GPU 正逐渐成为自动驾驶技术开发的主流平台解决方案。

作为以 GPU 图形处理器起家的 NVIDIA，它在 2016—2017 年陆续发布了一系列针对深度学习的芯片，例如 2016 GTC 开发者大会上发布的 Tesla P100（图 5-13），以及后来推出的深度学习芯片 Tesla P4 和 Tesla P40。按照 NVIDIA 官方提供的数据，Pascal 架构能助推深度学习加速 65 倍。

图 5-13　采用全新 Pascal 平台架构打造的 NVIDIA Tesla P100 高性能 GPU 处理器
（来源：NVIDIA）

2）基于 FPGA 的计算平台解决方案

FPGA，即现场可编程逻辑门阵列。它是一种高性能、低功耗的可编程芯片，用户可以通过烧录 FPGA 配置文件来自定义芯片内部的电路连接，以实现特定功能。而且这种烧录是可擦写的，用户完全可以根据产品需求进行任意化功能配置。

自 Xilinx 在 1984 年创造出 FPGA 以来，这种可编程逻辑器件凭借性能、上市时间、成本、稳定性和长期维护方面的优势，在通信、医疗、工控和安防等领域占有一席之地，在过去几年也有极高的增长率。目前业内 FPGA 供应商主要有 Xilinx、Altera（2015 年被英特尔收购）、Lattice、Actel 这四家公司。

相比 CPU 和 GPU 而言，FPGA 的主要优势在于硬件配置灵活、能耗低、性能高以及可编程等，适合进行感知计算。目前出现了针对 FPGA 编程的软件平台，进一步降低了开发人员的应用门槛，使 FPGA 在自动驾驶感知技术领域的应用更广。

以 2017 年 7 月上市的全新奥迪 A8 为例。这款主打人工智能概念的车型搭载了量产版的 zFAS 多域控制平台，其中由 Altera 提供的 Cyclone V SoC（图 5 – 14）就是基于 FPGA 技术打造的视觉解决方案，针对传感器融合应用作了优化，可以实时高效完成对目标物体的检测。

不过 FPGA 产品本身迭代比较慢，四年才会产生新一代的产品，所以它可能无法满足自动驾驶技术高速发展的需求。此外，当开发者对门阵列和内存的需求比较大时，FPGA 的成本也会变得比较高。

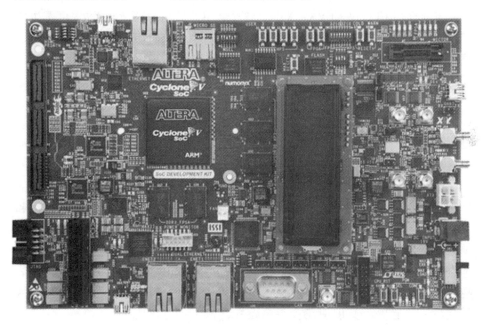

图 5 – 14　Altera Cyclone V Soc 开发者版本

（来源：Altera）

3）基于 DSP 的计算平台解决方案

DSP 芯片（Digital Signal Processor），也称为数字信号处理器，是一种特别适合进行数字信号处理运算的微处理器，其主要应用是实时快速地实现各种数字信号处理算法。由于采用的设计方案中，DSP 的数据和地址总线分开，允许取出和执行指令完全重叠，执行上一条指令的同时即可取出下一条指令进行译码，大幅提升了微处理器的运行速度。此外，DSP 的架构设计特点，使其在数学运算和数据移动方面有不错的表现，因此在时间关键型应用中，DSP 的性能超过通用处理器。强大的数据处理能力和高运行速度是 DSP 芯片的两大优势，这也奠定了其在自动驾驶应用中的基础。

知名芯片供应商美国德州仪器公司（Texas Instruments，TI）是 DSP 解决方案的簇拥者。它面向 ADAS 及自动驾驶技术领域推出了 TDA2x 汽车系统级芯片（System on Chip，SoC）系列。TDA2x 在低功耗封装中将高性能、视觉分析、视频、图形以及通用处理内核进行结合，可实现包括前置摄像机、环绕视图以及传感器融合在内的 ADAS 应用。此外，德州仪器开发的 Vision AccelerationPac 还可补充 TMS320C66x 数字信号处理器（DSP）系列内核，让更多 ADAS 算法同步运行。TI TDA2x 还可作为融合雷达与摄像机传感器数据的中央处理器，帮助作出更稳健的 ADAS 决策。

值得一提的是，DSP IP 平台授权厂商 CEVA 公司发布第四代图像和计算机视觉处理器 IP 产品 CEVA–XM4。这个新 IP 可以支持实时三维深度图生成和用于三维扫描的点云（Point Cloud）数据处理，单一 CEVA–XM4 内核可以完成典型的"目标检测与跟踪"用例，功耗大约只有现今最先进 GPU 簇的 10%，芯片面积只有现今最先进 GPU 簇的 5%。

4）基于 ASIC 的计算平台解决方案

ASIC，即专用集成电路，是为某种特定需求而专门定制的芯片。一旦设计制造完成，内部的电路和算法就固定了，无法再改变。它的优势在于体积小、功耗低、计算性能和计算效率高，并且芯片出货量越大成本会越低。

FPGA 和 ASIC 的区别，就像用乐高积木搭玩具和去工厂开模定制生产的区别。FPGA 上市速度快，一次性投入小，用户不需要介入芯片的布局布线和工艺问题，可以随时改变其逻辑功能，但性能差一些，量产后成本降不下来。ASIC 类似开模生产，流片成本很高，设计固化后不可更改，研发费时，上市速度快，前期投入很高，但性能优越，一旦量产单片成本就会很低。半导体业界无数的实例表明，FPGA 往往是定制化 ASIC 的前哨站，一旦某个应用的量足够大，定制化 ASIC 就会变得更经济。

目前比较知名的应用 ASIC 技术开发自动驾驶相关芯片的厂商是 Mobileye，英特尔已经于 2017 年完成对 Mobileye 的收购。它的下一代视觉 SoC 芯片 EyeQ5（图 5–15）装备有四种异构的全编程加速器，分别对专有算法进行优化，包括计算机视觉、信号处理和机器学习等。这种加速器架构尝试为每一个计算任务适配最合适的计算单元，硬件资源的多样性使应用程序能够节省计算时间并提高计算效能。

此外，被英特尔收入麾下的 Nervana 同样属于 ASIC 芯片供应商。加入英特尔之后，其计划推出面向深度学习应用的定制芯片 Nervana Engine。Nervana Engine 比 GPU 在深度学习训练上能多发挥 10 倍的性能。

以往，处理器都是作为标准平台提供给业界，软件工程师拼命优化编译器、代码、任务调度等来达到更高的性能表现。但现在，这已经无法满足产品快速上市的要求。

新的自动驾驶计算平台，实际上是应算法和软件的需求而诞生的。例如，为了更好地支持深度卷积神经网络极大规模的矩阵运算，需要考虑如何使用

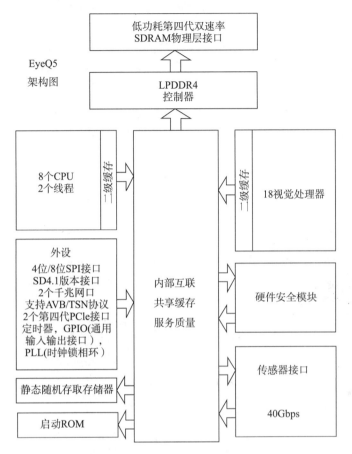

图 5-15 Mobileye EyeQ5 视觉 SoC 芯片架构图

（来源：Mobileye）

二值化方法来降低对于硬件乘法器的需求，等等。而为了满足功能安全的需求，需要硬件级别的虚拟化，这就要求处理器构架设计方面考虑多核、VMM、设备 I/O 请求管理。而最终能否提供同时满足经济性和性能要求的计算平台，是自动驾驶从样车转向量产车的关键因素之一。

2. 自动驾驶时代崛起的芯片四强

1）NVIDIA

2007 年 6 月，NVIDIA 推出 CUDA。在这个技术的驱动下，GPU 的大规模并行计算能力得到进一步释放，NVIDIA 的产品从此走出图像处理领域，成为一款通用处理器，并在几年以后，推动人工智能研究取得突破。目前，"AI"同样是 NVIDIA 自动驾驶芯片研发的关键词。

在 2017 年年初的 CES 国际消费电子展上，NVIDIA 第一次梳理并公布了人工智能汽车平台（AI Car Platform）的详细规划（图 5-16）。在这份平台架构图中，最底层的是奠定了整个系统运算能力、AI 特征的 DRIVE PX。再往上的 DriveWorks 属于适用于自动驾驶技术的软件开发套件 SDK。它是开发人员构建应用程序的基础，可以利用计算密集型算法进行物体检测、地图定位和路径规划。而处在 DriveWorks 上的则分别是 Autopilot DNN 和 Co-Pilot DNN 两种深度卷积神经网络模型以及最顶层的"地图"板块。

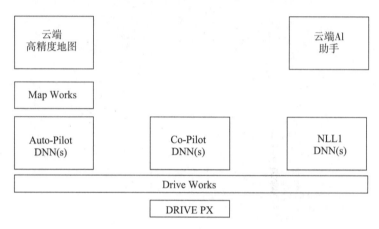

图 5-16　NVIDIA 人工智能汽车平台架构图
（来源：车云）

Drive PX 2 平台（图 5-17）根据能够实现自动驾驶功能的不同，分为"自动巡航"（AutoCruise）、"自动私人司机"（AutoChauffeur）以及"全自动驾驶"（Fully Autonomous Driving）三种架构，包括单移动处理器版、双移动处理器加双独立 GPU 组合版，以及多 DRIVE PX 2 版。

（1）自动巡航（AutoCruise）。

这是适用于自动巡航功能（包括高速公路自动驾驶和高清制图）的自动驾驶汽车解决方案，使用了 NVIDIA 最新发布的 Tegra Parker 处理器并集成了 Pascal 架构的 Tesla GPU，功率仅为 10W，可以帮助车辆利用深度神经网络处理来自多个摄像头和传感器的数据。百度把该计算平台作为车载计算机部署到其从云端到汽车的自动驾驶系统中。

（2）自动私人司机。

其主要用于在公共道路上实现点对点的通勤，像随身有贴心的司机相伴，或者说在必要时能做到人机驾驶权的无缝切换。当然，要实现 AutoChauffeur 的功能，接入的摄像头、雷达等传感器设备数量势必增加，所需的处理器计算性能也大幅提升，而 NVIDIA 给出的也正是 DRIVE PX 2 架构。

(3) 全自动驾驶。

面向这类目标市场的解决方案,需要将多个 DRIVE PX 2 集成至同一辆汽车内才能完成。目前已经在荷兰海尔德兰省两个小镇之间投入使用的无人驾驶电动巴士——WEpod 就搭载了 3 套 DRIVE PX 平台,接入使用的传感器包括 9 个摄像头、9 个超声波传感器、9 个雷达以及 6 个激光雷达。

图 5 – 17 NVIDIA DRIVE PX 2
(来源:NVIDIA)

从 2017 年年初开始,NVIDIA 陆续宣布与奥迪、奔驰、丰田、博世、采埃孚等 OEM 主机厂、Tier – 1 供应商达成合作,共同研发可量产的自动驾驶产品。其中 ZF ProAI 系统搭载了 NVIDIA DRIVE PX 2 AutoCruise 计算平台,为企业打造各类自动驾驶汽车,博世在 2017 年 3 月表示将基于英伟达 DRIVE PX Xavier 人工智能计算平台和深度学习软件打造自动驾驶系统,使车辆实现 Level 4 自动驾驶。和 Tegra 系列不同的是,Xavier 并不是为手机和平板电脑等移动终端设计的,而是专供自动驾驶和汽车使用的超算解决方案,是所谓的"车规级 SoC 芯片"。

至于为什么 NVIDIA 要花费如此大的力气去规划、研发 NVIDIA DRIVE PX 系列产品,是因为它属于 NVIDIA AI 计算解决方案家族中的一员。数据中心和车辆使用完全相同的 NVIDIA DriveWorks 算法、库和工具,这种端到端的方法能够充分利用 NVIDIA 的统一 AI 架构,让车辆实现无线接收更新,从而在它的"一生"中不断添加新功能。

2) 英特尔—Mobileye

2017 年 8 月 8 日,英特尔宣布完成对 Mobileye 价值 150 亿美元的收购。

而两家公司的强强合并也昭示出一个浅显易懂的道理："算法+芯片"成为通往人工智能未来的关键路径。

一方面是 Mobileye 在 ADAS 算法方面有着十几年的积累，无人望其项背；另一方面，英特尔在处理器制程、产能方面有绝对的优势，可以提供更好的产能和品质保障。两家公司联手取长补短，大大增加了赢得竞争的概率。

英特尔还有一点优势在于，FPGA 正被越来越多的公司使用，其计算架构可重构特性能满足深度学习对专有计算架构的需求，而英特尔早在 2015 年就收购了 FPGA 巨头 Altera，它看上的正是这项技术灵活、可快速部署的特点。

FPGA 再往上走，计算资源的扩展会让成本上升到很难接受的地步，到时候就会轮到 ASIC 出场了。英特尔也已经制定好相关路线图，收购 Mobileye 补齐了其战略拼图中缺失的一块：算法以及对应的专用算法处理器 IP 的设计经验。毕竟将算法和芯片进行协同设计，可以轻易地获得超过 10 倍的性能提升、10 倍的功耗下降和 10 倍的成本下降，并且缩短了客户导入时间，由此获得商业竞争优势。同时掌握算法与芯片，已经成为通往人工智能未来的关键路径。

英特尔在 2016 年成立自动驾驶事业部（Automated Driving Group，ADG），宣布与宝马、安波福合作，收购高精地图供应商 HERE 15% 的股份，到如今拿下 Mobileye，直接获得其已经极为稳固的客户群，这些都成为英特尔杀入自动驾驶行业的稳固的基石。加上其在云计算平台方面的扎实基础，并积极投入 5G 研发，英特尔布局自动驾驶全产业链的宏大计划正逐渐浮出水面。这个统治了 PC 行业数十年的巨头，在错失移动互联网时代的良机之后，重装出击，在自动驾驶的时代能否上演王者归来，十分值得期待。

3）高通—恩智浦

从 2014 年宣布进军汽车领域，在两三年的时间内高通有了吞掉恩智浦的实力。2015 年年底，恩智浦刚完成对飞思卡尔的并购交易，合并后公司总市值超过 5 000 亿美元，一跃成为全球最大汽车半导体供应商。而时隔一年，高通盯上了恩智浦并火速出击，如此强势地要在汽车产业获得数一数二的地位，是大多数人始料未及的。

高通从车内蜂窝调制解调器业务入手，逐步扩大到现有的电动汽车无线充电、远程信息处理、信息娱乐三大板块。高通目前面向汽车应用有两款车载计算平台——骁龙 602A 和骁龙 820A。此前高通与奥迪已经签署合作协议，2017 款奥迪车型将集成骁龙 602A 汽车级处理器。同时高通也将为大众车型提供用于车载娱乐信息系统的骁龙 820 芯片。

如果说高通完成对恩智浦的并购后，两家公司有重合的地方，首当其冲的可能就是各自针对汽车市场推出的应用处理器产品。以恩智浦的 i.MX8

(i. MX6 的下一代产品）为例，这款产品强在对传感器融合和 ADAS 系统的支持，但可能并不擅长车机功能的控制；相反，高通的骁龙处理器配置了性能更出众的 GPU，这使它能够更好地处理与显示交互相关的问题。

不过抛开这些问题，合并后的恩智浦可能将在 SDR 软件无线电、NFC、网络安全、CMOS 雷达、芯片处理器、汽车功能安全等技术领域继续保有优势。同时还能够吸收高通在 5G 通信、人工智能、V2X、无线充电等方面的研发力量。

值得一提的是，恩智浦在被高通收购前曾发布了一款名为 BlueBox 的计算平台（图 5-18），主要用于帮助车企、测试无人驾驶汽车。可以把 BlueBox 看作一台中央计算机，它能够同时处理来自无人驾驶汽车上安装的雷达、摄像头、激光雷达、视觉传感以及车载 V2X 系统采集到的所有数据。同时高通在 2017 年年初的 CES 消费电子展上推出了升级后的联网汽车参考平台（Connected Car Reference Platform，CCRP）。它具备 LTE、GNSS、WiFi、DSRC/V2X 和蓝牙等关键无线通信技术，能够提供符合车企、零部件供应商各种需求的一体式互联解决方案。

图 5-18　恩智浦 BlueBox 自动驾驶概念平台
（来源：恩智浦）

遗憾的是，在其他芯片供应商全力奋进时，高通和恩智浦因为并购交易未完成，后续产品开发和推进或多或少受到影响。不过值得肯定的是，恩智浦在汽车芯片领域的强势地位、丰富的销售渠道和技术 IP 都是高通开拓汽车市场的利器；反过来说，高通在深度学习、数字座舱架构等领域的资深经验也能弥补恩智浦的不足。

4）瑞萨

2017 年 4 月中旬，在销声匿迹很长一段时间之后，日本半导体芯片供应商瑞萨，宣布推出一款全新设计的高级驾驶辅助和自动驾驶平台——Renesas

Autonomy。瑞萨并未公开该平台的基础架构细节,但"开放的属性"是与其他竞争对手产品最大的不同。

目前,的确没有哪家企业手里拥有打造一辆自动驾驶汽车必备的所有关键技术(传感器的架构、数据采集处理融合以及控制决策执行相关的软件算法等)。而且无论是汽车制造商还是 Tier 1 供应商,都不应该被排除在 ADAS/自动驾驶汽车相关模块的开发之外。瑞萨这套开放平台有完整的"开发基础环境"架构,方便客户将自主研发的算法、库文件以及实时操作系统(Real Time Operating System,RTOS)移植其中。

不过瑞萨一直没有公开该平台的一些关键架构细节。这个自动驾驶开放平台的第一款产品是 R – Car V3M,这枚高性能视觉 SoC 经过优化后主要是智能摄像头、360°环视影像系统,甚至激光雷达等的应用,是同类型产品中达到 ASIL C 功能安全标准的独立 SoC。如果搭配另一款校验处理单元,整个系统的功能安全级别可以达到 ASIL D。

R – Car V3M 其实是为 ADAS 应用准备的,并非面向 Level 3/Level 4 甚至更高级别的无人驾驶汽车。如果想要和 NVIDIA 或 Mobileye 交手,可能瑞萨需要拿出更厉害的计算平台才行。当然,R – Car V3M 提供了额外的控制器功能,这是 Mobileye 所欠缺的。不过 V3M 的 CPU 性能以及图像处理能力不及 Mobileye 的 EyeQ3 视觉 SoC 芯片。

这款平台主打的"开放"属性似乎是瑞萨为了吸引车企,特别是日本本土还没有和 Mobileye 签约的汽车制造商,打出的一张王牌。显然这对一些追求低成本运作的 ADAS 原始设备生产商也有着不小的吸引力。目前瑞萨已经和来自奥地利维也纳的网络及安全控件供应商 TTTech 达成合作协议,双方将共同生产一款 ADAS 产品。

虽然瑞萨有像 R – Car 系列独立 SoC 的产品线,但这家日本芯片巨擘至今仍未推出一款成熟的 ADAS/自动驾驶汽车平台。此外,R – Car 系列中的 SoC 芯片原本是为车载娱乐信息系统设计的,但经过优化改制后使其能够符合类似环视影像系统、仪表显示器等较低功能安全需求的应用。相比之下,瑞萨新发布的 Renesas Autonomy 面向的主要是 ADAS 和自动驾驶汽车的平台开发,和 R – Car 还是有本质区别的。

由于目前针对高度自动驾驶汽车平台的研发并没有所谓"唯一正确方案",车企也在多方面多角度进行尝试。不过有一点比较清楚,这样的平台如果要实现大规模量产落地,首先要具备较高的灵活性,能够根据 OEM 的需求进行定制化的开发,其次冗余能力也至关重要。

瑞萨把 Renesas Autonomy 开放平台的成功押在了自己几十余年服务汽车半导体芯片市场的经验上。可以说,现在瑞萨的状态很不错,针对 ADAS 应用的相关功能安全的控制器受到不少客户的青睐，这款产品的优势在于它整合了瑞萨多个性能很强的 IP 内核，整套系统的数据处理性能是其制胜关键。

3. 我们需要什么样的计算平台

如果说过去是算法根据芯片进行优化设计的时代，那么英特尔对 Mobileye 的收购则预示着一个新时代的到来：算法和芯片协同进化的时代。

对于自动驾驶这样的复杂任务，在设计软件的同时，还必须考虑与之匹配的硬件效能，这里包括性能、功耗和功能安全。图灵奖获得者 Alan Kay 有一句话是乔布斯一直信仰的：如果你严肃地思考你的软件，你就必须要做你自己的硬件。

事实上，整个数字半导体和计算产业的驱动力，正在从手机转向自动驾驶，后者所需要的计算量比手机要大两个数量级。今天，打开任何一家主机厂无人车后备厢，都是一堆计算设备，不但没有地方放行李，而且还要解决整个系统的稳定性问题（图 5 - 19）。

图 5 - 19　福特第二代 Fusion 自动驾驶原型车后备厢中塞满了计算设备

功能安全是另一个巨大的挑战，包含多个方面的要求：处理器要至少达到 ASIL - B 等级，可靠性必须能够保证至少 10 年的使用期内不出问题。

高通在手机领域有非常强的实力，而且向汽车电子进军的努力也从未停止，但高通依然决定花 370 亿美元重金收购汽车电子老大恩智浦，这从另一个侧面折射出汽车电子的门槛之高。

这让我们想起计算机的发展历史，贯穿其中的是三个主要方面的进步：体积、功耗和成本。人工智能所需要的处理器，从 2012 年开始业界已经广为关注，比如从 GPU 到 FPGA，再到 TPU，业界也沿着之前计算机走过的路，重构人工智能所需要的处理器。

NVIDIA 在 AI 业界攻城略地，几乎已经成为标配，这其中有其高性能 GPU 的因素，但问题在于，为什么其他 GPU 供应商没有赢得这场竞争？NVIDIA 不仅提供 GPU 硬件，还提供高度优化的 CUDA 平台，该平台封装了大量高频使用的数学运算库，NVIDIA 更进一步面向自动驾驶提供了端到端的解决方案，这实际上是一种重要的产品理念：通过软硬件协同设计，优化软硬件系统的性能表现，缩短客户导入时间，赢得市场。

英特尔也在加强其在人工智能算法方面的积累，对 Nervana 和 Movidius 的收购反映了这一点。通过提供至强处理器、FPGA，结合其 Nervana 平台以及面向深度学习优化的数学函数库（Math Kernel Library，MKL），提供完整的 AI 解决方案。

如今很多车厂都制定了非常激进的自动驾驶开发计划，但其实样车开发与其投入到量产车的日程表差异非常大。能否提供同时满足经济性和性能要求的计算平台，是自动驾驶能否从样车转向量产车的关键因素。

所以，最新的一种趋势就是车厂自研芯片。2017 年 11 月 8 日，特斯拉 CEO 埃隆·马斯克宣布正在研发 AI 芯片，团队领衔者吉姆·凯勒不仅帮苹果打造了移动处理器阵列，同时也是一系列重要 AMD 芯片开发的主导者。特斯拉自研芯片将此前的合作方 NVIDIA 推到一个尴尬的境地，究其原因，一方面自己研发能大幅缩减能耗和成本，另一方面配套软件和算法开发的硬件产品，势必会在效率上有质的提升。

目前定制化芯片是整个半导体市场发展最为火热的领域，比如苹果最新发布的 iPhone 8/8 Plus、iPhone X 都搭载了 All Bionic 芯片，其中就包含为加速深度学习应用（人脸识别等功能）而使用的特制处理器。毫无疑问，类似这样的人工智能芯片也将逐步出现在汽车上，车厂与芯片商之间的竞合关系也会愈加微妙。

四、执行控制

自动驾驶分为感知定位、规划决策、执行控制三个部分，但其中执行控制的部分被提及最少。业内涉足自动驾驶的企业中，除了传统具备底盘控制相关业务能力的零部件供应商之外，很大一部分新企业都只做到规划决策这一层，执行控制的部分依然交给车企与供应商。

然而，执行控制层是自动驾驶真正落地的基础。感知定位如同驾驶员的"眼睛"，规划决策相当于驾驶员的"大脑"，而执行控制就好比驾驶员的"手"和"脚"。并且，规划决策无法和执行控制剥离，对执行控制缺乏了解,决策就会无从做起。这一点可以从当下自动驾驶的商业合作案例中看出,想率先推出自动驾驶量产车的合作团队中,都有在执行控制上具备深厚积累的供应商。

1. 不能脱离"双脚"谈"大脑"

做好自动驾驶的规划决策,必须懂得执行控制。

简单来看,自动驾驶的路径规划可以分为全局路径规划和局部路径规划。其中全局路径规划是为车设计一条从 A 点到 B 点安全通过的路线,局部路径规划是指根据某段路程的环境信息和车辆自身状态,规划一段无碰撞的路径。前者就像在地图上输入起始点和终点,生成可行路线,后者主要包括转弯、变道、超车、遇到施工等情况的车辆运动,这部分和执行控制的关系便密切起来了。

"大脑"和"双脚"是如何相互影响的?可以先看一个反面案例——在感知定位无误的情况下,一辆自动驾驶汽车原本只是想变道超个车,为什么却撞到了路边?

在局部路径规划中,自动驾驶汽车综合考虑当时外部环境、车辆状况等一系列约束条件后,模拟老司机安全驾车,给出了一条理想的局部路径——小角度切入实现换道,并且将指令传达给相关执行机构。

这时,理想和现实发生了偏差,如图 5-20 所示。

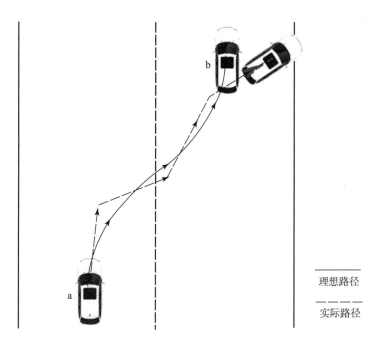

图 5-20　虚构的自动驾驶交通事故场景

导致上述事故发生的主要原因是规划决策没有很好地考虑车辆动力学因素，转向特性估计不足。同样在动力的输出扭矩控制和制动力矩控制上，如果模型数据缺失或不够优化，车辆会出现顿挫，导致车辆刹不住或者油门跟不上，甚至在极端场景下产生极大危险。

另一个原因可能是底层执行协议的开放性不足。目前控制协议都是付费公开，即便公开，很有限的接口开放程度也直接影响着汽车操控的可调程度。

因此，自动驾驶规划决策不是拍脑袋规划。一辆自动驾驶汽车的执行控制有没有花工夫，从换车道、转弯这些场景可以看出一二。

2. 执行控制核心技术

为了实现自动驾驶，执行控制相关技术的电控化是必然趋势。从执行层面来说，一般是指最终的执行机构，包括刹车片、转向齿轮或者刹车空气阀；从控制层面来说，包括线控油门、线控转向与线控制动三大系统。

（1）线控油门，即电子油门（Electric Throttle Control，ETC），是相对成熟的技术，通过向电动机发送电信号来控制节气门的开合程度，目前已经在大量的车型上开始量产使用。

（2）线控转向（steer-by-wire）。相较于线控油门，线控转向的普及程度不高，但是已经有量产产品，英菲尼迪就在Q30车型上使用了线控转向系统。不过需要说明的是，目前成熟的电子助力转向技术（EPS）与线控转向相比，差距只在方向盘与车轮之间的连接并非采用线控，而是依然采用机械连接，要将EPS变为线控转向，需要改变的就是这部分。

（3）线控制动（brake-by-wire）。在这三项技术中，这是最难的部分。线控制动最早使用在F1赛车上，不过价格昂贵，而且基本上在行驶里程到2 000km时，就要进行更换，维护成本高。目前线控制动技术也已经在乘用车上实现量产，在特斯拉Model S、奥迪R8 e-tron与保时捷918 Spyder上均有使用。不过受限于成本和性能，线控制动仅用在后轮驱动，前轮仍然使用传统制动技术，也不是被当作主要刹车系统来使用的，因此，线控制动技术也成为当前供应商的争夺关键点。

制动技术本身非常复杂，在智能驾驶时代，大多数智能技术都与制动技术高度关联，比如车身电子稳定系统［Electronic Stability Program（Electronic Stability Control），ESP］、自适应巡航控制（Adaptive Cruise Control，ACC）以及自动紧急刹车（Autonomous Emergency Brake，AEB）等。

在传统车辆上，制动技术大多通过液压系统或者真空伺服机构（气动）来进行制动控制。随着技术的发展，也有将电控技术与液压或气压控制相结合来实现制动的。不过对于自动驾驶而言，线控制动技术是最终的发展趋势。

线控制动是以电子元件取代液压或者气压控制单元,目前主要包括电子液压制动(Electronic Hydraulic Brake,EHB)与电子机械制动(Electronic Mechanical Brake,EMB)两种。

EHB 与 EMB 的主要区别在于制动力的来源。EHB 的制动力是由液压蓄能器来提供制动压力,而 EMB 是由电动机来提供制动压力。也正因为制动压力来源不同,这两种方式各有优劣。

EHB 采用液压蓄能器来提供压力,可以连续多次提供制动压力,与传统制动系统相比,液压制动阀的安装位置更加灵活,安装在靠近制动器位置时,可以缩短管路,减少液压阀的使用,避免过长管路带来的额外消耗,也可以让操作更加便利。同时,因为与传统制动结构相差不大,不需要重新进行系统设计,也没有新增部件,因此在紧急状态下,可以直接向前轮施加制动压力,不需要备用系统。EHB、EMB 系统的工作原理分别如图 5-21、图 5-22 所示。

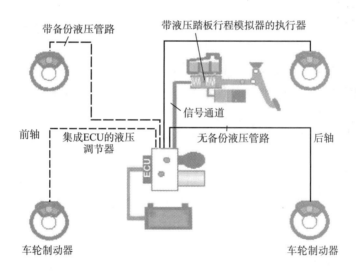

图 5-21 EHB 系统工作原理
(来源:Prof. von Glasner[①])

---

① Prof. von Glasner,http://www.mogi.bme.hu/TAMOP/jarmurendszerek_iranyitasa_angol/ch07.html。

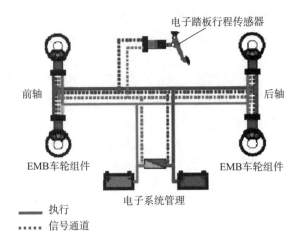

图 5-22 EMB 系统工作原理

(来源：Prof. von Glasner[①])

EMB 使用电动机来提供制动力来源，相比传统的液压制动系统，电信号响应速度更快，制动性能会得到优化，结构会有所简化，省去复杂的液压控制结构，因而在装备测试方面同样具有优势，维护成本降低。此外，电动机驱动的方式便于增加电控功能，便于进行系统改进设计。最重要的是，因为 EHB 液压控制技术结构复杂，有经验门槛，且专利基本上由巨头控制，所以 EMB 对于新兴市场或者企业而言更具备竞争优势。另外还需要提到的是，EMB 没有液压系统，对于电动车而言，也就不存在因为液体泄漏而导致短路的隐患。

从两者的优劣对比可以看出，EHB 是 EMB 的过渡阶段。目前博世的 iBooster、大陆的 MK C1 以及采埃孚的 IBC 都属于 EHB 的范畴。这三家供应商在制动系统上也属于国际第一梯队。

不过 EMB 的劣势也十分明显：

（1）线控制动的功率受限于电动机功率，而当前因为车内空间问题，永磁电动机尺寸受限，因而功率也不高，所以刹车力不足。

（2）刹车片一直处于高温的工作环境，同样因为空间问题，在电机选择上必须使用永磁电动机，在刹车时，永磁电动机会长时间工作在高温状态，而高温会导致永磁电动机消磁。

（3）EMB 系统中有半导体元件被安装在刹车片附近，高温对于半导体器

---

① Prof. von Glasner, http://www.mogi.bme.hu/TAMOP/jarmurendszerek_iranyitasa_angol/ch07.html.

件而言也是一个考验，在空间限制下，无法增加额外的冷却系统。此外，因为工作在轮毂附近，会一直处于剧烈振动的情况下，工作环境十分恶劣。

（4）需要独立驱动电源，常规的12V电源无法提供所需能量，有待48V系统普及。

（5）线控制动系统的可靠性也并没有得到测试与验证。

另外还需要提到的一项技术是车身电子稳定控制，即ESC。这项技术虽然并非是自动驾驶实现所需，但是作为车辆被动安全的一项技术，ESC通过动态调控不同车轮的制动力来保证车辆的动态稳定性，提升车辆的操纵性能。一般来说，主机厂都会有ESC相关的技术储备。相较于直接从供应商处购买，主机厂自行开发ESC技术所耗费的成本会更高，但是能够在技术上保持独立性。比如现代收购了韩国零部件供应商Mando的ESC系统，因为要从头开发一套新的ESC系统，一般至少要花费20年时间，这期间需要大量的投入。线控制动系统能够取代ESP或者牵引力控制系统（Traction Control System，TCS），从而允许汽车制造商不需要依赖于ESC制造商。

3. 国外垄断与国内缺失

面向量产的自动驾驶汽车必须对车辆的传统执行机构进行电子化改造，升级为具有外部控制协议接口的线控执行部件系统。目前落地自动驾驶的执行控制部分被博世、大陆等国外Tier 1垄断。这些Tier 1拥有自成体系的全套底盘控制系统，且大多不开放，博世ibooster、大陆MK C1、采埃孚IBC都属此类。

这部分技术国内基础薄弱，可替代的核心零部件产品稀缺。国内线控制动方面，如亚太股份、万向钱潮、万安科技等厂商仍处在研发初始阶段。EPS方面，株洲易力达有一定规模的配套，恒隆、豫北、浙江世宝等转向企业已有产品。但从助力到线控转向有一个较大的台阶，能不能突破还要拭目以待。

为什么国内在执行控制部分的积累存在如此大的差距？

这是国外零部件供应商利用时间积累下的优势。执行控制产品研发讲究工程化，主要依靠数据积累，要经过不停的测试和模型优化。在技术研发层面，至少需要10年时间对一线工程数据进行调试、采集、优化、标定，才能说对底盘控制有个初步理解，国外Tier 1在此方面都有一大批至少拥有20年以上一线经验的工程师，持续进行优化迭代。

相比而言，国内的供应商技术底子薄弱，大多为生产型Tier 1（偏生产能力，研发能力欠缺），技术积累不足。另外，国内工程师流动性大，在一线岗位坚持10年的很少，即便放到一家零部件公司来看，愿意在一个项目上稳定持续地投入10~15年，也几乎是不可见的。在上一代EPS、ABS等技术积累不足的情况下，国内零部件供应商要想一步跃升到线控系统，需要跨越的台阶就更大了。

此外，博世、大陆等零部件供应商在感知与决策部分也有自己的产品，掌握了单双目摄像头、毫米波雷达、激光雷达等传感器部件和系统，并且不少已经成熟量产，符合车规级要求。靠着多年积累的工程能力和汽车经验，国外 Tier 1 在产品化和成本控制等能力上，也明显优于国内感知类创业公司。

绕不过国外零部件巨头，国内自动驾驶的研究只能止步不前吗？

显然，国内主机厂并不愿意接受零部件供应商的打包方案，将自己逼退到代工厂的角色。一个典型的现象是，在 ADAS 阶段，主机厂仍然倾向使用零部件供应商的整套产品。不过在高阶自动驾驶项目中，主机厂则希望能够尽量拆包，摆脱对国外 Tier 1 的整体依赖。

目前，国内主机厂通过要求供应商接口透明的方式，在试图拆开自动驾驶的感知定位、规划决策和执行层。与此同时，主机厂也在自己培育感知、规划决策和执行层的供应商，前期做 Demo 测试，示范应用，等到技术成熟进行部分替换。

另外有一些主机厂选择使用新能源汽车的平台，来进行自动驾驶研究。从而绕开传统的发动机和变速箱等壁垒技术，转而替换成电动车的核心三电系统，因为后者相对前者，研发周期较短，难度会小一些，国内零部件供应商技术更成熟一些。

整个产业链中，深谙执行器改装的团队成为其中一环。比如国家技术转移东部中心 - 智能汽车技术转化中心主攻车辆底盘、动力控制，通过采用整体替换底盘电子的部分，把线控底盘与线控动力调通，让车辆拥有平顺的操控体验，可为感知和规划决策部分提供平台，拥有对乘用车、大型商用车、专用场地车等进行线控底盘改造的能力和技术方案。另一个类似的团队——北京商行科技有限公司，有高校汽车专业背景，擅长领域是规划决策，会在对执行控制理解的基础上，提出与其算法相关的执行器关键指标及其范围，建立执行器性能评价体系，将指标范围对接到执行器供应商。

现状对国内零部件供应商而言，压力不言而喻。面对单个零部件技术和价格的劣势，国内零部件供应商正在考虑抱团合作的方式，尽快推出产品。目前有国内零部件供应商与感知类、决策规划类创业公司合作，率先将纵向打通，开发出可规模化量产的整套底层平台，用整套供货的方式向主机厂出售，从而在时间上占据优势，不过这当中也要打消主机厂对系统化供货的顾虑。

这其中的利好是，自动驾驶在国内的应用环境需求更高，国内比国外跑得快，车厂摆脱国外零部件供应商垄断的意愿也十分强烈。自动驾驶不同部分的关联也在提示着合作的重要性。在这场时间赛跑中，拼的不是哪家公司率先抵达，而是哪个联盟率先撞线。

目前国内也有一些企业在电控制动上进行布局，诸如万向、亚太、万安科技、拓普集团等，其在与国内品牌的汽车制造商进行合作研发。对于国内供应商而言，通过强强联合的方式来提升技术实力与产品竞争力，进而增加市场份额，是一条有效渠道。另外，在商用车领域国内供应商将更有竞争的优势。

当然最为重要的，还是在技术研发上稳扎稳打。在当前自动驾驶的浪潮下，很多企业都期望能够占有一席之地，因为市场格局的重组必然会出现。如果能够在这个过程中把握时机，通过收购、并购或者战略合作的方式，将会加快技术积累的脚步。

五、仿真测试

美国著名研究机构兰德公司曾发布研究报告，表示自动驾驶在实际环境中至少需要经过十几亿英里[①]的测试，才能从统计学上证明其安全性。如果按照这个标准去进行测试，会出现很多问题。

首先，这种测试方式会耗费大量的人力、物力以及时间成本。

其次，自动驾驶通过感知技术构建对环境的认知，在测试过程中，传感器会产生大量的数据。有数据显示，一辆自动驾驶测试车每天产生的数据高达20TB，如何对这些数据进行分析处理也是汽车制造商必须考虑的问题。

最后，自动驾驶测试真正的关键在于经历的场景。在测试验证时，如果遇到极端工况将存在危险性，而平稳的测试又可能导致无法发掘出系统存在的问题。发现问题时，还要考虑是否能够复现故障来验证优化效果。

这些问题将导致一个共同的结果：自动驾驶技术的量产时间将会被一再延期。

至今，对于自动驾驶的验证，还不存在一个可以遵循的标准。不过在验证方式与手段上，仿真测试的重要性日益凸显出来。

1. 测试手段

智能驾驶的控制算法类似于人类驾驶员的大脑，决定着车辆的行为模式与对于不同交通场景的应对策略，任何的失误最终都可能导致车毁人亡的交通事故，所以对于算法部分需要进行严苛的验证和测试，确保在车辆上路前已经完成对所有交通条件的验证。

---

① 1 英里 = 1 609.344 米。

智能汽车会部分，甚至全部取代驾驶员来完成驾驶过程，因而对驾驶员的各项要求也自然成为开发的重点，其中包含对道路、环境、道路使用者的感知、车辆对于其他交通车辆的影响，以及具备上述智能功能的车辆与驾驶员的交互。

传统的开发测试方法，一般将试验车辆放入转鼓台架，或者在试验场进行测试，甚至会使用昂贵的气球车、试验假人等设备来模拟真实的交通场景，但只能模拟简单有限的场景，而智能驾驶需要面对的是瞬息万变的复杂道路交通环境，这些都导致转鼓台架或者试验场无法满足智能驾驶对于开发环境的要求。如果直接将智能驾驶车辆在真实道路场景中进行测试，在交通法规、安全性等方面都面临巨大挑战，更多的只是进行一些实际道路数据的采集，这些都为智能汽车的开发验证带来了巨大挑战。

1）软件在环仿真平台

"软件在环"（Software in loop，SIL）是指通过仿真软件来构建智能驾驶所需要应对的各类场景，复现真实世界中道路与交通的复杂环境，从而进行智能驾驶技术的开发与验证工作。

软件在环的效率取决于仿真软件可以复现场景的程度。一般来说，对交通环境与场景的模拟包括复杂交通场景、真实交通流、自然天气渲染（包括雨、雪、雾、灯光、阴影、夜晚等）、各种交通参与方（包括各种类型的汽车、摩托车、自行车、行人、动物）等。采用软件对交通场景、道路以及传感器进行模拟仿真，可以给智能驾驶汽车的环境感知算法提供丰富的输入，既能满足不同类型不同数目传感器的使用要求，也可以提供丰富的道路交通环境信息。

利用这些软件的强大功能，可以对感知算法进行验证、测试，构成智能驾驶控制算法的模型在环（Model in loop，MIL）仿真测试平台，同时，场景仿真工具也是智能驾驶半实物仿真测试的软件核心，利用先进的硬件在环（Hardware in loop，HIL）仿真技术，完成对控制器各项功能的验证。

2）硬件在环仿真平台

各种传感器类似人类驾驶员的"眼睛"和"耳朵"，作为智能驾驶系统的感知部分，该部分的性能决定了智能驾驶车辆能否适应复杂多变的交通场景，因而对于各种类型传感器的测试也成为重点。

智能驾驶车辆用于感知的传感器包含：

（1）摄像头：主要用于车道线、交通标志牌、信号灯以及交通车辆、行人等的检测，具有检测信息全面、价格便宜的特点，但会受到雨雪天气的影响。

（2）毫米波雷达：主要用于交通车辆的检测，检测速度快、准确，不易受天气影响，但对车道线、交通标志牌等无法检测。

（3）超声波雷达：主要用于自动泊车系统，通过对停车位周围环境的检测，实现自动泊车功能，该类型传感器价格便宜，检测距离较小。

（4）激光雷达：主要用于各种交通物体和道路的检测，检测精度高，但目前对于运算速度要求高，价格也较昂贵。

针对不同的传感器，硬件在环仿真平台会根据传感器的工作环境与易受影响因素来进行部署。图5-23所示就是美国国家仪器公司（National Instruments，NI）所开发的ADAS硬件在环测试系统。

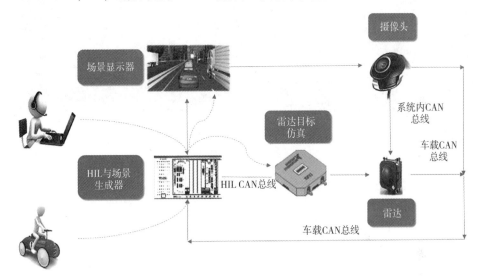

图5-23 硬件在环工作原理

（来源：ww.ni.com）

3）车辆在环仿真平台

车辆决策系统向传动系统发出执行命令来控制车辆，在自动驾驶中取代了人类驾驶员的手与脚。智能驾驶系统执行控制能力的优劣决定了车辆能否安全、舒适地行驶，因而在自动驾驶中，对于车辆实际运行情况的测试也非常关键，一般采用车辆在环（Vehicle In Loop，VIL）的方式来进行验证。

车辆在环并不是简单地在模拟场景中进行驾驶，而是将仿真测试与实际车辆相融合。在测试时，将软件在环与硬件在环中使用的仿真软件与传感器测试模型加载到车载端运行，从而能够虚拟出不同的场景。车辆行驶在空旷的场地上，但是智能驾驶系统感知到的是系统模拟出的虚拟场景，而非外部实际场景。智能驾驶系统会根据虚拟场景发出控制指令，再通过传感器将车辆的真实运动轨迹反馈到仿真环境，实现真实车辆与虚拟环境的融合，从而进行控制操作的验证，如图5-24所示。

图 5-24 车辆在环测试
（来源：恒润科技）

车辆在环测试是智能驾驶硬件在环测试的有效补充，具有以下优势：
（1）集成真实的车辆及控制系统，实现整车级的交互测试。
（2）结合高精度的定位系统，实现真实车辆与虚拟场景的融合。
（3）避免场地、交通场景、安全等因素带来的限制，实现复杂工况的验证。

4）驾驶员在环仿真平台

在智能驾驶系统出现异常，或者人类驾驶员需要接管车辆时，需要考虑两套系统如何进行交互、退出以及接管，确保驾驶过程的安全可靠。

驾驶员在环（Driver in loop，DIL）测试系统是用于研究、测试、分析和重现"人－车－路－交通"在实际车辆驾驶中相互作用的新型测试系统。系统基于实时仿真技术开发，结合真实驾驶员的实际行为，可以实现对车辆和新技术的开发测试及主客观综合评估，从而为新产品和新技术的研究与开发测试提供有力支持。

驾驶员在环测试方法同时为真实的驾驶员提供真实的反馈。通过投影的形式将车辆在交通环境中的状态实时呈现给真实驾驶员，通过声音的模拟给驾驶员提供交通中各种声音的仿真，通过多自由度的运动平台，结合车辆的运动状态对车辆的姿态进行控制，实现车辆在加减速、转弯、上下坡时车辆的点头、侧倾、倾斜等感觉，为真实驾驶员提供逼真的驾驶模拟。通过智能驾驶控制器和真实驾驶员的共同操作，来检验两套系统（智能驾驶算法和真实驾驶员）同时存在情况下车辆的实际应对状况。图 5-25 展示了一种驾驶员在环测试系统的架构。

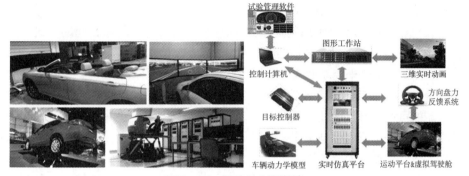

图 5-25　驾驶员在环测试
（来源：恒润科技）

驾驶员在环测试具有以下优势：
（1）实现真实驾驶员的交互验证。
（2）通过六自由度平台实现车辆姿态的准确模拟。
（3）通过显示及音响系统，实现与驾驶员的视听交互。
（4）实现驾驶员操作与智能驾驶系统的交互。

驾驶员模拟器可以用来执行智能网联汽车在驾驶员参与后的功能验证，一方面用于驾驶员的主观评价，另一方面对于智能网联技术，也可以验证"人机共驾"的功能。

2. 测试验证难点

对于自动驾驶的验证，有两个层面的内容：

一是功能安全，自动驾驶系统能否满足预定的要求，具备对应的驾驶能力。

二是可靠性，或者说是系统的鲁棒性，系统需要在任何情况下都保证是能够安全运行的。

从功能安全角度，自动驾驶，尤其是 Level 3 及以上级别的自动驾驶，与 ADAS 最大的不同在于从单一功能、单一节点的控制变成了复杂功能、多节点的一体化控制。

无人驾驶功能的实现有一条功能链：传感器探测周围环境，收集到的数据会经过分析与处理，不同的传感器之间还将进行传感器融合，结合高精度地图与定位技术，最终这些数据会被送入决策规划单元，分析场景特征，进而作出路径规划与决策，决策的命令经由车辆内部通信网络被送入执行机构中。

要验证自动驾驶的可行性，就需要对这个功能链进行逐一验证：感知系统是否正确地进行了感知，有无遗漏；在感知的基础上，车辆是否对周围的交通环境作出了正确分辨与了解；在认知基础上，车辆能否作出合适的决策、决策能否被正确和及时地执行。

在这个层面还需要考虑的是系统的规划决策策略是否存在问题，这一点也是现在行业与标准设立机构正在讨论的问题。此前关于通用汽车的 Super Cruise 一项策略——当车辆需要驾驶员接管而驾驶员无法接管时，那么车辆会安全停下并打开双闪，美国高速公路安全管理局（NHTSA）就去函讨论过这种策略的可行性与合理性。还有伦理道德的话题，是该优先保护行人还是车内的乘员？若保护行人，是保护一群孩子还是一个老人？此前奔驰曾表示，未来车辆会以驾驶员的安全为优先。

从对功能安全的验证内容上来看，TÜV 南德意志集团全球智能驾驶研究项目总监 Houssem Abdellatif 博士认为，与普通的汽车相比，自动驾驶的测试与验证工作有三点特征：

（1）常规的物理测试——诸如针对转向、刹车等的测试——会保留，这是与普通汽车测试相同的环节。

（2）会有大量针对传感器的测试，因为在 Level 3 及以上的自动驾驶中，驾驶员眼睛和耳朵的功能会被传感器取代。

（3）场景测试，需要收集大量的场景数据，针对自动驾驶车进行场景测试，有两种实现手段，一种是在封闭环境下进行模拟，还有一种是仿真测试，仿真测试的覆盖面更大，占比也会更高。

而从可靠性的角度来说，要进行验证，一是需要长期大量地进行验证，二是要看在极端状态下，系统是否依然可以正常运行。

综合这两点，自动驾驶的验证会是持久战。美国密歇根大学 MCity 测试中心发布了一份白皮书，提到加速测试的方法。业内对于这套方法都很认可，并且对于自动驾驶的验证方法，基本达成一个共识：软件仿真、现实环境模拟与真实环境路测相结合。

自动驾驶验证的难度在于，真实的交通环境十分复杂，而且存在不可预测性，意外状态永远不可避免。真实环境和模拟环境下的测试都无法穷举所有场景，而仿真测试在软件中进行相关的场景预设更为简单便捷，成本和耗费的时间也更少，所以，仿真测试将会成为重要的决策手段。

不过随着技术手段的提升，这三种不同的环境之间未必不能打破疆界。在 2017 年第四届中国国际智能网联汽车技术年会上，密歇根大学智能网联交通研究中心主任刘向宏介绍了一个新的方式：通过增强现实（Augmented Reality，AR）的方式来将仿真测试与封闭环境下的测试相结合。

如图 5-26 所示，车辆在 MCity 内进行测试时，会通过这种 AR 的方式将仿真模型中出现的数据传输到真实的车上，比如前方突然出现的行人和前方车辆紧急刹车等，车辆收到信号之后，会有针对性地作出决策。这样做带来的好处是降低了模拟现实环境的成本，而且可以针对一些极端的场景进行模拟，收集到最真实的数据。当然，因为所有的数据都是直接发送到车辆的控制中心，所以这种方式无法验证车辆的感知系统是否能够正常工作。

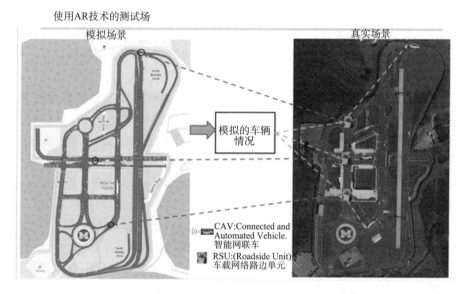

图 5-26　MCity 采用 AR 测试方式
（来源：密歇根大学）

既然方法有了，那么问题在哪里呢？在自动驾驶的验证中，仿真模型的质量最为关键，仿真的结果高度依赖模型的精确度。以硬件在环为例，针对不同的传感器，需要对实际的工作环境有细致的分析，并在建模时设置对应环境与工作条件。

因而，场景库的建立十分重要，在加速测试白皮书中，使用的是此前项目的数据，这些数据远远不够，而且大多是人类驾驶数据，还缺少车辆自动驾驶的数据。

所以，留下的问题就在于场景库的建立，尤其是危险场景。目前有很多机构都在进行这项工作，供应商和车企也都积极参与其中，大家之所以踊跃申请自动驾驶路测的牌照，其目的之一就是得到车辆在真实环境中自动驾驶的各项数据。这些数据一方面可以用来训练机器，让感知和决策系统可以有更好的表现；另一方面，也可以作为危险场景库建立的基础。

这也是此前特斯拉公布将会采集小视频数据时，有人表态特斯拉将会超越谷歌的地方——拥有车辆是核心优势，可以拥有数据采集的主动权。谷歌此前的 300 万千米数据将很容易被超越，不过当前谷歌也找到了自己的车企合作伙伴，谁能更胜一筹还没有定论。

对于如何建立场景库，当前业内还没有统一的结论。有一种说法认为，场景库的建立会从以下三个方面入手：

（1）按照交通法规，需要考虑到交通设施的设置，比如车道、交通灯等。

（2）事故场景的还原，针对已经发生的事故进行场景还原。

（3）从大的范围来说，需要建立一些场景的模型，这个模型必须是通用的，不同的厂商可以通过输入一些可变的参数来快速进行场景的验证，而这个场景的模型需要收集大量的数据。

自动驾驶还有一个独特之处，不同的厂商在策略的设置上会有所不同，就像不同的人驾驶风格不同一样。在符合交通规则的大原则下，个性化差异必然存在。那么，针对这些不同的个体，能否有一个通用的标准和方式进行测试呢？从验证工作来说，必须要建立起通用场景模型，有一个公共开放的数据库，便于全行业进行技术的验证和测试。在验证原则一致的基础上，个性化的个体所使用的手段可能不一。

技术的发展往往要领先于标准和法规。反过来说，你无法对尚不存在的产品制定规则。因此，产品先行的现象已是常规。以 AEB 为例，20 世纪就有 AEB 的 Demo 产品开始展示了，在上一个 10 年里，也有很多厂商在量产车型上部署 AEB 产品，但是很多国家关于 AEB 的行业标准与测试标准才刚出台，或者仍在制定中。

那么自动驾驶会不会出现这种情况呢？就如奥迪的量产 A8 上已经宣称有 Level 3 自动驾驶技术了，但是现如今还没有 Level 3 的标准出现。当然，从 SAE 的定义来看，这项技术并没有完全达到 Level 3 的要求，最多能算作限定场景下的 Level 3。

其实不必担心安全问题。从法规角度，在标准出台之前，是可以通过准入的方式来限定技术是否上路，就如同路测法规一样，可以在准入阶段就开始介入。

3. 案例：恒润科技的仿真测试解决方案

以当前业内的主流讨论来看，未来自动驾驶的验证必然是采用"仿真测试＋封闭模拟环境＋真实道路"三管齐下的方式。而在这之中，从节约时间与成本角度考虑，仿真测试占据的比例会最大。随着 ADAS 与自动驾驶技术的发展，仿真测试的手段也与之俱进。Tier 1、测试技术与解决方案供应商以及研究机构都在发力。

恒润科技拥有一套完整的回路仿真测试平台，具备完整的仿真测试能力。

图 5-27 列举了恒润仿真软件中的几种常见场景。

复杂交通场景

真实交通流

自然天气渲染

图 5-27　恒润场景仿真软件

（来源：恒润科技）

在硬件在环方面，恒润针对摄像头、毫米波雷达、超声波雷达的不同特性设置了对应的验证方式，并且能够进行多传感器的融合测试。

对于摄像头，将仿真软件搭建的复杂交通场景通过屏幕的形式进行显示，利用光学原理，在摄像头前面布置经过设计计算的光学透镜系统，保证车辆上安装的摄像头的观察视角与实际车辆一致，完成对整个测试环境的搭建。在此基础上，通过改变场景中的各种车辆行为、光照条件、雨雪天气等，对摄像头的检测效果进行验证，去覆盖真实世界的各种应用场景。

毫米波雷达传感器的测试验证主要针对 77GHz 毫米波雷达。毫米波雷达发射出高频电磁波，通过电磁波的反射时间来检测物体的距离，通过电磁多普勒效应检测物体速度，通过反射信号的强度来分辨物体的类型。电磁波以光速传播，且不同材质的物体（金属、塑料、人体等）其反射信号强度有很大的差别。

实际测试时，毫米波雷达被放在专门设计的暗箱中，暗箱周围布置有吸收电磁波的材料，可以屏蔽掉周围环境对该传感器的影响，通过布置在暗箱上的收发天线和后端的信号处理单元，实现对毫米波雷达信号的接收、处理以及回传。

在此过程中，可以方便地检测毫米波雷达的信号质量、物体速度与距离的检测精度等，来对该类型传感器进行测试验证。毫米波雷达模拟器如

图 5-28 所示。

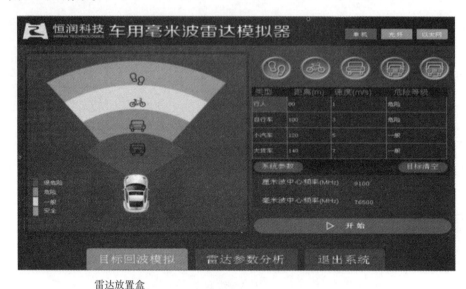

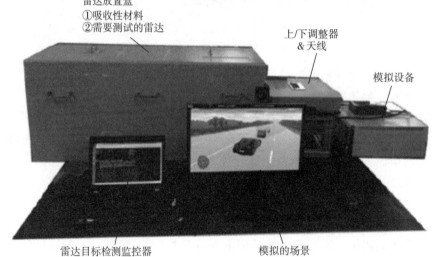

图 5-28　毫米波雷达模拟器
（来源：恒润科技）

超声波传感器利用声波的反射原理，通过检测声波发送和接收的时间差，来检测周围物体的距离。与毫米波雷达模拟器类似，通过设计制作超声波模拟装置，接收和发送超声波，实现对该传感器的检测。

智能车辆上一般装有多个上述传感器，组成感知传感器阵列，融合不同特性的传感器，可以提高对周围环境和物体的检测速度和精度。但各种传感器检测原理以及精度的不同，会导致对于相同物体使用不同传感器的检测结果不同，因而需要对上述传感器的组合进行测试验证，确保传感器对外界的感知结果准确。恒润科技通过融合上述几种传感器的检测方法，再结合数据交互和同步技术，来实现传感器的融合应用场景。在融合场景下，可以通过更改车辆状态，实现对所有传感器功能的验证测试。摄像头与雷达的联合仿真系统如图 5-29 所示。

图 5-29　摄像头和雷达联合仿真系统
（来源：恒润科技）

为了建立场景数据库，恒润科技与交通事故数据库 CIDAS（China In-Depth Accident Study，中国交通事故深入研究项目）联合，通过读取已有的交通事故数据（交通图、视频及相关交通记录数据）来重现已有交通事故场景，以此验证在人类驾驶员出现事故的特殊场景下智能驾驶车辆的应对措施，确保所开发的智能驾驶车辆能应对各种复杂的交通事故场景。

4. 案例：美国国家仪器公司 ADAS 测试方案

美国国家仪器公司是一家提供仿真测试软硬件设备的供应商，不过在产品内容与定位上与恒润科技有所不同。

目前，NI 针对 ADAS 技术有一套完整的测试方案。在传感器方面，NI 以毫米波雷达为主要测试对象，可以添加相机、激光雷达完成传感器融合。在场景模拟上，除了允许测试方自行输入产品参数外，还提供接口支持其他测试技术供应商的场景库，比如 IPG（IPG Automotive GmbH）的 Carmaker 与天欧工程的 PreScan。从第三方的场景仿真构建软件中获取仿真的前车目标，将这个目标输送到雷达仿真器里产生模拟雷达回波，然后发送到雷达传感器上。

另外，NI 还增加了 V2X 通信的测试内容，如图 5-30 所示。

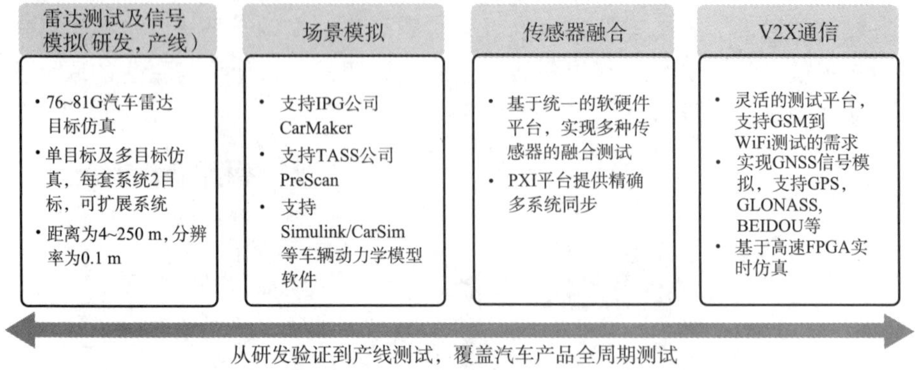

雷达测试及信号模拟(研发，产线)	场景模拟	传感器融合	V2X通信
• 76~81G汽车雷达目标仿真 • 单目标及多目标仿真，每套系统2目标，可扩展系统 • 距离为4~250 m，分辨率为0.1 m	• 支持IPG公司CarMaker • 支持TASS公司PreScan • 支持Simulink/CarSim等车辆动力学模型软件	• 基于统一的软硬件平台，实现多种传感器的融合测试 • PXI平台提供精确多系统同步	• 灵活的测试平台，支持GSM到WiFi测试的需求 • 实现GNSS信号模拟，支持GPS，GLONASS，BEIDOU等 • 基于高速FPGA实时仿真

从研发验证到产线测试，覆盖汽车产品全周期测试

图 5-30　NI ADAS 测试方案

(来源：NI)

目前常见的汽车雷达有 24GHz 和 77GHz 两个频段。在出货量最大的几个欧美国际雷达厂商中，除了海拉还在主推后向的 24GHz 产品之外，其他几家基本上主推的都是 77GHz 的产品。

这主要是由于 77GHz 的技术在模块尺寸、角度分辨率和高带宽带来的高距离分辨率等方面都有先天的优势。也因为这个原因，77GHz 已经被公认是未来汽车雷达的主流发展方向。当然在中国由于成本的原因，在市场上还能看到有大量的 24GHz 雷达，包括在一些非汽车的领域。

NI 的雷达仿真测试系统提供 77GHz 和集成 24GHz 方案两种测试架构，在两种测试架构中有较大比例的硬件是通用的，测试系统的架构也十分类似。

目前常见的汽车雷达调制方式是调频连续波（Frequency Modulated Continuous Wave，FMCW）。雷达波计算接收的目标反射波和发射波之间的时间差，然后利用波速来反推目标的位置。同时通过反射波和发射波之间的频偏，来判断检测目标的运动方向以及速度，这就是多普勒频移的原理。

NI 的雷达测试系统也是通过这个原理来实现仿真的。整套汽车雷达测试系统（Vehicle Radar Test System，VRTS）基于 PXI 平台实现，由 76~81GHz 毫米波射频前端、专用延迟生成模块、带可编程 FPGA 的向量信号收发仪（Vector Signal Transceiver，VST）组成。区别于传统仪器测试与仿真分离的系统架构，NI 的汽车雷达测试系统能够在统一的软硬件平台上实现雷达参数测试和雷达目标仿真功能。NI VRTS 系统结构如图 5-31 所示。

在车辆通信测试中，由于国内 LTE-V 的标准还在制定过程中，NI 的测试方案主要围绕 802.11p 协议展开。802.11p 协议中可以实现部分车联通信的

NI 汽车雷达测试系统（NI VRTS）
系统特点
- 基于统一的平台实现雷达目标仿真及雷达参数测试
- 雷达目标仿真（距离、速度、大小、信号到达角度）
- 雷达参数测试（EIRP、噪声、波束宽度、频率、Chirp信号分析）
- 基于PXI平台为硬件在环（HIL）及ADAS测试提供严格同步

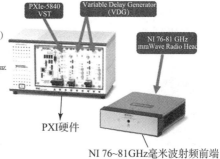
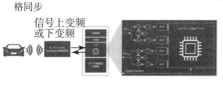

NI VRTS系统由PXI硬件以及模块化毫米波射频前端构成

图 5 –31　NI VRTS 汽车雷达测试系统构成
（来源：NI）

应用，比如 SAE J2735 定义的基本安全信息。车联通信的最常见场景就是通过协议，在汽车行驶的过程中，不断地向周围车辆发送自己车辆的基本安全信息。

NI 目前可以提供基于 802.11p 发射接收模块，以及具有标准测试功能的解决方案。对于收发模块，它既可以仿真车辆节点也可以仿真路测设备，用来与真实的车辆和路测设备进行上、下链路的车联通信数据交互，从而实现与汽车上的其他传感器，包括雷达、相机、激光传感器和 GPS 定位等信号的互联。

随着自动驾驶技术的推进，传感器融合已经成为 ADAS 和未来自动驾驶技术的主流方向。在传感器融合上，业内较为常见的是融合相机与毫米波雷达来进行避障。前面提到，NI 可以与其他厂商的场景库相连。在这两种传感器的融合上，可以将相机通过设备主机，或者直接连接到 NI 的主机，将视频和雷达仿真连接到一起，在两者之间实现同步，来模拟真实路况场景中多种传感器采集到的路况信号。

多传感器融合可以在不同层面进行。第一个层面是在 ADAS ECU 进行。现在已经能够从技术上实现雷达、相机、V2X 仿真信号的发生、传递以及同步在相同的平台上，用来验证 ADAS ECU 能否经过融合算法后正确判断和发出指令。

如果测试更进一步，就是验证汽车 ADAS ECU 做出判断和指令并传递到真实的汽车制动或控制单元之后，车辆能否在预期的距离实现制动，或者通过自动变道等自动驾驶动作来避免事故的发生。

所以在 ADAS ECU 融合之后，还可以将包括车辆的悬架刚度、轮胎摩擦系数、整车的备重以及路面和天气在内的信息，都加载到硬件在环的整车动力学模型仿真器上。仿真器还会通过 CAN/LIN 和 ADAS ECU 进行数据交换，从而实现从 ADAS 到车辆动力学模型的整体仿真。NI ADAS 模拟仿真测试系统架构如图 5-32 所示。

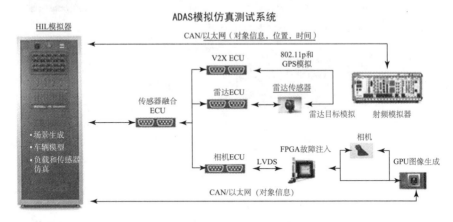

图 5-32　NI ADAS 模拟仿真测试系统架构
（来源：NI）

目前 NI 与四家系统联盟商共同制作了传感器融合的系统验证平台，整合相机拍摄到的模拟真实路面场景、雷达传感器接收到的仿真器返回的目标回波信号、激光雷达的模拟信号，然后再将数据融合，并发给整车动力学模型来与车辆制动和控制进行互联，最后反馈场景模拟器仿真真实路况中的测试场景。

第六章

智能车联网

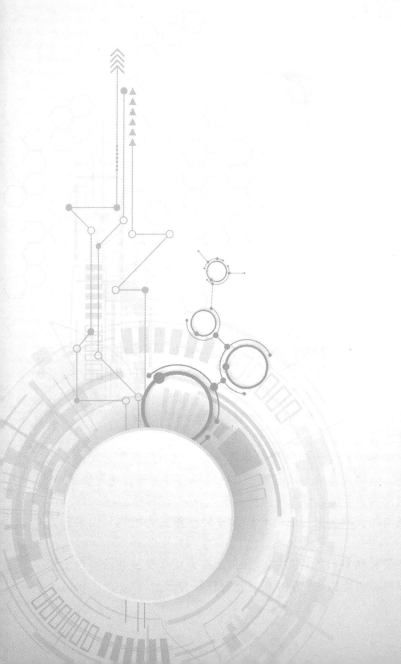

车联网分为狭义的车联网和广义的车联网两个范畴。狭义的车联网通常是指 T–box，负责车内数据的采集和远程的通信。广义的车联网主要分为"端管云"三层：

（1）"端"负责采集与获取车辆的智能信息、感知行车状态与环境，是具有车内通信、车间通信、车网通信能力的终端。

（2）"管"系统就是我们通常说的车与车（V2V）、车与人（V2P）、车与路（V2R）、车与网（V2I）等互联互通。离开了这些通信手段，很难实现真正意义上的自动驾驶，所以车联网与自动驾驶是不可分的。

（3）第三层就是云平台，车联网离不开云端的运营和管理。在云平台上我们可以结合互联网应用以及线下服务，其应用系统也是围绕车辆的数据返回、计算、调度、监控、管理与应用的复合体系。

虽然越来越多的量产车上提供了车联网服务，但是大多数车主对车联网服务并不认可，我们需要的是新一代广义的智能车联网，核心包括云平台、OTA、V2X、信息安全等。

一、云平台

"云"的概念最早是互联网领域提出来的，类似的称谓有"云计算""云服务""云平台"等。"云"，说通俗点，就是利用网络将本地任务上传至云端服务器进行处理，以实现一些本地无法实现的功能。在车联网应用中，就是将指令发送到云端服务器，云端服务器再把命令下发至汽车，继而实现相应的功能；反之亦然。

云服务是一种基于使用量付费的信息技术服务供应与查询模式，具有较高的可配置性、适应性和可扩展性。总体而言，相对于传统 IT 模式，云服务模式需要较少的前期投资和后续运营成本。

云平台通常有以下四种部署模式（以单独或组合形式出现）：私有云、公共云、混合云、社群云。

私有云通常只对某一家企业单独提供专属服务，既可配置在公司内，也可部署在公司之外，这种云通常为外部第三方机构所有并为该公司提供服务。私有云可为企业内部的业务提供虚拟化应用、基础设施及联网服务。

公共云通过网络向大众开放，其完全归属于外部第三方机构且由第三方提供服务。

混合云将公共云和私有云的优势结合起来，在企业享受公共云平台上更多云计算服务的同时，也能将企业机密信息保存在私有云上。

社群云为存在共同需求和利益（通常为同一行业或位于同一地域）、数量有限的一些企业提供共享资源。社群云可以为社群所有，也可以由社群外部第三方通过托管服务所有。

每种云计算模式均可按需在下列一个或多个层面提供计算功能：

基础设施层面：企业可以利用"基础设施即服务"（Infrastructure – as – a – Service，IaaS）技术，按需获取原始计算资源、处理能力、网络宽带和数据储存等。IaaS 是最基本的云服务模式。

应用层面：采用"软件即服务"（Software – as – a – Service，SaaS）技术，终端用户使用一整套包括应用程序以及集中存储于云端的相关数据应用软件，通过网页浏览器进行访问，既支持设备的独立性，又满足用户实时访问的需求。

平台层面：平台即服务（Platform – as – a – Service，PaaS）是一个囊括数据库、中介软件、消息传递、安全保障和开发工具等基础设施要素和一个展示层的软件平台，用于开发定制化应用。该平台为企业营造了一个良好环境，支持软件开发，从而满足不断变化的需求。

业务流程层面：基于云计算的解决方案亦被称为"业务流程即服务"（Business – Process – as – a – Service，BPaaS），为管理业务流程提供了网络化、外置化的服务模式。这些解决方案与应用云的区别之处在于，它们提供了稳健的流程支持，不仅仅涵盖了软件流程，还包括了联络中心在内的人事流程。

咨询机构埃森哲认为，随着时间的推移，今天各种单独的云计算形式将会聚合为一种模型，称为"一切皆服务"（XaaS）的模式，从云端按需提供所有的基础设施、服务和流程。这种模式正成为众多企业发展的风向标。

售后服务和车联网服务，作为汽车产业价值链的细分市场，正是云计算可能对该行业产生最深刻和最具有颠覆性影响力的地方。云技术在这方面的应用包括先进的车联网解决方案和下一代车载信息娱乐产品及服务。基于云技术的售后服务亦将覆盖更多领域，诸如主动远程故障诊断和维修，更快捷、高效的产品召回和零部件库存管理，V2V 和 V2I 之间的联网服务，拼车、泊车等移动性相关服务。

随着时间的推移，这些转变无疑将触发一场汽车行业价值链大洗牌，继而推动云计算在更广泛的业务范围内得到更深层次的应用。云计算在助力汽车制造商适应并参与这些转变的过程中，还可帮助他们维护与消费者的亲密度，并在汽车行业市场保持核心地位。

随着汽车数字化联网技术日趋成熟，除非涉及一些硬件故障，用户完全可以通过 OTA 远程下载软件更新或装载 App 到车载系统中。汽车将实现自动校正，自动诊断问题并通过远程连接修复。

除此之外，下载应用程序客户端和升级软件可以不断提升汽车驾驶性能，拓展电子应用范围，譬如微支付和巡航控制。传统的新车销售维保渠道也将发生变化，从经由经销商转变为通过数字链接进行。

值得一提的是，互联汽车的蓬勃发展趋势以及所购汽车残余价值的逐日下降加速了人们舍弃购置新车，转而对旧车进行数字化升级和翻修的趋势，使二手车更保值。

因此，车企如需在已出售的所有车型中运行远程数字化下载和升级系统，相关的数据和连接性能的管控工作则可由云解决方案统揽完成。这其中涵盖的巨量信息势必使云分析成为唯一行之有效的解决方式。随着自动驾驶汽车逐渐普及，车载电子设备和软件的复杂性将大幅提升，而将部分功能转移到云端也将有助于管理和简化这种复杂性。

目前主流的车联网云平台供应商有微软、IBM、亚马逊、百度等。微软发布了基于 Azure 云服务打造的互联汽车平台（Connected Vehicle Platform），将围绕未来汽车发展所需要的五项核心技术提供服务：先进的导航、可预测的维修保养、更富成效的车内生产力、顾客意见及反馈、最后是自动驾驶。微软互联汽车平台服务架构示意如图 6-1 所示。

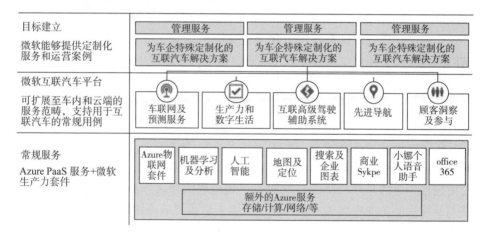

图 6-1　微软互联汽车平台服务架构示意
（来源：微软）

雷诺-日产联盟是微软联网汽车平台（Microsoft Connected Vehicle Platform）的第一个合作伙伴，它计划在 2020 年推出 10 辆搭载 Azure 云服务的量产自动驾驶汽车。此外，日产还宣布旗下所有型号的聆风纯电动汽车，以及欧版英菲尼迪车型将配备基于微软 Azure 云平台打造的连接远程信息处理系统（Cubic Transportation System，CTS）。

IBM 则推出了 IBM Watson™ IoT for Automotive，它是基于 IBM Bluemix 云

平台打造的认知车联网服务，可将认知计算的功用扩展至互联车辆、传感器和系统。

汽车行业对云技术的运用主要限于分立和对象化的应用，通常以私有云为基础，云应用之间集成化程度有限，且在核心运营中应用极少。然而，在未来几年内，车联网技术的发展将变革汽车行业蓝图，为汽车制造商组织内外云解决方案应用的加速增长创造机遇。

若汽车制造商想保持行业中的核心地位，在数字化服务中扩大核心竞争力，实现与驾驶者、第三方应用开发商及联网运营商更广泛的合作，必须率先强化自身的数据分析、移动和社交技术，以此作为云技术的应用基础。毫无疑问，在这一机遇面前踟蹰不前的企业势必被这场变革所抛弃，面临着被洗牌的风险。

二、空中下载技术

1. 智能网联汽车的 OTA 诉求

智能网联汽车的一个趋势是"软件定义汽车"。和硬件相比，软件成了车里迭代最快、最容易个性化的部分。消费者买车时的判断标准也在发生变化，他们不再单纯比较马力、机械性能、悬挂技术等硬件配置，而更关注汽车的智能化程度和软件服务。

据不完全统计，一辆中高端汽车的 ECU 数量在 100 个以上，混合动力车和纯电动车有 150 多个 ECU，代码总量已经超过 1 亿行。随着智能驾驶不断发展，软件数量不断提高，这个数据只会有增无减。为了减少成本、提升用户体验，OTA（Over-the-Air Technology，空中下载技术）成为智能汽车时代的必备技能。

咨询机构 ABI Research 在一份报告里预测，到 2022 年将有 2.03 亿辆汽车能通过 OTA 方式更新软件，其中至少 2 200 万辆汽车还能通过 OTA 更新固件。[1] 汽车制造商快速普及 OTA 更新的原因包括：控制召回成本、自动驾驶发展的需要和软件复杂性带来的安全风险增加。

美国 J. D. Power 的 Safety IQ 项目收集了相关汽车软件投诉数据，据最后

---

[1] 《ABI Research Anticipates Accelerated Adoption of Automotive Software Over-the-Air Updates with Nearly 180 Million New SOTA-Enabled Cars Shipping Between 2016 and 2022》，2016 年 3 月 15 日（https://www.abiresearch.com/press/abi-research-anticipates-accelerated-adoption-auto/）。

报告显示，美国市场在 2011—2016 年共发生 189 次汽车软件问题致使的召回事件，涉及 1 300 多万辆汽车。① 传统的软件升级非常麻烦，车主需要到 4S 店接受相应的维护服务，OTA 能通过 WiFi 或者 4G 网络来实现。当汽车电子化程度越来越高，OTA 就成了最经济便捷的方法。

对于前瞻的自动驾驶来说，也离不开 OTA。自动驾驶车辆在投放市场之前，不可能穷尽所有的测试情况，对于一些不常遇到的案例，需要在实际行驶过程中收集到云端，再把训练后的新算法以 OTA 的形式下发到车端。

OTA 甚至带来了一种全新的商业模式。车企迫于产品投放压力，会推出软件功能尚未完备的产品，之后再把最新的软件更新到车里。有了 OTA，车厂就能在车辆单次出售之后，获得二次收益的机会。而消费者获得"新车"的门槛，就是点几下屏幕而已。

值得注意的是，在新能源汽车领域，尤其在国内，OTA 服务提供商会迎来比较大的机会。

一方面是政策推动。《电动汽车远程服务与管理系统技术规范》规定从 2017 年 1 月 1 日起，新生产的新能源汽车都要安装车载终端，通过企业监测平台对整车及动力电池等关键系统运行安全状态进行监测和管理。按照国家标准，公共服务领域车辆相关安全状态信息要上传至地方监测平台。在信息上行监管的同时，电池（主要指电池管理系统）、电机、Telematics Box 都会产生 OTA 需求，车端增加自检、远程查询、远程参数设置和远程升级功能也会成为一种新趋势。

另一方面在于核心技术的掌握。和传统技术不同，整车厂在新能源汽车领域更有机会掌握一些核心技术。在新能源领域实现 OTA，对整车厂来说也更为可控。

2. OTA 架构和流程

OTA 分为两类，一种是固件在线升级（Firmware – Over – the – Air，FOTA），指的是给一个设备、电子控制单元（Electronic Control Unit，ECU）的闪存下载完整的固件镜像，或者修补现有固件、更新闪存。而固件之外的软件更新，就是软件在线升级（Software – Over – the – Air，SOTA），应用程序和地图 OTA 等则属于 SOTA 的范畴。

无论是 FOTA 还是 SOTA，都可以被分成三个阶段（图 6 – 2），和"把大

---

① 《Record Numbers of Software Complaints and Recalls Threaten Trust In Automotive Technology, says J. D. Power SafetyIQ》，2016 年 5 月 24 日（http：//www.jdpower.com/press – releases/jd – power – safetyiq – may – 2016）。

象放进冰箱"一样简单易懂：第一步，生成更新包；第二步，传输更新包；第三步，安装更新。

图 6-2 OTA 升级流程

（图片来源：车云）

第一步——生成更新包。

更新包里不仅有要修复的缺陷或者要加入的新功能，还有分发包的更新顺序、更新前和更新后需要做哪些验证检查等。

第二步——传输更新包。

生成之后，更新包会被发到一个 OTA 云服务器平台。在汽车行业，这个平台一般由 OEM 管理，平台上整齐码放着各种各样、不同版本的更新包。在收到更新请求后，更新包通过网络被下载到合适的车载模块和特定的 ECU。一辆车可能有多个设备需要更新，车端会安装 3G/4G/WiFi 通信模块，也会由一个网关统一下载接收更新包再做具体分发。

第三步——安装更新。

下载好的更新包会正式更新，用新的镜像文件替换掉旧版本。整个过程会有更新软件随时监督：正确的更新包是不是被安装了，更新任务是不是已经顺利执行完毕，等等。OTA 的过程可以不是连续的，并且能支持任意点对点的软件版本更新。

当然，因为 FOTA 需要直接对 TCU 和 ECU 刷新改写，车企对用户在家直接执行 FOTA 还存有安全顾虑。在过渡阶段，可以考虑一种折中的做法：由车主把车开到经销商处，在那里完成在线更新。主机厂首先给客户发送召回邮件，得到客户确认后把更新文件用安全的方式给到经销商，客户到店更新并现场检查后将车取走。

未来，随着汽车电子化程度越来越高，技术越来越成熟，消费者直接 FOTA 的方案当然会更受欢迎。在流程上，更新文件不必发到经销商。但经销商依然要和车主取得联系，告诉他们确保更新的时候，车子要处于停驶状态。后台收到某辆车需要 FOTA 的请求，主服务器和车辆相互验证后，就可以在通信正常的情况下开始更新。车主在更新完成后自检，主机厂可以用电话和车主逐一确认更新效果并保证安全。这样算起来，成本就会大幅削减。

3. OTA 难点和关键技术

对于汽车电子产品，OTA 要考虑的方面要更多一些。具体到实操层面，主要是保证安全、效率、用户体验这些细节。

安全是要放在首位来强调的问题。OTA 安全要考虑三段：第一段是云端服务器的安全，第二段是车辆端的安全，第三段就是车辆和云之间的通信。更新内容在这三段不仅要使用认证，还要使用加密。

比如车机进行软件升级时，要发出认证请求到服务器；服务器收到车端请求信息后，发回反馈，要求发送数字证书自证身份。车端发送数字证书到服务器端；服务器对数字证书进行校验是否存在问题；验证无误后终端管理系统向终端发送验证结果，这时才可以开始进行相应的软件升级。更新包会被加密后传输到车端，在 T-box 解密后再分发到车机。另外一个比较重要的车端部分是网关，可以避免 ECU 与联网的远程信息处理单元直接接触，提高 OTA 更新的安全性。

实现 FOTA 比 SOTA 更具挑战，原因之一在于集成固件更新安装程序的闪存都比较小，FOTA 更新包和更新软件要能在车辆嵌入式设备的小内存中完成安装，一般会被压缩到原始大小的 5%。

为了保证效率，在技术上会用到差分更新的方式，也就是比较新旧版本之间的差异，生成差异文件。当新旧文件差异不是特别大时，就可以只传输差异文件。差分更新的核心技术是各家供应商掌握的字节差分算法。比如为特斯拉提供 OTA 技术的 Redbend[①]，其中一项技术是将更新包碎片化分成多个小的数据流文件，在有限带宽的网络中分发，设备获取多个短小文件的同时进行更新，主要解决的就是汽车内 ECU、M2M（Machine-to-Machine）模块等微型电子设备性能存在局限性的问题。

关于用户体验的部分，是由很多小细节构成的。比如汽车更新一定不能影响车辆的安全行驶。车的环境可能会发生很多变化，例如进入隧道、地下车库这些没有信号的地方，出现异常时，需要车端的电子零部件能够应对不同的外界环境，做好保护，并且在升级失败的时候完成自恢复。"取消"功能看似不起眼，对汽车设计人员而言却是挑战性十足。

当然还有很多人提到，OTA 的挑战不完全是技术挑战，经销商会阻碍这项技术的推广。在 OEM 依赖的传统销售模式下，经销商会担心 OTA 减少他们与车主接触，减少了很多二次销售的机会，并且汽车维修是经销商的

---

① 一家以色列软件供应商，在 2015 年被哈曼收购。

盈利大头，OTA 解决越来越多的问题，经销商反倒会面临越来越大的经营危机。也有人认为，OTA 会带来整个客户关系管理（Customer Relationship Management，CRM）体系的变革，经销商仍然扮演着重要的角色，消费者关系维护需要经销商，只不过他们的职责会随之改变。

4. OTA 的发展现状

特斯拉是真正玩转 OTA 的首家车企。从 2013 年至今，特斯拉已经使用 OTA 进行了包括应用程序、地图、灯光、语音、空气悬架升高等在内的多处更新，并且实现了 Autopilot 在内的驾驶辅助功能的升级。

事实上，传统汽车行业对 OTA 也并不陌生。日本 OEM 厂商通过其远程信息处理系统进行导航地图更新。宝马、大众在 2015 年也用 OTA 对导航地图进行了更新。不过在过去几年里，这项技术开始逐渐成为一种风潮。车企纷纷公布要采用 OTA 更新技术。

2016 年 11 月，丰田汽车宣布，将采用 OTA 技术更新电子控制单元（ECU），由此可尽早修正 ECU 的漏洞，并且讨论了车辆上市后通过 OTA 追加新功能。

2017 年 1 月，大众公司表示将使用 OTA 技术提供一些功能，车主通过订阅或试用等方式可以获得软件方面的升级，例如导航等。

2017 年 5 月，福特宣布将采用 OTA 技术实现软件升级，为搭载 Sync 3 的 2016 款车新增 Android Auto 及 Apple CarPlay 系统。这是福特首次将 OTA 应用于车载软件升级。

2017 年 7 月，沃尔沃与 HERE 地图服务签订了长期合作协议，选择部分沃尔沃车主使用 OTA 服务升级车载地图。

2017 年 7 月，通用宣布在 2020 年以前推出能进行空中升级（OTA）的信息娱乐系统。

从这些新闻可以看出，目前车企开始把 OTA 技术用于地图、应用程序、信息娱乐系统等方面的更新。只有丰田提到电子控制单元 OTA，而且这家日企也没有详细说明具体是哪些 ECU。

咨询机构 IHS 的预测也显示了相同的趋势，他们认为汽车制造商从 OTA 软件更新中节省的成本将从 2015 年的 27 亿美元增长到 2022 年的 350 亿美元①。大部分开支节省来自 OTA 对信息娱乐系统和远程信息处理系统的更新。控制

---

① 《Over-the-air Software Updates to Create Boon for Automotive Market，IHS Says》，2015 年 9 月 3 日（http：//news.ihsmarkit.com/press-release/automotive/over-air-software-updates-create-boon-automotive-market-ihs-says）。

发动机、制动器和转向器的 ECU 实现 OTA 仍然还有前文提到的诸多难题要攻克。

遗憾的是，目前针对软件可升级的汽车，如何确保其网络安全，需要多大容量的内存，以及处理器和网关数量需要达到什么规模等一系列问题尚未达成统一意见。

5. 案例：特斯拉为什么采用 OTA 的方法升级软件

特斯拉从 2012 年 10 月开始使用 OTA 功能为车辆升级。如果说一开始更新还在为车辆加入一些应用、地图等功能，渐渐地就有阶段性的自动驾驶功能被"发送"到车上。*Fortune* 杂志评论道："Loading cars with hardware that might not be used for years—and requires a software download to unlock the features—is unprecedented in the industry（在汽车上预先搭载可能多年都不会使用的硬件，并且需要通过更新软件来解锁新功能，这在汽车行业是前所未有的）。"①

上汽集团总工程师程惊雷在 SAECCE 2016 评价车企与 IT 企业的不同之处时说到，"汽车企业都是牛顿的学生，而 IT 企业都是香农的学生"。传统车企做法的科学基础是起始于 17 世纪的牛顿力学经过 300 多年演化而来的"机械思维"。②

基于机械思维的一切决策都是以确定性或还原论为前提的。具体的做法是要做到算无遗策，所有可能的情形都要提前预料到并做好应对措施，争取一次做成功，如果一个环节没有想到，后果就是灾难性的。最典型的例子便是基于泰勒科学管理的流水线生产模式，20 世纪初，亨利·福特便是用此大批量制造生产汽车。

但是随着科学的发展，科学家们发现，这个世界并不是确定的。不论是由法国数学家庞加莱（Henri Poincaré）在三体问题③中发现的混沌现象、美

---

① Kirsten Korosec. 4 Reasons Why Tesla's Autonomous Driving Announcement Matters. Fortune. 10. 20，2016（http：//fortune. com/2016/10/20/tesla – self – driving – hardware – matters/）。

② 牛顿力学原理的机械思维方式认为一切都是可以预测的，只要参数准确可控制，事物都会按照预定的方式运行 。

③ 三体问题，是指三个质量、初始位置和初始速度都是任意的可视为质点的天体，在相互之间万有引力的作用下的运动规律问题。现在已知，三体问题不能精确求解，即无法预测所有三体问题的数学情景，只有几种特殊情况已研究。（https：//baike. baidu. com/item/%E4%B8%89%E4%BD%93%E9%97%AE%E9%A2%98/9410906？fr = aladdin）

国气象学家洛伦兹（Edward Lorenz）在天气预报等宏观世界中发现的混沌现象①，还是由物理学家海森堡（Werner Heisenberg）在微观世界中发现的不确定性原理②，都表明：这个世界在大部分情况下是不可预测的。

基于这个世界是不确定的前提，在第二次世界大战中，美国数学家维纳（Norbert Wiener）和香农（Claude Shannon）各自发明了一套新的方法论，即控制论和信息论。而直到第二次世界大战结束才真正开始发展的硅谷和以色列则跳过了指导了前两次工业革命的牛顿力学和机械思维，直接接受了这套新的方法论，避免了历史包袱，从而成为全世界 IT 创新创业最活跃的地区。

香农的信息论，可以简单地理解为利用信息消除不确定性（即信息熵），现在提得比较多的"大数据思维"本质上是香农的信息论。而维纳的控制论，可以简单地理解为根据反馈不断调整输出，而放弃对未来做过多的预测，因为随机性无处不在。在谷歌内部，产品经理们都遵循这样一个规则：在没有数据之前，不要给出任何结论。这正好体现了信息论与控制论的思维方式。

吴军博士在《大数据和机器智能对未来社会的影响》中提到："人类在机器智能领域的成就，其实就是不断地把各种智能问题转化成消除不确定性的问题，然后再找到能够消除相应不确定性的信息，如此而已。"③ 不论是谷歌在线广告与用户的高度匹配，还是美国统计学家 Nate Siliver 准确预测出 2012 年美国大选所有 50 个州及华盛顿特区的结果，皆是如此。

具体到无人驾驶汽车，最先研发的谷歌的做法也体现了"利用信息消除不确定性"。谷歌无人车是谷歌街景项目的延伸，只能在街景车扫过的、具有大量数据积累的地方行驶，谷歌工程师根据测试的结果离线调整程序。而当谷歌的无人驾驶大数据具有了完备性，即覆盖了所有可能的情况时，不确定性就被完全消除了，无人驾驶汽车就实现了 100% 的安全。

但事实上，这对谷歌而言比较困难，因为其在测的无人车数量比较少，只有几百辆。美国当地时间 2016 年 10 月 5 日，谷歌宣布自己的无人驾驶汽车刚刚完成 200 万英里道路行驶里程。从 2010 年《纽约时报》曝光谷歌无人车算起，时间经过了 6 年。而由于搭载了 Autopilot，特斯拉的自动驾驶行驶里程大了几个量级，伊隆·马斯克几天后在个人 Twitter 上宣布：Tesla Autopilot 发

---

① 爱德华·劳伦斯提出混沌理论（Chaos），非线性系统具有的多样性和多尺度性。混沌理论解释了决定系统可能产生随机结果。该理论最大的贡献是用简单的模型获得明确的非周期结果。

② 不确定性原理表明，粒子的位置与动量不可同时被确定，位置的不确定性越小，则动量的不确定性越大，反之亦然。

③ ［美］吴军. 大数据和机器智能对未来社会的影响［J］. 电信科学，2015，31（2）：1-10.

布后的 1 年中累计行驶里程已达到 2.22 亿英里。因此，特斯拉更有机会先达到大数据的完备性。

当然，实现大数据完备性不可能是一蹴而就的。如果汽车工况也如自然界和社会中的许多现象一样，遵循帕累托分布（即幂律），则图 6-3 中浅色部分表示的经常发生的少数工况占所有工况发生次数的绝对比例（如 80% 以上），而不经常发生的大量工况则分布在图中深色的长尾中。但由于汽车保有量的基础达到亿辆级别，

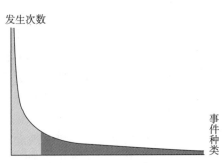

图 6-3　帕累托分布

长尾中的小概率工况乘以 10^9 后，发生的次数也是惊人的。要覆盖长尾中的小概率工况，需要积累比 80% 经常发生的工况多得多的行驶里程，比如后者需要积累 100 万千米里程，前者可能需要积累 100 亿千米里程。

相似的例子可以在搜索引擎中找到。细心的用户可能会发现，对于常见的关键词搜索，比如"人工智能"，谷歌和微软 Bing 搜索的结果差不多，但是遇到偏僻的关键词，如"伦勃朗早期作品"，由于谷歌长期积累的数据足够训练出这些"长尾搜索"的点击模型，它的结果要比微软 Bing 准确得多。

特斯拉作为一家诞生于硅谷并自诩为"IT 公司"的汽车企业，自然深谙上述道理——产品在达到一定水准后，只有通过先上线，得到反馈，然后再修改，才能完善，那种一次性设计开发一个完美产品的做法，在未知因素过多的情况下几乎不可能做到。

特斯拉 OTA 升级软件系统的做法，即官方文件中声称的"Before activating the features enabled by the new hardware, we will further calibrate the system using millions of miles of real-world driving to ensure significant improvements to safety and convenience（在启用由新硬件激活的新功能之前，我们将使用数百万英里的真实驾驶里程进一步校准系统，以确保显著提高安全性和便利性）"，体现了"利用信息消除不确定性"及"根据反馈不断调整输出"的思维方式：特斯拉会针对出现的小概率新工况，作出相应的反应，及时制定应对措施，这完全不同于传统车企的做法。

就研发自动驾驶汽车而言，传统车企那种想保证完全安全之后再发布新车的做法是行不通的，因为长尾中的小概率工况只有通过收集大量数据，以 OTA 的方式才能逐步覆盖，正如特斯拉所做的那样。值得一提的是，只要汽车的被动安全技术到位，特斯拉这种看似比较激进的做法并不会导致无法挽回的结果，但却可以在整体上提升行车的安全性。

三、V2X 与 LTE-V

1. 什么是 V2X

在自动驾驶研究过程中，不少人都问过这样的问题：一辆单凭本地传感器实现自动驾驶的汽车，在下午 3 点强烈光照下的十字路口，能正确识别红绿灯吗？当被其他车辆遮挡的范围里突然出现横穿马路的行人，它可以从容应对吗？

面对这些情况，"孤岛式"的自动驾驶会因为摄像头的物理局限性而束手无策，也会在无法预知路口信息时，让车上的人胆战心惊。除摄像头、毫米波雷达、激光雷达等自主传感器之外，V2X（Vehicle to Everything）技术被称为车辆的通信传感器，是弥补上述场景应用欠缺的感知技术。

自主传感器和通信传感器可以分别比作汽车的"眼睛"以及"耳朵"和"嘴巴"。自主传感器可以"看见"外部世界，车载智慧大脑再根据自主传感器描绘的样子分析判断环境。而 V2X 通过通信技术，让车与车、车与人、车与基础设施等交换信息，类似有一张"嘴巴"直接与汽车喊话（例如"现在是红灯""前方有施工区域"），与眼睛观察相比是一种更加直接的感知方式。未来的技术发展趋势是两种传感器互补，通过车端信息融合为自动驾驶汽车提供更加全面的环境信息输入。

从严格定义来讲，V2X 就是使车辆和周围环境中一切可能与其发生关联的事物进行通信的技术，包括与周围车辆通信的 V2V 技术、与信号灯等交通设施通信的 V2I 技术、可以与行人的智能手机间通信的 V2P 技术等。与自动驾驶技术中常用的摄像头或激光雷达相比，V2X 拥有更广的使用范围，它具有突破视觉死角和跨越遮挡物的信息获取能力，同时可以和其他车辆及设施共享实时驾驶状态信息。

在智能汽车信息共享和环境感知功能之外，V2X 还强调"智能决策""协同控制和执行"功能，以强大的后台数据分析、决策、调度服务系统为基础。它也是唯一不受天气状况影响的车用传感技术，无论雨、雾或强光照射都不会影响其正常工作。

此外，不同于其他传感器的复杂安装方式，V2X 设备可以通过后装方式安装在现有车辆上。这一点至关重要，因为不是所有的车都能轻易被改装成自动驾驶汽车。V2X 网络被设计为协同型网络，类似于因特网，随着安装 V2X 设备的车辆或设施不断增多，网络拥有的巨大信息量才能更有效地发挥作用，从而使用户受益。

根据世界卫生组织提供的统计数据，全球每年因车祸而丧生的人数约为 120 万，受伤人数在 5 000 万左右。V2X 技术为构建"安全、绿色、高效、便捷"的汽车生活提供了技术保障。美国高速公路安全管理局（NHTSA）曾预测，搭载 V2V 技术的轻型车辆能够避免 80% 的交通事故，重型车能够避免 71% 的事故。在缓解拥堵方面，其可使堵塞减少 60%，使短途运输效率提高 70%，使现有道路网的通行能力提高 2~3 倍。在降低能耗方面，其可使停车次数减少 30%，行车时间降低 13% 至 45%，降低油耗 15%。

V2X 发展的结果会给全自动驾驶的实现打下坚实基础，同时也会让今天世界道路上行驶的 10 亿辆汽车受益。中国车联网市场 2020 年预计将达到 361.3 亿欧元的规模，占全世界车联网市场的 1/3 强。2025 年，中国每一辆新车都以多种方式联网。V2X 技术可以利用我国已具有的自主创新的技术优势和成熟的产业基础，发挥我国汽车行业规模优势，加强车联网领域的技术布局和产业布局，打造"互联网+汽车"的新突破、新优势。

2. V2X 落地尚存技术门槛

现在已经能够在路面上看到量产的 V2X 技术了，但距离真正的量产使用，还有一段不小的距离。其中，日本、欧洲与美国相对走在前面。

通用是最早开始研究 V2X 技术的车企之一，也是最早一家从 V2X 技术开始研发自动驾驶的企业。2017 年，通用在美国上市的凯迪拉克 CTS 上推出了量产的 V2V 技术，能够在前方车辆出现故障、检测到路面湿滑或者有急刹车情况时，将信息广播到最大 300m 范围内的其他凯迪拉克 CTS 车型上。

在 V2I 技术的量产应用方面，奥迪于 2016 年年底在新款 A4 和 Q7 上推出了一项 V2I 技术，它能使车辆与交通灯之间进行通信，在车辆内的显示屏上，可以实时显示行驶前方的红绿灯颜色，便于驾驶员提前作出判断。在后续的更新中，这项技术还会与车辆的发动机启停系统和导航系统相结合，可以实现由车辆控制的动力管理以及导航路径优化。

丰田的 V2X 技术 2015 年在日本量产，包括 V2V 与 V2I 两项技术，已经用在了丰田和雷克萨斯的三款车型上。V2V 技术可以广播车辆的位置、速度等信息，并在开启 ACC 功能之后用于优化 ACC 跟车功能。与通用不同的是，丰田的信息除了用于提醒驾驶员之外，也会被发送到中央处理器，在驾驶员未能及时反应时提供辅助驾驶功能。V2I 技术可以获取交通灯信息，其已经在普锐斯上实现了自动的动力管理，能根据交通灯的情况来决定是否开启动能回收系统。

从这些已经量产的技术中，能够看到目前 V2X 技术的限制之处：

（1）分享的信息有限。

（2）作用的能力有限。更多是警示作用，涉及车辆自动控制的功能少。

（3）搭载的车型有限。通用仅有一款车型，最多的也只有三款车型，品牌内尚且做不到全系普及，更别提品牌之间的通信了。

所以，当下 V2X 技术更多是被车企作为一项驾驶辅助功能推出，大多针对一些容易发生危险或者事故的场景设计。从这一点上看，车企对待 V2X 技术与自动驾驶的态度是十分相似的，都是从最为简单的应用场景入手，从驾驶辅助开始，让消费者逐渐熟悉、接受。

反过来思考，这类 V2X 技术也更容易实现量产。丰田在日本得到了政府的大力支持，包括通信频段与标准、通信基础设施的建立以及与交通系统的关联等这才保证了其 V2X 技术的顺利推出，目前奥迪的 V2I 功能也只在美国内华达州的拉斯维加斯可以实现。

V2X 要想达成完全、真正地与 ADAS、自动驾驶技术进行融合，在技术上还有两个难关需要跨过：

（1）数据融合。

V2X 与传感器都是获取信息的渠道，如果出现差异信息，以谁为准？又如何作为互相验证的手段？两者之间的数据融合通道必须打通。但目前，不同传感器——摄像头、毫米波雷达与激光雷达——之间的融合都没有完全解决，与 V2X 的融合更是处于前期的研发过程中。

（2）精度问题。

从已经实用的案例来看，V2X 大多数应用以预警为主，即便涉及自动控制，也多与动力管理相关，安全功能很少。原因在于，通信端的信息无法百分之百保证精确。定位精度取决于定位技术，高精度定位技术当前还没能量产应用。通信精度取决于无线通信的可靠性与实时性。从可靠性来说，当前的 V2X 大多工作在高频段，对于建筑物等遮挡障碍物的绕射能力比较差，因而需要通过重复广播或者冗余机制来辅助解决。对车企来说，需要考虑的问题更多，比如如何在当前的技术壁垒下设计 V2X 的具体使用场景和应用。单一场景的信息警示仍略显鸡肋。

除了通信标准、法规、技术等因素，V2X 也依赖于基础设施，车载基础设施与道路基础设施并非车企或者供应商一力能够完成，均需政府推动。在解决标准化问题之前，V2X 会被限制在示范项目中推行，仅能满足小范围车辆需求，无法真正实现 V2X 的意义。

3. 通信标准之争：DSRC 和 C–V2X

V2X 通信如果大规模部署，可大大提高运输安全性，但它仍然是一个未实现的梦想，因为在通信规约方面没有普遍的协议。V2X 通信标准有两个主要竞争者：专用短距离通信（Dedicated Short Range Communications，DSRC）和基于蜂窝的 Cellular V2X（C-V2X）技术，如图 6-4 所示。

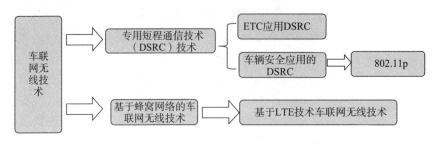

图 6-4　车联网 V2X 技术的两条路线

DSRC 是一种高效的无线通信技术，提供高速的数据传输，并保证通信链路的低时延和低干扰。DSRC 可以在特定小区域内（通常为数十米）识别高速运动下的移动目标，实时传输图像、语音和数据信息，实现 V2I、V2V 及 V2P 的双向通信。DSRC 广泛地应用在 ETC 不停车收费、出入控制、车队管理、信息服务等领域，并在车辆识别、驾驶员识别、路网与车辆之间信息交互、车载自组网等方面具备得天独厚的优势。

而 C-V2X 技术也在快速发展中。其中，以 LTE 蜂窝网络作为 V2X 基础、面向未来 5G 的 LTE-V 是车联网的专有协议，被认为是实现自动驾驶的重要基石。LTE-V 采用"广域蜂窝式（LTE-V-Cell）+ 短程直通式通信（LTE-V-Direct）"，前者基于现有蜂窝技术的扩展，主要承载传统的车联网业务；后者引入 LTE D2D（Device-to-Device），能让两个以上最接近的 LTE-D 设备在网内通信，主要满足终端安全低时延、高可靠的要求。

C-V2X 的全方面实现需要 5G 网络的支持，行业内预计 2019 年 5G 会开始大规模部署。

"5G 是一个端对端的生态系统，可带来一个全面移动和联网的设备。通过由可持续商业模式开启的、具备连贯体验的现有和新型的用例，它增强了面向消费者合作者的价值创造。"这是下一代移动网络（Next Generation Mobile Networks，NGMN）联盟对 5G 下的定义。实际上 5G 由三个典型应用场景组成。即：增强型移动宽带、高可靠低时延通信、海量物联网。

5G 这三大应用场景可谓正中自动驾驶所需。厘米级别的三维高精度定位地图的下载量为 3~4Gb/km，正常限速 120km/h 下每秒钟地图的数据量为 90Mbps~120Mbps，5G 除了满足这个数据需求，还可以支持融合车载传感器信息的局部地图实时重构，以及危险态势建模与分析。而将自动驾驶中的协同深入到传感器原始信息级别的融合处理，在云端进行自动驾驶控制或决策，则是 5G 的大带宽和低延迟对自动驾驶技术发展的远期探索。

爱立信、英特尔、华为、诺基亚、高通、奥迪、宝马和戴姆勒等 5G 汽车协会（5GAA）创始成员，正在积极向业界游说 C – V2X 标准。但 DSRC 的支持者则认为，IEEE 802.11p 是针对每个 V2X 应用而设计的，并具有最严格的性能规范。IEEE 802.11p 在 5.9 GHz 频段工作，该标准于 2009 年通过，在美国交通运输部的监督下，已在多个原型设备进行了广泛的现场测试。

C – V2X 阵营声称 DSRC 是行不通的。他们认为，今天广泛的蜂窝网络可以升级到下一代无线技术，而 DSRC 只是依靠没有在美国普遍部署的路边单元来工作。根据 5GAA 的白皮书，"5G 高可靠、低延迟的特点可完全应用于 V2X，且会显著地增强 ADAS 和 CAD 的作用"。

对此，DSRC 的支持者则坚称，其方法简单快捷，由于车辆和基础设施之间的通信链路短暂存在，所以在交换数据之前不需要建立具有相关认证过程的所谓基本服务集，而 IEEE 802.11p 修正定义了一种方法来影响这个数据的交换。

此外，DSRC 的功能只是由汽车制造商提供的汽车服务内容中的很小一部分，虽然存在独立的组件，但其成本是明确的，不像基于蜂窝的 C – V2X，可能存在一定的订阅费。同时，DSRC 的产品开发进展快速，包括 Autotalks、恩智浦和瑞萨在内的几家芯片公司已经宣布推出符合 802.11p 标准的产品。

全球第三大汽车制造商——通用汽车公司也是 DSRC 最大支持者。2017 年 3 月，其旗下的凯迪拉克品牌推出了第一款能够进行 V2V 通信的车辆，即 2017 款 CTS。凯迪拉克声称，CTS 车型的 V2V 通信基于 DSRC 技术，在 1 000 英尺[①]的范围内每秒可以处理车辆的 1000 条消息。凯迪拉克采用德尔福提供的模块，运行由 Cohda Wireless 开发的恩智浦半导体 IEEE 802.11p 芯片组的应用软件。虽然目前只能与另一个装有类似设备的凯迪拉克车辆通信，但这也代表了 V2X 的第一次大规模试验。

在国内，情况略有不同。由于 5.9GHz 的 DSRC 在中国会有潜在干扰问题，中国需要一个不同的 V2X 解决方案。此外，中国在 DSRC 系列技术和产业方面尚无核心知识产权、产业基础及优势。而欧美日主推基于 DSRC 的产业已具备商用芯片并积累多年测试经验。我国作为汽车产销大国，智能化、网联化是未来汽车行业发展的重要趋势，结合 LTE – V/5G 等我国具有产业基础和技术优势的方向，加强车联网领域的布局，可以打造"互联网+汽车"的新突破、新优势。国内通信厂商基于我国 4G 移动通信标准 TD – LTE 技术，提出了拥有自主知识产权，为车联网 V2X 通信量身定制的 LTE – V 技术。

---

① 1 英尺 = 0.304 8 米。

4. 中国车联网标准 LTE – V

LTE – V 作为面向车路协同的通信综合解决方案,可以基于 TD – LTE 通信技术,最大限度地利用 TD – LTE 现有的已部署网络及终端平台等资源。LTE – V 可以支持车联网道路安全应用的高可靠、低时延业务需求,在高速移动的复杂车联网传输环境中,也能通过安全机制,支持信息安全可靠的传输。

LTE – V 技术除了能提供原有支持的交通效率、信息娱乐服务业务,还能够支持具有低时延高可靠要求的道路安全业务,能够很好地推动车联网应用的普及。LTE – V 技术针对车辆应用场景和需求,提出了 2 种通信方式:蜂窝方式(LTE – V – Cell)和直通方式(LTE – V – Direct),这两种方式可有效结合,互为补充,更好地满足 V2X 通信的需求,如图 6 – 5 所示。

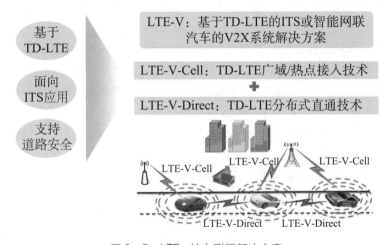

图 6 – 5　LTE – V 车联网解决方案

LTE – V – Cell 的蜂窝方式利用基站作为集中式的控制中心和数据信息转发中心,进行基站集中式调度、拥塞控制和干扰协调等处理,能显著提高 LTE V2X 的接入和组网效率,保证业务的连续性和可靠性,进行高速数据的传输。

LTE – V – Direct 是 LTE – V 的车辆间、车和路侧设备间直接通信的方式。LTE – V – Direct 技术为保证业务低时延高可靠特性,进行资源分配机制增强。由于车辆终端能够接收高精度的 GNSS 信号,获得高精度 GNSS 信号的车辆节点可以作为同步源,与已有蜂窝网络中的基站配合为网络形成统一定时,提高通信的可靠性。

例如,利用 LTE – V – Cell 技术可以在高速移动的车辆中保持高速数据的连续性传输，LTE-V-Direct 技术可以进行车车间的信息交互，避免车辆碰撞发生事故。LTE-V 的典型工作场景如图 6-6 所示。

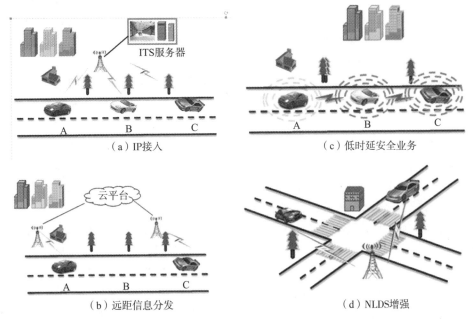

（a）IP接入　　　　　　　　　　（c）低时延安全业务

（b）远距信息分发　　　　　　　（d）NLDS增强

图 6-6　LTE-V 的典型工作场景

虽然 IEEE 802.11p 有先发优势，但是 LTE-V 与 IEEE 802.11p 相比仍然在技术方面存在优势：

（1）IEEE 802.11p 物理层采用 OFDM 调制方式，MAC 层采用基于 CSMA/CA 的接入机制，使 IEEE 802.11p 在轻负载条件下可以满足道路安全类应用的时延、可靠性及节点接入公平性的要求；然而当网络负荷增加时，CSMA/CA 机制导致隐藏节点的问题突出，使数据发送的可靠性受到影响。LTE-V 充分考虑了道路安全业务特性，采用感知信道与半持续调度结合的接入机制，考虑了其他发送节点的情况和业务的周期性，既减少了系统干扰，也减少了信令开销，目前在 3GPP RAN1 的研究中，已通过验证无论是高速场景还是城市场景，LTE-V 都比 IEEE 802.11p 系统可靠性高。

（2）即使 IEEE 802.11p 网络部署了路侧设备 RSU 作为网关转发数据，车辆和 RSU 之间的通信采用 CSMA/CA 竞争方式，仍然会受隐藏节点影响，系统可靠性低。而 LTE-V 可利用增强的 LTE-V-Cell 模式，通过基站集中调度，利用基站掌握节点的地理信息，进行拥塞控制和干扰协调等处理，显著提高 LTE V2X 的接入和组网效率，保证资源被高效调度；而且 LTE-V-Cell

可以利用基站覆盖较大范围，减少快速移动的车辆不必要的切换，保证业务的连续性和可靠性。

（3）IEEE 802.11p 网络通过多跳中继方式来进行远距离数据传输，受中继节点的影响，可靠性不高。而 LTE - V - Cell 可利用基站与托管的云端服务器的连接，进行如高清影音等类型的高速率数据的传输，远距离数据传输 LTE - V 的信息可达性更好。

（4）对于非视距场景（NLOS），LTE - V 可通过 eNB 转发的方式进行支持，由于基站可高架，天线高度更高，可提高这种情况下的信息传输的可靠性。

（5）目前国内在 IEEE 802.11 系列技术和产业方面尚无核心知识产权、产业基础及优势。基于我国自主研发的 4G 移动通信标准 TD - LTE 技术进行自主创新，LTE - V 技术也拥有自主知识产权，可以打破国外在 V2X 技术的垄断，减少知识产权相关的发展限制。

（6）尽管 IEEE 802.11p 可利用现有的 WiFi 基础进行产业布局，但由于 WiFi 接入点未达到蜂窝网络的广覆盖，IEEE 802.11p 的新建路侧设备仍然需要投入大量资金进行部署。用于 IEEE 802.11p 的 V2X 通信的安全相关设备也需要投入资金建设部署新设备。而 LTE - V 可以利用现有的 LTE 网络中的基站设备和安全等设备进行升级扩展，支持 LTE - V 实现车路通信和安全机制。IEEE 802.11p 网络设备和安全机制维护也需要新投入资金。而 LTE - V 可以利用已有 LTE 商用网络，支持安全证书的更新以及路侧设备的日常维护。

LTE - V 获得了产业链上下游各方的积极支持和认可，各行业标准协同发展，国内标准和国际标准同步推进，加强汽车、通信、电子等行业或领域间的交流与合作，争取建立统一的车联网国家标准，统一参考平台和接口，可以解决各系统兼容问题，促进产业健康发展。

成立于 1998 年 12 月的国际标准化组织 3GPP，目标是制订和实现全球性的通信系统规范标准，致力于从 2G、3G、4G 直到 5G 的技术演进。2015 年 2 月，3GPP 正式拉开了 LTE - V 技术标准化的序幕，各工作组主要从业务需求、系统架构、安全研究和空口技术四个方面开展 LTE - V2X 的标准化工作。

V2X 标准于 2017 年 3 月完成，并作为 Release14 的重要特性发布。后续基于 5G 的框架下，将积极推动 eV2X 相关技术的研究。3GPP LTE - V 标准研究进展如图 6 - 7 所示。

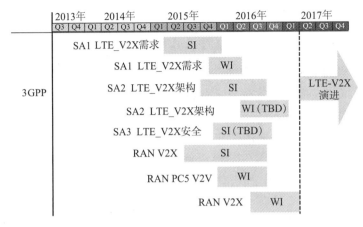

图6-7 3GPP LTE-V标准研究进展

国内各行业协会和标准化组织也对LTE-V技术高度重视，如中国通信标准化协会（CCSA）、中国智能交通产业联盟（C-ITS）、中国汽车工程学会（SAE-China）以及车载信息服务产业应用联盟（TIAA）都已积极开展LTE-V相关研究及标准化工作。图6-8所示是国内标准同步推进的情况。

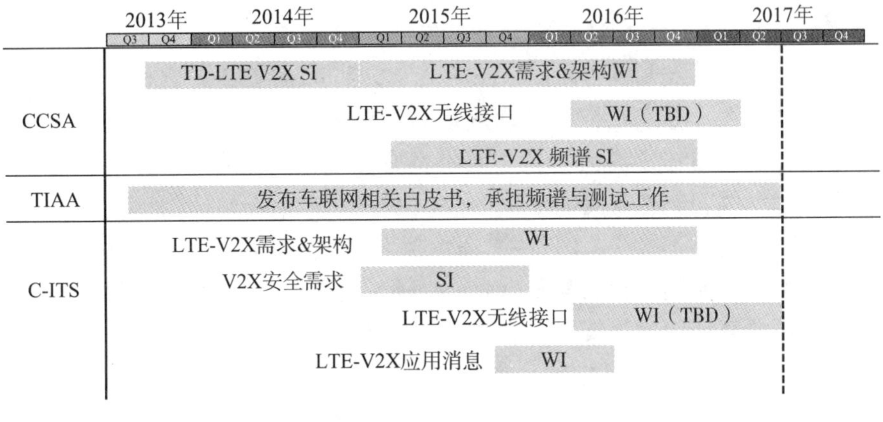

图6-8 LTE-V国内标准同步推进的情况

通过关键技术的突破以及国际国内标准的同步推动，LTE-V技术作为车联网的信息交互关键技术，为车联网技术提供了信息化与工业化融合的重要推动力，创造了产业协同发展的新契机。由于汽车工业和信息产业是经济发展的重要支撑力量，我国对信息化和工业化深度融合，从战略布局、示范应用、资金支持等多方面进行大力推动。工信部、科技部等部门规划专项基金，加强对车联网关键技术的研发扶持力度。企业与科研院所、高校等单位建立协同创新机制,在体系架构、LTE-V通信技术、智能车载终端芯片、网络平台等基础关键技术进行协同研发,夯实了LTE-V的技术基础。

2016年2月,我国工信部无线电管理局委托TIAA牵头组织V2X技术应用与频率需求研究,目前已完成第一和第二阶段的研究。确定了17种安全场景和9种效率类应用场景,研究了美国、欧洲、ITU的ITS频谱情况,以及我国频谱实际情况。

为了推动支持LTE-V的车载终端研发,加速LTE-V的组网研究和外场测试,2016年11月,我国工信部无线电管理局正式分配20MHz(5.905~5.925GHz)频段用于LTE-V直接通信相关测试,包括功能测试和不同应用间的兼容性测试。6个城市(北京、上海、杭州、重庆、长春和武汉)被选中作为进行LTE-V系统测试验证的示范区。

5. LTE-V推广难题:技术、标准与产业化

毋庸置疑,智能网联汽车为通信行业提供了新兴的规模化市场和新的发展空间,汽车行业也能够借助先进的通信技术提升汽车的安全性、产生新的卖点。借助通信、大数据等技术,实现智能交通更是产业的终极梦想。但LTE-V的推广仍然充满挑战。

从技术角度来看,为了满足汽车安全类应用,需要提供比现有通信技术时延更低(毫秒级)、可靠性更高的新技术,这也是通信企业正在致力研究的,包括已经在标准制定阶段的LTE-V,以及5G专门针对低时延、高可靠应用场景的技术。为了在智能网联汽车驾乘场景下享受无盲区、高速率数据服务,还需要通信技术在大覆盖、大带宽方面进行新的突破。此外,信息安全和数据隐私的问题也备受关注。

产业融合同样不轻松。LTE-V通信技术与汽车制造、汽车服务、智能硬件与互联网、智能交通管理等多行业、跨领域的融合方式需要在实践中探索;这种融合不是某个行业想要跨越自己的领域到另一个领域,更不是对其他领域的颠覆,而是包括信息技术、物联网、雷达传感器、人工智能、大数据、云计算等技术的发展催生了"新事物",产生了新的交叉融合的领域。

还有一个不容回避的劣势是LTE-V产业化启动较晚,标准制定、设备测试、投入市场时间紧张。相形之下,DSRC有先发优势,美国、欧洲和日本政府在推动本国智能交通落地方面也起到了重要的作用。中国政府部门也需要适时出台政策法规,相关各方做好技术路线的顶层设计,并在协同中共同推进LTE-V在中国的产业化落地。

从另一个角度来看,我国汽车产业正处于转型升级的重要时期,汽车行业作为国家重视的基础性产业,在新的发展阶段也受到政府的高度关注。凭

借我国在汽车领域的积累,以及我国在通信、移动互联网领域取得的发展,LTE-V为汽车行业在新的发展阶段弯道超车提供了重要机遇,将对产业注入新的灵感和思维方式,加速技术创新和商业模式变革。

LTE-V作为5G在垂直行业的典型应用,后续在低时延、高可靠方面的持续改进,将为自动驾驶提供技术手段;LTE-V双模(多模)通信模式可平滑演进到5G,必然是一种多模共存的系统,从而可以支持更广泛的应用场景。LTE-V还可与基础设施、云服务、大数据结合,围绕用户需求,挖掘利用用户行为数据,提供更安全高效的驾乘体验;也会对国务院发布的《中国制造2025》起到重要的支撑作用。

四、信息安全

信息化技术正在改造汽车,不过在为汽车行业带来翻天覆地变化的同时,它还带来了信息安全的问题。

信息安全本身并不是新课题。在计算机诞生的时候,信息安全的问题就随之诞生,汽车上也同样如此。第一例引起轰动的汽车信息安全案例是在2013年,两位白帽黑客Charlie Miller与Chris Valasek在当年的黑客大会(DefCon)上发布了一份白皮书,曝光了他们攻击丰田普锐斯和福特翼虎的详细攻略。

这次事件拉开了汽车信息安全话题的序幕。虽然因为攻击的实现需要物理接触,大大降低了攻击发生的可能性,没能够引起汽车行业的重视,但却让信息安全行业真正开始关注汽车这个"新生事物"。

真正让汽车业侧目的是2015年菲亚特-克莱斯勒的召回事件,汽车业在信息安全问题上交出了第一笔学费。也是在这一年,信息安全事件大爆发,黑客们组团对汽车行业发起冲击,汽车制造商都在担心被点名,终于开始重视信息安全。

这个爆发的时间点很微妙。一方面自然有黑客们对汽车愈加关注的成分在,但是更深层次的原因在于这个时间点上汽车发生的一些变化给了他们可乘之机。车联网在2013年开始成为热门,到2015年,市场上已经有不少提供车载信息服务的量产车型,方式多种多样:车载系统本身可以通过3G/4G网络连接到移动互联网,或者通过WiFi热点联网;可以通过手机App查看车辆状态,乃至远程控制车辆的解锁与点火;无钥匙进入系统的普及度在提高……所有这些,都成为汽车信息安全的潜在被突破口。图6-9展示了汽车面临的各类信息安全风险。

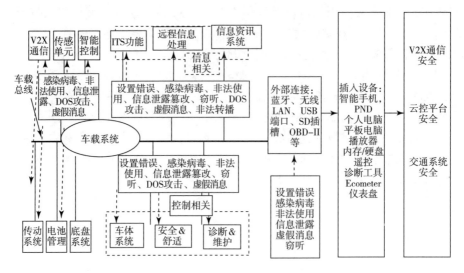

图 6-9 汽车面临的信息安全风险

（来源：清华大学杨殿阁）

1. 风险的种类

相比硬件破解，远程非接触类攻击对于汽车来说更具有威胁力。而要实现远程非接触类攻击，首先要找到一个突破口。图 6-10 展示了汽车与外界的连接方式。从根本上来说，这类信息安全的隐患表现在四个层面。

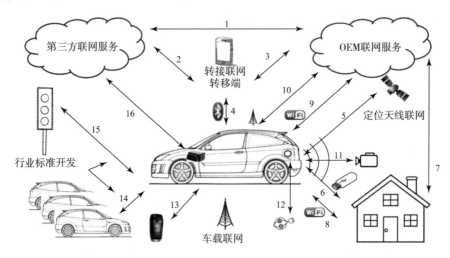

图 6-10 汽车的网联化

（来源：SAEhttp：//articles.sae.org/14503/）

1）移动端安全

汽车上的移动端安全是指与之相关联的智能手机 App 存在漏洞，从而可能出现的信息安全问题。

移动端因为硬件易接触、联网最为便捷等特点，很容易被黑客们选为攻击的入口。再加上早期汽车制造商在设计移动端 App 时缺乏信息安全的意识，往往会在身份验证、加密方式和权限设定上出现问题，从而被找到漏洞，如图 6-11 所示。

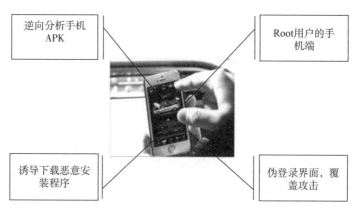

图 6-11　移动端 App 的潜在危险

（来源：360 安全报告）

（1）身份验证。

移动端 App 能够与车辆之间进行通信，查看车辆状态信息，并且向车辆发送诸如解锁车门、点火等命令。为了保证车辆安全与数据安全，要能够实现这些功能，必须将 App 首先与车辆进行一对一绑定。在实际使用过程中，也要对远程命令的合法性进行验证。这就是身份验证的作用。

漏洞的发生大多是因为缺乏身份验证、验证方式单一或者缺少时间戳。2015 年，著名黑客 Samy Kamkar 就靠着自制小工具，发现通用、宝马、奔驰与克莱斯勒四家汽车制造商移动端 App 在验证上存在的漏洞：只要手握证书通信时所发出的命令就会被认为是合法的，App 提供的功能就可以由获得验证的第三方进行恶意操作，而证书的有效期与车主完全相同。

2017 年年初，卡巴斯基测试了多家主机厂的移动 App 的安全性能，结果发现，目前市面上大多数远程控制 App 居然连最基础的软件防护和安全保障都不具备，这就意味着通过 Root 用户的手机端或者诱导用户下载安装恶意程序，黑客可以很轻易地利用这些远程控制 App 窃取用户个人信息及车辆的控制权，从而控制车辆开锁落锁，甚至启动引擎。

上述情形只适用于具备手机 App 远程控制功能的车型，而且目前也没有发现 Android 平台上有相关的恶意软件。不过黑市论坛上已经有叫卖车主隐私信息的卖家了，包括用户名及登录密码、车型及车辆识别码、PIN 码等信息。因此，多重身份验证是必须的。

（2）加密方式。

为了保护信息安全，一般会对可以代表用户账户、密码信息或者控制命令的内容与保存位置进行加密，从而保证信息的私密性与完整性，不被黑客获取。

如果加密方式过于简单，或者使用了有已知漏洞的加密方式，那么就很容易让隐私信息被窃听。

（3）权限设定。

目前的主流移动端 App 会对可远程控制的功能进行限定，大多局限在车门解锁、点火等。这类功能虽然可以远程控制，但是并不能在缺少钥匙的情况下将车辆开走。

而隐患在于，一方面电子钥匙正在成为趋势，如果在对电子钥匙的授权中把控不严密，可能会真的出现车辆被盗的情况。

另一方面，有的 App 虽然从用户端功能是被限制的，但是在后台中却对权限限定不明确，额外开放更多的权限。这些权限不能被用户接触，却容易落到黑客的手里，从而实现更大范围的操控。

2）通信安全

顾名思义，通信安全是指车辆在与外界通信的过程中产生的信息安全问题，包括车辆与移动端、云端、其他车辆（V2V）以及基础设施（V2I）等之间的通信。如果在这个过程中缺少防护措施或者策略设置不当，黑客就可以对信息进行盗取、篡改或者重放，从而获得车辆上信息数据或者相关功能的控制权。

车辆的通信可以分为近场通信与远场通信，前面提到的属于远场通信的范畴，而近场通信则包括无线钥匙、蓝牙、NFC 等。

在近场通信方面，硬件的加密算法出现问题导致无线钥匙和无钥匙进入系统形同虚设的案例同样存在。伯明翰大学计算机学家 Flavio Garcia 和他的研究团队就在 2015 年和 2016 年分别公布了大众汽车在点火系统、无钥匙进入系统上存在的问题，只需很低的破解成本就可以实现网络盗取车辆。

一般来说，在应用层上，都会有身份验证与传输加密的安防措施。不过在链路层上，通信过程的加密往往会被忽视。尤其是对于近场通信来说，在限定的物理范围内，黑客可以通过部署信号接收器来获取通信内容，得知与车辆运行相关的信息。黑客还可以通过这种方式获取车辆的运行规律，或者用于进行驾驶员的身份识别。

另一方面，通信过程还存在被干扰或者破坏的风险。黑客可以通过阻止信息传输的方式来进行自我隐藏，或者干扰通信过程让信息无法及时送达。车辆在运行时尤其是高速运行时对信息的传输时间有极高的要求，如果干扰使获取的信息不完整、拿到错误的信息或者延迟收到信息，都将对车辆决策产生影响。

3）车载端安全

车载端安全可以从隐私数据与车辆控制权两个角度来看，其中前者可能涉及财产损失，而后者则直接与人身安全相关。

现在大多数车辆内部通信的实现方式还是 CAN 总线，以太网的应用不多，其中大部分是应用在信息娱乐的视频传输上。唯有特斯拉是个特例，因为使用了以太网，并具备 OTA 更新能力，特斯拉旗下的车型成为安全研究员最钟爱的破解对象。图 6-12 展示了当下常见的 CAN 总线架构。

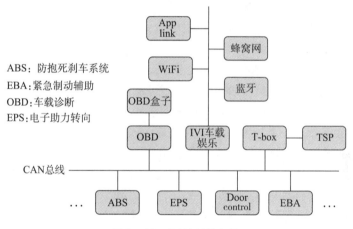

图 6-12　CAN 总线架构

（来源：360 安全报告）

车载电子元件通过 CAN 总线进行通信，黑客要能够对这些控制车辆转向、刹车或加速的 ECU 下达命令，必须拿到与车辆内部 CAN 总线通信的方式。而 CAN 总线并不止一条线路，这些核心控制功能在更加底层的地方。远程攻击不可能直接与其接触，那么就需要桥梁。

这个桥梁就是并不处于核心位置的、大多是承担接收和处理无线电信号的一批 ECU，它们都具有两个特征：

（1）能够接收外部信息；

（2）这个信息有可能通过 CAN 总线传递给那些控制核心功能的 ECU。

所以，思路就是找到这些 ECU 之后，先控制它们，再以之为跳板，向核心功能 ECU 发布假消息。可以把这类 ECU 想象成古代战场上传令的小兵，如果其能阵前倒戈，传递敌方给予的假命令，打胜仗也是手到擒来。

虽然桥梁 ECU 能够作为入口向内部发送消息，但是这个消息并不是想发就发。在不同的 ECU 之间，可能存在网关，会拦截非法消息；在核心 ECU 上，可能有安全策略设置，某些动作只能在特定的行驶状态下才能实现，或者只听从指定的命令。要想达成目的，可以伪装成合法的，那么就要知道通信协议；可以绕过网关，但需要知道通关密码；或者把网关也控制住，让其为自己所用，等等，不一而足。

一般提到桥梁，大家想到的就是车辆通信模块。但其实并不止于此。还有一部分功能比较特殊的 ECU，它们也起到相同的作用，但却是为了完全不同的目的——高级驾驶辅助（ADAS）。

现在的 ADAS，常见的有车道保持、防碰撞系统，还有受到很多新手司机欢迎的泊车辅助技术，这些功能最终目的都是保证车辆处于车道之上、不发生碰撞或降低碰撞产生的伤害。也就是说，这些 ADAS 系统的 ECU 会根据传感器的数据，对核心控制功能 ECU 发出命令，在特定的时候让其工作，同样可以作为桥梁使用。

这些系统与核心控制功能有信息交互，那么就存在一种可能性，以它们为桥梁发出假消息。需要评估的是，这个可能性有多大？

Charlie Miller 与 Chris Valasek 在破解 Jeep 车时，曾对此进行了详细研究。CAN 总线会随着车辆上技术、功能的增减而改变，在不同的制造商之间、同一制造商不同车型之间、同一车型不同年款之间，都会有差别。因而他们以 2014 年款为主，挑了 13 款车型，同时也挑了这些车型的 2006 年款或者 2010 年款、2015 年款作为对比研究。最终，他们发现，在所有入口中，胎压监测与无钥匙进入是被远程攻击威胁性最大的桥梁 ECU，他们还进一步对不同车型受到攻击的难易程度进行了排名，如表 6-1 所示。

表 6-1 20 款车型易受攻击列表

车型	受攻击面	网络架构	信息物理系统
2014 款奥迪 A8	++	--	+
2014 款本田雅阁 LX	-	+	+
2014 款英菲尼迪 Q50	++	+	+
2010 款英菲尼迪 G37	-	++	+
2014 款吉普切诺基	++	++	++
2014 款道奇 Ram 3500	++	++	--
2014 款克莱斯勒 300	++	-	++

续表

车型	受攻击面	网络架构	信息物理系统
2014 款道奇蝰蛇	+ +	-	- -
2015 款凯迪拉克凯雷德	+ +	+	+
2006 款福特福星	- -	- -	- -
2014 款福特福星	+ +	-	+ +
2014 款宝马 3 系	+ +	- -	+
2014 款宝马 X3	+ +	-	+ +
2014 款宝马 i12	+ +	-	+ +
2014 款路虎揽胜极光	-	- -	-
2010 款路虎揽胜运动版	-	- -	-
2006 款路虎揽胜运动版	+	+	+ +
2014 款丰田普锐斯	+	+	+ +
2010 款丰田普锐斯	+	+	+ +
2006 款丰田普锐斯	-	- -	-

（来源：Charilie Miller 与 Chris Valasek 研究白皮书[①]）

随着时间推进，所有品牌车型都表现出 ECU 数量的增多，不仅是整体 ECU 数目，桥梁 ECU 数目更是大幅增加，功臣有两个：车联网与驾驶辅助技术的发展。这也就意味着，车辆的被攻击可能性、攻击可选择手段都在增加。

车内网络拓扑结构的复杂性随着 ECU 的增多也在增加，被分割的网络架构越来越多。但是这些网络架构的分割并不都是以"将控制核心功能 ECU 与其他类 ECU 分开"为目的，大多数车型并没有根据功能重要性不同进行隔离，而更多的情况是，虽然隔离了，但并不代表安全性就高。因为隔离之后并没有设置网关或者安全边界，没有增加安全策略。

另外，尽管不同车型的内部结构大不相同，但是大多数车辆都采用了类似 PC 的技术，比如浏览器和车内 App 等，这些都是黑客们十分熟悉的东西，提供了与 PC、移动端类似的攻击方式。而且，可能是因为思考问题的方式相近，或者人才流动，同一地区的汽车制造商的内部拓扑图有着类似的结构，日系车（丰田与英菲尼迪）、德系车（奥迪与宝马）、美系车（通用与福特）都表现出这个特性。

[①] 从"- -""-""+"到"+ +"，受攻击程度依次提高，表格从左至右分别代表攻击面、网络架构与核心功能。

4）云端安全

云端安全指的是云端服务器上可能存在的安全问题。黑客可以通过向云端发送恶意文件、从云端向车辆下达命令等方式来达成目的。

目前车企建立云端服务器的目的有两个，一是通过云端服务器提供远程控制、车载信息娱乐服务；二是通过云端来收集车辆的数据，包括运行数据、车辆传感器采集到的数据等，来提供额外的服务或者功能。

车载信息服务由汽车远程信息服务提供商（Telematics Service Provider，TSP）提供，TSP 角色涵盖了车载信息服务的平台提供商（逻辑上应该包括平台设计、开发、运营等）、呼叫中心、内容聚合、云平台、数据中心等。理论上其中任何一方都可以凭借自身的优势成为 TSP 去整合其他参与者［包括对内容提供商（Content Provider，CP）和服务提供商（Service Provider，SP）］的整合。

就车联网 TSP 平台而言，漏洞可能来自软件系统设计时的缺陷或编码时产生的错误，也可能来自业务在交互处理过程中的设计缺陷或逻辑流程上的不合理之处。这些缺陷、错误或不合理之处可能被有意或无意地利用，从而对整个车联网的运行造成不利影响。例如系统被攻击或控制、重要资料被窃取、用户数据被篡改甚至冒充合法用户对车辆进行控制。

根据车联网 TSP 平台认证系统的实际情况并结合 Web 系统的常见安全漏洞，TSP 平台软件常见的安全漏洞有三种：

（1）SQL 注入和 XSS 攻击。

由于在编写程序时，没有对用户输入数据的合法性进行判断，使得应用程序存在安全隐患。黑客可以提交一段数据库查询代码，根据程序返回的结果获得某些想要得知的数据。XSS 跨站脚本攻击往往是向 Web 页面里插入恶意 Html 代码，当用户浏览该网页时，嵌入其中的代码会被执行，从而达到恶意攻击用户的目的。

（2）越权漏洞和暴力破解。

越权漏洞是指由于应用程序未正确实现授权功能，造成用户可以执行其没有资格执行的操作，包括可以查看或修改他本身没资格查看或修改的资源，以及可以执行用户本身没有的功能。暴力破解是一种针对密码的破译方法，将密码进行逐个推算直到找出真正的密码为止。攻击者利用该漏洞可以破解存在该漏洞的应用程序的用户密码。

（3）文件上传漏洞和 CSRF。

文件上传漏洞是由于对用户文件上传部分的控制不足或者处理缺陷，而导致用户可以越过其本身权限向服务器上传 ASP 木马、PHP 木马等，从而控制 TSP 服务器。

跨站请求伪造（Cross-site request forgery，CSRF）攻击是通过伪造一个用户请求，完成攻击者所期望的操作，而对服务器来说这个请求是完全合法的。

此外，还要考虑如何应对 OTA 安全风险的方法。由于 OTA 过程中包含了车辆与外界数据传输的整个流程，因此可能存在的风险较大，更需要有一个高安全性的 TSP 后台来保障安全。

2. 如何打造安全防线

白帽黑客公布的安全案例警钟起到的作用依然有限。2015 年 10 月，美国独立研究机构波莱蒙（Ponemon Institute）公布了一项有关"网络安全"的调查结果。这项调研采集的样本对象大多是来自车企和一级供应商的开发人员、工程师和管理人员，共计 500 名。调查结果并不喜人，报告中指出，"未来将有 60%~70% 的车辆因为软件安全漏洞被召回"。

从波莱蒙公布的调查结果中可以看出，目前汽车主机厂对于如何保障底层软件开发的安全性依然缺乏经验，开发人员则缺乏应对汽车网络安全威胁的技能，他们也认为自己没有得到合理的培训，更为重要的是，对于绝大多数车企和供应商而言，"安全"并未纳入系统软件开发周期中。

这其中的难言之隐或许是有些漏洞看似简单，但是却涉及基础架构问题，堵上一个入口难免会被发现第二个，防不胜防；而有些漏洞，直指底层，比如密码和通信协议，虽然可能只需要更换一个小小的硬件，但是涉及面广、伤筋动骨。这些都是车企们最不愿意看到的。

要想对车辆进行信息安全的防护，需要从几个不同的层次来进行。前面提到，汽车的信息安全包括移动端安全、通信安全、车载端安全与云端安全四个方面。每一个点上都必须进行安全防护。在这之中，App 所运行的手机/手表与 OBD 都属于不可控的硬件，而且从硬件性能上来说，受限于运算能力，很多防护能力较强的措施无法在其上进行部署。

但是这并不代表车企在信息安全方面会毫无准备，他们必然会选择一个兼顾成本与性能的方案，以下几点都必须被考虑进去：

（1）无论是在汽车端、手机端或者云端，与通信信息来源之地的双向验证都不可少，且传输安全中的加密与签名校验必不可少。

（2）隔离层设计与权限管理。隔离层设计不必多说，CAN 总线就是个很好的例子，很容易出现的漏洞是，有隔离而无防护，或者只有简单的边界防护。至于权限管理，设置权限是一方面，不在未开放的领域让人获取更多的权限也是一个方面。

（3）硬件级控制指令，是为了防止远程控制命令的优先级高于本地。

（4）安全警告与操作记录上传功能。现在的案例中，除特斯拉之外，其他车企并未发现在出现安全问题时后台或者车主能够收到提醒的情况。

（5）安全管理。安全管理涉及的方面很多，但有一些必不可少的，如在架构之前有策略、流程与制度的制定、风险评估；实施之后需要进行定期的安全审计并进行持续改进，对安全事件要进行监控，发生事件时需要有应急响应措施。

汽车的信息安全是个新兴的领域，如同互联网、移动互联网一样，初始之时，会因为经验不足而受到挫折。经受了阵痛之后，就会是一个此消彼长的阶段，攻击者与防护者的经验与技术手段都会增加，安全的堡垒也会在博弈之中反复进行"建立—摧毁—再度建立"的循环，每一次重建，都是一次升级。联网会带来安全的威胁，也会让更多的人加入到保护的行列，汽车的信息安全刚刚起步，在有了实际的攻击场景之后，才会产生有效的防护手段。

下篇

锤炼——智能汽车该如何打造

智能汽车：
决战2020

第七章

助推者——政府机构

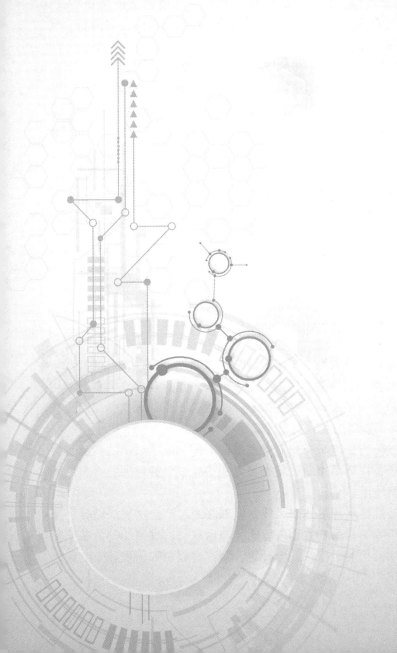

智能汽车应该如何打造，不能仅仅从一种全新车型的角度出发，更应该站在产业链层面去思考，这个产业链是如此复杂、精密、庞大、交错丛生，每个角色都有各自的立场和知识局限，如果以局部理解去看全行业，很容易以偏概全，导致行业陷入一场"盲人摸象"式的尴尬。因此从上层建筑统一思想、指明方向、树立标准，是让智能汽车产业步调一致的前提。

2015年5月8日，国务院正式发布《中国智造2025》战略计划，汽车业的产业升级赫然在列。在这之后，自主品牌纷纷公布了智能化规划，2016年，自动驾驶原型车陆续推出，从试验场到高速公路的各项测试也逐步铺开。2017年7月，国务院印发《新一代人工智能发展规划》，明确了我国新一代人工智能发展的战略目标。

与此同时，在智能化上领先一步的跨国车企开始将战场转移到中国市场，开展本地化研究。究其原因，有作为全球第一大汽车市场的诱惑，还有拥有着最为复杂交通路况的现实国情，更有来自于资本对于自动驾驶技术的热力追逐。

对于产业化的执着，并不仅仅在企业。国内更早一步在智能汽车领域展开研究和布局的是高等院校。2009年开始，一年一届的中国智能车未来挑战赛就是这些高校论证技术的战场，而在战场之外，产学研的生态圈亦在建立和打通。

政府、院校、车企、供应商、创业公司……对于所有要为汽车工业的未来孤注一掷的求变者而言，他们将放弃既往留恋，花费巨大的成本去打造一款更加智能的汽车，建设一座更加智慧的城市，无论他们扮演怎样的角色、手握怎样的牌面。2020年，将会是智能汽车产业决战的开始。

一、政策、法规与标准

发展智能汽车有利于我国抢占汽车产业未来战略的制高点，是国家汽车产业转型升级、由大变强的重要突破口，是关联众多重点领域协同创新、构建新型交通运输体系的重要载体，并在塑造产业生态、推动国家创新、提高交通安全、实现节能减排等方面具有重大战略意义。

从实验室到测试场到量产车再到刺激消费的形成，除了过硬的产品直接迎战市场，政策法规也在背后推动着复杂技术的进化，对智能网联汽车的发展起到了引导与监管作用。

一方面，政策法规要从标准体系、技术发展路线、产业发展战略等顶层设计角度出发，给予指导；另一方面，智能化与网联化的发展驱动力在于交通安全，而新的技术应用能否带来安全升级、测试过程中如何保证安全最大化都需要统一的规范。

因此，智能网联已经上升到国家战略的高度，政府相关部门集中资源、加大力度，加快推进智能汽车发展，为中国建设汽车强国、制造强国、网络强国提供强有力的支撑。

1. 发展智能网联已成为中国国家战略

1）顶层设计

国家对"智能网联汽车"的总体规划始于 2014 年 10 月。工信部委托中国汽车工业协会、中国汽车工程学会、全国汽车标准化技术委员会分工展开研究。其中，工信部负责总体规划；中国汽车工业协会负责产业发展战略的制定；中国汽车工程学会负责技术发展路线图的制定；全国汽车标准化技术委员会则负责标准体系的规划。

2015 年，国务院发布了《中国制造 2025》和《"互联网 +"行动指导意见》，智能网联汽车发展被提升到国家战略高度，提出了一系列的推动政策。

对于《中国制造 2025》，工信部进行了详细解读，指出到 2020 年，掌握智能辅助驾驶总体技术及各项关键技术，初步建立智能网联汽车自主研发体系及生产配套体系。到 2025 年，掌握自动驾驶总体技术及各项关键技术，建立较完善的智能网联汽车自主研发体系、生产配套体系及产业群，基本完成汽车产业转型升级。

《"互联网 +"行动指导意见》提出 11 个专项行动，包括 11 个重点领域。其中"互联网 +"便捷交通，提出要积极推广车联网等智能化技术应用；"互联网 +"人工智能，提出加快智能辅助驾驶、复杂环境感知、车载智能设备等产品的研发与应用。

2016 年 5 月 18 日，发改委、科技部、工信部和中央网信办四部委联合发布《"互联网 +"人工智能三年行动实施方案》，提出智能汽车研发与产业化工程，支持骨干汽车企业与互联网企业开展深度合作，设立跨界交叉融合创新平台。加快智能辅助驾驶、复杂环境感知、车载智能设备等软硬件产品的研发与应用，支持自适应巡航、自动泊车、安全驾驶等技术研发。推进无人驾驶汽车的技术研发、应用与生态建设，发展智能汽车芯片和车载智能操作系统、高精度地图及定位、智能感知、智能决策与控制等重点技术，实现无人驾驶汽车技术和产品的逐步成熟。在有条件的地方实施智能汽车试点工程，建设安全、泛在、智能的云网端一体化车联网体系，推动智能汽车的典型应用。

2016 年 10 月，《节能与新能源汽车技术路线图》发布，明确智能网联汽车技术发展路线，为产业化做出技术性指引。路线图明确我国智能汽车产业发展的主要阶段，到 2030 年，DA（辅助驾驶）、PA（部分自动驾驶）、CA（有条件自动驾驶）HA（高度自动驾驶）/FA（完全自动驾驶）级新车装备率达 80%，FA（完全自动驾驶）级新车装备率将达到 10%。

2016 年 12 月，国务院发布《"十三五"国家战略性新兴产业发展规划》，提出要加速电动汽车智能化技术应用创新，发展智能自动驾驶汽车。

2017 年 4 月 25 日，发改委、工信部以及科技部联合发布《汽车产业中长期发展规划》，明确形成新能源汽车、智能网联汽车和先进节能汽车梯次合理的产业格局以及完善的产业配套体系，明确实施智能网联汽车推进工程。到 2020 年，汽车 DA/PA/CA 系统新车装备率超过 50%，网联式驾驶辅助系统装备率达到 10%，满足智慧交通城市建设需求。到 2025 年，汽车 DA/PA/CA 新车装备率达到 80%，其中 PA/CA 级新车装配率达到 25%，高级和完全自动驾驶汽车开始进入市场。

2017 年 6 月 12 日，在工信部的指导下，中国智能网联汽车产业创新联盟在北京成立，这个联盟脱胎于 2013 年由中国汽车工程学会和中国汽车工业协会联合 30 家企业共同发起的智能网联汽车产业技术创新战略联盟，汇集并整合汽车、信息、通信、电子、交通等相关行业资源及优势，既服务于政府决策，又服务于行业发展，是一个政、产、学、研、用协同创新的工作平台，重点任务包括政策战略、共性技术、标准法规、测试示范、产业化及人才培养等各个方面。

2017 年 7 月 20 日，国务院印发《新一代人工智能发展规划》，明确提出发展自动驾驶汽车和轨道交通系统，加强车载感知、自动驾驶、车联网、物联网等技术集成和配套，开发交通智能感知系统，形成我国自主的自动驾驶平台技术体系和产品总成能力，探索自动驾驶汽车共享模式。

2018 年 4 月 11 日，工信部、公安部、交通部三部委印发《智能网联汽车道路测试管理规范（试行）》，要求相关主管部门可以根据当地实际情况，制定实施细则，具体组织开展智能网联汽车道路测试工作，试行规范自 2018 年 5 月 1 日起施行，这标志着智能网联汽车的道路测试在我国将全面合法化。

2）技术发展路线图

"节能与新能源汽车技术路线图"是由中国汽车工程学会牵头，500 位专家历时一年完成的大型联合研究项目，总体框架为"1 + 7"结构，包括节能与新能源汽车总体技术路线图，以及节能汽车、纯电动和插电式混合动力汽车、燃料电池汽车、智能网联汽车、汽车制造技术、动力电池技术、汽车轻量化技术等七项专题技术路线图。智能网联汽车技术路线图是其中的重要组成部分。

总路线图以 2020 年、2025 年、2030 年为节点，介绍了市场需求、产品应用以及产业基础，指出了不同时间汽车产业规模、新能源车销量占比、智能网联汽车的市场占有率。其中智能网联汽车市场占有率如下：

- 2015—2020 年驾驶辅助（DA）、部分自动驾驶（PA）车辆市场占有率约 50%。

- 2020—2025 年 DA、PA 车辆占有率保持稳定，高度自动驾驶（HA）车辆占有率约 15%。
- 2025—2030 年完全自动驾驶（FA）车辆市场占有率接近 10%。

智能网联汽车技术路线重点在于开展以环境感知技术、高精度定位与地图、车载终端人机接口（HMI）产品、集成控制及执行系统为代表的关键零部件技术研究，开展以多源信息融合技术、车辆协同控制技术、通信与信息交互平台技术、电子电气架构、信息安全技术、人机交互与共驾技术、道路基础设施、标准法规等为代表的共性关键技术研究。

基于自主环境感知的单项驾驶辅助功能（DA），于 2016 年大规模运用实现；以自主环境感知为主、网联信息服务为辅的部分自动驾驶（PA）应用将于 2018 年实现；融合自车传感器和网联信息，可在复杂工况下的半自动驾驶（CA）将于 2020 年实现；在 2025 年以后可实现 V2X 协同控制，完成高度/完全自动驾驶功能（HA/FA）；在 2030 年左右实现一定规模的产业化应用。

智能网联汽车包括智能化与网联化两个技术层面，路线图对智能化、网联化都进行了分级，如图 7-1 所示。

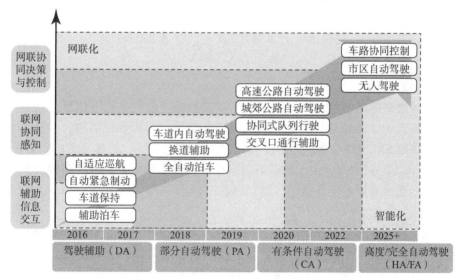

图 7-1 智能网联汽车技术路线图对智能化和网联化的分级
（来源：中国汽车工程学会）

智能化分级参考了 SAE，分为 5 级，但考虑中国道路交通情况的复杂性，对应级别下加入了智能系统能够适应的典型工况特征；国际上对网联化只有定性的描述，路线图对网联化有了明确分级，将网联化分为网联辅助信息交互、网联协同感知、网联协同决策与控制三个等级。

网联化分级极其重要,因为在中国谈车联网、网联汽车大多停留在娱乐范畴,其实不只是娱乐,从近距离传感信息的协同到大范围的云控系统汽车协同控制,都是网联。

路线图将复杂的技术架构分为"三横两纵"形式,即纵向车载平台和基础设施对应横向车辆/设施关键技术、信息交互关键技术、基础支撑技术,如图7-2所示。

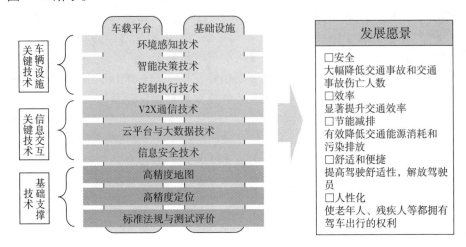

图7-2 智能网联汽车技术架构与发展愿景
(来源:中国汽车工程学会)

3)标准框架

全国汽车标准化技术委员会承接了中国智能网联汽车标准体系的研究与建设。标准制定时考虑智能化和网联化两条路径,以智能化为主,并且在智能化中按照SAE标准分级,以ADAS技术和应用为重点,适度考虑自动驾驶。在2017年12月27日,由工信部、国家标准化管理委员会联合发布的《国家车联网产业标准体系建设指南(智能网联汽车)》中,标准框架体系分为四个方面:

(1)基础类标准:主要包括智能网联汽车术语和定义、分类和编码、标识和符号三类基础标准,共112页。

(2)通用规范类标准:从整车层面提出全局性的要求和规范,主要包括功能评价、人机界面、功能安全和信息安全等方面,共312页。

(3)产品与技术应用类标准:主要涵盖信息感知、决策预警、辅助控制、自动控制和信息交互等智能网联汽车核心技术和应用的功能、性能要求及试验方法,但不限定具体的技术方案,以免对未来技术创新发展和应用产生制约或障碍,共492页。

(4)相关标准:主要包括车辆信息通信的基础——通信协议,主要涵盖实现 V2X 智能信息交互的中短程通信、广域通信等方面的协议规范；在各种和不同的应用层之间，还包含软、硬件界面接口的标准规范，共 82 页。

依据这一基本框架，全国汽车标准化技术委员会优先开展基础、通用规范标准，以及技术成熟、应用广泛、与国家战略相关的产品与技术标准的研究制定，到 2020 年，初步建立能够支撑驾驶辅助及低级别自动驾驶的智能网联汽车标准体系，制定 30 项以上重点标准，涵盖功能安全、信息安全、人机界面等通用技术以及与信息感知和交互、决策预警、辅助控制等核心功能相关的技术要求和试验方法；到 2025 年，建成能够支撑高级别自动驾驶的智能网联汽车标准体系，制定 100 项以上标准，涵盖智能化自动控制、网联化协同决策技术以及典型场景下自动驾驶功能与性能相关的技术要求和评价方法。图 7-3 所示为智能网联汽车标准体系框架。

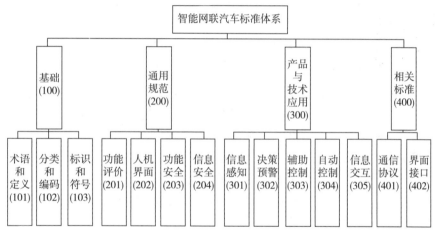

图 7-3　智能网联汽车标准体系框架
（来源：全国汽车标准化技术委员会）

届时，ADAS 及自动驾驶技术标准法规会分为两类，包括汽车及相关行业法律、法规、条例，以及汽车行业强制性国家标准。还会细分为纳入政府管理的推荐性国家标准、被强制性国家标准引用的推荐性标准。同时对原有法规制约智能汽车发展的部分（比如 GB 17675 和 GB 11557 中"要求驾驶员直接操作转向机构"的部分）进行调整更改。

此外，2017 年 6 月，国家标准委办公室批准全国汽车标准化技术委员会成立智能网联汽车分技术委员会，把相关领域专家都吸纳进来，统一归口来管理我国智能网联汽车领域的国家标准和行业标准。截止至 2017 年年底，分委会以 ADAS 技术和应用为重点，已开展行业亟需的标准研究和制定项目共 24 个。

2. 全球相继推出自动驾驶扶持政策

1）联合国

2014年11月，联合国欧洲经济委员会（UNECE）辖下"世界车辆法规协调论坛"（WP29）决定成立自动驾驶分会，探讨驾驶员辅助型自动驾驶以及适当实施完全自动驾驶，英国与日本联合担任主席国。2016年，为了配合自动驾驶技术的发展，WP29负责对包括《维也纳公约》在内的一系列国际道路交通安全法规进行调整修改，并制定与汽车相关的世界通用标准。

目前联合国经济委员会和欧盟规则中，有内容明确禁止某些自动驾驶功能。比如，13-H项规则要求刹车必须由人力制动或由驾驶员控制的电动模块制动。79项规则禁止电动转向系统的使用，这也就否定了自动转向的汽车。规则还禁止在时速超过10km/h时使用自动控制系统。联合国正在组织对这些规定进行修改。

其中1968年通过的《维也纳道路交通公约》中规定，"驾驶员必须时时刻刻拥有对车辆的控制权"。在某种程度上，这一规定限制了自动驾驶的发展。2016年3月生效的一项修正案对1968年版本进行了修订，表示只要自动驾驶技术具备"可以被驾驶员权限覆盖或接管"的特性，并且这一条款与国际法律法规相互统一，就可以明确应用到交通运输中。

联合国制定该项标准的目的是阻止自动驾驶汽车被黑客攻击并控制，法规标准将包括原则部分，如限制自动驾驶进入高速公路和人类驾驶员必须为所有事故负责；包括安全条例，其中一条规定自动驾驶汽车必须安装防止驾驶员睡着或移开目光的设备，这一设备可利用传感器判断驾驶员状态。

在汽车自动驾驶安全标准上，WP29设定了五个技术类别，包括车辆必须在10km/h以下的速度行驶，必须实现车道保持，由驾驶员发起的车道变化和车道保持相关协调，以及驾驶员认可的车道变化和车道保持相关研究。同时也加入了警告系统的相关法规，在系统如何被接管、系统运行以及具体操控方面进行了研究，同时也对定期技术检验给予了相关规定。一个由日本、韩国、德国、法国、英国、欧盟委员会及欧盟执行部门代表组成的联合国专家组参与了标准制定，该项标准或于2018年生效。

美国

2013年5月，美国道路交通安全管理局（NHTSA）发布了《关于自动驾驶车辆的政策初步声明》，提出美国智能网联汽车技术及标准法规研究制定的重点。

2014年，美国交通运输部与美国智能交通系统（ITS）联合项目办公室共同提出《ITS战略计划2015—2019》，为美国未来5年在智能交通领域的发展明确了方向。如图7-4所示，战略计划分为网联汽车和自动驾驶两个部分。

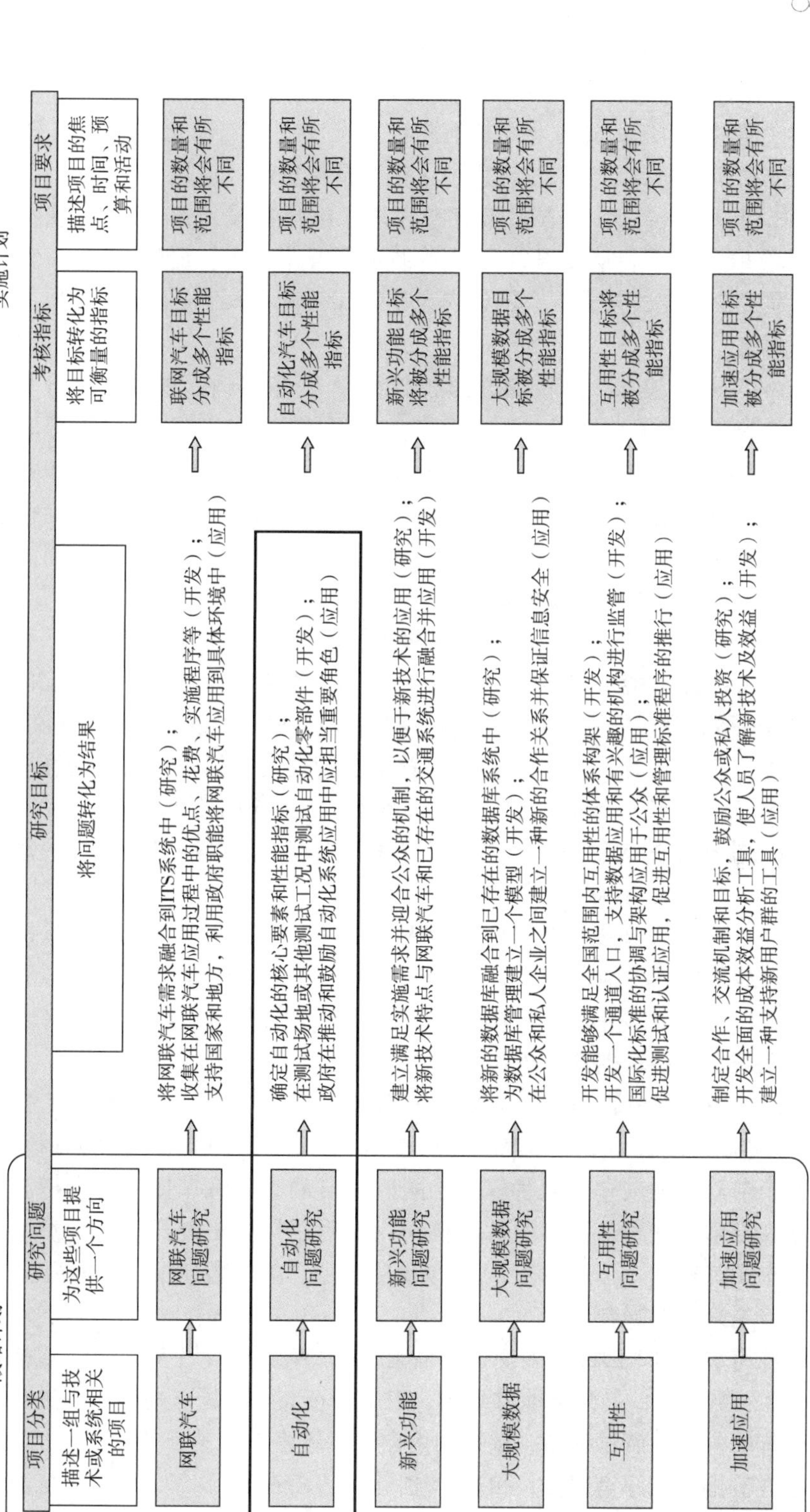

第七章 助推者——政府机构

战略计划

项目分类

- 网联汽车
- 自动化
- 新兴功能
- 大规模数据
- 互用性
- 加速应用

研究问题

描述一组与技术或系统相关的项目 / 为这些项目提供一个方向

- 网联汽车问题研究
- 自动化问题研究
- 新兴功能问题研究
- 大规模数据问题研究
- 互用性问题研究
- 加速应用问题研究

研究目标（将问题转化为结果）

- 将网联汽车需求融合到ITS系统中（研究）；收集网联汽车应用过程中的优点、花费、实施程序等（开发）；支持国家和地方，利用政府职能将网联汽车应用到具体环境中（应用）
- 确定自动化的核心要素和性能指标（研究）；在测试场地或其他特点与工况中测试自动化零部件（开发）；政府在推动和鼓励自动化系统应用中应担当重要角色（应用）
- 建立满足实施需求并迎合公众的机制，以便于新技术的应用（研究）；将新技术特点与已存在的数据库系统进行融合并应用（开发）；为新的合作关系并保证信息安全（应用）
- 将新的数据库融合到一个模型中（研究）；为数据库管理建立一个模型（开发）；在公众和私人企业之间建立一种新的体系架构（应用）
- 开发能够满足全国范围内互用性的体系架构（研究）；支持数据应用和有兴趣的公众（开发）；促进国际化标准的协调与认证应用，促进互用性和管理标准程序的推行（应用）
- 制定合作、交流机制和目标，鼓励公众或私人投资（研究）；开发全面的成本效益分析工具，使人员了解新技术及效益（开发）；建立一种支持新用户群的工具（应用）

实施计划

考核指标

- 将目标转化为可衡量的指标
- 联网汽车目标被分成多个性能指标
- 自动化汽车目标被分成多个性能指标
- 新兴功能目标将被分成多个性能指标
- 大规模数据目标被分成多个性能指标
- 互用性目标将被分成多个性能指标
- 加速应用目标被分成多个性能指标

项目要求

- 描述项目的焦点、时间、预算和活动
- 项目的数量和范围将会有所不同
- 项目的数量和范围将会有所不同
- 项目的数量和范围将会有所不同
- 项目的数量和范围将会有所不同
- 项目的数量和范围将会有所不同
- 项目的数量和范围将会有所不同

图7-4 美国ITS战略计划2015—2019

其中自动驾驶的自动化项目中指出，将主要研究确定自动化的核心要素和性能指标（研究）；在测试场地或其他测试工况中测试自动化零部件（开发）；政府在推动和鼓励自动化系统应用中应担当重要角色（应用）。

2016年1月14日，美国政府宣布在未来十年将投入40亿美元扶持自动驾驶，这40亿美元将从美国2017年的政府预算中支出。同时NHTSA宣布在遵循交通安全规定的条件下，两年内允许2 500辆汽车在没有配备司机的情况下上路测试。

2016年9月20日，美国交通部和NHTSA在华盛顿正式颁布首份专门针对自动驾驶车辆的联邦政策——《美国自动驾驶指导方针1.0》。这部联邦政策，为各州相关法律政策的制定奠定了基础。同时，该政策对联邦和各州的职责做了清晰描述，不强求州政府制定类似政策。联邦机构负责安全标准制定、政策遵守、召回以及公共培训，而州级的政府机构将重点放在测试许可发放、法律法规的执行及相关认证上。

该政策还包含一套包含15项标准的安全评价协议，其中要求主机厂在某一型号的无人驾驶车辆具备公共道路上路条件时，签署安全评价标准协议内容并提交。这套政策涵盖了验证方式、用户隐私、碰撞后行为以及耐撞性等议题。

同时，它也强调了NHTSA高速公路安全管理局的作用。其中明确提到根据实际情况，NHTSA具备制定车辆及其他参数设计规则的能力。而且，NHTSA有责任提出新的应对措施，如面对取消踏板和方向盘等"变革性的车辆设计"时，为其创立特殊的安全标准。

此外，NHTSA还要发布如何处理无人驾驶车辆召回等信息。尤其是某些配备半自动驾驶系统的车型，比如奔驰的Drive Pilot或特斯拉的Autopilot，在紧要关头，驾驶员因分心或走神可能无法重新控制车辆，但系统却出现"失能"的情况，这些车辆都应该被召回。

2017年9月6日，美国众议院一致通过美国首部自动驾驶汽车法案（H. R. 3388），该法案修订了美国交通法典，规定了美国国家高速公路安全管理局对于自动驾驶汽车的监管权限，同时为自动驾驶汽车提供安全措施，奠定了联邦自动驾驶汽车监管的基本框架，表明联邦立法者开始认真对待自动驾驶汽车及其未来。该法案在2017年秋季排上了美国国会议程，但截至2018年4月，尚未获得国会通过。

2017年9月12日，美国交通部联合NHTSA发布了《美国自动驾驶指导方针2.0》更新版，各州及地方政府、汽车制造商可根据其指导原则进行自动驾驶汽车的生产、测试活动，以期利用自动驾驶汽车改善目前的交通状况。

在这份报告的序言部分，NHTSA预计称"将在2025年之后实现全面自动的安全功能以及高速公路的自动驾驶"。这套指导方针是完全自愿的，绝大多数只是 NHTSA 在对自动驾驶系统深入研究后提出的一些实操性的参考意见和建议，意图帮助各州及当地政府围绕自动驾驶制定相关法律，告诉汽车制造商在打造自动驾驶汽车时要做好系统冗余设计，同时还希望起到教育市场和消费者的作用，让大家熟悉并学会操作自动驾驶系统。

2018 年 1 月中旬，美国交通部长赵小兰表示，特朗普政府计划于 2018 年夏天推出再次经过修订的《美国自动驾驶指导方针》，调整那些对这项技术构成法律障碍的监管规定，还会扫清把自动化技术安全地融合到运输、卡车、基础设施和其他模式中的障碍。

加州的自动驾驶测试走在美国前列，目前已经有 30 多家厂商获得了加州的测试牌照，同时包括加州在内的美国 11 个州以及哥伦比亚特区都制定了法律或行政命令，允许自动驾驶汽车上路测试，而且在不断地提出新的法案，逐渐放宽对于自动驾驶测试的要求。

2018 年 2 月底，美国加州行政立法办公室投票批准了加州交管局的一项新规定，将允许彻底无人的自动驾驶上路。新规定在加州交管局网站进行公示，从 4 月 2 日开始，自动驾驶研发企业可以向交管局申请三种新测试牌照：配置备份司机的自动驾驶汽车、没有配置备份司机的自动驾驶车，商用化部署的自动驾驶汽车。

在车联网方面，2016 年 12 月，美国还发布了车车（V2V）通信技术立法征求意见稿，拟推动轻型汽车强制装备车车通信设备。

3）日本

日本最重要的汽车行业组织——日本汽车工业协会（Japan Automobile Manufacturers Association，JAMA）提出的自动驾驶技术路线图是基于长期构想，以实现社会零负担。所谓社会零负担，是指日本提出零交通事故率和零拥堵，同时实现自由移动和高效物流，力求通过自动驾驶技术为包括摩托车、行人在内的所有交通参与者做出贡献。

JAMA 提出的自动驾驶发展时间表是：到 2020 年实现有条件的自动驾驶，到 2025 年左右实现高度自动化，到 2030 年实现完全自动化，2030 年后将推动普及和扩大自动驾驶汽车的应用。

JAMA 的自动驾驶路线图基本上参照日本政府之前发布的一系列指导文件，但政府明确表示将在 2020 年东京奥林匹克运动会上实现完全自动驾驶服务，在 2017 年前推进相关法规的制定，为此在东京附近以及相关省厅很有可能提前在 2018 年实施自动驾驶汽车的运营。

在政府及行业组织的指导和推动下，日本各汽车公司以 ADAS 为中心推进扩大采用安全驾驶辅助技术，但受到全球 IT 和互联网公司以实现"完全自动驾驶为目的"的系统开发潮流的影响，日本汽车企业也在积极获取对于完全自动驾驶必不可少的 AI 技术和深度学习周边技术。

日本在世界车辆法规协调论坛（WP29）的自动驾驶分会、制动和底盘工作组担任主席国或副主席国，参与了全球各种自动驾驶标准的制定。在日本国内，也先后发布了《新信息技术改革战略》《公—私信息技术倡导和路线：自动驾驶系统和利用道路交通数据以建立世界上最安全和最通畅的道路交通的政策》《日本复兴战略2016——面向第四次产业革命》等诸多政策。

2015 年，日本内阁府发表了关于自动驾驶战略革新创造的研究计划，对自动驾驶分四个等级进行了定义，如表 7-1 所示。

表 7-1 日本自动驾驶分级

级别	设想实现的技术	有望市场化的时间
1 级	单独辅助（ACC 及 LKAS 等）	已经实现实用化
2 级	复合辅助（ACC、用于躲避碰撞的转向系统、多车道自动行驶等多项功能同时发挥作用）	2017 年以后
3 级	有限的自动驾驶（自动汇合等）	21 世纪 20 年代前半期
4 级	完全自动驾驶	21 世纪 20 年代后半期以后

研究计划里对具体的研究项目和研究内容进行了规划，如表 7-2 所示，主要包括四个方面：自动驾驶系统的研发；为减轻交通事故与交通堵塞的基础设施的整备；国际合作的推进；下一代都市交通系统的展开。

表 7-2 日本自动驾驶战略革新研究计划

研究项目	研究内容
一、自动驾驶系统的研发	①地图信息的高度化开发
	②依据 ITS 预测信息的生成技术与实证实验
	③传感器能力的技术改善与实证试验
	④驾驶员与自动驾驶系统的 HMI 技术的开发
	⑤系统安全强化技术的开发
二、为减轻交通事故与交通堵塞的基础设施的整备	①交通事故估计方法的开发和国家数据共享的构筑
	②微观、宏观数据的解析和模拟技术的开发
	③地域交通二氧化碳排放量的可视化
三、国际合作的推进	①国际研究开发环境的整备和国际标准化的推进
	②自动驾驶系统社会接受性的酿成
	③自动驾驶技术输出体制的构筑

续表

研究项目	研究内容
四、下一代都市交通系统的展开	①地域交通系统管理的高度化
	②下一代交通系统的开发
	③交通制约者（残疾人、老年人等）的改善和普及

日本经济产业省、国土交通省和日本汽车工业协会等在2016年4月成立了"自动驾驶研究所"，因日本参与联合国标准制定，"自动驾驶研究所"形成了统一掌握联合国与国际标准化组织（ISO）的安全技术和通信标准规则的讨论体制。

日本警视厅2016年5月发布了自动驾驶公路试验的相关方针，其内容包括驾驶员的职责、车辆装备、事故对策等，明确了自动驾驶汽车公路实验规定。但是草案要求以"符合道路运输车辆安全标准（1951年日本运输省令第67号）""驾驶座上有驾驶员""遵守日本道路交通法等相关法规"为前提，规定不允许车上无驾驶员及进行远程监控的完全自动驾驶。

另外，准则中对跟车人员、上路测试条件、"放手驾驶"条件和事故预防与应对提出了要求：

（1）跟车人员：准则中要求驾驶座上一定要有一名驾驶员，以便在发生紧急情况时控制车辆。同时车上最好再配备一名监控自动驾驶系统的操作员。自动驾驶汽车试验时，要配备一辆一同行驶的车辆来确保安全。

（2）上路测试条件：要符合现有法律规定的车辆条件（去掉方向盘或加速踏板的车辆不能进行试验），还必须保证自动驾驶系统能够正常工作，并采取可应对网络攻击的安全措施。在日本，实施自动驾驶技术公路实证试验时就不需要办理特别的手续。即便车辆不符合安全标准，只要获得国土交通大臣的批准，就能进行公路实证。

（3）"放手驾驶"条件：大原则是能够在发生紧急情况时立即应对。在"视线良好且交通量小的场所"，可以完全放手。在"视线不佳或者交通量大的道路"上，驾驶员的手部要始终放在方向盘附近。

（4）事故预防与应对：事故发生后，在采取防范事故再次发生的对策之前，暂时停止继续试验。为了便于在事故后验证，测试车辆必须配备行车记录仪，保存车辆信息及周边情况的相关记录，并且车辆要求购买保险。

2016年10月，日本政府发布了旨在实现自动驾驶技术商业化的研究计划。以降低交通死亡事故为主要目的，制作了旨在导入自动驾驶技术的路线图。作为近期目标，推动相关研究活动，在2017年投放采用ITS技术实现的信息事先读取的 Level 2 自动驾驶系统，到 2020 年投放 Level 3，并确定必要的技术。能够实时把握道路交通管制和车辆周边信息以及行人等状况的高精度地图数据（动态地图）、借助 ITS 扩大 V2X 的感应范围和感应精度、辅助驾驶员与自动驾驶系统之间协作的 HMI 人机界面、旨在实现安全自动驾驶的系统安全等成为重要项目。图 7-5 所示为日本政府制定的自动驾驶技术相关的开发方向和技术要素。

<安全技术开发相关的方向性>
· 旨在实现交通死亡零事故的驾驶员驾驶辅助
—— 旨在降低驾驶员操作失误的驾驶辅助
· 减少市区等的交通拥堵
· 面向东京奥运会的自动驾驶基础设施建设
—— 到 2020 年通过政府实现 Level 2 自动驾驶的商业化

<高度自动驾驶所必需的技术要素>
· 通过 GPS 和高精度地图数据正确掌握车辆位置
· 通过 V2X 收集车辆周边信息和交通信息。与大数据合作，收集实时信息
· 通过机器学习等开发高度人工智能

<驾驶辅助系统的高级化要素>
· 扩大紧急自动制动、ACC（自适应巡航）等的适用车速范围，扩大识别对象的范围
· 运用 V2X 技术扩大探测范围
· 同时展开日产 ProPILOT 等辅助系统
· 运用电子车镜和 HUD（平视显示器）等减少视线移动

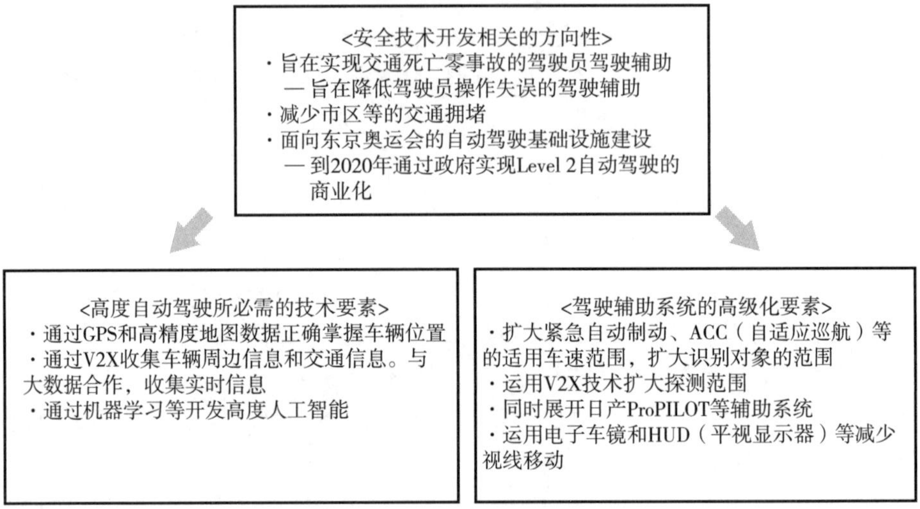

图 7-5　日本政府制定的自动驾驶技术相关的开发方向和技术要素
（来源：Fourin）

为了进一步促进日本自动驾驶汽车的技术开发和测试实证，2017 年 6 月 1 日，日本还正式出台了由远程监控来控制系统的无人驾驶汽车公路测试许可标准，这是日本首次实现汽车在驾驶座无人状态下进行公路测试。

日本一方面积极界定自动驾驶分级，制定新的准则，另一方面也在同步修订《道路交通法》和《道路运输车辆法》等相关法规，以便全自动驾驶汽车能在 2020 年上路。旨在防止交通事故的安全驾驶辅助装备也在被强制要求装配，日本政府在 2016 年决定强制要求搭载夜间自动开启式前照灯（2020 年开始）与电动汽车接近警报装置（2018 年开始）等。

除此之外，日本还实行了一项"战略性创新创造项目"（SIP）的推广计划，它是一个跨学科、跨技术的综合性协作项目，也是提升日本经济产业竞争力的重要课题，目的是使企业的研究成果得到战略性的应用，把社会资源进行更好的调配。对于自动驾驶技术的传播和推广，SIP 有几大举措：首先是共建通用模式和对危险的分析；其次是开展评价标准的讨论；再次是搭建 V2X 的标准；最后是海外动向的调查。

4）欧洲

欧洲合作智能交通系统（Cooperative Intelligent Transport Systems，C - ITS）在 2009 年由欧盟通过 M/253 授权法案推动制定，2015 年正式部署应用。合作式安全应用标准分类中，主动式道路安全的分支包括合作感知、避碰、预警等内容。

欧盟每 10 年会制订一次道路交通安全战略行动计划。欧盟委员会于 2010 年 7 月向欧洲议会、欧盟理事会、欧盟经济和社会委员会以及欧盟地区委员会递交了《欧盟 2011—2020 年道路交通安全政策取向（草案）》，这项第四次道路交通安全战略行动计划，成为欧盟未来 10 年内道路交通安全的政策蓝本和共同行动纲领。

2012 年，欧盟委员会通过了新的研究与创新框架计划——Horizon 2020，计划在 2014—2020 年投入 800 亿欧元，加速推动合作式 ITS 系统构建，汽车自动化、网联化以及通信网络标准化、安全性研究，实现欧洲交通一体化。

（1）瑞典

瑞典国会已经启动了自动驾驶相关法律分析工作，确保 2020 年之前自动驾驶汽车能够合法销售和使用。瑞典在自动驾驶公共道路测试上有比较完善的法规。首先，需要到瑞典交通局取得正式许可后进行公共道路测试，测试单位必须递交公共道路申请，有可能的安全隐患都要包括在里面，并且确保测试数据采集和保存要符合国际相关法规，且个人隐私信息要受到保护。

瑞典交通局负责监管所有自动驾驶车辆的公共道路测试，在特殊的情况下，可以要求测试单位采取必要的措施，甚至取消测试许可。车辆在无人驾驶的情况下，由系统承担责任，高度自动驾驶车辆在驾驶员测试时，由驾驶员承担责任。测试许可单位车辆如果发生事故，瑞典警察局和相关单位有权要求测试单位提供传感器采集的数据并协助事故调查。测试单位要把测试期间发生的所有事故上交给瑞典交通局，测试单位需提交年度测试情况报告给监管单位。现行法规对测试工程师和驾驶员的规定，仍然适用于自动驾驶。

（2）德国

德国交通与数字基础设施部于 2015 年 9 月出台了一项关于自动驾驶与联网驾驶的战略，计划在 2020 年实现高度自动驾驶汽车进入市场。

为了增强自动驾驶系统的法律依据，德国联邦内阁已经通过交通部所提交的相关提案。未来，计算机将会承担更多的驾驶任务，但驾驶员可以在驾驶时选择终止系统。

为了帮助本国车企在与硅谷的自动驾驶竞赛中取得先机，德国还和法国联手，从 2017 年 2 月开始，在连接两国的跨境公路开放了一处特定区域，供自动驾驶车辆进行测试。这一区域允许车辆之间、车辆和路边的基础设施之间利用 5G 无线网络进行通信，共享的信息包括车辆是否处于机器控制的状态，是否采取了刹车措施，以及紧急警报、呼救系统发出的信息等。

这条路从德国西部萨尔州的默齐希（Merzig）市，绵延 70km 至法国东部的梅斯（Metz），旨在测试边境道路状况忽然改变或限速标准发生改变时，系统如何适时做出调整，以满足当地交通监管的需求。

欧洲两个最大汽车生产国希望通过合作推动自动驾驶关键技术跨国标准的建立。可以看出，面对自动驾驶这一汽车未来的发展方向，德法两个老牌工业强国都想继续保持现在的辉煌，再次成为游戏规则的制定者。德国交通部已经迫不及待地支付了 100 万欧元，作为该项目的基金。

（3）法国

法国的无人驾驶汽车发展路线图于 2014 年发布，计划投资 1 亿欧元在接下来的三年进行无人驾驶汽车实地测试。

2016 年 8 月，在"法国新工业"倡议的大背景下，法国政府宣布，将允许汽车公司在公共道路测试自动驾驶汽车。在此之前，只有雪铁龙获得了在法国公开道路上进行自动驾驶测试的资格。在这一决定宣布后，国外汽车品牌也将能够在法国申请进行相关测试。

（4）芬兰

2016 年 7 月 15 日，芬兰交通安全局批准了无人驾驶公交车在芬兰上路，法律没有特别要求机动车必须有驾驶员。

（5）荷兰

荷兰于 2015 年率先建立自动驾驶汽车测试方面的智能交通系统准入程序，允许新的汽车技术在公路上进行测试。同年，荷兰车辆管理局和基础设备及环境部共同出台政策《交通与物流的新视角：欧盟卡车车队挑战计划 2016》，允许自 2015 年 7 月 1 日起，自动驾驶汽车可以在荷兰公路上进行车队式运行测试。

（6）英国

英国自 2015 年开始，就在政策上为自动驾驶技术大开绿灯，先是投入了 1 亿英镑用于无人驾驶领域研发工作，参与到自动驾驶战场中来，2016 年又投资 2 000 万英镑用于无人驾驶测试的基础设施建设，还出台了相关政策为智能汽车发展提供宽松的环境。

2015 年 2 月，英国政府发布了无人驾驶汽车上路测试的官方许可。四个获批的测试城市分别为布里斯托、米尔顿凯恩斯、考文垂和格林尼治。格林尼治主攻测试安全与整合，米尔顿凯恩斯和考文垂提供汽车路测，布里斯托侧重车辆法律、保险测试以及民意调查。

2015 年 8 月，英国交通部发布了《无人驾驶车路测规范》，要求上路的自动驾驶汽车必须有人监控,并且可以随时切换到人工驾驶模式。

2016年1月,英国交通部宣布,准许自动驾驶汽车在伦敦街头上路测试,并在2017年允许无人驾驶车在高速公路与重要道路上进行测试。

2017年8月6日,为了确保智能汽车的设计、开发及制造过程,将网络安全纳入考虑,英国运输部与英国国家基础设施保护中心(CPNI)共同制定了一套新的网络安全原则,全称为《联网和自动驾驶汽车网络安全关键原则》(The Key Principles of Cyber Security for Connected and Automated Vehicles)。内容涉及个人数据信息控制、远距离汽车控制等各项技术,共包括8项基础原则,前3项属于智能交通系统(ITS)与联网和自动化车辆(CAV)系统安全原则范畴,后5项属于ITS与CAV系统设计原则范畴。最终目标是让所有汽车相关领域企业都参与进来,不论是车企还是供应商。

在目前所有推行自动驾驶的国家中,英国在法律和政策层面可以说是步子迈得最大的,因为英国不仅修改了公路与交通的相关法律,而且从自动驾驶商业化的全方位出发,保险责任、税收、安检与交通法规的新法律大纲都在规划当中陆续出台。

5)加拿大

2015年10月13日,安大略省宣布制定一项高速公路交通法案(Ontario Highway Traffic Act)的试验性监管框架,用于对在公共道路测试的无人驾驶汽车进行监管。这项法案于2016年1月1日正式生效,安大略省成为加拿大首个允许在公共道路上测试无人驾驶汽车及相关技术的省级行政单位,符合条件的主机厂、科研机构可以提出申请。

截至2017年7月,共有滑铁卢大学、海姆集团、黑莓、大陆、X-Matik以及麦格纳六家公司参与路测,一辆名为"Autonomoose"的无人车是加拿大第一辆在政府监管下驶入公共道路的自动驾驶汽车。此后,大陆集团和麦格纳完成了北美首次跨国境自动驾驶路测。

目前安大略省已经有近100家公司和机构在进行智能联网汽车及自动驾驶技术的相关研究。安大略省政府、加拿大汽车委员会(CAPC)和联邦政府还于2016年6月宣布成立专委会,用于推动安大略省汽车产业的发展,为吸引更多投资,制定战略性建议,前丰田汽车加拿大分公司董事长Ray Tanguay担任该专委会主席。

6)韩国

早在2013年,韩国贸易、工业和能源部就发布了一项自动驾驶汽车发展七年计划书,并于2015年5月,由国土交通部、产业部、未来部出台了《自动驾驶汽车商用化支援方案》,计划为自动驾驶汽车划定试运行特别区域,在2017年开通专用试验道路,以及允许自动驾驶汽车在试验阶段搭载自动转向装置，同时计划制定相关零部件测试标准，开发专用保险商品。

2016年8月，通商资源部出台《九大国家战略项目》，其中就包括自动驾驶汽车项目。国土交通部也在2016年8月出台了《构建K-City政策》，启动了自动驾驶汽车安全性评估及测试科研项目，之后开始核发自驾车测试执照，包括现代起亚、SK、国立首尔大学、三星电子等20家机构先后取得上路测试执照。

韩国政府还耗资110亿韩元打造K-City。K-City以韩国交通安全公团（Korea Transportation Safety Authority）的智能交通系统计划为基础，仿照真实道路环境建设市中心与市郊道路、巴士专用道、高速公路、自动停车场等，占地约36公顷[①]，是美国MCity的2.7倍大。K-City从2017下半年起陆续开放，计划将于2018上半年竣工。

韩国政府希望基础设施发展能推动自动驾驶汽车的开发。各部门都将投入资金，培育自动驾驶技术。但立法和国标的缺失却在顶层设计上对工作的开展造成了阻碍。

2016年11月，韩国正式开始对相关道路交通法规进行修订，修订版的《韩国汽车管理法》允许在城市道路上测试自动驾驶汽车。韩国政府期望2020年实现Level 3自驾车上路目标，也就是自驾系统在驾驶人员监控下，达到全程自主操作的等级。

二、测试示范

测试示范区在自动驾驶技术的商用化进程中起着关键作用。无论是从技术研发、安全问题考量，还是对其商业模式的探讨，都可以在测试示范区中完成。承担不同作用的测试示范区的形态也是多种多样的，基础设施建设也各不相同。

在初期的测试示范区建设中，政府部门依然占据着主导力量。目前，美国、欧洲、日本、韩国、中国都在进行测试示范区建设，其中，美国的进度稍微靠前，有一批区域早已开始投入使用。

1. 美国MCity和十大国家级自动驾驶测试场

提到测试示范区，最知名的当属由密歇根大学主导、密歇根州交通部支持的智能网联汽车测试中心——MCity。MCity位于安娜堡市（Ann Arbor），

[①] 1公顷=10 000平方米。

占地 32 英亩（约 12.9 万 m²），初始投资 1 000 万美元，是世界上第一座专为测试无人驾驶汽车、V2V/V2I 车联网技术而打造的，经过环境变量控制设计的模拟小镇。MCity 的设计主要由 2013 年成立的密歇根大学交通改造研究中心（MTC）负责。

虽然 MCity 名义上只是一个模仿普通城镇建造的实验中心，但它除了逼真的交通规划设计之外，还考虑了日常生活中可能出现的种种意外情况，甚至随处可见被涂鸦遮盖的交通标志、已经褪色的道路指引标识。整座城市包括两个基本区域：用于模拟高速公路环境的高速试验区域；用于模拟市区和近郊的低速试验区域。

MCity 最多能同时容纳两家公司在特定时间段内进行测试。按照规划，参与 MCity 测试项目的车辆，既包括只具备驾驶辅助功能、处于自动驾驶初级阶段的"菜鸟"，也包括已经完全实现无人驾驶的"高手"，分工不同的车型组成了 MCity 多样化的测试车队。当车辆列队行驶时，可以通过车间对话保持安全车距，配合驾驶辅助系统达到保障行人、乘客生命安全的目的。进行 V2V、V2I 通信技术测试也是 MCity 存在的另一个主要目的。

MCity 这座小镇中建有桥梁、隧道、树木、电线杆、路灯、铁路道口、高速公路、不同角度相间而成的交叉路口、环岛和大量形态各异的建筑物。从布局而言，MCity 与普通有人居住的城镇并无太大差异，这里甚至还"生活"着一位"塞巴斯蒂安"，它是由机械装置控制的路人，可以随意穿行于各个路口，喜欢突然跳到车跟前，以测试无人驾驶汽车能否及时采取紧急措施。

MCity 功能示意如图 7-6 所示。

MCity 于 2015 年 7 月开园，当时与包括福特、通用、丰田、安波福在内的 17 家公司达成合作协议，未来三年内，各家将分别注资 100 万美元，用于无人驾驶、V2V/V2I 互联技术的研发测试。而其他 49 位联盟成员，每位承诺将提供 15 万美元的资金支持。此外，还有 4 个政府部门、1 所大学成为 MCity 的合作伙伴。根据密歇根大学发布的官方声明，MCity 将免费开放使用，但项目成员和密歇根大学的师生将享有优先使用权。

在密歇根州伊普斯兰提镇有一个具有历史纪念意义的工厂（Willow Run）。它由亨利·福特在自家农田上所建，第二次世界大战时用于生产 B-24 轰炸机，之后辗转成为通用的传动系统工厂，在历经 68 年辉煌生产历程后，这家工厂最终于 2010 年年底停产。不过新技术发展趋势赋予了老建筑新的使命，这家工厂变身为美国移动出行中心（American Centre for Mobility，ACM），成为美国交通部"自动驾驶试验场地试点计划"（Automation Proving Ground Pilot Program）十家自动驾驶试验场之一，也是全美最大的自动驾驶汽车测试基地。

表 7-3 所示为美国十大国家级自动驾驶试验场。

MCity

MCity 内由 60 余家企业共同使用,包括汽车制造商、大学、研究机构等,主要进行自动驾驶和电动安全系统的测试与开发。在 MCity 内,布有不同的道路、交叉路口以及 V2I,充分模拟现实路况。测试区域面积为 0.13 km² (13万 m²) 长约 0.5 km。

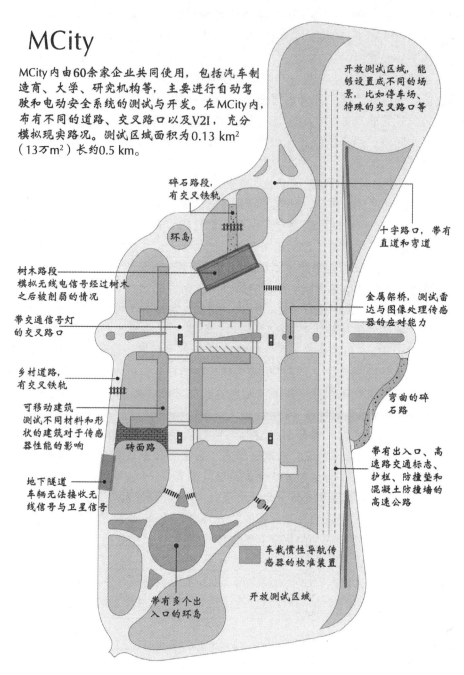

图 7-6 MCity 功能示意

表7-3 美国十大国家级自动驾驶试验场

(来源:Vehicle Trend)

试验场	所属洲	规模及主要特点
匹兹堡市和宾夕法尼亚州托马斯·D·拉尔森交通研究所	宾夕法尼亚州	封闭测试区+城市区(匹兹堡市)
得克萨斯州自动驾驶试验场合作伙伴	得克萨斯州	10座城市开房区+3座研究机构封闭区
美国陆军阿伯丁测试中心	马里兰州	封闭测试场,特殊路况和地貌
美国移动中心	密歇根州	331英亩①封闭测试区,真实高速公路、危险场景测试
惠特拉克斯塔交通管理局和Gomentum Station	加利福尼亚州	2 100英亩封闭测试区,大量真实测试设备
圣迭戈政府联合会	加利福尼亚州	依托发达的公路系统开展测试
爱荷华城市地区开发集团	爱德华州	城市走廊+研究设施
威斯康星大学麦迪逊分校	威斯康星州	智能城市战略规划
佛罗里达州中部自动驾驶合作伙伴	佛罗里达州	400英亩封闭测试区+城市公路+州际公路
北卡罗来纳州收费公路管理局	北卡罗来纳州	高速公路+研究设施

作为MCity的2.0版本,ACM的面积是MCity的10倍,拥有更加复杂的交通环境布局,基地有供测试使用的高速路以及三层立交桥,路面上还有天然的坑洞,如图7-7所示。地理上的优势在于,它邻近位于安娜堡的丰田汽车研发中心和位于法明顿丘的日产汽车工厂。

该测试中心于2016年年底开建,第一阶段工程已于2017年12月11日对外运营,下一阶段施工计划于2018年春天展开。密歇根州政府为其投入了2 000万美元启动资金,截至2018年1月,ACM共筹集了1.1亿美元资金。

之所以在MCity之外再建一个规模更大的智能网联汽车测试基地,密歇根州主要是基于两方面的考虑:

(1)未来5~10年内,以联网和自动驾驶汽车技术,包括互联基础设施为主的交通运输领域的变革将层出不穷,但针对新技术的安全测试和验证仍有大量问题需要解决。而出于安全考虑,有必要将模拟、赛道测试、道路测

---

① 1英亩=4 046.86平方米=40.46亩。

图 7-7 ACM 场地示意

(来源：ACM)

试结合起来以验证智能联网及自动驾驶系统是否安全、高效。

（2）密歇根交通部、密歇根大学已经从用于研究、模拟和教育目的的 MCity 运营中获得了大量经验，而且考虑到目前 MCity 的工作量已经超负荷，因此急需有新的测试中心为其分忧。

ACM 成为全美首个进行智能网联和自动驾驶汽车研究、测试、产品开发、提供安全验证及认证的机构。建成两年内联邦政府将提供 6 000 万美元资金支持，中心运营主要由密歇根大学负责。此外，除了上述提到的功能外，ACM 还将进行 V2I、I2I 应用及标准的研究、开发和测试验证。

2. 英国 Autodrive 等示范项目

英国在自动驾驶上的行动相对于欧美和日本较晚，但可以称得上下了血本。英国政府明确表示将会投资 1 亿英镑，再加上来自业界的 1 亿英镑，总计 2 亿英镑推进自动驾驶相关的研究、开发、演示与部署工作，将英国打造成一个全球范围内的自动驾驶汽车中心。

2014 年，英国宣布在四个城市开展三个自动驾驶项目：Autodrive、GATEway 与 Venturer。参与这个计划的有福特公司、捷豹公司以及技术咨询企业 Arup。这个项目主要是研究自动驾驶是如何解决城市交通拥堵的，并期望能够在全市范围内进行电动自动驾驶车的商业化试运行。英国政府希望能够通过这个项目来向法律制定者、保险行业以及投资行业证明自动驾驶技术的价值与意义所在。

在介绍目前已经开展的各个项目之前,需要先介绍两个部门。在英国,智能驾驶汽车被称为 Connected and Autonomous Vehicles(CAV),英国为此专门成立了一个中心,叫作 Centre for Connected & Autonomous Vehicles(CCAV)。另外,英国还有一个创新部门 Innovate UK。2 亿英镑的政府预算如何花,由 Innovate UK 和 CCAV 共同负责。

1) Autodrive

Autodrive 是英国三个自动驾驶示范项目中最大的一个,将在米尔顿凯恩斯和考文垂两个城市持续运行 3 年时间,已经于 2015 年 10 月开始,持续到 2018 年 10 月为止。

Autodrive 所使用的车辆包括三种:

(1) 基于道路的互联汽车

Autodrive 期望验证互联汽车所能够带来的好处,包括安全、交通流智能控制与交通环境等。示范分为三个阶段:2016 年在位于英国纽尼顿的 Horiba – Mira 测试场进行,2017 年下半年开始在考文垂与米尔顿·凯恩斯的封闭道路上进行,最终在 2018 年进入这两个城市的公开道路。

(2) 基于道路的自动驾驶汽车

福特、捷豹路虎与塔塔汽车的欧洲技术中心为 Autodrive 提供示范车辆进行自动驾驶车的测试。与 Autodrive 项目一样,其首先会在 Horiba – Mira 测试场进行测试。在测试过程中,始终会有一名经过培训的操作员坐在驾驶席上,以便于随时接管车辆的控制权。

(3) 可以在人行道上行驶的互联自动驾驶汽车

2015 年 2 月 11 日,英国首辆无人驾驶原型车 Lutz Pathfinder 在伦敦格林尼治亮相,这辆豆荚小车还不能实现全自动控制,在完成下一步城市测试前需要人工干涉辅助,如图 7 – 8 所示。Lutz 的活动范围仅限于城市的步行区域,设计初衷是协助通勤者、购物者出行,驾车不便的老人可以搭上 Lutz 来一趟短途出行,解决"最后一公里"的出行问题。

在项目运行初期,每辆车的驾驶席上同样会坐着一名经过培训的操作员。随着项目的推进,他们计划邀请一些普通老百姓来参与,预订并使用 Lutz 作为出行工具。

2) GATEway

GATEway(Greenwich Automated Transport Environment)投资 800 万英镑,由英国交通研究实验室负责,项目在伦敦东南部的格林尼治进行,主要目的同样是在城市环境下,考虑自动驾驶如何克服技术、法律与产业化中的一些

图7-8 英国无人驾驶车 Lutz

挑战。

与 Autodrive 不同的是,GATEway 针对的是无人驾驶公共交通,包括公交车、巴士、自动代客泊车和送货车辆等。通用汽车与英国的道路救援组织 RAC 都是 GATEway 的参与者。

目前,在格林尼治已经可以看到名为"Meridian"的无人驾驶车在路上进行测试。测试完成后,会用作机场的摆渡车,如图7-9所示。

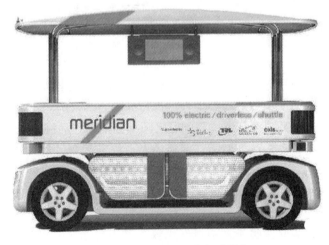

图7-9 Meridian 无人驾驶巴士

3）Venturer

Venturer 在布里斯托和英格兰格洛斯特郡的南部地区持续三年。这个项目主要是探讨为了保证自动驾驶商业化,在保险与法律层面究竟要做些什么。另外,针对无线技术、传感器融合技术等,也会同步建设一些实体与虚拟测试设备。

在 Venturer 项目中,布里斯托大学与西英格兰大学的大学生团队已经参与其中,还有英国的保险集团 Axa。2016 年 7—9 月,该项目在西英格兰大学内完成了第一次测试。图 7-10 所示为 Venturer 项目测试车 Wildcat。

图 7-10　Venturer 项目测试车 Wildcat

第一次测试主要针对公众对于自动驾驶的接受程度,以及移交出控制权之后,对于技术的感受和看法。2017 年与 2018 年的测试工作在南格洛斯特郡与布里斯托展开。

4）UK CITE

UK CITE（UK Connected Intelligent Transport Environment,英国智能互联交通环境计划）,是汽车互联和自动驾驶最前沿的测试项目,是英国政府 2016 年年初宣布的总投资 2 000 万英镑的八个车联网、自动驾驶项目之一,这八个智能汽车项目也是英国政府智能移动基金（Intelligent Mobility Fund）1 亿英镑中最先给予拨款的。

在 2016 年 2 月首次宣布之后,UK CITE 项目从 2016 年 6 月开始,历时 30 个月,可以创造超过 350 个工作岗位,项目资金达到 560 万英镑,组成成员包括零部件供应商伟世通、捷豹路虎集团、西门子、沃达丰、华为、米拉、考文垂大学、华威大学和英国高速公路公司。

UK CITE 将会建成英国首条配备 V2V 和 V2I 系统的公共道路,可以同时测试 100 辆高速移动中的自动驾驶互联汽车。车型由捷豹路虎提供,对车辆与信号灯、限高架、指示牌等基础设施以及移动的车辆间测试不同的通信技术。这是英国首次开展此类大规模公开道路测试项目,使得车企、零部件供应商以及基础设施服务供应商可以实现在真实道路上同时测试 V2V 和 V2I 技术高速行驶下的效率和可靠性。

除了上述几项测试项目之外,英国政府还在 2017 年推出道路测试项目,耗资 1.5 亿英镑在道路上测试雷达及无线信息技术,同时测试和研发自动驾驶汽车。这一测试项目由英格兰公路局(Highways England)推出,目的在于利用新兴技术减少公路交通运输堵塞。其中雷达技术在萨里郡的 Hindhead 隧道进行追踪测试,建成的雷达系统将持续不断地对交通情况进行监视,并在故障检测数秒内向控制中心发送通知。无线信息技术测试则被安排在连接伦敦与肯特郡的 A2/M2 公路上,可以为车辆提供包括交通堵塞状况、交通事故在内的出行信息,还能提供新的路线及车道变换建议。

3. 欧洲 CityMobil 与 ITS 走廊

谈起自动驾驶,大家的目光总是不约而同地看向美国。诚然,以谷歌为首的大波硅谷科技公司在自动驾驶汽车领域都做出了相当显著的成绩,受此影响底特律传统车企也纷纷跳入这片蓝海。但鲜为人知的是,欧洲开始自动驾驶技术研究比美国更早。

1) CityMobil

CityMobil 被称为欧洲"国家队"项目,因为其组织体系非常特别,除了欧盟第七科技框架计划(FP7)提供资金外,主要由欧洲各国的地方政府、大学等科研机构、系统供应商及网络运营商等 45 个团体联合推进。

CityMobil 最早于 2006 年启动了项目第一期,"CityMobil 2"项目时间为 2012—2016 年,试验车辆为法国公司 Easymile 制造的"EZ10",已经在瑞士洛桑、法国拉罗歇尔、希腊特里卡拉等 7 座城市完成了验证试验,运行里程长达 2.5 万 km,有数万名乘客参与。图 7-11 所示为 CityMobil 项目中运营的 EZ10 小巴。

EZ10 是一款外观酷似巴士的箱型纯电动汽车,内部没有任何控制装置,与大多数无人驾驶车配置一样,EZ10 通过 GPS、摄像头、雷达等传感器感应位置和障碍,在运行之前要设定 GPS 路线。

EZ10 核定载客量为 12 人,内设 6 个座位,巡航速度为 20km/h,最高车速可达到 40km/h。它配备了容量为 15kW·h 的锂离子电池,晚上使用家用电源充电,充满电可以行驶 1 天。根据外媒的体验,EZ10 试验车的加减速和转

图 7-11 CityMobil 项目中运营的 EZ10 小巴

向平稳,乘客只要在停车的时候按下按钮,斜坡就会从车厢底部伸出。乘客抵达终点下车后,EZ10 自动驶向其他目的地。

CityMobil2 已经于 2016 年 6 月初结束了全部城市的试验和展示活动。接下来 EZ10 还会在法国本土大规模推广使用,用户通过手机 App 即可了解到车辆位置并可实现一键叫车服务。它的主要研发公司 Easymile 表示该项目在亚洲地区已同期展开测试。从车辆设计和试验内容可以看出,与谷歌和其他车企在测的自动驾驶汽车相比,EZ10 更接近公共汽车的形态。只要指定路线,根据情况准备专用车道,自动驾驶就比较容易推行。

2)ITS 走廊

2013 年,奥地利、德国和荷兰政府签署了一项《谅解备忘录》,要打造欧洲第一个 ITS 走廊(Cooperative ITS Corridor)。该项目于 2016 年竣工,在鹿特丹、法兰克福和维也纳之间建成了装有智能交通系统、长 1 300km 的道路。

这是世界上第一个由三个国家共同合作进行部署的智能交通项目,且不是一个测试项目,而是要投入实际使用。欧洲多国表示,在这条长廊建成之后,他们会将国内已经建成的智能道路与长廊相连,法国、波兰和捷克将会首批实现。如果一切顺利的话,或许 10 年之后,将会有一条贯通欧洲的"新丝绸之路"出现。

这条联合 ITS 走廊的最初目标也很简单,希望能够给使用者们带来一段不被打断的旅行。通过直接与驾驶员沟通的方式,来告知前方的路况。如是否有障碍物、限速和出口等信息。这些路标指示有可能直接显示在驾驶员的仪表盘中。

4. 加拿大 CVAV

智能联网/自动驾驶汽车项目（Connected Vehicle/Automated Vehicle Program，CVAV），是由安大略卓越中心主导，联合安大略省交通厅、安大略省经济发展及增长厅共同负责的科研项目。安大略省政府为 CVAV 项目额外提供 50 万加元的资金支持。参与安大略省 CVAV 的主机厂和供应商名录如图 7-12 所示。

图 7-12　参与安大略省 CVAV 的主机厂和供应商名录

CVAV 的第一期项目于 2014 年发布，为包括三维摄像头传感器、车队共享软件解决方案、自适应巡航控制、声音报警、V2V 通信以及情景感知行人信息系统等 15 个课题提供了 290 万加元的资金支持，用于进一步研究并推动其朝着商业化的目标努力。

按照安大略省交通厅提供的资料，CVAV 项目旨在安大略省进行创新技术的研发和商业化，同时增强企业同科研院校的合作关系。整个项目的研究重点将主要集中在以下六个方面。

课题一：人为因素。

该课题主要对人类在驾驶过程中的人为因素进行分析，通过情景感知计算研究以及信息分析，用以评估外部信息对驾驶过程的风险和相关性，并提出可行性的解决方案和标准化的操作方式。其主要目的是用来展示车联网技术的进步能够使出行更加安全。

课题二：通信管理。

这个课题的研究方向主要集中在移动通信硬件、车机系统、传感器和固定式通信基础设施集成化产品和服务上。在此基础之上，还要考虑汽车产品的生命周期、网络安全、用户隐私等问题，以及未来如何利用移动联网实现安全和道路基础设施建设的成本最优。

课题三：数据管理。

这项课题研究目的是为智能联网/自动驾驶汽车、交通部门以及私人个体提供全新、富有创造力的交通数据搜集、分析和应用的方法。当然，如何保证数据在合适的时间能够得到共享，个人隐私及知识产品如何得到保障，都是该课题需要考虑的问题。

课题四：车内基础设施及技术开发。

该课题研究将主要集中在智能互联/自动驾驶汽车车内技术、零部件、产品、系统与软件的开发和展示。

课题五：提升交通管理和运营效率。

主要研究如何通过车联网及自动驾驶技术提升道路交通管理和运营的效率。

课题六：绿色科技及可持续发展研究。

该研究的目的在于强化对环境有利、增加智能互联汽车可持续发展的技术解决方案。例如通过无线技术降低车辆油耗，通过车辆与基础设施的互动，为用户提供更为全面的信息支持，优化行驶线路。

5. 新加坡 One – North

新加坡是一个城市国家，面积约 $700km^2$，550 万人口，相当于中国一个中型的二线城市。由于国土面积小，寸土寸金，在新加坡开车非常昂贵，新加坡政府提出"Smart Nation"（智慧国）规划，希望通过数字基础设施建设来提升整个国家的竞争力。

新加坡目前共有约 3 万辆出租车，几乎遍布全城的轨道交通系统是最便利的公共出行方式。如果无人驾驶出租车能够取代私家车和现有的出租车，将极大地改善城区中的路况。但前提是它们能够系统性地运行，而且能够与其他车辆和行人沟通。

2013 年，陆路交通管理局和新加坡科技研究局签署了为期五年的合作备忘录，落实"新加坡自动车计划"（Singapore Autonomous Vehicle Initiative，SAVI），推动无人驾驶技术的研究和运用。

该计划负责开发、研究以及测试自动车技术，包括以下三方面：①研究商用无人车，如无人驾驶巴士，来提供在固定时间和路段运行的公共交通服务的可行性；②共享自动驾驶车辆的区内运输系统；③研究将来广泛应用无人车时所牵涉的技术和法例要求。

2014 年，新加坡成立了自动驾驶汽车动议委员会，用于监管自动驾驶汽车的研究和测试。当地陆路交通管理局将纬壹科技城（One-North）定为首个无人车的公共道路试点，试验由新加坡的土地与交通部门主导，允许人们在规定范围内的道路上测试无人驾驶汽车。

2016 年，NuTonomy 在新加坡正式推出了世界首款无人驾驶出租车服务，目标是在 2018 年将整个无人驾驶出租车服务完全商业化。安波福也提供了 6 辆全自动驾驶的奥迪 SQ5 汽车，在 One-North 开展为期三年的测试项目，预计将于 2020 年进入运营服务阶段。

除了纬壹科技城进行的测试，新加坡还有多个无人驾驶汽车项目，南洋理工大学校园有法国 Induced Technologies 公司的可容纳 10 人的纯电动无人驾驶接驳车；海湾公园有法国 Easy Mile 公司的纯电动无人驾驶游览车；此外，新加坡 SMRT 公交集团计划引入荷兰 2getthere 公司可容纳 24 人的基于磁感路标的无人驾驶接驳车，应用于连接地铁站和居民区的门到门服务。

6. 德国 UR：BAN

早在 2012 年，德国即开始了一项名为 UR：BAN 的项目，针对城市环境开发全新的驾驶辅助系统和交通管理系统，关注汽车和交通中"人"的因素。项目总预算为 8 000 万欧元，其中 50% 由德国联邦政府的经济能源部出资。

UR：BAN 的合作企业数量达到 31 个，分别来自汽车领域和零部件供应商、电子和软件公司以及研究机构和城市管理者，其中我们熟知的企业有欧宝、奥迪、宝马、大陆、戴姆勒、TomTom、大众等。

这项研究集中在三大方向：认知辅助、网络化交通系统、交通中人的因素。

1）认知辅助

"认知辅助"子项目的首要目标，是在城市复杂的行车环境下提高安全性。德国政府为这个项目拨出的资金约有 4 000 万欧元，而之所以把项目命名为"认知辅助"，原因在于对城市道路环境的认知是辅助系统工作的基础。

城市道路环境和高速公路有何不同？有行人和自行车常常在不经意间穿街而行；公交车和路边停车挤压道路空间，给车流余下的空间十分狭窄；多数城市道路为了灵活调用车道并没有设置隔离，因此变更车道时出现对向车辆剐蹭的情况也在所难免。

因此，这个子项目遵循"认知城市复杂环境——分析决策——驾驶辅助系统介入"的逻辑，帮助解决城市中的驾驶问题。项目研究领域分为五个方面：

（1）车辆环境的测量与建模。不仅包括对静态环境建模，还要解释道路车辆的运动轨迹。

（2）保护交通环境中最容易受伤的行人。

（3）利用制动和转向来防止碰撞。

（4）通过对车辆横向和纵向运动的控制来躲避碰撞。

（5）从产品潜力、是否有效以及法律规范等几个方面，对城市认知辅助系统进行综合评价。

2）网络化交通系统

"网络化交通系统"子项目包含但跳出了单辆车及其周围环境，直接聚焦到城市整块地区的行车能源效率和交通效率。这个230万欧元的项目参与者包括欧宝、宝马、大陆、戴姆勒、大众和TomTom，当然还有一众软件提供商、政府机构。项目主要集中在以下四个方面来寻找解决方法：

（1）把城市的路况和信息辅助系统结合起来，提升单辆车的能源和交通效率。

（2）计算城市中所需的新能源车辆比例，并不断优化调配比例。

（3）控制红绿灯等交通基础设施，搭建联网的车辆管理系统。

（4）为了满足后化石燃料时代交通需求，进行复杂的交通网络控制。

可以说，前三项是把城市交通中各个参与主体的信息通路打通，用联网方式专门治疗城市的尾气排放、道路拥堵等重症顽疾。而第四项则是把前三项融合，建立一个总的管理系统，并且可以扩展沿用到其他社区和地区。在整个过程中，政府机构和图商都会提供所需的外部数据和信息。

3）交通中人的因素

该项目被拨款1 700万欧元，重点关注上述辅助系统和信息系统中的用户因素。因为城市地区的驾驶辅助系统，首要关注重点是安全性，舒适性次之。针对不同驾驶员设计个性化人机交互系统，才可以实现城市安全驾驶，减少驾驶压力、提高驾驶效率。该项目同样包含四个方面：

（1）人机交互。确定针对城市路况的人机交互概念以及相应的配套技术。

（2）检测和行为检测。车辆如何能够检测出驾驶员的意图，并根据驾驶者的需求做出适当的反应。

（3）模拟。确定行人与骑车人在高密度的城市交通流中如何移动。

（4）可控性。确保在城市交通中复杂的辅助系统仍然可受驾驶员操控。

其中的一个项目案例是，宝马联合高等教育合作伙伴和研究机构制定一个标准化、系统化的基础，用来高效、有效地验证功能和人机界面概念，在整个交互过程中"时间"是着重关注的关键因素。

7. 日本 SIP – adus

在本书"政策、法规与标准"部分,提到日本实行了一项"战略性创新创造项目"(SIP)的推广计划,目的是使企业的研究成果得到战略性的应用,把社会资源进行更好的调配,自动驾驶即 SIP – adus 是其中核心之一。

SIP – adus (Innovation of Automated Driving for Universal Services),是自 2014 年起,日本以政府牵头推进的自动驾驶技术研发和应用项目。2016 年 3 月,日本政府宣布将在位于筑波科学城的茨城县日本汽车研究所(JARI)建设一个 15 万 m^2 的自动驾驶汽车测试基地。日本经济贸易产业省将通过跑道、建筑模型、无线电通信干扰设备等相关设施建设,尽可能创造所有可能出现的不利条件与场景,用于考验自动驾驶可能面临的意外状况。

2017 年,SIP 启动了自动驾驶系统大规模公路实证试验,从 6 月开始公开招募参加者,在 2017 年 9 月至 2019 年 3 月间开展试验。试验场地规划为:

(1) 高速公路:利用高速公路部分路段进行测试,总长度 300km。

(2) 干线道路:东京海滨城市区域。

(3) 测试场地:为自动驾驶系统开放的全新测试场,2017 年 4 月 17 日开放。

整个工程需要 340 亿日元建设资金。主要课题包括动态地图、公众接受度提升活动、HMI、每个课题的交叉学科、下一代城市交通、信息安全、减少行人事故等。

8. 韩国 K – City

K – City 是由韩国国土交通部牵头,国土交通科学技术振兴院、主管研究机构的交通安全公团,以及参与研究的现代 MOBIS、美国弗吉尼亚大学、首尔大学等参与的智能网联汽车 & 智能交通示范项目。

该项目主要涉及自动驾驶汽车的安全性能评价技术及试验床开发 R&D。其中研究时间为 2016.06.29—2019.12.31(3 年 6 个月),总研究经费 188.23 亿韩元(政府 179.96 亿韩元/民间 10.27 亿韩元),共同研究机构为交通安全公团(主管)、现代摩比斯、首尔大学等八家机构,委托研究机构是美国弗吉尼亚大学、TECHNO VALUE 两家机构。

该研究课题分为两大部分,一是自动驾驶安全性能评价技术的开发;二是为了安全地进行自动驾驶试验仿造实际道路环境搭建的试验。其中"自动驾驶安全性评价技术及试验床开发"涵盖了专用道路自动驾驶安全性能评价、通信保障安全性能评价等四项技术分支。

表 7 – 4 所示为 K – City 与其他类似设施的比较。

表7-4 K-City与其他类似设施的比较

	K-City（韩国）	MCity（美国）	SIP-adus（日本）	F-Zone（中国）
开园时间	2018年	2015年7月	2017年4月	2016年6月
运营机构	汽车安全研究院（KAIRI）	密歇根大学	日本汽车研究所（JARI）	上海国际汽车城
特点	—14个试验道路； —ITS试验道路； —可实现自动驾驶连续行驶试验； —5类交通环境（市区、社区等）	—校区内试验城市； —道路、临时建筑、交叉路、人行横道、地下车等构成了市区部分。砂石路、铁路道口等构成了郊区部分； —会员等级制运营 —Leadership Circle（现18个会员机构） —Affilliate Membership（现44个会员机构）	—类似影视基地，由建筑模型、道路、无线通信干扰设备等组成； —日本汽车研究所（JARI）管理区域内构建的试验城市	—目前可用于测试的道路长度达到3.6公里； —可以提供150种网联类测试场景；涵盖安全、效率、信息、新能源汽车应用等四大类型； —面向自动驾驶和V2X网联技术的测试； —通过"昆仑计划"已获取了超过3000个事故场景，超过150万公里的自然驾驶场景等数据—
面积	36万 m²	13万 m²	15万 m²	200万 m²

9. 中国智能网联示范区

自2015年以来，工信部相继与浙江、重庆、北京、吉林等地政府签订了"基于宽带移动互联网能汽车与离整交通合同试总示范区"。

1）上海

工信部在2015年6月批准上海国际汽车城承担建设国内第一个智能网联汽车试点示范区，2016年6月7日上海试点示范区封闭测试区在上海国际汽车城开园。根据产业技术进步的需求，示范区将分四个阶段，形成系统性评价体系和综合型示范平台。

作为国内首个智能网联汽车试点示范区，上海国际汽车城学习国际先进经验，建设了提供自动驾驶、V2X 专业的封闭测试区（F-Zone），服务车辆进入开放道路前的各种安全性测试和标准规范制定。规划建设 100 个场景，其中一期完成 29 个场景。

整个园区道路实现了北斗系统的厘米级定位和 WiFi 的全覆盖，建成隧道、林荫道、丁字路口、圆形环岛等模拟交通场景。由整车企业、高校以及国家技术转移东部中心、中科院等开发的 25 辆无人驾驶、自动驾驶、网联汽车率先入园，测试复杂环境下的感知、智能决策、协同控制和执行等功能。

国家智能网联汽车（上海）试点示范区将完成"四步走"规划：2017 年完成从封闭测试到开放道路测试的过渡，2019 年建设典型城市综合示范区试验；在 2020 年打造示范城市及交通走廊，以安亭到虹桥枢纽为中心，10 000 辆车的示范道路累计增加到约 500km，最终形成初具规模的智能网联汽车产业集群。

此外，上海示范区希望通过建设开放的第三方公共服务平台，促进整车与零部件、电子通信、科研、信息服务、示范应用五大行业融合，重点打造"前瞻、共性技术研发""产品技术测试认证""标准、规范研究制定""数据与信息安全评测""产业孵化、创新集聚""智慧交通与国际合作"六大功能性的公共服务平台。

2）北京

2016 年 1 月，工信部、北京市人民政府、河北省人民政府就"基于宽带移动互联网的智能汽车与智慧交通示范应用"签署了部省合作框架协议，千方科技、乐视、百度、北汽新能源、亦庄国投、北京航空航天大学等发起单位共同签署《北京智能汽车与智慧交通产业联合创新中心发起人合作协议书》，成立北京智能汽车与智慧交通产业联合创新中心，总投资 6 000 万元，开发区则成为智能汽车与智慧交通示范区。

而针对示范区建设设立的"北京未来车联网产业发展基金"，规模 10 亿元，投资方向主要为新一代移动互联网（智能交通、车联网）和新能源智能汽车。

北京智能汽车与智慧交通示范区的封闭试验场位于北京市亦庄经济开发区的瀛海镇，总占地面积 1 371 亩。封闭试验场的选址是根据京津冀城市交通及道路特点，在一个封闭区域集中模拟构建典型的实际交通场景，为智能网联汽车的研发测试、试验验证、检测评估提供环境。典型道路交通场景除交叉路口、出入口、道路、公共交通、交通配套设施使用外，还包括交通出行中难以驾驶的特殊场景，如障碍物避让、停车场、桥梁、环岛等。此外，还要建设高速区域和低速区域。

示范区的最大特点就是智能汽车与智慧交通同步进行。政府、车企、互联网公司、科研院校等携手合作，单体车辆与配套道路设施不再各唱各戏，而是在大数据和云计算技术的支持下，成为一个有机的统一体。车辆之间、车辆与车位、道路信号之间都会有实时通信，通过计算，科学地调配道路资源和车辆通行计划。

北京示范区将开展六大应用示范——绿色用车、智慧路网、智能驾驶、便捷停车、快乐车生活、智慧管理，并制定了"示范区场→路→城"总计五年（2016—2020）的三期规划，到2020年年底，要实现分阶段部署1 000辆全自动驾驶汽车，实现基于开放道路、半开放道路和封闭道路的多种复杂场景下的应用示范。第一期项目包括300辆测试车辆，测试道路总长42km，道路形态以"城市+城郊"为主，包括封闭测试场和部分开放道路，占地约400亩；二期项目则围绕亦庄地区的高速环绕，在特定时间/地区，对冬奥会的两条高速公路进行V2X的基础设施建设。其中封闭测试区域主要围绕网联测试（CV）和自主驾驶测试（AV）展开工作，包含安全、效率、信息、新能源四大类场景，交通流测试包含北京、天津、河北三大地区城市交通实景。

值得一提的是，北京示范区将建成中国第一条V2X开放试验道路。该开放测试道路长10km，包含多种城市道路类型（三种类型共计六个交叉路口），还建有LTE-V、DSRC试验网络环境，部署路侧终端设备20套，连接包括红绿信号灯、可变情报板、施工占道标志在内的多种路测交通设施，计划在200辆社会车辆上部署车载终端，实现15种应用场景的模拟测试，该V2X开放测试道路已经完成基础设施建设并对外开放。

3）杭州—桐乡

2015年9月，工信部与浙江省人民政府签订了《关于基于宽带移动互联网的智能汽车、智慧交通应用示范合作框架协议》，明确浙江成为中国首个开展部省合作推进5G车联网应用示范的省份，并随后在浙江选择了两个地方作为5G车联网的示范试点，分别是以云栖小镇为核心的（杭州）西湖区和以乌镇为核心的（嘉兴）桐乡市。主要包括交通大数据平台及交通出行信息服务模型构建，以视频为核心的智能车载终端、智能路网设施、全自动的智能停车系统、新能源汽车的技术与产品示范等。

杭州试点示范区的模式偏重于展示，包括V2X、自动驾驶、绿色出行、便捷停车等智慧交通领域的各个方面。2016年7月，云栖小镇与中国移动合作，布设了34个LTE-V路面站点，全程都布设了高清摄像头，初步建设成

5G车联网应用示范项目，实现了基于LTE-V车联网标准的智能汽车的车—车、车—路、车—人信息交互场景。

桐乡方面，到2016年11月，项目的一期成果也进入全面试运行阶段，里面不仅构建了以视频技术为核心的透明示范路，还搭建了4G+的宽带移动测试网络，并完成多项辅助驾驶和自动驾驶的研究与测试。同时，桐乡试点还推出了智能化停车应用，利用密集式停放的方式，将停车位数提高40%以上。乌镇子夜路延伸段成为国内首条智能驾驶示范路。2016年11月世界互联网大会期间，18辆百度无人车在桐乡市子夜路智能汽车和智慧交通示范区内首次进行开放城市道路运营。

4）重庆

2016年1月底，工信部与重庆市政府签署了《基于宽带移动互联网的智能汽车与智慧交通应用示范合作框架协议》。重庆成为继北京、浙江之后，全国第3个"智能汽车与智慧交通应用示范区"。

2016年10月，重庆市制定了《基于宽带移动互联网的智能汽车和智慧交通应用示范项目实施方案》，提出该项目分两个阶段实施：

第一阶段（2016年6月至2017年12月）：重点在中国汽研礼嘉园区、鱼嘴长安工业园、重庆汽车综合试验场开展模拟城市道路、多车道和高速环道封闭、半封闭场景（50个）的辅助安全驾驶，以及基于LTE-V、DSRC的车车、车路、车人协同通信等测试评价及试验示范工作。

第二阶段（2018年1月至2019年12月）：重点在两江新区的礼嘉社区环线、金渝大道—机场内环高速、绕城高速（礼嘉立交—北碚隧道—渝宜立交—黑石子互通—东环立交—人和立交—北环立交—礼嘉立交），基于LTE-V、DSRC的车车、车路、车人等协同通信，基于5G通信、高精度电子地图、北斗导航、云计算，开展城市道路、高速公路、城镇道路、乡镇道路、高架与立交桥路、桥梁、隧道等开放交通场景的半自动/自动驾驶汽车（取得上路行驶牌照资格）的测试评价，以及智慧交通典型场景试验示范工作。

重庆试点示范区的模式与上海相似，既有展示又有应用。示范的应用方向包括智能驾驶、智慧路网、绿色用车、防盗追踪、便捷停车、资源共享、大范围交通诱导和交通状态智慧管理八大领域。

2016年11月15日，第一期"智能汽车集成系统试验区（i-VISTA）"建设完成并开始启用。该试验区位于中国汽车工程研究院礼嘉园区内，总面积达403亩，6km长的道路测试区中，涵盖了50多种交通场景测试，包括直道、弯道、隧道、桥梁、上下坡、交叉路口、停车场、加油站、充电站等，并设置了虚拟车辆和虚拟行人。除此之外，区内还集成了智能传感器、北斗高精度定位、LTE-V/DSRC车路等实时通信设施，可供相关研究单位开展盲区预警、变道预警、行人预警、紧急制动、车速诱导、自动泊车、隧道行驶等测试。

未来，i-VISTA还将继续增设场景，争取到2019年，i-VISTA可以涵盖西部地区90%以上特殊路况，到2020年初步建成国内一流、国际知名的新能源汽车与智能汽车研发生产基地，实现智能汽车产销规模达50万辆。

此外，作为重庆地区的示范项目，该示范区建设还会增设两个试验场，分别是第二阶段的重庆西部汽车试验场（垫江）智能汽车可靠性试验区和第三阶段的两江新区智能汽车与智能交通开放道路示范区。

5）武汉

2016年11月3日，工信部与湖北省政府在武汉签订《"基于宽带移动互联网的智能汽车与智慧交通应用示范"部省合作框架协议》，将在武汉开发区生态智慧城打造自动驾驶"智慧小镇"。

建在军山的智能网联汽车和智慧交通综合创新示范区，将开展智能驾驶、智慧路网、绿色用车、便捷停车、交通状态智慧管理等多个应用示范，集聚智能汽车研发、智慧交通应用和车联网新产业，成为中国先进的智能网联汽车产业基地。

武汉是全国第6个列入首批示范的地区。武汉在智能安全辅助驾驶、高精度地图、传感器、地理空间信息技术等产业领域具有非常好的技术基础和体系，发展智能网联汽车具有较强优势。下面是武汉智能网联汽车和智慧交通综合创新示范区的建设规划。

（1）2017年前，建成$2km^2$封闭示范区，搭建通信网、物联网、智慧路网等基础设施，进行智能网联轿车、客车的自动驾驶测试。

（2）2019年前，建成$15km^2$智慧小镇，形成半开放式的示范应用区，开展高速公路、城市道路、高架与立交桥、隧道、桥梁等场景和各种天气状态下的常态化测试。

（3）2021年前，示范成果推广至$90km^2$的示范区，推进产业生态圈的形成。

（4）2017年，示范区内将开通"快乐智驾"服务，有20辆自动驾驶汽车，用户可通过手机App预订，尝鲜自动驾驶。

（5）2019年，将出现一条"智驾公交1号"公交线路，有20辆智能网联公交。此外，还将陆续有全自动泊车、智能网联汽车文化旅游等供市民参与的项目上线。

此外，由雷诺集团、东风雷诺汽车公司和武汉蔡甸生态发展集团三方联合打造的武汉雷诺自动驾驶示范区也已经正式向公众开放。该示范区位于中法武汉生态示范城内，测试路段长 2km，是中国第一个开放性的自动驾驶示范区。自 2016 年 12 月 17 日开放后，公众可以在此体验基于雷诺 ZOE 打造的自动驾驶原型车。

6）深圳

2016 年 7 月 1 日，南方科技大学、密歇根大学、前沿科技产业管理有限公司签署合作协议，三方将在深圳联合建立无人驾驶示范基地。虽然这不是工信部批准的官方示范基地，但是深圳与密歇根州合作的重大落地项目，也是广东首个此类示范基地，投资额预计达 100 亿元。

这次签约确定了 2 700 万美元的合作计划，前沿科技基金为密歇根大学的无人驾驶技术科学研究提供资金支持，共同成立智能汽车联合研究中心。双方将推动"城市化的社会实验室"的科技创新转化模式在深圳落地。

2016 年 10 月，深圳前沿产业基金和密歇根大学签署合作备忘录，双方确定将引进 MCity 项目进入中国（深圳）落地。与其他的无人驾驶示范基地不同，深圳是以无人驾驶小镇的标准来设计规划的，封闭测试区只是小镇的一个功能，还会设立研发实验室和社会示范区，探索产城融合的模式。

小镇将汇聚上游的核心元器件、传感器、决策算法供应商，中游的整车方案商（包括车企和新造车企业），下游的运输、出行、交通、金融、保险、后市场等企业，形成包括"需求链"和"技术链"在内的产业集群，并配有住宅、教育、医院等基础设施，与企业、大学、政府合作。

7）长春

2016 年 11 月，工信部、吉林省人民政府在长春举办了"智能汽车与智慧交通专题研讨会"，会上双方签署了《工业和信息化部吉林省人民政府关于基于宽带移动互联网的智能汽车与智慧交通应用示范合作框架协议》，拟共同在吉林省开展智能汽车与智慧交通应用示范工作及建设示范区。随后启明信息技术股份有限公司联合一汽、清华、北航、电信研究院、华为、大唐等多家企事业单位共同承担项目建设。

2017 年 8 月 31 日，国家智能网联汽车应用（北方）示范区在长春净月启明软件园正式开工，成为东北首家基于宽带移动互联网的智能汽车和智慧交通应用示范基地，也是国内首家寒区智能汽车和智慧交通测试体验基地。示范区计划未来为辅助驾驶、自动驾驶和 V2X 网联汽车提供 72 种主测试场景和 1 200 个子测试场景。

按照规划，示范区将分三个阶段建成：

第一阶段，可以同时支持 100 辆车进行测试服务，其中不少于 2 辆安装基于 LTE – V 技术的 V2X 通信设备和北斗高精度定位设备，能够实现信息提示、安全预警等智能网联化应用。

第二阶段，支持的示范车辆达到 500 辆，除了 V2X 通信设备和北斗高精度定位设备，增加安装基于 4G 的 T-box 和 OBD 终端，并建设 20 个安装信息发送、接收设备的红绿灯，实现信息提示、安全预警与控制、绿色节能等智能网联化应用。

第三阶段，支持示范车辆达到 10 000 辆，在第二阶段的基础上，进一步在交叉路口安装流量监控设备、危险状态监控以及危险信息发布设备。

2019 年，东北智能网联汽车示范应用将正式进入实操阶段。启明信息技术股份有限公司计划到 2019 年，示范道路累计增加到约 100km，包括商业住宅区、商业中心、旅游中心、工业园区、城乡结合区、客运中心、货运中心以及城市快速道路、城市轨道交通、城区道路、乡村道路、隧道、桥梁、立交桥路、山地环湖坡路等道路环境。

此外，"示范区"项目已纳入一汽 2017 年重点监控的重大专项，由一汽集团全面支持项目策划、建设和运营，一汽研发团队提供技术支撑，满足一汽"挚途"[①] 战略的测试、验证和应用需求。

8）无锡

2016 年 11 月，江苏省政府、工信部、公安部交通管理科学研究所正式签订三方协议，在无锡市共建国家智能交通综合测试基地。2017 年 8 月，无锡基地完成施工图设计，于年底开工建设，测试基地原则规划总面积为 178 亩，总建筑面积 8 万多平方米，建成后将有力推动全国智能交通、自动驾驶汽车及车联网产业发展。

目前北京、上海、武汉、重庆、长春等无人驾驶测试基地主要用于无人驾驶车辆在封闭场地内的测试。无锡综合测试基地除了让机器人不断学习外，还将构建与智能网联汽车运行安全技术条件相关的实际道路测试场景和管理平台。

综合测试基地建设工程共分三期实施，2017 年年底一期工程开工建设，至 2019 年年底完成，届时可对外开展测试工作。未来，计划进行基地内封闭式、基地外半开放式，以及基于安全条件下利用实际道路交通环境进行的测试，这些实际道路测试案例将超过 150 个，由多种类型道路、隔离设施、减速设施、车道线、临时障碍物、交通信号、交通标志灯综合构成，实现智能网联汽车驾驶技术的功能符合性、性能可靠性和稳定性的测试与认证，为颁发公共道路测试临时车牌提供第三方权威测试与认证。

---

① "挚途"战略是一汽集团于 2015 年 4 月发布的互联智能技术战略，明确指出一汽将在 2025 年实现智能商业服务平台运营。

第八章
前瞻者——科研院校

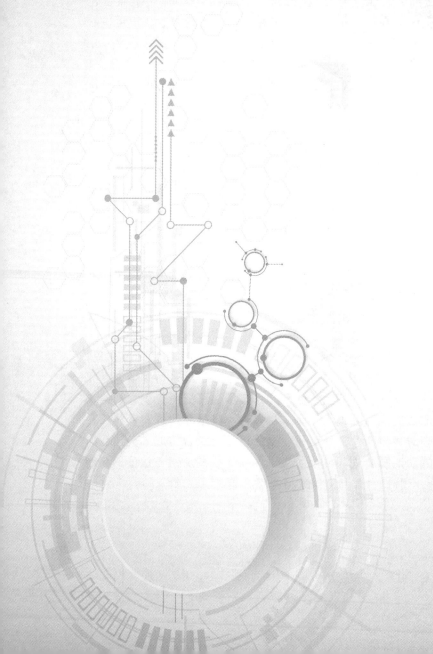

国内最早在智能汽车领域展开研究和布局的是高等院校。从 2009 年开始，一年一届的中国智能车未来挑战赛就是这些高校切磋技术的战场。在其前瞻性研发的优势下，高校一方面积极与车企接触，试图理清从实验室产品走向产业化的可能实现路径；另一方面也在身体力行，从内部进行智能汽车相关技术与产品的孵化。

一、清华大学

早在 20 世纪 90 年代中期，清华大学智能车辆研究团队就成立了。过去几年，清华大学汽车工程系李克强教授参加行业论坛时，交流内容中有一部分始终未变——梳理、更新汽车行业的新概念。在他看来，正是因为概念混乱，阻碍了从业者对行业变化的全局了解。

李克强认为，当前智能汽车的发展正在往智能化和网联化两个方向进阶，前者依靠自身装配的传感器来感知环境，完成"孤岛式"自动驾驶；后者通过让本车与周围车辆、基础设施交换信息，实现联网情况下的自动驾驶。两个方向发展到最终都能完全解放人类双手，并且最终相互结合，成为"智能网联汽车"。图 8-1 所示为李克强提出的概念图谱。

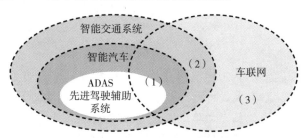

（1）协同式智能车辆控制（智能网联汽车）
（2）协同式智能交通管理与信息服务
（3）汽车电商、后服务、智能制造等

图 8-1 清华大学汽车工程系李克强教授提出的概念图谱

智能汽车要放到整个智能交通系统中讨论，因此车联网与汽车产生的交集远远不止汽车本身。被广泛使用的车联网概念，还包括电商、服务、智能制造，以及下一代智能交通系统（"人-车-路"一体化的服务系统）。

另一项已经达成的共识是，电动车平台更加适合智能网联技术的推进，智能网联技术也可以方便解决电动车充电节能等根本问题，电动车、智能车作为一个有机整体可以相互结合，重新架构，把清洁能源动力、电控化底盘、智能信息交互聚集在一起，形成新一代智能网联汽车。

清华大学有关智能网联汽车的研究，正是在上述概念框架下展开的。5 名教授、6 名副教授、15 名博士后、80 名博士及硕士研究生，都在进行不同方向的探索。

按照大框架，研究主要分为智能车辆和环境友好型车辆两个方向。前者结合当下趋势，对自主式与网联式智能汽车技术进行细分研究；后者则是将智能化、互联化、电气化结合，定义、探索环保节能的智能汽车。

此前长安汽车展示的自动驾驶 L3 级长安睿骋测试平台，就由清华大学智能车辆团队参与搭建。2016 北京车展，北汽提供 App 约车试乘试驾，在特定区域展示的低速全自动驾驶汽车，也有智能车辆团队参与其中。

除了试验平台展示实力，智能车辆团队给出了 10 个具体的研究方向，如图 8-2 所示。

01 试验平台	02 驾驶员行为特性分析与建模
03 汽车行驶复杂交通环境感知	04 电动汽车的动力学参数及状态估计
05 智能车辆的决策与轨迹规划	06 车辆安全/节能/舒适多目标协同控制
07 汽车队列的分布式模型预测控制	08 汽车节能型驾驶行为的辨识与辅助应用
09 智能环境友好型车辆的动力学与控制	10 智能车路协同控制技术

图 8-2 清华大学智能车辆团队 10 个具体研究方向
（来源：清华大学汽车工程系）

其中一些课题，团队主要在构建框架，比如在驾驶员行为特征分析和建模方向的研究中，研究人员将驾车置于复杂的行车场景中进行"行车风险场"的框架讨论，提出了"行车风险场"应该由"势能场、动能场、行为场"三者共同构成，同时在测试平台上进一步检验与完善细节。

除此之外，团队工作在现有基础上持续深入，解决复杂场景的应用。以环境感知的计算机视觉技术为例，不同于市面上主流的车道线和前车行人检测等功能，团队成员在研究更加复杂的行人意图方面，不仅要做到检测与发现行人，还要预测醉酒等特殊情况下行人的运动轨迹。

如果略作总结，智能车辆团队关注的是尚未达成共识的基础研究：

（1）智能汽车全状态参数估计与多源信息融合。
（2）智能汽车路径规划及自主决策方法。
（3）汽车人机共驾及协同控制理论。
（4）智能汽车系统动力学及其多目标控制。
（5）智能汽车编队及多车协同控制。

（6）智能网联汽车通信技术与数据平台建设。

（7）自动驾驶高精度地图、车辆环境感知及高精度定位导航。

（8）智能汽车的测试评价与示范运行。

（9）智能网联汽车技术战略与商业模式研究。

研究人员多次提到，最难的其实是发现"现阶段哪些方向更值得研究"。科研前线需要在领域内保持特有的敏感，上述列出的九个方向是团队根据技术发展现状，拟定的更加超前的时间规划。值得注意的是，除了单纯在智能网联汽车技术上挖掘更多可能，商业模式也成为一个课题。

智能车辆团队的大部分研究都在以企业项目合作的形式推进，一汽、东风、上汽、长安、丰田、日产、本田、铃木、大众、戴姆勒、宝马、奥迪等车企都与清华大学智能车辆团队存在交集。清华大学很早就与戴姆勒一起成立了"清华大学－戴姆勒汽车可持续交通研究中心"。2016年又与日产成立了"清华大学－日产智能出行联合研究中心"，开始针对中国市场的电动汽车和自动驾驶技术开展研发工作。

对于智能车辆团队和企业的分工，研究人员列举了一个"伸手拿桌上水杯喝水"的例子，类比自动驾驶研究中不同角色的任务。

智能车辆团队负责研究和探索整个动作的执行步骤，包括判断水杯方向、伸出手、握住水杯，然后拿到嘴边喝水。企业在工程化过程中将考虑更多细节，比如老人还是小孩抓水杯，用多少力度，手到水杯之间有没有障碍物，从哪个方向伸过去，等等。

简单总结，智能车辆团队在与车企配合的过程中，负责提供系统、基础的算法框架，使用场景可能会有些理想化。围绕在框架周边的具体细节与结合实际行车考虑的优化，比如传感器成本和数据准确性，等等，这些都在产品化过程中解决。

为了让领先的技术创新走向市场，更好实现产学研间的桥梁搭建，清华大学与苏州市政府在2001年共同成立了清华大学苏州汽车研究院，用于整车零部件研究和产品化。

在角色分工上，智能车辆团队做更加前沿的研究，未来两三年内量产产品的前期开发测试将在清华大学苏州汽车研究院完成，清华汽车工程系学生聚集在平台之上，由平台孵化一些创业公司并提供技术支持。创业公司会负责工程部署和市场销售。

目前平台上已经培养了包括苏州绿控传动科技有限公司、苏州智华汽车电子有限公司、苏州清研微视电子科技有限公司、常州易控汽车电子有限公司、苏州优达斯汽车科技有限公司、苏州凌创电子系统有限公司在内的一批企业。

这些公司在未来的产品研发上构筑了相互配合的整体。比如苏州智华主营基于计算机视觉的驾驶辅助系统，苏州优达斯的主要产品是可用于自动泊车、探测距离达5m的超声波雷达。两家公司将来会将摄像头和超声波雷达做软件层面的融合，预计2018年推出Demo产品。

因为共处一个平台，智华和优达斯会在前期配好通信协议，确定用什么格式输出和接收数据，讨论如何将反馈给到驾驶员。由于智能汽车未来需要多方合作，涉及感知 – 分析 – 控制各个环节的"清华帮"，在数据共享和配合上拥有初始优势。

在一次演讲中，李克强教授介绍到清华智能汽车的产业化规划会从集成化驾驶辅助向半自动化、高度自动化、全自动化进阶。不远的将来，自动紧急制动、主动避撞系统、全自动泊车等产品都会经由整个清华平台孵化。在产学研体系中，每个环节的工作都紧紧相扣，然后在需求驱动下，把"如何拿过水杯喝水"落地为现实。

二、同济大学

上海国际汽车城曹安公路4800号是同济大学嘉定校区校址，由校门穿过广场右转，就可以陆续看到零散停靠的测试车。位于迩楼的智能型新能源汽车协同创新中心，集中了一批汽车前沿的创新研究，同济大学关于安全智能化的研究，也是在这栋大楼里展开。

智能型新能源汽车协同创新中心（以下简称协同创新中心）由同济大学和上汽集团牵头建立，数家高校企业参与其中，是一个帮助科研项目产品化的创新平台。根据上汽集团的产品规划和行业趋势，同济大学做一些探索性基础研究，上汽集团前瞻技术部则关注产品化，基础研究到产品的过渡则由协同创新中心协调。

结构框架如此设置的原因，也是考虑到高校在整个行业中扮演的角色。作为院校，同济大学更善于孵化不同的观点，对于技术探索开发的容错更高。而明确市场需求、确定质量指标、控制成本的工作就交给更擅长的企业来做。

除了将科研项目与企业需求捆绑，协同创新中心的另一项作用是科研资源融合。

智能网联汽车是一个跨学科的系统工程，如果要面向实用，不是一个小团队能做成的。协同创新中心的任务之一就是把学校各个老师的"单体化研究"集成起来，包括汽车学院、交通学院、电信学院、软件学院、测绘学院在内的学生，都已在协同创新中心参与项目。

比如上汽在协同创新中心进行的智能汽车相关评估，其中涉及的整车测试包括通信和基础设施等测试，需要大量完备的资源和齐全的学科体系。而智能汽车要从设计阶段夯实基础，技术参与和修正要在商品化之前全部完成，这也要求高校更早参与到整车规划中去。

目前协同创新中心有多个创新小组，锂电池、线控系统、毫米波雷达、智能评测等先导项目均包含在内，先导项目筛选后与上汽前瞻技术部进行产品化尝试。

智能汽车的发展，正在逐渐改变汽车测试体系。在以往的汽车安全测试中，只含有被动安全的考察选项，随着主动安全的兴起，包括NHTSA、HIS、E-NCAP在内的多个机构都在逐渐将主动安全纳入考虑，并对汽车安全的检测重新定义。

同济大学汽车安全技术研究所所长朱西产在协同创新中心参与的项目，就是智能汽车测试。朱西产拥有数十年汽车安全测试经验，当被问到智能化对汽车检测带来的新思考时，他提到了一个名词：一体化安全。

他认为评测要考虑整个事故过程的安全，包括主动安全保护及碰撞和被动安全保护。因为在多数情况下，主动安全的制动或横向控制无法避免碰撞，主被动之间存在关联。这就要求在汽车设计阶段开始考虑一些问题：除了加速度传感器，能不能加入ADAS传感器设计安全气囊弹出机制？在车辆发生碰撞时，如何控制转向？选择用什么角度撞击最安全？

这其中最困难的部分，还是一些主动安全时代的未知情况。比如增加AEB功能后，前车制动车尾抬起，后车跟随制动车头下沉，进而导致后车钻入前车尾部。那么要讨论的新话题就是，车速为60km/h的无AEB主动刹车系统碰撞和50km/h有AEB钻入，哪种伤害更大？除此之外，紧急制动后，驾驶员处于前倾状态，是否会加大对乘客颈部的伤害？

上述问题只是汽车智能化带来的影响之一，随着新情况出现，研究团队会将其逐步归类到测试体系中，同济大学关于智能汽车的评测体系也正在框架搭建之中。更重要的是，测试可以为制定标准提供支撑。在科研院校确定测试方法后，标准制定更加容易进入流程。

智能汽车测试研究在2016年5月19日同济大学与上汽签署的《共建共营智能网联汽车测评基地合作协议》中有所体现。同济大学将会自建智能车测评基地，侧重上汽的产品测试，与更加重视科普的上海国际汽车城无人驾驶测试基地一起，作为智能网联汽车（上海）试点示范区的组成部分。

2016年6月初，上海汽车城无人驾驶测试基地举行开园仪式。在开园仪式上，同济大学展示的自动驾驶电动清扫车也是协同创新中心孵化的产品。这辆车由同济大学与上汽旗下的南京南汽专用车有限公司等单位合作完成，整辆车使用了同济大学自主研发的低速自动驾驶技术。

这辆车的意义在于,将同济大学的自动驾驶技术产品化。低速自动驾驶技术更加可靠,因此是快速实现商业化的路径之一。

这辆自动驾驶电动清扫车装载了超声波、长短距雷达、摄像头等传感器设备,传感器融合获得的数据与决策系统对接,用于车辆行驶导航、躲避障碍以及错误管理等功能。整车通过锂电池组供电,使用线控系统,并搭载了车载北斗高精度导航系统用于实时定位。

根据计划,同济大学将于2018年在3辆车的基础上生产第二批30辆样车,第一步在封闭道路运行,下阶段会进入固定线路开放道路。自动驾驶电动清扫车上路后,车速大约为10km/h,可以全自动驾驶,也可以人工操控。

白杰是国家"千人计划专家",他在协同创新中心的工作更加关注智能汽车的感知阶段。他正在进行的工作为毫米波雷达的国产化,同济大学正在为此打磨一款自主研发的24GHz远距离毫米波雷达。

目前市面上国产毫米波雷达自主研发多为24GHz与77GHz两类。之所以选择24GHz这一频率有多个原因,第一是芯片,77GHz芯片获取困难。第二,24GHz频率更容易控制性能,77GHz的毫米波雷达更难控制RF噪声,性能一致性难以达到。第三是制造工艺。手机集成工艺即可以满足24GHz毫米波雷达的工艺需求。第四,国内对24GHz的频率无限制,而且成本比77GHz更低。

目前同济大学的毫米波雷达处于试制生产阶段,计划2018年量产。软件团队来自日立、大陆、安波福等,硬件方面的牵头人才也已经陆续到位。

在实验室制造一个Demo件并不困难,谈起国产毫米波雷达难以量产的原因,白杰认为这是一个从雷达零部件、信号处理到车载控制系统的系统工程。

毫米波雷达,由高/低频电路、天线、雷达算法共同组成。天线决定波的发射和接收,高/低频电路、算法软件处理雷达信号与目标跟踪,最后的装配也要考虑如何减少衰减。

其次,产品的研发、设计、测试、生产整个周期,要对性能和价格进行平衡,对产品线进行平衡,而且每一代产品之间的连接迭代,也是一个更大范围的系统工程。

为了打磨毫米波雷达产品,同济大学要对产品进行三道测试。第一,产品初期阶段的室内测试,建设电波暗室(见图8-3),减少电波干扰和雷达漫反射,用测试仪器来评价标定。第二,一般道路测试,将毫米波雷达在室外相对静态放置或进行标准运动,评价毫米波雷达对障碍物的检测情况。第三,实际车载环境测试,将毫米波雷达装车,在实际驾驶场景中观察应用情况。

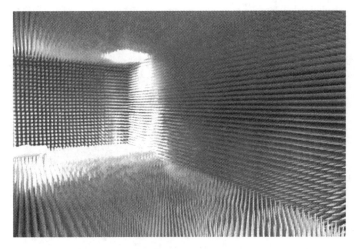

图8-3 同济大学为测试毫米波雷达而新建的电波暗室
（来源：同济大学）

汽车智能化所需的创新，已经在各个学科间协作展开。企业与高校各司其职，企业依靠自身的市场敏感度把握研发方向，高校利用宽容的研究环境孵化最新想法。每一个关于产学研合作的尝试，都在帮助技术从实验室走进汽车。

三、国防科学技术大学

对我国自动驾驶的研究追根溯源，一定绕不开国防科学技术大学。这所位于湖南长沙的军事院校，拥有国内先进的智能化技术，中国第一辆自动驾驶汽车就诞生于此。

早在1987年，国防科学技术大学就研制出了一辆自动驾驶小车。这辆小车外形上酷似行李拉杆箱，虽然和常规意义上的汽车相差较大，但代表了国防科学技术大学在自动驾驶方面的技术突破，也为第一辆自动驾驶汽车的诞生埋下了伏笔。

经过16年技术积累，2003年，国防科学技术大学与一汽集团合作，基于红旗CA7460平台打造出国内首款自动驾驶汽车，如图8-4所示。这辆车在正常交通状况的高速公路上，最高稳定自主驾驶速度可以达到130km/h，最高峰值自动驾驶速度为170km/h，比较大的突破在于在功能上实现了自动超车。

2006年面世的第二代自动驾驶红旗HQ3（见图8-5），具备了自适应巡

图 8-4　基于红旗 CA7460 平台打造的自动驾驶轿车
（来源：国防科技大学）

图 8-5　第二代自动驾驶汽车红旗 HQ3
（来源：一汽集团）

航、车道线跟踪、碰撞报警等多项技术。与第一代相比，在硬件系统小型化、控制精度和稳定性等方面都有明显提高。据相关论文介绍，研究人员通过将自动驾驶系统的控制系统与车内网络互联，与原车驾驶系统进行了很好的融合，实现了部件小型化，被视为一大突破。[①]

---

① 贺汉根，孙振平，徐昕. 智能交通条件下车辆自主驾驶与技术展望 [J]. 中国科学基金，2016（2）：106-107。

一次跨省高速公路穿行，让这辆红旗 HQ3 在 2011 年获得了大量关注。车辆在自动驾驶状态下，完成了从长沙到武汉总计 286km 的高速公路试验。总计 3 小时 22 分的旅程中，经历了包括其他车辆超速行驶和违规超车、车道线模糊及部分路段雨、雾天气等在内的复杂路况。系统设定最高时速 110km/h，全程自动驾驶平均速度为 85km/h。完成整段旅程时，人工干预里程约为 2 240m，不到总自主驾驶里程的 1%。

值得注意的是，在 2003 年第一代自动驾驶汽车的基础上，研究人员于 2010 年让 HQ3 实现了自动汇入车流的功能。在一次公开的演讲报道中，研究人员提到了一些细节：比如考虑如何在两辆车以 190km/h 的速度高速行驶时，让自动驾驶汽车汇入其中？当前车快、后车慢，自动驾驶汽车应该如何汇入车流？最终，整个汇入车流的过程没有使用 GPS 等导航设备，完全靠自身配备的感知－决策－控制系统来完成。[①]

从平台搭建升级到进入高速公路自动驾驶，到实现超车和自动汇入车流，据种种研究资料来看，国防科学技术大学在 2011 年的那次穿行，与目前不少企业发起的自动驾驶高速公路测试相比，已经远远拉开了距离。

作为国内第一个吃螃蟹的人，国防科学技术大学自动驾驶汽车团队对于自动驾驶汽车的发展看法十分冷静，认为现阶段自动驾驶汽车不必驶入所有路况。

原因之一，目前自动驾驶系统并不是样样都比人类强。比如自动驾驶汽车在定量测量上明显要优于人类，而且机器本身不会疲劳走神。而一个具备驾驶技能的人类驾驶员，在面对复杂环境时的环境理解，则要强于机器水平。可以说在定性和定量等众多方面，人和机器存在互补。

原因之二，目前有很多复杂环境，自动驾驶汽车还不能很好应对。在一些自动驾驶汽车驾轻就熟的结构化道路，把驾驶权交给汽车确实更加安全、省力。最典型的就是自动驾驶汽车非常适合在高速公路上长途跋涉地进行货运驾驶，自动驾驶汽车编队后匀速行驶可以明显减少油耗。

因此，国防科学技术大学更加倡导"人车协同"。根据环境路况的复杂程度和目前自动驾驶的技术水平，车辆在不同场景应该使用不同的驾驶模式。特定高速公路和城市主干道可以设置为自动驾驶车道，强制车辆自动驾驶，并统一调度规划，允许自动驾驶汽车组成车队行驶；其他城市路段或其他高等级公路，允许但不强制自动驾驶，不调度汇编车队，每辆车由驾驶员自己

---

① 来自贺汉根在 2014 年首届中国智能汽车国际论坛的主题演讲，腾讯汽车整理《贺汉根：环境测量是无人驾驶发展的关键挑战》，https：//auto.qq.com/a/20141025/022181.htm

负责；对于复杂路段、非结构化道路，或在恶劣天气时，则严格控制启用自动驾驶。

这种发展模式不用在技术抵达最终阶段前漫长等待，单从自动驾驶汽车的立场讨论自动驾驶，难免狭隘。把自动驾驶汽车放到整个交通系统，可以用技术互补和场景限制的手段，进一步加强自动驾驶汽车行车的安全与环保特性。

军事院校背景并没有妨碍国防科学技术大学将技术向民用产品转移。除了上述与一汽集团合作的自动驾驶平台之外，自 2006 年起，国防科学技术大学就开始与一些国内自主品牌合作，将成熟的研究成果产品化，其中包括主动安全、辅助驾驶、自主泊车等功能。

现在看来，这些功能已经是见诸报端的常规技术。但是如果将背景定位于 10 年前，没有人会否认研究的前瞻性。

国防科学技术大学在自动驾驶领域的积累，让他们对国内外自动驾驶技术看得更加明晰。在他们看来，国外自动驾驶研究确实比中国早，投入多。但是国内拥有的技术并不比国外差，目前高校层面的自动车技术与国外基本处于同一水平，主要差距在产业化部分。

自动驾驶带来的这一波变革，让国内汽车行业遇到一次提高自主品牌市场占有率和盈利能力的绝佳机会。在自动驾驶技术军转民的认识上，国防科技大学也有强烈的责任感，希望借助军事院校自动驾驶技术的先期积累，让国内汽车产业与国外同行处在同一竞争水平。

四、北京联合大学

在投入无人车研究的各个高校中，北京联合大学最大的特点是特殊的学科设置和项目配合。任何一个学院和学科，都无法满足无人车这种跨学科领域研究项目的人才需求，自动化学院研究机器人只能侧重自动控制，机电学院只会研究机器人关节和机械装置，而这些都只是智能车研究中很小的一部分。智能汽车是跨学科领域，一定要融合。

中国工程院院士李德毅牵头在北京联合大学设立"德毅机器人实验班"之后，学校从 2014 年就开始从各个学院选拔真正热爱机器人、愿意从事其开发应用的本科生，无人车是其中最热门的项目。当时学校组织了跨专业的团队，将无人车涉及的各项技术，包括传感器、雷达、GPS、惯导、决策、控制、机械、测试、认知交互、自学习（机器学习），单独成立 10 多个项目组，聚集了共计 30 多人的教师和学生，来共同支撑无人车团队。

这种跨学科团队建设已经形成了系统的学院设置，并且开始招收学生，启动人才造血。2016年5月19日，北京联合大学在全国成立首个机器人学院，设置了软件工程（智能软件）、电子信息工程（智能硬件）和自动化（智能控制）三个专业，无人车属于轮式机器人，是专业的重点研究方向。李德毅院士担任机器人学院院长，并在校内授课讲座，负责学院整体规划。

这种快速行动的能力归功于北京联合大学没有太多学科设置包袱，让学校能迅速配合一名权威的领头人，顺应技术发展潮流迅速组合院系，建设跨学科人才培养的院校结构。

从2012年开始，北京联合大学就开始做智能车研究，当时主要是小型车项目。在李德毅院士牵头下，北京联合大学在无人车方面的研究成果已经较为丰硕。

在乘用车方面，京龙系列的无人车与北汽研究院合作，现在已经有以国产轿车、电动车、汽油车为载体的三辆智能汽车平台，用于展示城市智能无人驾驶车研究课题的成果，并且参加了两次智能车未来挑战赛。

同时，团队在智能车人机交互系统的研究与实践上也有积累，已经实现了李德毅院士在智能车联合课题组中提出的交互认知箭头的展示，并且应用于郑州—开封无人驾驶道路测试，在基于人–车–路协同的智能交互研究过程中积累实践经验。现阶段团队已经在和北汽集团建立智能交互系统合作。

除了普通城市乘用车之外，北京联合大学正在有计划地将学校的小型车——"小旋风"系列商用化。这款车由北京联合大学与北汽集团合作开发，从底层研发到智能化，北京联合大学均享有专利，并参与自定协议和CAN总线。在传感器配置上，"小旋风"将使用低成本传感器方案，目前已经可以只用一种传感器实现无人驾驶，但在实际应用中会用多种传感器做冗余来保障安全。

"小旋风"曾在北京动物园夜间巡逻，也在水上公园执行类似任务。短距离接驳是这种小型无人车可以最先应用的方向，因为这种使用场景不受场地和交通法规限制。但是低速无人车的激烈竞争，让学校在产业化进程上加快了速度。

下一阶段，北京联合大学计划将智能卡车设立为新的产品化目标。新项目是重达3吨和5吨的物流车，未来有可能在城市法规要求的特定环境下行驶。这种物流车不仅具有无人特性，而且会和车联网相联，通过网络监控车辆。

一辆车要智能化，首先要实现自动化、数字化、线控化。现在无人车大多是由有人驾驶车辆后装改造。下一步，北京联合大学在与车厂的合作中，将扮演为车厂提供技术规范的角色，提供标准通信协议，帮助主机厂从设计生产环节开始，研发一辆适用自动驾驶的汽车。

第九章

超车者——中国车企

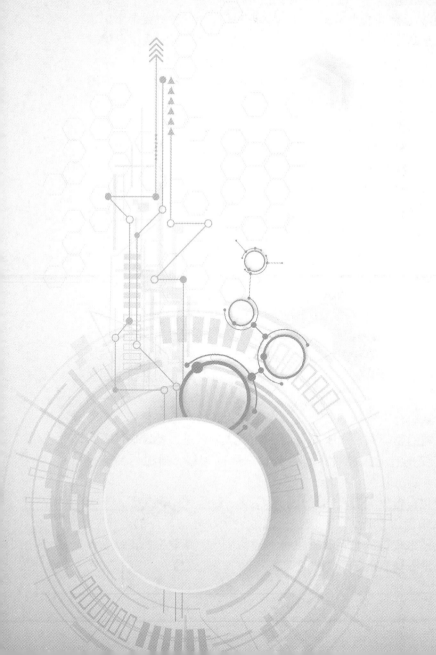

我国政府在 2015 年 5 月发布的《中国制造 2025》中，明确将智能网联、自动驾驶作为汽车行业未来的发展方向。受此影响，各汽车生产企业正在加速布局自动驾驶汽车业务，并已从概念开发进入路试阶段。另一方面，为实现在 2020 年以后自动驾驶汽车的推广应用，2016 年以来中国政府开始着手法规建设，试验及试运营设施的建设也呈现活跃化。

为响应政府的方针和号召，近年来国内汽车企业开始将 ADAS 作为一种安全和舒适的技术在乘用车上搭载，并以此为卖点运用到新产品战略中，尤其是车型高端化战略。据日本咨询公司富欧睿（FOURIN）统计，截至 2017 年 3 月，中国自主品牌乘用车产品有 19 款车型搭载了 LDW（车道偏离预警系统），14 款车型搭载了 SVA（盲点预警系统），13 款车型搭载了 FCW（前方碰撞预警系统），搭载 ACC（自适应巡航控制）、NVS（夜视系统）的车型各有 8 款。在搭载车型的型款上，有 33 个型款搭载了 SVA，24 个型款搭载了 FCW，如图 9-1 所示。

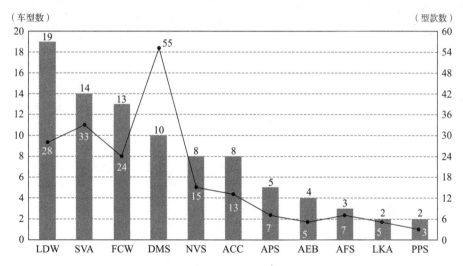

图 9-1　中国本土乘用车企业 ADAS 导入状况
（来源：FOURIN 中国汽车调查月报，2017 年 3 月）

通过搭载 ADAS 技术，上海汽车、长安汽车、东风汽车、北京汽车、一汽轿车、广州汽车、长城汽车、吉利汽车、奇瑞汽车、江淮汽车、东风裕隆均向市场投放了售价高达 20 万元以上的高端车型。比较有代表性的车型有上汽荣威 i6 和荣威 RX5、长安睿骋、红旗 H7、传祺 GS5 Super·GS8、哈弗 H7、吉利博瑞、博越、奇瑞瑞虎 7、东风裕隆优 6 等，尤以 SUV 车型居多。

对于更具未来性的自动驾驶汽车，我国汽车企业也展现出了积极的姿态，有些企业提出到 2020 年实现部分自动驾驶，到 2025 年实现高度自动驾驶，产品渗透率达到 50% 的发展目标。截至 2016 年 7 月，已经推出自动驾驶汽车样车，并已开展道路试验的制造商包括上海汽车、中国一汽、东风汽车、长安汽车、北京汽车等大型国有汽车企业，广州汽车、长城汽车也进入试制和实车展示阶段。中国本土汽车企业大多计划在 2020 年以后实现部分辅助驾驶或高级辅助驾驶功能。中国本土汽车企业的自动驾驶事业进展及计划见表 9-1。

表 9-1 中国本土汽车企业的自动驾驶事业进展及计划

制造商		进展情况					截至目前的动向	今后的计划·目标
		立项	研发	试制	实车发布	路试	量产		
汽车制造商	上海汽车	←	←	←	→			· 2015 年 4 月，发布概念车名爵 iGS。基于名爵锐腾开发，可在 60~120km/h 的情况下实现远程遥控泊车、自动巡航、自动跟车、车道保持、换道行驶、自主超车等功能。 · 2016 年，北京车展发布 V2X 版名爵 iGS 智能驾驶概念车。 · 2016 年 6 月，向上海嘉定的国家智能网联汽车试点示范区投放 8 辆路试车。 · 2018 年 3 月，获上海开放道路自动驾驶测试牌照	· 2020 年，实现结构化道路和部分非结构化道路的自动驾驶。 · 2025 年，实现在所有环境下的自动驾驶
	中国一汽	←	←	←	→			· 2003 年，与国防科学技术大学成功试制出基于红旗 CA7460 的自动驾驶车。 · 2006 年，与国防科学技术大学合作，推出基于红旗 HQ3 的第二代自动驾驶车。 · 2011 年，与国防科学技术大学合作，基于红旗 HQ3 的自动驾驶汽车完成了从长沙到武汉总计 286km 的高速公路试验，可以自动汇入车流。 · 2015 年 4 月，在上海同济大学校园内举办互联智能汽车技术演示会，发布了基于红旗 H7 的试制车，实施了与手机的连接、自动停车、自动跟车等功能	· 2019 年，推出实现 Level 3 自动驾驶的量产车型。 · 2020 年，推出实现 Level 4 自动驾驶的量产车型。 · 2025 年，推出实现 Level 5 自动驾驶的量产车型

续表

制造商	进展情况					截至目前的动向	今后的计划·目标
	立项	研发	试制	实车发布	路试	量产		

制造商	立项	研发	试制	实车发布	路试	量产	截至目前的动向	今后的计划·目标
汽车制造商 东风汽车				→			• 2013年，在东风风神A60车型的基础上，开发了一辆自动驾驶的原型样车以及一辆智能化概念样车，主要进行自动泊车等相关技术的预研工作。 • 2014—2015年，在东风风神AX7车型基础上开发智能化概念样车，并基于A60、AX7两个车型来完成ADAS相关预研工作，主要产品包括低速AEB、高速ACC与远程遥控等。 • 2016年开始，以AX7为原型，进行自动驾驶第二阶段样车开发，同步开展Level 3、Level 4与Level 5三个级别的先行预研工作，这时的开发主要是针对高速路况	• 2019年，开始MiniBus无人公交的商业示范运营。 • 2020年，推出高速公路自动驾驶。 • 2022年，完成卡车编队自动驾驶。 • 2023年，实现城区道路自动驾驶。 • 2024年，达成特殊区域（限定区域）无人驾驶。 • 2025年，实现结构化道路自动驾驶
长安汽车				→			• 自2011年开始开发自动驾驶技术。 • 2016年4月，在北京车展上展出了采用自动驾驶技术的试验车睿骋。 • 2016年4月，长安睿骋从重庆出发经由四川、山西、河南、河北到达北京，进行了2 000km以上的道路行驶试验。 • 2018年3月，长安汽车正式发布Level 2自动驾驶核心技术框架IACC，并率先在长安CS55车型搭载	• 2018年，正式发布自动驾驶核心技术IACC。 • 2020年，实现高速公路自动驾驶。 • 2025年，实现有车道全路部况自动驾驶

续表

制造商	进展情况					截至目前的动向	今后的计划·目标
	立项	研发	试制	实车发布	路试	量产		
汽车制造商	北京汽车				→			• 2014 年 12 月，北汽集团新技术研究院发布了与北京联合大学共同开发的 EV 自动驾驶汽车。该车可以按照预先设计的路线自动行驶，行驶过程中可以选择避开拥堵路线，躲避行人，按照交通规则行驶。 • 2016 年 4 月，北汽新能源在北京车展上发布了基于 EU260 的试验车，并且举行了自动驾驶汽车的试驾体验活动。 • 2016 年 7 月，北汽集团新技术研究院与辽宁省盘锦市大洼区就实施自动驾驶汽车体验项目达成一致。 • 2018 年 2 月，北汽新能源 LITE 无人驾驶车在"国家职能汽车与智慧交通（京冀）示范区海淀基地封闭测试场"开始测试	• 2018—2019 年，量产 Level 2 自动驾驶车。 • 2020—2025 年，量产 Level 3 以及 Level 4 自动驾驶车。 • 2025 年以后，逐步实现 Level 5 自动驾驶车的研发
	广州汽车				→			• 2013 年 11 月，发布第一代自动驾驶概念车 WitStar，基于 B 级轿车平台。 • 2016 年 6 月，完成无人驾驶关键技术开发，并完成第二代智能车开发工作。 • 2017 年 4 月，发布第二代无人驾驶车 WitStar2，基于量产车传祺 GA5 PHEV。 • 2017 年 11 月，在广州车展发布第三代自动驾驶原型车，可实现 Level 5 自动驾驶	• 2020 年前，实现半自动驾驶。 • 2025 年前，实现高度自动驾驶。 • 2030 年前，实现完全自动驾驶

续表

制造商	进展情况					截至目前的动向	今后的计划·目标
	立项	研发	试制	实车发布	路试	量产		

汽车制造商	制造商	立项	研发	试制	实车发布	路试	量产	截至目前的动向	今后的计划·目标
汽车制造商	长城汽车				⇒			・自 2010 年起，开始启动自动驾驶技术的开发，完成面向哈弗 H8、H9 及部分后续车辆的 ADAS 技术开发。 ・2015 年 9 月第 5 届长城科技节，长城发布了采用自动驾驶技术、基于哈弗 H7 的试验车。由长城汽车自主研发，采用多传感器融合技术，可以实现加速、变换车道、超车等。 ・2017 年 2 月，发布了 i-Pilot 智慧领航系统，2020 年 i-Pilot 系统各代会陆续推出。	・2020 年，实现以高速公路以及城市快速路为特定场景的自动驾驶（高于 Level 3 级别），完成系统的商品化开发。 ・2023 年，实现高度自动驾驶。 ・2025 年，实现无人干预的完全自动驾驶。
汽车制造商	奇瑞汽车				⇒			・智能车的研发始于 2010 年。 ・2014 年年初，开始搭建自动驾驶平台。 ・2015 年年底，研发出第一代自动驾驶汽车—艾瑞泽 7 平台自动驾驶汽车。 ・2016 年年初，与百度开始合作开发第二代自动驾驶汽车的研发—EQ 电动车平台自动驾驶汽车，在第一代无人驾驶技术的基础上，增加了导航定位功能和地图信息处理技术。 ・2016 年 11 月 15—18 日，在乌镇世界互联网大会期间，与百度合作开发的 10 辆 EQ 全自动无人驾驶汽车在桐乡市智能汽车和智慧交通示范区进行了国内首次开放城市道路试运营。 ・2018 年 1 月，美国拉斯维加斯消费电子展，搭载百度 Apollo 2.0 自动驾驶技术的奇瑞艾瑞泽 5 亮相。	・2016 年推出 Level 1 驾驶辅助。 ・2018 年推出 Level 2 部分自动驾驶。 ・2020 年推出 Level 3 有条件自动驾驶。 ・2025 年推出 Level 4/Level 5 完全自动驾驶。

续表

制造商		进展情况					截至目前的动向	今后的计划·目标
		立项	研发	试制	实车发布	路试	量产		
汽车制造商	比亚迪		→					·2016年1月，与百度合作进行自动驾驶汽车的技术开发，计划未来在量产车型中引进该技术。 ·2018年2月，与百度合作的比亚迪无人驾驶车队在港珠澳大桥上完成"巡演"。	—
	吉利汽车		→					·2015年12月，吉利控股集团董事长李书福宣布吉利汽车的自动驾驶汽车正处于开发阶段。 ·2017年5月，吉利首次对外公布了面向自动驾驶技术研发的G-Pilot 1.0到G-Pilot 4.0技术规划，表示将在2020年后实现高度自动驾驶。	·2018年，在量产车型上搭载G-Pilot 2.0（包含在特定环境下单车道自动驾驶）。 ·2020年，在量产车型上搭载G-Pilot 3.0（实现驾驶员解放双手/双眼的自动驾驶体验）。 ·2024年，在量产车型上搭载G-Pilot 4.0（可提供完整的自动驾驶出行服务）
	江淮汽车		→					·2017年8月与百度达成合作，于2019年下半年推出自动驾驶量产车。	·2019年下半年，推出自动驾驶量产车
IT企业	百度		→					·2013年提出自动驾驶汽车项目。 ·2015年12月，百度无人驾驶车实现国内城市、环路及高速道路混合路况下的首次全自动驾驶。 ·2016年以后，推进在安徽芜湖、上海、浙江省乌镇建设自动驾驶汽车运营区域。 ·2017年4月，首次推出名为Apollo的自动驾驶开源计划。	·2018年，实现自动驾驶汽车的商业化。

续表

制造商		进展情况					截至目前的动向	今后的计划·目标
		立项	研发	试制	实车发布	路试	量产		
IT企业	百度			→				・2017年7月，发布Apollo 1.0（封闭场地循迹）开源内容。 ・2017年9月，发布Apollo 1.5（固定车道昼夜自动驾驶）开源内容。 ・2017年12月，发布Apollo 2.0（简单城市路况自动驾驶）开源内容。 ・2017年12月，与雄安新区签订战略合作协议，正式成立Apollo理事会。 ・2018年3月，获得北京首批自动驾驶测试临时号牌	・2020年，实现自动驾驶汽车的量产

来源：FOURIN，车云

与汽车制造商相比，中国的IT企业通过为汽车行业开发和提供地图信息、车联网技术积累了相关经验，除BAT（百度、阿里巴巴、腾讯）之外，滴滴也涉足了自动驾驶汽车领域，更有越来越多的初创公司加入到智能汽车的大潮中来。

一、奇瑞

2018年4月11日，奇瑞"雄狮LION"（以下简称"雄狮"）企业智能化品牌正式发布。与一般的智能化品牌不同，"雄狮"是一个集战略布局、技术平台、品牌三位一体的企业智能化概念，涵盖了研发、制造、产品、营销、服务的全价值链智能升级，目标是实现奇瑞从传统制造企业向科技制造企业的转型。

1. 从"124"智能化战略到"雄狮LION"智能化品牌

早在2010年，奇瑞就推出了"124"战略目标，1是指一个人-车-生活共享的生态圈；2是指智能化与网联化两个平台；4是指四个阶段，从辅助驾驶、半自动驾驶到高度自动驾驶，再到无人驾驶。计划到 2020 年实现 L3 级自动驾驶车的量产；到 2025 年，实现 L4 级自动驾驶车的量产。

"雄狮"智能化品牌是"124"战略的升级，它并非是一个单点战略，涉及研发、制造、产品、营销、服务等各方面，可以理解为奇瑞集团整体的智能化解决方案，包括五个基本点，分别是：

①"雄狮智驾"——自动驾驶：专注于自动驾驶技术的产品化落地；
②"雄狮智云"——智能互联：车载智能化产品的整体用户体验提升；
③"雄狮智造"——智慧制造：如 C2M 等用户导向制造流程的开发；
④"雄狮智赢"——数字营销：新时代的产品及后市场数字营销探索；
⑤"雄狮智行"——移动出行：研究未来整体智能化出行的解决方案。

在五个基本点中，"雄狮智驾"和"雄狮智云"是"雄狮"智能化品牌的两大核心。

"雄狮智云"的特点主要体现在三个层面。第一是交互层面，包括人工语音识别、人脸识别。还包括智能家居互联；第二是服务层面，包括 AR 导航、个性化、互联网服务与支付；第三是反馈层面，包括 HMI 设计、OTA 无线升级。

与此相关，"智云"的具体落实分为五个阶段，如图 9-2 所示。

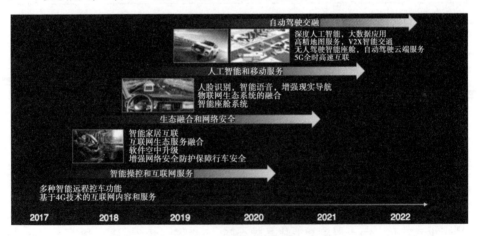

图 9-2　奇瑞雄狮智云系统发展规划
（来源：奇瑞）

第一阶段是第一代智云互联行车系统，主要是手机互联和在线信息娱乐；

第二阶段主要增加了远程控制、远程通讯、车辆诊断系统，增强了语音识别、智能导航功能；

第三阶段增加了远程软件升级——OTA，增加智能家居互联功能及互联网生态服务；

第四阶段具有人工智能服务自然语音交互和增强现实(AR)导航,与物联网系统融合;

第五阶段主要是和自动驾驶的融合;

"雄狮智驾"则聚焦自动驾驶,整合继承了车规级 GPU/CPU 芯片,应用人工智能感知决策算法,打造出可迭代升级的自动驾驶平台。核心关键词是"安全""放心""省力",四个发展阶段分别为:

第一阶段:2016 年 Level 1 驾驶辅助;

第二阶段:2018 年 Level 2 级部分自动驾驶;

第三阶段:2020 年 Level 3 级有条件自动驾驶;

第四阶段:2025 年 Level 4/Level 5 级完全自动驾驶。

"雄狮"品牌的提出标志着奇瑞智能网联汽车的发展已经从早期的前瞻技术研发,进入到产品落地阶段。其内部针对智能化进行的组织架构调整和资本运作,也可以从侧面佐证这一变化。

奇瑞于 2014 年成立了芜湖雄狮汽车科技有限公司,作为智能汽车技术的孵化平台,承担起负责国内外融资、与外部开展合作、与外部优势资源成立合资公司的工作。2017 年,奇瑞正式成立了智能汽车事业部,以及数字化、智能化办公室,并任命了首席数字官。

现在的智能汽车事业部,虽然前瞻研究依然是其重要功能之一,但在产品、采购、财务、业务方面已经实现独立运作,成为一个名副其实的利润中心,主要任务是产品落地。

2. 八年战略布局

奇瑞"雄狮"智能化品牌是此前布局和积累的延续。在整车智能化、自动化领域,奇瑞整体起步较早,总结来看,可以用自主研发与跨界合作"两条腿"走路来形容。

1)自主研发。

自动驾驶是非常有代表性的案例。奇瑞自动驾驶研发可以追溯到 2010 年,从 2010 年至 2013 年,奇瑞主要进行了主动安全技术的研发,并在这期间推出了"小蚂蚁"概念车,该车可实现的技术包括车辆检测、前方碰撞预警、车道线检测、车辆偏离预警等。

自 2014 年开始,奇瑞开始搭建智能驾驶平台,并于年底完成了第一代智能车开发。第一代智能车使用了艾瑞泽 7 平台,其目的是完成在城市拥堵环境下的低速半自动驾驶。根据官方信息,这款车完成了自动跟车、紧急制动、车道保持与变道超车等功能。

2015 年,奇瑞第二代智能车亮相。这款车基于 EQ 电动车平台,被称为睿智自动驾驶车，其目的是为了实现高速路段和城市路况下点到点的高度自动驾驶，在第一代的基础上加入了导航定位与路径规划功能。

2016年9月，奇瑞第二代智能车实现了基于地图和定位系统的自动驾驶。2017年奇瑞实现了第三代自动驾驶汽车的开发，从感知到控制的闭环整套集成方案。

如今，在经过了近8年的积累后，奇瑞已经自主掌握了车道线检测、毫米波雷达数据处理、车辆检测、局部路径规划、车辆底层控制、地图数据处理等智能处理技术，成为国内为数不多的拥有智能底层控制技术的车企。

2）跨界合作。

在此次"雄狮"智能化品牌发布期间，奇瑞还公布了目前的合作伙伴情况，包括百度、科大讯飞、东软、联通、英伟达、德赛西威、高德等公司，均已和奇瑞达成了深度伙伴关系。

一个明显的变化是，奇瑞已经开始从管理、营销、组织机构、资源上进行整合，把传统的供应商和车企的供给关系，转变为战略合作伙伴关系，开展相关合作、合资业务和跨界融合，打造一个开放的智能网联生态。

两个例子非常典型，其一是奇瑞在自动驾驶领域与百度建立的合作，其二是在智能互联领域与科大讯飞、东软等企业的合作。

百度和奇瑞的合作是主机厂与互联网企业深度合作的案例，而且双方达成合作的时间非常早。

2016年5月16日，百度与安徽省芜湖市人民政府正式签订合作协议，百度与奇瑞联手打造的全自动驾驶汽车将在运营区域开启示范运营。第一阶段的示范运营范围相对小，大约为10平方公里，随着投放车辆规模的不断扩大，第二阶段将达到50平方公里，第三阶段将进一步扩大到100平方公里。截至2018年4月，奇瑞已经开始了第二阶段的示范运营准备。

在2016年11月举办的第三届世界互联网大会期间，奇瑞与百度合作开发的10辆EQ全自动无人驾驶车在桐乡市智能汽车和智慧交通示范区，进行了国内首次开放城市道路试运营，图9-3所示是当时参与试运营的无人驾驶车辆。

2017年4月，奇瑞与百度签署了战略合作协议，共同致力于Level 3/Level 4自动驾驶汽车的开发与量产。2017年11月，奇瑞与百度合作的Level 3级别的艾瑞泽5e亮相2017百度世界大会。与此同时，奇瑞与百度也已签订战略合作备忘录，在硅谷设立"奇瑞美国硅谷研发院"，计划2018年投放搭载车联网系统的新车型，于2019年推出搭载智能辅助驾驶系统的车型，于2021年将能实现无人驾驶功能的车型投放到市场。

2018年1月，奇瑞联手百度在美国拉斯维加斯CES展会期间发布了艾瑞

图 9-3　奇瑞与百度合作开发的 EQ 全自动无人驾驶汽车
（来源：奇瑞）

泽 5 自动驾驶样车，如图 9-4 所示。该车首次搭载百度 Apollo Pilot 2.0，拥有 Level 3 级别自动驾驶能力，以百度高精地图为基础，整合自动驾驶解决方案的 ACU 计算模块，涵盖了自主巡航、车道保持、自主变道等功能。未来，奇瑞将会有更多的产品被赋予百度 Apollo Pilot 能力，百度还会为进一步降低自动驾驶技术量产化成本研究解决方案。

图 9-4　搭载百度 Apollo Pilot 2.0 自动驾驶技术的
奇瑞艾瑞泽 5 自动驾驶样车
（来源：奇瑞）

智能网联系统的功能在不断升级,新的功能带来了新的合作伙伴。除了百度之外,奇瑞与科大讯飞、东软等企业的合作也十分紧密。

奇瑞与科大讯飞在智能互联领域"交情匪浅",2016 年联合发布 Cloudrive2.0 智云互联行车系统,科大讯飞的语音识别和语音操控对该系统的产品体验起到了很大的帮助,目前该系统搭载在艾瑞泽 5、瑞虎 7、瑞虎 3x 等产品上。

2017 年,奇瑞 Cloudrive3.0 智云互联行车系统出炉,应用于瑞虎 5x 上,这是自主品牌中首款实现手机互联+手机 APP 远程控制+分享功能的车载系统,科大讯飞作为语音交互系统和一部分内容服务供应商再次牵手奇瑞,东软以系统集成商的身份加入到合作之中。

2018 年北京车展上市的瑞虎 8,是"雄狮"智能化品牌发布后的首款量产成果。瑞虎 8 具备自动驾驶 Level 2 的配置,雄狮·智云系统由奇瑞与东软合作完成,科大讯飞、百度大数据联合研发的人工智能语音系统也随车亮相。

此外,奇瑞高端品牌 EXCEED 旗下的首款车型将于 2019 年开卖,新车将语音识别、人脸识别、智能导航和智能家居相融合,并且可以提供个性化服务,在互联方向给用户更多的体验和价值。战略升级后的落实情况与效果将逐渐揭晓,奇瑞在智能网联市场竞争中的位置,也会越来越清晰。

二、上汽

1. 上汽 iGS 智能驾驶概念车

上汽集团在"十三五"规划里提出了技术方向"新四化":电动化、网络化、智能化与共享化。在"十三五"期间,上汽将初步建立智能网联汽车 Intelligent Driving 自主研发体系,为其未来新产品的拓展和产业化奠定基础。

2015 年,上汽公布了自动驾驶时间表——在 5 年内实现结构化和部分非结构化道路的自动驾驶功能,10 年内实现全环境下的自动驾驶功能。整个智能驾驶技术的发展以 Level 3 级智能车为起点,围绕单车智能化、多车协作智能化两个主线推进。自动驾驶技术的研究规划主要分为以下几个阶段:

1)高速公路自动驾驶研究(Level 3)

核心技术：面向高速的路权雷达①，DSRC/LTE－V 通信信息接收，面向高速决策控制，工业级智能系统架构。

2）城区道路自动驾驶技术研究（Level 3 ~ Level 4）

核心技术：面向城区的路权雷达，多通信系统信息融合，城区公路决策控制，汽车级智能系统架构（含安全体系）。

3）全路况自动驾驶技术研究（Level 4）

核心技术：面向全路况的路权雷达，以 5G 为基础的多通信系统信息融合，全路况决策控制，汽车＋IT 级智能互联系统架构。

4）无人驾驶

2015 年上海车展首次亮相的名爵 iGS 智能驾驶概念车，初步实现了远程遥控泊车、自动巡航、自动跟车、车道保持、换道行驶、自主超车等功能。iGS 通过摄像头与雷达对外界环境进行感知，中央控制单元则对收集到的数据进行分析，进而做出决策与路径规划。如图 9 –5 所示。

图 9 –5　上汽展示的 iGS 智能驾驶概念车
（来源：车云）

2016 年北京车展展示 iGS 时增加了 V2X 版本。当时上汽正在测试的 6 辆自动驾驶汽车分为高速公路和限定城市区域两类。另有 4 辆较新的测试车主攻基于 V2V 的车辆编队功能。

2016 年 5 月 21 日，上汽与同济大学共同签署《共建共营智能网联汽车测评基地的合作协议》，双方在同济大学嘉定校区内共同建设国内首个智能网联汽车测评基地，并在测评基地建成后共同参与运营管理。这也是上海国际汽

---

① 中国科学院院士李德毅提出了路权（My Own Region）的概念，是指满足车辆安全行驶条件所需的道路空间和时间。智能网联车用来检测前后车辆状态，获得路权信息的雷达组，就是路权雷达。

车城联合上汽集团、同济大学正在共同建设的国内首个智能网联汽车试点示范区的重要组成部分。

2017年上海车展前夕，iGS在上海安亭开放测试。在3km左右的行程中，展示了自动转弯、自动掉头行驶、自动导航、经过环岛等功能。

2. 前瞻研究及投资

上汽主攻智能汽车的自动驾驶技术部分工作由前瞻技术研究院承担。除此之外，上汽还在美国设立了三个公司，分别是上汽北美公司、上汽加州风险投资公司（SAIC Capital）和上汽创新中心（SAIC Innovation Center）。上汽加州风险投资公司和上汽创新中心都在硅谷，主要关注新能源、新材料、智能互联。

目前上汽在美国加州有专门的自动驾驶团队，隶属于上汽创新中心。同时，2014年成立的上汽加州风险投资公司一直在附近寻找拥有新兴技术的创业公司，投资额度从100万到2 000万美元不等，在两年的时间内达成9笔投资如表9-2所示，其中涉及自动驾驶类别的公司有Savari和Civil Maps，前者是V2X通信技术提供商；后者的主要产品是面向自动驾驶的高精度地图，福特也参与了对这家公司的投资。

表9-2 上海加州风险投资公司参投的9家公司

车云根据公开资料整理

序号	时间	公司	简介	轮次
1	2016年3月	YourMechanic	面向维修的后市场电商	2 400万美元B轮
2	2016年1月	SolldEnergy	电池正极材料公司	1 200万美元B轮
3	2016年1月	Savari	V2X通信技术公司	800万美元A轮
4	2015年11月	Civil Maps	高精度地图公司	100万美元可转债
5	2015年8月	Api. ai	语音交互公司	300万美元C轮（领投）
6	2015年8月	Beepi	P2P二手车	7 000万美元B轮
7	2015年7月	SDC Material Inc.	材料公司	500万美元D轮
8	2013年5月	Nuera Communications	网络电话服务提供商	2 000万美元A轮
9	2006年3月	Packet video	无线多媒体软件和服务提供商	1亿美元E轮

在可查资料中，上汽加州风险投资公司投资的公司里出现了一项即将转化的自动驾驶技术，技术的提供者就是 Savari。2016 年 10 月，上汽北美公司作为 Savari 技术在大中国区和指定东盟市场的分销商和增值经销商，确定了会逐步在上海国际汽车城国家智能网联汽车试验基地和同济大学使用 Savari 的产品及解决方案，融合 LTE – V 和 DSRC，将有超过 10 000 辆车配备。

投资新技术已经成为汽车行业的一股风潮。因为科技型企业拥有智能终端系统开发经验，在产品环境适应性、安全性、耐久性方面拥有优势。车企和科技公司的合作成为主流。

2016 年，上汽在介绍智能网联汽车领域的投资情况时给出了一组数据：从 2011 年 5 月成立至 2016 年 7 月月底，资金管理总规模从 2011 年的 5.75 亿元发展至 132.07 亿元。不少人都在关注，传统业务之外这笔价格不菲的新技术投资，最后会产生什么样的收益。

但目前看来，率先在国外开始测试的方式是最高效的。可以在技术改进和数据积累上获得更多优势。上汽在 2017 年 7 月拿到了加州自动驾驶路测的牌照，这也是继福特、通用、本田和特斯拉等汽车厂商后，加州政府发出的第 35 张测试牌照。

三、北汽

2012 年，北汽集团开始与北京联合大学合作进行智能汽车开发。2015 年 8 月，一辆由北汽绅宝改装成的无人驾驶车完成了自郑州至开封的开放路段测试，这辆车就是由北汽与北京联合大学共同开发的。

北汽无人驾驶车的再次公开亮相是在 2016 年北京车展上。除了展示之外，还允许普通用户通过手机 App 预约的方式来进行自动驾驶车的试乘，在封闭区域内体验其自动驾驶技术。在这之后，北汽就开始了可以称得上"激进"的无人驾驶车商用化之路。

1. 无人驾驶商用化

2016 年 7 月 6 日，北汽集团新技术研究院与辽宁省盘锦市大洼区人民政府在北京市举行无人驾驶汽车战略合作协议签约仪式，在"红海滩国家风景廊道"项目中出售了北汽首批无人驾驶汽车。景区会配合车辆进行改造设计，设置 22km 长的无人驾驶运行路线。2016 年 9 月，北汽完成了 20 辆车的交付，并于 2016 年 10 月底正式投入运营。

项目将运用云端控制技术实行车流、人流分离，使车辆与行人不发生复杂的干涉关系，并在此基础上运用 V2X、V2V、V2I 等诸多车联网技术，提高车辆通行效率。项目运行区域完全封闭，不允许除无人车之外的任何车辆进入，游客到达预约景点后立即下车，乘车需要通过 App 进行预约。

同时，项目运用了"区间理论"，对车辆之间的距离、行驶速度、双向车辆交会方式等都做了相应的控制，以保障车辆运行安全。为了保证无人驾驶汽车的安全运行，他们还聘用受过专门培训的技术团队和运营团队，采用多种相互交错的安全措施。

红海滩景区的运营项目是北汽无人驾驶商业化运营的第一步。2016 年 9 月，在百度大会无人车论坛上，北汽新能源党委书记郑刚表示在百度无人车技术商用化后，北汽新能源将成为第一批应用的厂商。2017 年 1 月在美国 CES 上，北汽与百度的合作进一步深化，双方宣布将在智能汽车、车联网、Level 3 级智能驾驶、高精度地图及车载地图、联合品牌运营等领域达成全面战略合作，共同推进未来汽车智能化升级。2017 年 7 月在百度 AI 开发者大会上，北汽成为百度 Apollo 计划的首批整车合作伙伴，双方合作的自动驾驶 Level 3 级样车预计在 2018 年北京车展上亮相。

此外，早在 2015 年 6 月，北汽集团就与滴滴签署了战略合作协议，双方将在资源互补的基础上，在无人驾驶、新能源汽车、车联网、企业用车四大领域进行深度合作。在无人驾驶商用化上，北汽与滴滴也可能擦出新的火花。

2. 四条不同技术路线

让北汽如此快速地将无人驾驶技术商用化运营的关键因素之一，是北汽选择的自动驾驶技术路线。在 2016 北京车展上，北汽共提供五辆车进行展示，其中四辆车用于测试体验，一辆车用于静态展示，所有车辆均为新能源汽车。

北汽新技术研究院主要负责自动驾驶车的研发试制，是北汽为了进行车辆智能化研究专门成立的部门。对于最终将会选择的方案，北汽新技术研究院有自己的倾向性条件：技术要简单、成本要低。具体实现方式与现在常规路线不同：不是让机器学习人，而是以机器为主体去进行研发。

这里的常规路线，是现在大部分自动驾驶研究所采用的路线，在这个路线中，各式各样的传感器将扮演主要角色。但在北汽的四种方案里，就有一种不采用任何传感器。

众所周知，机器要实现自动驾驶，必须经过感知—决策—控制这一过程。传感器的作用是让车辆获得"感知"的能力，在没有传感器的情况下，车辆要怎样才拥有这一能力呢？

答案是 V2X。不同于传感器通过视觉、光学或者发出声波、电磁波进行探测的方式来获得周围信息，V2X 是通过通信的方式来获得信息。而且，通过 V2X 方式传递的信息，不仅仅可以是"这里有什么"，也可以是直接告诉车辆"应该怎么做"。北汽在北京车展用于公开体验以及在盘锦景区提供的无人驾驶车，均采用了这种方式。

北汽合作伙伴之一的北京亚太汽车底盘系统有限公司在位于大兴采育开发区的厂区内，也采用了同样的方式。围绕厂房有一条环形道路，进行了相应改装，安装了自动驾驶测试所需设备，可以用来进行车辆的测试与演示。

这个环道很简单，双车道，发车区在人行横道前，没有任何交通标示或者红绿灯。图 9-6 中的北汽自动驾驶原型车由北汽新能源 EU260 车型改装而来，装有 GPS 天线、摄像头以及雷达传感器。车辆能够在将要进入弯道时预先减速，并自动进行转向，前方有车辆插入时，能够根据前方车辆速度进行自适应巡航，当前方车辆速度过慢或者在前方停下时，车辆也能够自动进行超车，并且超车前还会做出提示。

图 9-6　北汽自动驾驶原型车
（来源：北汽新技术研究院）

这辆车在某种意义上可以称为"无人驾驶"，仅有一名测试工程师坐在副驾驶座位上，通过遥控器发出起动指令，当识别到人行横道时，车辆会自动停止。为了保证安全，副驾驶座位前方加装了刹车装置，驾驶座椅与副驾驶座椅背上也各有一块显示屏，用于测试时进行调试与观察。

需要说明的是，车里虽然安装了摄像头，但是在进入弯道之前，车辆减速并不是根据摄像头传回信息做出的决策，而是来自于道路旁边的一个通信设备。每当车辆行驶到这个位置时，会接收到设备传递的信息，从而进行减速。

在无人驾驶时代，当道路上行驶的都是无人驾驶车之后，道路环境会发生很大的变化，很多现在看来平常的基础设施将会被取消，遍布各类指示机器驾驶行为的基础设施。这样，车辆才能够不依靠传感器去掌握周围环境信息。在这种场景下，自动驾驶的概念已经被扩大到"智能交通"。

依靠 V2X 实现自动驾驶方式自然是可行路线之一，不过与现在的传感器路线相比，各有优劣。V2X 技术相对简单，减少了各类硬件之后，成本也会大幅降低。但是，对于道路和交通的要求却大大提升了。

现在自动驾驶的难题之一是如何在真实环境下实现，而真实环境的最大特点就是存在不确定性，即突发状况。如果车辆没有传感器，就需要依靠其他设备去发现障碍物。可以是立在路边的一个摄像头，发现障碍物之后，回传到交通管理系统中，由系统下发到对应路段的通信设备上，提醒来往车辆；另一方面，管理系统也会通知对应部门，去清除障碍物。

还有一种是类似于现在沃尔沃的方式，用手机或者其他设备进行通信的方式来对行人定位。这个实现过程会更长，对道路规划、交通环境乃至人们的行为观念的要求都更高，这是无人驾驶实现必须有的生态环境和基础设施，也是北汽暂时还没明确具体方案的原因之一。谁也说不好在推动过程中，哪个方案就能拔得头筹，而未来，或许还会出现更多的其他方案。

四、长安

智能化和新能源是长安未来十年的重要方向，对于智能化板块，长安于 2016 年制定了"654 战略"，具体而言包括搭建六大平台：

- 电子电器平台；
- 环境感知平台及执行平台；
- 中央决策平台；
- 软件平台；
- 测试环境平台；
- 标准法规平台。

掌握五大核心技术：

- 自动泊车核心技术；
- 自适应巡航核心技术研究（纵向 & 横向控制）；
- 智能互联核心技术研究；

- HMI 交互核心技术研究。

分四阶段实现无人驾驶：
- 2016 年要实现睿骋、CS75 等车型率先搭载 0～120km/h 下的自适应巡航；
- 2017 年加强辅助驾驶产品的开发；
- 2018 年重点实现智能化停车、高速自动驾驶等功能；
- 2025 年实现全部情况下的自动驾驶。

在 654 战略的大框架下，长安的智能化技术在不断发展。

1. 一场跨越京沪的自动驾驶之旅

2016 年年初，长安展示了三辆自动驾驶汽车来自证实力。一辆车在长安北京房山工厂封闭园区环境下行驶，由清华大学参与设计改造，如图 9-7 所示；另外两辆车经历了高速公路环境下的自动驾驶测试，使用了博世的整套系统。厂区的自动驾驶汽车更加偏向未来技术研究，可以达到 Level 3 级；高速公路测试车，使用的都是量产和接近量产的设备元器件，还属于 Level 2 级。

图 9-7 长安厂区内的自动驾驶体验车，车顶安装了 GPS 天线

（来源：车云）

厂区自动驾驶汽车在不借助任何 V2X 通信设备的基础上，可完成封闭环境低速自动驾驶。乘客只要通过车上的 Pad 启动汽车，利用高精度地图和差分定位，按照园区规划行驶即可。车前的激光雷达可以识别障碍物和行人，

摄像头识别限速标志、行人以及障碍，车顶的 GPS 负责定位。

该车对外开放体验时，工程师没有触碰方向盘与油门、刹车踏板，现场模拟了红绿灯、拥堵路跟车、超车、行人穿行等情景，在封闭厂区、路线固定、低速度场景之下，车辆能在无干涉情况下正确通过。

2016 年 4 月 12 日，两辆基于睿骋改装的自动驾驶汽车从重庆长安研究总院出发前往北京，两车在沿途高速公路的部分区段采用了自动驾驶模式，最高车速 120km/h，其余路段由人工控制。全车具备全速自适应巡航系统、高速公路交通拥堵辅助、自动紧急刹车、车道对中、自动换道、限速标识识别等功能，全长 2 000km，于 4 月 17 日抵京。

该车主要安装了两类传感器，包括一个前视摄像头以及车身四周和车头位置的毫米波雷达。出于安全考虑，整套系统使用了两个 CPU。每个 CPU 同时运行同一个程序或用一个 CPU 带跑主程序，另外一个 CPU 来监视这个程序。所有的感知、执行、决策系统都满足 ISO 26262 标准。

如果按照 SAE 自动驾驶分级，两辆高速公路版自动驾驶汽车仍然属于 Level 2 级别，需要人工介入决策。比较典型的场景是：在高速巡航过程中车辆换道时，需要驾驶员给出一个拨杆信号，车辆才会分析路面是否为虚线、变更车道有无障碍物，最后再执行换道动作；另一个场景是，当自动驾驶汽车监测到路边限速标志时，会用语音和图像给出提示，驾驶员点击认可后才会自动调整车速。

长安对两辆车测试的总结是：大致完成了既定目标，也遇到了一些问题。比如强光照射影响摄像头工作、车道线覆盖等特殊情况，出现人工介入控制。利用这次测试积累的数据，长安方面表示未来可能会逐步加入使用激光雷达，帮助解决摄像头失效的情况，并且在人机交互方面做出更多优化。

长安在自动驾驶领域的实践也留给业界一些思考。为了达到更加安全可靠的目标，厂区方案用到的较高成本激光雷达会成为量产门槛。全工况、全时段的测试是迈向 Level 3 的必经之路。夜晚、雨天等情况，强光照射或障碍物遮挡导致部分传感器失效的情况，都要进行可靠性验证。而主机厂将自动驾驶的量产方向瞄准在 Level 2 阶段，对驾驶权交由系统之后更多可能问题的解决，也是一条漫漫长路。

2. 构建同盟

长安在智能网联方面有多个合作伙伴，最引人注意的是 2018 年 4 月 12 日，长安汽车与腾讯公司签署了智能网联汽车合资合作协议，宣布成立合资公司。长安汽车全资子公司长安汽车投资（深圳）有限公司出资 9 800 万元，占股权比例 49%，腾讯大地通途（深圳）科技有限公司出资 1.02 亿元，占股权比例51%。合资公司主要业务包括车联网平台开发，还将建设大数据云平台，搭建数据分析引擎和机器学习引擎。如图9-8是双方签约现场。

图9-8　长安汽车与腾讯公司智能网联汽车合资合作签约仪式
（来源：车云）

此外，长安还与华为在2014年就车机系统的深入合作达成协议。新系统将建立一云多屏体系，并且进一步延伸到信息安全管理体系和技术体系、解决方案和产品服务等多个方面。华为将在芯片、车机、车载通信设备、车联网平台搭建等多方面为长安提供支持。

车企始终不愿放弃自主研发的车机系统，很大一部分原因是为了能够掌控未来车联网的入口。直接连入互联网企业产品需要考虑数据共享与利益分配等因素，但也不失为一种快速且低成本普及车联网的方式，并且在合作中可以一并打包后期的数据延伸产品。

长安的车联网版图中，还包括了与百度的牵手。双方的合作内容，并不是简单意义上的外挂合作。长安是百度"智慧汽车"新战略的第一家合作车企，可以同时支持CarLife手机车机互联、MyCar车辆私有云、CoDriver智能语音副驾。

此外，双方将以众包模式共同合作绘制高精度地图。只要安装了百度地图和传感器，车内手机、后装硬件和车端传感器采集到的环境数据都会被集合发送到Learning-Map生产后台。借助百度云计算支持，把高频报告的变化回馈给系统，更新地图内容。通过汽车这一终端，将更多信息置于网络之上与更多用户分享。

2017年4月，长安汽车与英特尔共同签署了战略合作协议。双方将开展包括计算、感知、通信、存储和交互等多方面的合作,在智能驾驶、智能互联、智能交互、人工智能四个领域进行探讨,共同促进汽车智能化的科技创新与战略发展。双方合作的产品于 2017 年下半年开始测试,我们也期待能早日看到成果发布。

五、长城

长城汽车在 2010 年就开始进行 ADAS 系统的相应研究,到 2013 年和一些高校合作,共同参与中国智能车未来挑战赛。

2015 年,长城自主研发的智能驾驶系统在长城科技节上进行了动态演示,同年 9 月首款搭载 ADAS 系统包括 ACC、AEB 的产品哈弗 H9 上市。2017 年 2 月,在哈弗百万庆典活动中,长城汽车董事长魏建军首次向外界宣布了 i-Pilot 智慧领航系统,到 2020 年 i-Pilot 系统的各代会陆续推出。

长城开发 i-Pilot 的目的是打造一个全新的智能驾驶平台,优化自动驾驶系统的开发路线,可以说 i-Pilot 是长城自动驾驶系统集软硬件为一体的智能化开发平台,涵盖从高速公路、城市道路到最高级别无人驾驶的系统。

长城汽车 i-Pilot 自动驾驶系统演化路线图如图 9-9 所示。

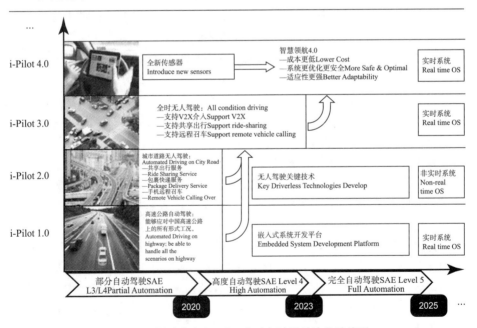

图 9-9　长城汽车 i-pilot 自动驾驶系统演化路线图

(来源:长城汽车)

根据长城的规划，i-pilot 系统在 2015—2020 年陆续推出 1.0 到 4.0 版本，i-pilot 1.0 能达到 SAE 规定的 Level 3 水平，i-Pilot 2.0、3.0、4.0 会陆续涵盖 L4 到 L5 所有的级别。1.0 与 2.0 版本是同步开发的过程，1.0 版本是采用实时操作系统来开发一个嵌入式系统的开发平台，3.0 推出时会陆续支持一些 V2X 系统。

pilot1.0 以高速公路以及城市快速路为特定场景，智能化水平高于 SAE 规定的 Level 3，预计到 2020 年年底完成系统的商品化开发。i-pilot1.0 不但要求能应对良好的驾驶条件，也要求能够应对如路面破损、堵车修路等异常情况。这套系统针对中国工况进行特定设计，即使在系统请求驾驶员接管而驾驶员未接管的情况下，也能够快速地进行合理决策，将驾驶员送到安全区域。

i-Pilot 1.0 分成 7 个模块，传感器采购自供应商，数据融合、智能决策、运动控制、HMI 均为长城自行研发设计，其次还有系统管理模块及监控模块。目前该系统已经开发完成，但采用的是非实时操作系统，后续会转换为实时操作系统。

在传感器配置上，前方是 Mobileye 的单目摄像头与毫米波雷达、激光雷达组成的融合传感器，车辆侧面各布置 1 个激光雷达，后方还有毫米波雷达和单目摄像头组成的冗余系统（图 9-10）。目标是在传感器和网络出现异常的情况下，也能够把驾驶员送到安全的区域。

传感器布置方案 AV Sensor Configuration Layout

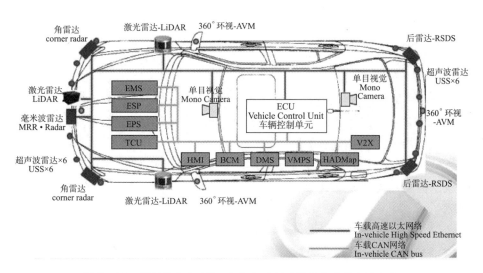

图 9-10　长城汽车 i-Pilot 1.0 自动驾驶系统传感器布置方案

（来源：长城汽车）

智能决策系统分为纵向决策和横向决策，纵向决策和横向决策是协同关系。

纵向决策的目标是确保车辆在行进过程中与前方车辆保持安全车距以及车速。纵向决策分为三个状态，包括巡航状态、跟车状态和紧急制动状态。这三个状态组成一个状态集，通过设定一些条件，让纵向决策在这三个状态之间切换。目前长城汽车单纯依靠纵向决策就能够基本实现ACC、AEB和启停功能。

长城的横向决策主要采用寻线方法，分为车道保持、换道、异常处理三种状态，目的是满足安全舒适、高效行驶要求。

（1）车道保持主要是依据前摄像头采集的车道线数据，保持车辆在既定车道内居中行驶。

（2）换道的前提是设定一定条件的换道意图，当意图产生以后系统会进行换道可行性决策，再完成执行命令。

（3）异常处理是指在车道保持与换道时如果出现异常风险，车辆会自动进入障碍躲避的模式。

长城在车道保持、换道与异常处理之间做了一个状态集，设定一些条件，让横向决策能在三个状态之间切换。

目前，长城针对i-Pilot 1.0进行了高速公路及城市道路的一些数据采集，经历了从封闭的实验场到高速公路，回到实验场再到城市市郊公路的过程，优化后的i-Pilot基本达到可以应对城市工况行驶的水平。

六、广汽

根据广汽的规划，智能汽车领域的开发将采取分阶段推进的方式。

（1）第一阶段主要研发自动驾驶关键技术，包括感知系统、决策系统、线控执行系统、系统集成技术。

（2）第二阶段将在新能源智能汽车研发平台上开发自动驾驶综合路试，实现部分自动驾驶子技术产业化，开发智能车联网技术，开发车-网充电技术。

（3）第三阶段将实现示范运营以及产业化，包括建立"信息云"及"能量云"平台，建立结构化的智能汽车示范区，建立智能汽车关键零部件产业集群。

早在2013年广州车展上，广汽就亮相了一款WitStar概念车，它是由广汽研究院自主研发的一款纯电驱动智能概念车，配置了自主驾驶控制器，能根据已知的导航路线、环境信息和车辆自身状态进行驾驶决策。

随后的 2014 年 2 月，广汽研究院与中国科学院合肥物质科学研究院先进制造技术研究所签订"新能源汽车项目自动驾驶技术开发"合同。该项目将自动驾驶技术与新能源汽车相结合，通过车载传感器感知外部环境，进行自主智能决策，实现新能源汽车的自动驾驶。

2016 年 6 月，广汽完成了第一阶段，即无人驾驶关键技术开发，以及第二代智能汽车的开发工作。广汽与西安交通大学合作研发的无人驾驶汽车广汽祺迹（WitStar-II）参加了 2016 年的中国智能车未来挑战赛。广汽为支撑未来车辆的无人、清洁行驶，正在探索搭建新能源无人驾驶汽车"能量云"平台。新能源无人驾驶汽车将成为能量云的组成部分，作为分布式储能器，帮助电网"削峰填谷"。

经过多年实践，广汽总结出一套具有广汽智能驾驶特色的定义和评价体系，从 Smart Drive 1.0 到 Smart Drive 4.0，分别从软件、硬件、功能等多维度重新定义智能、驾驶分级和评价体系。在技术路线上，广汽坚持跨越创新学习式和渐进量产式并行，前者直接从 Level 4 布局，从高级开始逐步向下探索；后者则以辅助驾驶技术为基础，搭载量产项目不断进行技术升级，逐步将智能驾驶产业化应用。

在对外合作方面，广汽于 2018 年 1 月与伟世通达成战略合作，双方基于 DriveCore 联合开发自动驾驶方案，与座舱域控制器。广汽预计将在 2020 年推出 Level 3 级自动驾驶量产车型。

七、东风

2013 年，东风风神基于 A60 车型改装出了自动驾驶的第一款原型样车；2013—2015 年，东风风神基于 A60、AX7 两个车型分别完成 ADAS 相关预研工作；2015—2017 年，东风风神基于 AX7 完成自动驾驶第二阶段样车的开发工作，并完成高速公路路况相关研发工作。

东风在网联化方面的研发工作则更早一些，2011 年开始启动，2012 年 7 月东风开始与华为合作开发车机系统，两年后，双方签署战略合作协议，共同进行车联网、智能汽车的相关研发，由华为牵头研发的 WindLink 车载互联系统首次搭载在东风风神 AX7 车型上。

东风自 2014 年开始进行 T 平台开发，T 平台是东风自主车载服务后台，2015 年东风风神 L60 成为首款搭载 Telematics 服务的车型，2016 年东风风神 AX7 也搭载了这一服务。目前，东风的 Telematics 服务已经实现远程控制、语音识别控制（云端）、车载诊断等功能。

东风自动驾驶将从智能化与网联化两个方向同步展开，从"辅人－拟人－共驾"三个阶段来逐步实现自动驾驶，在技术路线上，则遵循"单一/结构化道路自动驾驶—城市道路自动驾驶—全道路复杂环境下自动驾驶"的顺序依次推进研究东风对于自动驾驶的研发从四个方向展开：

（1）Level 3 级别的高速公路下自动驾驶样车。

（2）Level 4 级别的基于 LTE－V/5G 的自动驾驶样车的开发研制与验证工作。针对微公交共享汽车场景，预计 2019 年首先在武汉进行示范运营。

（3）Level 5 级别的无人驾驶样车研发。适用于越野道路与结构化道路等。

（4）可实现卡车编队的自动驾驶技术，主要针对结构化道路。

这三项工作正在同步展开，其中，Level 5 级别无人驾驶车已经完成军方无人系统比赛，在 2017—2018 年间实现一定规模的示范运营或者逐步产业化。从产品化角度来说，2016—2017 年实现驾驶辅助功能的产品化普及，2018—2019 年实现特定道路的部分自动驾驶功能普及。

在东风的中长期规划中，大数据、云计算与人工智能是三个主要科技领域，公司将从感知、互联、人机交互、电子电气架构、深度学习五项核心技术着手，分别进行智能驾驶与智慧服务的技术推进，在 2020 年实现有限自动驾驶，在 2025 年实现情感化自动驾驶。所谓情感化，是指人—车、车—车、人—车—后台及智能家居之间的情感化无缝交互。

2017 年 2 月，一汽集团与东风集团在长春签署了战略性框架协议，双方计划合作共建前瞻共性技术创新中心。其中很重要的一部分职责就是从传感器感知、算法决策、机电一体化三个方面入手，形成支撑 Level 3 级以上的智能网联汽车技术架构和基础软硬件平台。

在与大型汽车集团合作同时，东风还希望通过众创平台的方式，与科研院校及相关企业共同进行技术开发，比如网联技术与湖北工业大学合作，在高精度地图上与武汉光庭进行合作，在控制技术方面与武汉大学计算机学院以及初创企业环宇智行共同研究。

八、新造车公司的下半场

有句话曾说，汽车能激发每个男人内心中天生的热情。随着特斯拉带动新能源智能汽车的潮流，苹果和谷歌纷纷推出造车计划，国内的新兴造车者们也纷纷开启了自己的造车梦想。

2013年以来，包括乐视、蔚来、车和家、前途汽车、威马汽车、FMC奇点汽车、小鹏汽车等一批新名字陆续进入人们的视野，他们无一例外，都怀抱智能汽车梦而来。他们或将成为中国汽车工业挑战跨国车企的主力军。

然而，作为一个有着上百年历史的传统产业，汽车制造行业有着极长的产业链，一款汽车产品，需要经历研发、设计、制造、测试、量产多个阶段，其中需要大规模的资金消耗、大量的人员协作，以及各个环节上极强的技术研发能力。

新兴企业进入汽车制造领域到底靠不靠谱呢？"全民造车"热浪来袭，但"造车"有多难？这群站在"造车"风口上的"野蛮人"，能够叩开汽车业大门，成为下一个特斯拉吗？

真正的战争还未打响，暗中的淘汰已经开始。

在多家新造车公司入场并发展两三年后，新造车运动的下半场正在打开，一些问题也随之浮出水面。例如：造车大计，百余人的团队如何支撑？产品问世，一再遭遇诟病的根源何在？重金下注，量产车落地成本如何均摊？销售突破，靠模式创新能否持久？品牌先行，to C 还是 to VC？资金紧缺，投资者为何却难觅踪迹？

每个人都希望得到答案。

大的趋势开始明确，几乎所有人都相信，基于中国市场红利，一定会有本土新兴造车公司成为"中国特斯拉"。与此同时，个体差异也逐步显现，在同一条跑道上，有人加速，有人掉队，更多的人处于博弈拉锯的瓶颈期，破则生，缚则死。

所有的问题似乎都已有对应的答案，答案飘在风中，很快落地。

1. 傻瓜式造车

问题的发酵，始于产品落地的瞬间。

综合来看，截至2017年8月，共五家新兴造车公司推出"准量产版车型"，包括蔚来 ES8（见图 9-11）、前途 K50、奇点 iS6、云度 π3 和 π1、小鹏 Beta 版。然而，它们无一例外，均在业内受到一定争议。

核心争议主要聚焦在三个方面：

（1）逆向模仿，例如奇点 iS6、云度 π3、前途 K50、小鹏 Beta 版本均有疑似参照车型。

（2）量产遥远，例如小鹏 Beta 版和奇点 iS6，发布后仍需进行大量工艺验证和测试工作。

（3）成本过高，例如蔚来 ES8，高研发投入和硬件成本将可能带来极高的量产均摊成本。

图 9-11 2017 年 4 月 19 日，蔚来在上海车展发布 ES8 车型
（来源：蔚来汽车）

至于原因，具体分析如下：

第一，逆向模仿的原因主要在人，包括人才水平和人才数量的不足。

关于人才水平，目前汽车行业的工程师主要分为三类，第一类是核心工程师，负责定技术标准、写流程规范、做创新技术研究等；第二类是设计发布工程师，主要按照设计标准和流程规范来工作，做台架试验等各项整车和零部件试验；第三类是 CAD 工程师，主要从事画图等基本执行工作。目前，国内新兴造车公司以及第三方设计公司的研发工程师，主要集中在第二和第三类，尤以第三类居多，因此直接导致原创和创新能力不足。

关于人才数量，目前不少新兴造车公司在 200~300 人规模，有些甚至不足百人，这就意味着真正意义上的研发团队还暂未组织起来。从汽车行业的普遍规律来看，做一款全新普通车型需要 400~500 人的研发团队，而一款高端车型则需要在此基础上至少增加 50% 的人力。目前，国内包括长安、广汽、上汽、长城、吉利在内的每一家自主品牌车企，研发人员均超过 5 000 人。从这一层面看，大部分新兴造车公司的研发团队还不足以支撑一款全新车型的研发。

第二，量产遥远的原因主要在程序需求和工艺实现性。

首先看程序需求。一辆整车从设计研发到量产交付，需经历复杂工序。在传统汽车领域，研发工作甚至被称为"傻瓜式开发"，即所有要做的工作项一个不能少，流程、试验，均需完全根据设计规范、开发标准，按照节点完成。目前新兴造车公司虽然有准量产形态的产品问世，但后期要做的工作仍需要大量时间，尤其是测试工作。此外，越是高级技术和产品，测试时间越长，例如美国国家仪器（National Instruments）单为奥迪 A7 测试自动驾驶技术可靠性就足足花费了 8 个月。

其次是工艺实现性。其中有两层问题需要说明，其一是车辆单一部件需要找到合适的供应商来做，由于新兴造车领域多家公司存在技术模仿，产品定义相对复杂（例如奇点 iS6 的对开门设计，图 9 – 12），且需求量小，大供应商往往会谨慎选择；其二在于对供应商的质量控制，要保证各个部件、各项试验没有问题，这种把控力对新造车公司来说也是考验。

图 9 – 12　2017 年 4 月 13 日，沈海寅在北京发布奇点 iS6 车型
（来源：车云）

第三，成本超标的原因主要在于前期重金研发投入且预期销量有限。

这一问题的典型代表是蔚来。首先必须肯定，蔚来目前已具备较强的正向研发能力，但其目前的造车思路是过去传统车企难以想象的：花钱砸技术，花钱买时间，造车路上的大坑小坑，用钱来填。

例如全铝车身技术，国内方面，捷豹路虎在该领域领先，蔚来会不惜重金从捷豹路虎挖相关人才，目前其研发团队中有一个重要组成部分就是"捷豹路虎系"。蔚来还与诺贝丽斯（Novelis）达成合作，后者的汽车铝材供应业务在国内处于领先水平。重金挖人与重金合作，获取最好的资源，是典型的蔚来模式。

此外，为了赶时间进度，蔚来还会大幅压缩产品推进过程中的决策与反复周期。例如造型设计，一般车企第一轮选出 5 个效果图，第二轮筛选出 2 个做比例模型，最后做样车，但蔚来则会 5 个同时推进，到最后再选出一个。ES8 车型从立项到落地，用时不足两年半，用"飞速"定义并不过分。

不过，这种模式带来的一个重要问题是研发投入巨大，加上蔚来的产品定义相对高端，采用了全铝车身、空气悬架等配置，最终售价高达 44.8 万—54.8 万元，面临极大的成本压力。

蔚来、前途、小鹏、奇点、云度等新造车企业，虽被放大镜聚焦，被挑出种种问题，但已摆上台面。舞台之下，扑朔迷离者众多。

在新兴造车已经走过此前的"枪弹论"时期后，越来越多的观者开始冷静审视，并逐渐对单纯的信息阐述和概念车赏析免疫。因此，这对新造车公司尽快解决实际问题的能力提出了新的要求，包括产品研发落地、供应体系搭建、工厂建设，等等。

2. 多米诺骨牌

在解决上述实际问题的过程中，资金实力起到关键作用。

所有核心问题的原点都与资金有着千丝万缕的关系。没有资金就无法组建团队，没有团队就无法推进产品研发、产品快速落地；没有资金也无法推进工厂建设、设备购置，亦无法大规模撬动核心供应商资源。当然，没有资金也无法扩大传播影响力，建构品牌力。

然而，问题恰恰又出在资金上。随着时间推移，资金之于新兴造车领域，开始呈现出两种明显属性：谨慎性、集聚性。

（1）谨慎性。

从 2015 年游侠汽车塑造了"PPT 造车"的典型案例，2016 年至今乐视汽车生态的大厦将倾，整个新兴造车行业受到不小的负面影响，其中最明显的是，企业拿钱变得更困难，尤其是财务投资机构难觅踪迹。

从公开资料看，自 2016 年 9 月乐视事件开始不断发酵以来，截至 2017 年 6 月，仅有蔚来、FMC、小鹏三家新兴造车公司拿到了融资。其中，FMC 的 Pre-A 轮融资主要来自原股东和谐汽车的 3 000 万美元，小鹏汽车 2017 年 6 月宣布的 22 亿元 A 轮融资来自神州优车，蔚来最新一轮融资的领投方主要是百度和腾讯。

很明显，不论是和谐汽车的进一步增资，还是神州优车与小鹏汽车可能存在的 B2B 车辆交易生意，抑或百度、腾讯与蔚来潜在的自动驾驶等业务合作，这些投资方均更多地可被定义为战略同盟者，而非财务投资者。"最聪明的钱"按兵不动，折射出投资方对于这一行业的发展趋势及具体公司发展前景的谨慎性。

（2）集聚性。

除了游侠、乐视等公司的负面影响外，大多数新兴造车公司在资本市场拿钱困难的另一个重要原因，在于资本向头部公司聚集的效应已经开始显现。

在乐视出现问题前，资本主要集中在乐视和蔚来这对"双核"上，当前者出现问题后，综合起步时间、业务规划及实践完善度、创始人本身背景及资金实力、阶段发展、竞争对手等诸多因素，国内新兴造车跑道上的领跑者只剩下蔚来一家，其身后已经聚集了包括愉悦、红杉、高瓴、华平、淡马锡在内的多家投资机构。

资本趋于谨慎并开始集聚抱团，这对于其他新兴造车公司来说并不是好的现象。大多数新兴造车公司应对资金问题的解决方案开始趋同：

第一，尽可能高效地利用现有资金。

其中一个典型的场景是寻找外包，包括概念车业务整体外包，以及准量产车产品设计及研发外包。找设计公司整体做一款SUV车型普遍报价在3 000万~4 000万元人民币。数据显示，国内承接多家新兴造车产品业务的阿尔特汽车技术公司，2016年营业收入为3.87亿元，较上年同期增长10.84%，其主营业务是传统汽车及新能源汽车的整车设计、样展车试制、动力系统开发。除了外包业务外，例如杭州零跑等公司，则采用试水投入的方式，先拿出1亿~2亿元小规模的资金，做电机、电控等核心技术的研发。

第二，依靠包装争取资本市场关注。

在新兴造车公司起步初期，包装的首要对象是创始人。就好像坊间流传的说法一样，特斯拉现在的高市值，有一半是因为创始人马斯克，这不无道理。创始人对于新兴造车公司来说，最有可能成为大IP，为企业争取关注、争取好感、争取资本。

目前，李斌、李想被突出的属性是既懂互联网、懂用户，又懂汽车产品，同时又是成功的创业者；毕福康和戴雷则依托英菲尼迪和宝马团队背书，毕福康是唯一拥有将宝马i8这样高端电动车产品整体落地经验的创始人；陆群主打工程师文化，从自身背景以及汽车传统工业对工匠精神的敬畏切入；沈晖突出资源的综合运用能力；沈海寅主打互联网基因、用户理解力；夏珩被称为南派造车的典范。

此外，部分新兴造车公司通过"公司进度阐述"和"用概念车过渡"，也均在一定层面上起到包装的作用，并且不可否认，由于现阶段大多数新兴造车公司都或多或少面临一定的资金问题，因此包装的核心目的还在于to B，并且很大程度上to VC。

第三，寻找不同的资金来源渠道。

目前对新兴造车企业提供资金支持的另一个重要方面是地方政府。虽然车辆研发等投入各地政府无法支持，但工厂的建设与相关优惠政策，各地政府支持力度均不小。包括前途苏州工厂、FMC 南京工厂、威马温州工厂、奇点铜陵工厂、博郡南京工厂等等，政府都承诺负担一定比例的总投资。以 FMC 为例，由于南京政府的支持力度相当大，在工厂建设与融资方面 FMC 已决定将总部由深圳搬往南京。

关于资金，除了大多数新兴造车公司面临着的拿钱难问题外，蔚来作为典型的资本集聚公司，其资金的使用效率，包括纸面上的投入产出比，也在业内引起过比较广泛的争议和讨论。

以蔚来 ES8 车型为例，虽然研发成本并未公布，但从行业高端车型普遍 8 亿~10 亿美元的研发投入看，蔚来 ES8 的研发投入只多不少，毕竟蔚来目前 2 000 人左右的研发团队，工资水平已经超过上汽，后者研发团队人数超过 5 000 人。

如果按照整车 80 亿元人民币研发费用计算，假设蔚来 ES8 年销量 1 万辆，生命周期 5 年，也就是 5 万辆总销量，那么每辆车的均摊研发成本达到 16 万元，这还不算其他包括工厂、供应件、销售、营销在内的成本。

值得注意的是，前期将 ES8 的销量预期设置在每年 1 万辆并不偏低，毕竟作为新品牌，蔚来还需要时间沉淀，需要市场逐渐认知。此前，腾势作为新品牌，2015 年和 2016 年销量均不足 3 000 辆，而特斯拉 Model S 作为一款颠覆性极强的全球车型，在 2013 年，也就是其问世后的首个完整销售年中，全球范围总销量也仅仅 2 万辆出头，后续渐进式增长。

当然，不仅仅是蔚来，就算新兴造车公司的产品顺利并高品质地完成落地，一个问题也摆在眼前，即如何保证销量，实现盈亏平衡。包括 FMC COO 戴雷和威马副总裁陆斌在内的多位新兴造车从业者，在谈到盈亏平衡这一话题时，均给出了"需实现年销 10 万辆"的数字。业内人都知道，这个难度有多高。

3. 四条探索路径

可以肯定的是，传统车企依靠面向消费者卖车实现企业盈利的路径，对于现阶段的新兴造车公司来说难以走通。因此，新兴造车公司必须开始根据自身的具体情况，探索新的运营模式和发展路径。目前，以下四种路径最有代表性：

第一，做公司估值。

蔚来是典型。从做高公司估值的角度考虑，蔚来现阶段的一些做法就更容易理解了，包括上面提到的花钱抢时间，花钱砸技术，花钱做品牌，这些投入虽然可能在短期内会带来量产产品的均摊成本极高，但依靠产品本身的落地速度和品质、核心技术的掌握程度、品牌的用户认知度、企业的关联网等等,蔚来有机会在资本市场进一步获得认可,从而拥有足够的资金支持其持续发展。这对蔚来和投资人来说是双赢,前者短期没有挣钱压力,后者也能在前者身上挣到钱。一旦等到了时间窗口,随着产品的销量上升,一切问题都会迎刃而解。

李斌在上海车展期间曾对外界说,"我们至少还能赚 20 倍,特斯拉能再赚 1 倍就不错了",足见对公司未来估值增长的信心。也有业内人士分析认为,蔚来基于现阶段的发展态势,加上中国市场广泛的红利因素,估值很快能达到特斯拉的 1/4,也就是 800 亿~1 000 亿元人民币。

第二,做 B 端生意。

小鹏是典型。2017 年 6 月,小鹏汽车获得来自神州优车的 22 亿元 A 轮融资,从业务逻辑看,后者已经比较成气候的租车、专车业务,均需大批量采购车辆用于运营。未来,一旦小鹏汽车的产品能够顺利大批量生产,B 端神州优车的集团采购将为其解决前期的销量问题,而小鹏汽车的电动车产品从属性上来看也比较适合作为运营车辆使用。

除此以外,车和家 2017 年 6 月中旬与法国分时租赁公司 Clem 达成的合作协议,也将对产品的销售起到关键作用。之前乐视自己做零派乐享,思路也是同样。在新兴造车品牌完善度不高、产品市场认识度有限的情况下,B 端生意甚至可以说是将产品在市场上进行实证、打磨的捷径。

第三,做生态配套。

威马是典型。陆斌曾表示,"事实上,威马对电动车产品的销售利润贡献并未抱太大希望,只要不赔本就行。"而威马未来的主要利润点会在充电、出行服务、融资租赁等业务上,类似于小米那样通过构建生态圈,实现利润收入。

目前,威马推出的首个出行服务——威马充电服务 App 已经开始上线测试。2017 年 2 月,威马耗资 11 亿元收购大连黄海 100% 股权,也是威马"总体布局的一部分"。2017 年 6 月月底,威马一方面投资了共享单车平台 Hellobike,另一方面与海南省交通控股投资有限公司合作,未来将会在海南投入 2 000 辆新能源车。不过也有业内人士认为,威马实现利润的生态配套涉及的业务线很多,而现阶段的资金投入还应该首先保持聚焦,不宜过于分散。

第四,抓政策红利。

云度是典型。云度新能源总经理刘心文曾在 2017 年上海车展期间表示,云度前期的产品主要还是会优先投放在有政策补贴的城市。这就要求其产品在补贴红利退坡前快速落地。目前云度的两款产品 π3 和 π1(见图 9 – 13),虽然在产品设计、研发端均遭遇到一定程度的诟病,但产品在公司成立仅两年时问世，时间节点抢得不可谓不快。

图 9-13　2017 年 2 月 27 日，云度在北京同时发布 π1 和 π3 车型

(来源：车云)

后期来看，在国家对汽油车产品的排放限制越来越严格的情况下，碳排放指标出售将会是云度收入的组成部分之一。目前，"卖碳"收入也是特斯拉的收入组成部分。当然，所有的模式，原点都将回归产品，回归到量产车。

之于蔚来，没有可靠的产品，未来的 C 端销售不可持续，估值也就无法持续增长；之于小鹏，没有可靠的产品，与 B 端的销售合作就没有基础；之于威马，没有可靠的产品，等于缺失生态链的核心；之于云度，没有可靠的产品，后续补贴一旦退坡，企业将快速消亡。

4. 无限接近的答案

虽说同样是做电动车产品，但每家新造车公司的产品思路均有差异。例如：

关于产品定位：威马称会量身为中国市场做产品，FMC 则希望打造全球产品。

关于产品形态：有蔚来的高端 SUV，有云度的入门级小车，也有前途的小型轿跑。

关于产品技术：蔚来、奇点等主推换电模式，而前途则认为换电技术并不完善。

关于产品材料：FMC 认为全铝车身控制不住成本，而蔚来、博郡则认定必须全铝。

关于产品销售：小鹏采用 B 端拓展，蔚来则试图用高端用户代言影响 C 端，等等。

每一家新兴造车公司都想成为"鲨鱼"而非"鲶鱼"，不想成为仅仅为沙丁鱼保驾护航的棋子。因此，要想突围，必须找到差异化。

毫无疑问的是，相比 20 世纪末的那场全民造车热来说，这一轮的造车热潮来得更猛、掀得更高。创业者们所处的大环境也截然不同，中国汽车产业整体的健全性、互联网及移动互联网发展的高度、巨大的消费规模红利、电动车鼓励政策红利，为更多元的玩法和更丰富的想象空间提供了基本要素。

然而，李斌、李想、沈晖、陆群、毕福康、沈海寅、夏珩……这些名字中，能不能有人像李书福、王传福那样，最终从昙花一现的造车大军中走出并成长，虽还是未知数，但答案已越来越近。

第十章

捍卫者——跨国车企

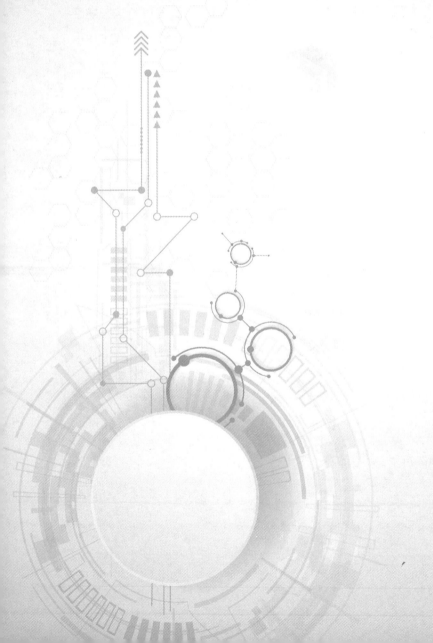

智能汽车对于动辄上百年历史的跨国车企来说，是一场捍卫尊严的战争。这不仅来自于外来者及后进者的追赶与挑战，也来自于汽车智能化对汽车技术、产品、生产、商业模式等带来的全链条的颠覆。越是老牌的车企，越逃避不了一个追问：大车企内部究竟能不能诞生出新型的商业模式，并在未来的智能汽车社会持续保持竞争力和创新力？

对于第一、第二梯队的跨国车企，不管策略是激进还是保守，智能化已经成为所有人都在探索的一道命题，实现自动驾驶则是其共同的目标。如果说五年前，谷歌开始无人车测试时，像春秋时代一个孤独的布道者，追随者寥寥，而怀疑者众。那么现在就是自动驾驶的战国时代，群雄并起，传统车企几乎全线进军。

从最初的"将信将疑"到现在的"大举投入"，一方面是由于谷歌、Uber和特斯拉这样的公司用事实不断展示技术上的进步，刺激到了传统车企，但最主要的驱动力，还在于车企们已经越来越清晰地意识到，自动驾驶技术即将为汽车商业模式带来颠覆式的改变，这可能是自内燃机发明以来，汽车行业最重大的一次变革。

从各方面搜集的资料分析，通过技术研发和累积，国外汽车企业在2016年已实现智能自动驾驶的Level 1或Level 2阶段，Level 3或Level 4阶段将在2020年实现，但正式推广上路将会等到2025年及以后。表10-1所示为国外各主要车企自动驾驶技术分阶段导入时间表。

表10-1　国外各主要车企自动驾驶技术分阶段导入时间表

（引自：FOURIN汽车技术年鉴，2016）

	企业	2015年	2016年	2017年	2018年	2019年	2020年	2021年	2022年	2023年	2024年	2025年~
美系	通用	Level 1		Level 2			Level 3				Level 4	
	福特	Level 1			Level 2						Level 4	
	特斯拉	Level 2			Level 4							
	谷歌						Level 4					
	苹果						Level 4					
欧系	戴姆勒	Level 2					Level 3				Level 4	
	奥迪	Level 2			Level 3		Level 4					
	宝马	Level 1	Level 2					Level 3			Level 4	
	大众	Level 2						Level 3			Level 4	
	菲亚特	Level 1	Level 2					Level 3			Level 4	
	沃尔沃	Level 2					Level 4					

续表

企业		2015年	2016年	2017年	2018年	2019年	2020年	2021年	2022年	2023年	2024年	2025年~
日系	丰田	Level 1		Level 2			Level 3					Level 4
	本田	Level 1		Level 2			Level 3				Level 4	
	日产	Level 1	Level 2								Level 4	
	马自达	Level 1				Level 2			Level 3			Level 4
韩系	现代	Level 2					Level 3					Level 4

一、德系三强拼智商

奔驰、宝马、奥迪被称作德国汽车工业水平的代表，不约而同的是，大家对于首款自动驾驶汽车到来的时间都预计在 2020 年。奔驰、宝马、奥迪的长期对抗中，奥迪是最想借智能化超车的车企，不仅在 DARPA 挑战赛上就和拥有自动驾驶人才的黄埔军校之一——斯坦福大学建立合作关系，而且自 2013 年起就陆续秀出了测试车。

而德系三强在自动驾驶技术量产化上的比拼，是从 2013 年第 10 代奔驰 S 级车上市开始的。

2013 年奔驰推出了交通拥堵车流中的自动驾驶叠加包。新的选装包叫 Intelligent Drive，可以在全新 S 级车上增加自动驾驶功能，核心部分 DIS-TRONIC Plus 里有个子系统，名叫 Stop&Go Pilot，通过搭配 Steering Assist，能让车在交通拥堵的车流中做到大部分情况下自动驾驶。

2015 年，升级后的 Intelligent Drive next Level 驾驶辅助功能选装包可以让车在设置闸口的封闭高速路、不封闭的高速路以及城市环境做到可变道自动驾驶，首次搭载该功能的是 2016 年上市的奔驰 E 级车。

宝马和奔驰的时间点咬合得很紧。2015 年，第 6 代宝马 7 系开始配置增强型驾驶辅助（Driving Assistant Plus），达到了 SAE L2 功能，包含带有主动侧面碰撞保护功能的车道偏离报警装置、带自动启停（Stop&Go）功能的自适应巡航与车道保持系统。随后 2017 年上市的第 7 代宝马 5 系也配置了增强型驾驶辅助。

在 L2 产品的推进时间上，奥迪没有占据太多优势。2015 年面市的第二代奥迪 Q7 搭载了自适应巡航，含堵车辅助功能。在 2017 款 Q7 和 A4 上将配有"交通拥堵辅助功能（Traffic Jam Assist）"，由自适应巡航（ACC）和车道保持功能（LKA）组合而成。

2017 年上市的全新奥迪 A8 是全球首款 L3 级别自动驾驶量产车，这有可能会让奥迪在自动驾驶竞争中占得有利位置。因为截至目前为止，宝马和奔驰在 L3 级自动驾驶面市的时间规划上，都要更晚一些。完全满足 SAE L3、兼容 SAE L4 的 BMW iNext 将于 2021 年量产。据资料显示，奔驰没有公布自己 L3 自动驾驶车上市的时间，但强调了 2017 年上市的 S 级将提供"非常、非常成熟的 Level 2 自动驾驶系统"，可以像 E 级车那样自动变道。

也有人质疑，奥迪所说的 Level 3 自动驾驶过于简单，毕竟城市拥堵路况是低速行车，而不是大家以为的高速公路路况。不过业内争论最多的 Level 3 难点，在于出现系统无法处理情况时如何提醒人工接管，拥堵环境下的自动驾驶因为车速慢，留给驾驶员的时间余地会更多一些。

1. 奔驰

在德系企业中，戴姆勒公司对自动驾驶技术的开发最为积极。2013 年，奔驰 S500 车型搭载了具有 360°监控雷达、摄像头、GPS 导航等功能的自动驾驶系统 Intelligent Drive，进行了 103km 的路试，还在美国等地进行自动驾驶路试。在技术上，戴姆勒公司综合利用 2015 年收购的诺基亚 Here 高精度地图以及在导航、车车间与车路间通信等科研成果，实现了基于云服务的自动驾驶，计划到 2020 年实现在高速公路上的自动驾驶。此外，戴姆勒公司在美国 CES 2015 发布的未来自动驾驶概念车 F015 将在 2030 年实现批量应用。

1）从普罗米修斯项目开始的自动驾驶之路

早在 20 世纪 80—90 年代起，奔驰便已经开始测试可以自己加速、刹车、转向，并且可以保证行车安全的自动驾驶技术。最早的项目叫作普罗米修斯 Eureka PROMETHEUS（Program for European Traffic with Highest Efficiency and Unprecedented Safety），意为欧洲最高效和空前安全的交通项目，是由奔驰与欧洲其他几家车企、电子制造商、大学和学术机构共同于 1986 年 10 月 1 日发起的，普罗米修斯的名字也象征了人们对于自动驾驶技术研究的开端。普罗米修斯项目是当时全球关于自动驾驶技术最大的项目，总共花费约 7.49 亿欧元。

当时局限于计算机硬件的发展，奔驰使用了 Vario 厢式货车（图 10-1）作为试验车，它后部有足够的空间可以装下拥有 60 个计算机集成块的硬件系统，而运算力可能还不如当今的一部手机。就是凭借着这些繁重的设备，配合由不同焦距的 4 个摄像头组成的视觉（Saccadic Vision）系统，计算机根据实时图像进行评估和分析，并对油门、刹车、方向盘发出指令。

当计算机的硬件可以缩小到放进轿车之后，奔驰对 W140 的 S 级进行了改装。在德国高速公路上进行的 1 678km 的测试中，自动驾驶的 W140 已经可以检测并跟踪其他车辆和车道线，并可以在最高速度 185km/h 以内实现超车。

图 10-1　奔驰最早使用了 Vario 厢式货车作为试验车

普罗米修斯项目持续八年，于 1994 年告一段落，它为奔驰继续独立启动的一系列自动驾驶项目中开发的现代化技术奠定了基础，比如 Pre-Safe 预警安全、带有转向辅助功能的 Distronic Plus 限距控制系统、Stop&Go Pilot 拥堵跟车功能，以及现在 S 级上最新的 Magic Body Control 主动悬挂调节系统。

而当技术逐渐成熟后，奔驰也陆续向量产车中投放半自动及自动驾驶辅助功能，比如从 2007 年开始为旗下部分车型提供盲点辅助系统（Blind Spot Assist），2010 年升级为主动盲点辅助系统（Active Blind Spot Assist），该系统也可以与车道保持辅助系统（Lane Keeping Assist）实现互补。

在 2016 年年初拉斯维加斯的 CES 前夕，全新 E 级车获得美国内华达州，也是全球首张乘用车自动驾驶测试牌照，奔驰一款经过改装的 S500 Intelligent Drive 测试车也在德国曼海姆市（Mannheim）与距离超过 100km 的普福尔茨海姆（Pforzheim）之间进行自动驾驶测试。图 10-2 展示了这款车在测试时的情景。

图 10-2　奔驰 S500 Intelligent Drive 自动驾驶汽车

2）奔驰的"双核"战略

2017年1月，奔驰测试的新一代自动驾驶系统中，出现了激光雷达。

虽然以往并没有被列入渐进式自动驾驶的阵营，但是在很长一段时间里，奔驰都在走基于量产的自动驾驶功能迭代之路，用的是摄像头、毫米波雷达这类成熟、低成本车规传感器。激光雷达的出现让人们意识到，奔驰的节奏远快于想象。

除此之外，当集合"智能互联""自动驾驶""共享出行""电力驱动"四个维度的Generation EQ品牌推出时，奔驰对"移动出行服务提供商"的战略定位也已经规划好了。

基于现有量产车的产品进阶和基于未来整体的企业战略转型，构成了奔驰自动驾驶布局的"双核"。时间不等人，奔驰为了按计划在2020年推出可以上路的全自动驾驶汽车，已经开始跑步前进了。

3）最新一代传感器——激光雷达

2013年，基于第10代奔驰S级S500平台的自动驾驶测试车前往法兰克福参加国际车展，途中重走了1888年贝莎·本茨从曼海姆至普福尔茨海姆的100km驾车旅行路线。当时看起来，这条路线已经涵盖了从高速公路到城市复杂路况的各种形态。

测试车基于量产的S500改装，除了本身具备的主动安全功能之外，还搭载了奔驰研发的Route Pilot功能，可以兼顾高速、城市等各种路况。测试车传感器相比标准量产版本做了一些升级，但并没有激光雷达这种高价传感器存在。

这次长途跋涉最重要的意义是检验使用摄像头、毫米波雷达等接近量产的传感器能不能实现非简单路况的自动驾驶，还有哪些难题尚待解决。当时奔驰自动驾驶研究计划的带头人之一拉尔夫·赫特维希（Ralf Herrtwich）测试后总结了几个挑战，其中包括不同环境摄像头如何正常发挥作用，如何准确定位车辆。可以看出，随着高度自动驾驶和全自动驾驶的到来，依靠现有传感器和算法是有难度的。

2017年1月1日，斯图加特地方理事会批准奔驰在公共道路测试下一代自动驾驶汽车，在这辆车上，激光雷达得到应用。之所以更换传感器方案，可能是出于两点考虑：

第一，在感知方面，摄像头并不擅长夜间环境，但这一点对激光雷达来说并不难。而且面对越来越复杂的路况，视觉方案要靠深度学习来完成检测识别以及追踪的工作。激光雷达探测障碍物的算法要比视觉采用的深度学习简单很多，最重要的是，在障碍物追踪方面激光雷达可以很好地兼顾实时性。

从S500测试车整个系统结构来看（图10-3），高精度地图起到很重要的作用，与之配合的单目（特征匹配定位）及双目摄像头（车道线定位）都容易受到环境影响，激光雷达的准确率自然就更高一些。

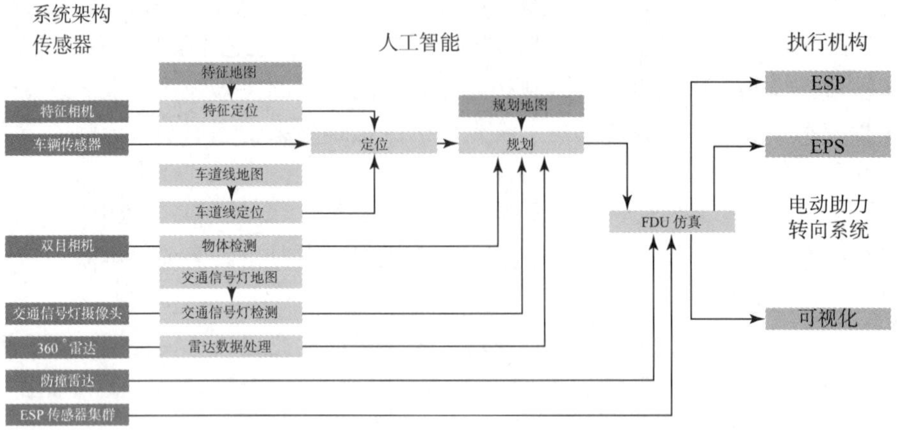

图 10-3 奔驰 S500 自动驾驶测试车系统架构

(来源：奔驰)

第二，S500 测试车主要靠"摄像头+高精度地图"（Simultaneous Location and Mapping，同时定位与地图构建）加强定位，比单用 GPS 更精确。激光 SLAM 研究较早，理论和工程均比较成熟。视觉方案尚处于实验室研究阶段，应用于室内且低速的商业化产品都没出现，高速运动的室外环境更是无法胜任。

因此，要做更高级别的自动驾驶，激光雷达是解决上述疑难问题的关键传感器。

4）你的奔驰车自动驾驶选装包来了

对于自动驾驶技术，奔驰当前的做法是利用自动驾驶选装包，让普通汽车都能增加这项新技能。截至 2018 年 2 月，奔驰一共推出两个具备自动驾驶功能的选装包，分别是 Intelligent Drive 和 Intelligent Drive next Level。

2013 年 S 级车最先具备了 Intelligent Drive 提供的自动驾驶功能，如图 10-4 所示，其核心部分包括 DISTRONIC Plus，车距车速自动调节系统以及 Drive PILOT 智能领航系统搭配 Steering Assist 和 Stop&Go Pilot 子系统，已经能让车辆在拥堵的车流中做到大部分自动驾驶。

这套系统的核心自动驾驶功能是：在 200km/h 的速度内都可以工作，根据远距离和近距离雷达返回的数据自动判断前车速度、前车距离等数据，智能调整安全距离与速度。在小弯道上也能够将车辆维持在车道中央并保持安全距离。在低速行车甚至交通堵塞时无须路面标有清晰车道线，只要一直跟随前车就可以运行。

图 10-4　奔驰 Intelligent Drive 选装包
（来源：奔驰）

图 10-5　奔驰 Intelligent Drive next Level 选装包
（来源：奔驰）

2016 年春季上市的奔驰 E 级配备了 Intelligent Drive next Level 半自动驾驶功能选装包，可以在设闸口的封闭高速路、不封闭的高速路以及城市环境实现半自动驾驶。与 Intelligent Drive 相比，该选装包增加了主动变道功能，但需要驾驶员给出变道信号。

那么，下一个选装包会是什么呢？奔驰对自动驾驶的进程安排里，第一步是结构道路交通拥堵环境下的低速自动驾驶，第二步是低速停车场景的自动驾驶，这两步已经实现（Intelligent Drive next Level 包里就有 Remote Parking Pilot）。奔驰 S 级兼具两项功能，所以蔡澈在第十代 S 级发布会上称其为"自动驾驶的开端"，资料显示，奔驰在未来将相继推出适用于高速公路和城乡环境的自动驾驶 i – Pilot。

2. 宝马

对于自动驾驶，宝马将其分为四个阶段，即驾驶辅助、部分自动驾驶、高度自动驾驶、完全自动驾驶，分别对应解放"双脚""双手""大脑"乃至"全身心"。这种从脚到头的解放顺序，也是当前自动驾驶发展的主逻辑，目前宝马正处在从逐步解放"双脚"向解放"双手"过渡的阶段。

从技术角度来说，主动巡航、拥堵辅助驾驶以及自动泊车是未来构成自动驾驶的三个关键点。对于行驶过程中主动巡航，如雷达探测、自适应巡航、车道偏离警告、盲点检测、主动刹车等功能已经配备在宝马的多数量产车上。未来随着激光扫描、摄像头、超声波雷达等更多智能硬件的配备，更多功能也将会集成到宝马的 Connected Drive 或者更高一级别的 Highly Automated Driving 自动驾驶系统中。

1）战略联盟：百度、英特尔以及 Mobileye

路透社在 2016 年提出一个形象的比喻：传统车企和互联网公司合作，就像两只刺猬相拥。宝马以往的自动驾驶征途里，有两次令人印象深刻的牵手，可以看出宝马与科技公司的合作边界。

其中一次发生在中国——宝马和百度自动驾驶事业部在 2014 年 9 月合作。这次合作给人的想象空间是巨大的，豪华品牌与中国互联网公司的组合，产品技术层面包括驾驶策略、高精度地图，合作涉及车辆使用、配套基础设施。面对庞大的中国市场，宝马借助百度在国内的资源优势，共同参与定义自动驾驶相关法律和产业标准的机会。

然而，百度和宝马仅在 2015 年 12 月有过一次北京高速 + 五环的路测展示，核心成果尚未推出，双方合作就在 2016 年戛然而止，向外界公开的原因是双方存在"无法调和的分歧"。

双方分歧或许在于合作界限的把握。百度与车企的合作成果会对外统一使用百度品牌，势必会削弱宝马的品牌影响力。宝马研发主管 Klaus Froehlich 在宝马百年生日发布会有过一段发言：

"我们的任务是要保护自身的商业模式不会受到互联网模式的威胁。如果不这样去做的话，我们有可能终将和富士康一样，只能为苹果这种巨头提供金属机身。在我看来，打造出一款最智能的汽车将会为我们在未来提供更多的话语权。"

这段话显示了宝马想在自动驾驶合作中掌握更多主导权的强烈愿望，合作中作为代工角色被纳入伙伴主导的生态体系，在宝马看来是最不划算的交易。

不过，在和百度分手不久，宝马和英特尔、Mobileye 的牵手被视为另一个自动驾驶重大事件——三家公司要开发定义一个平台，让共同研发的自动驾驶汽车在 2021 年上路，2017 年下半年已经有约 40 辆自动驾驶汽车开始路测。

在这次合作中，Mobileye 提供 EyeQ5 计算机视觉处理器，负责处理 360°环视传感器的输入以及本地化。

英特尔提供本地高性能计算单元致强和凌动处理器。EyeQ5 与 Intel CPU 和 FPGA 技术相结合，形成集成到自动驾驶汽车的中央计算平台。而且在本地平台之外，英特尔还会提供云端计算单元，包括 5G 互联平台及支持人工智能的数据中心平台。

宝马将负责驾驶控制和空气动力学，评估整体功能安全，整体集成并量产自动驾驶汽车。因为三家公司都希望把平台开源，宝马还负责寻找愿意加入平台的合作伙伴。图 10-6 展示了三家公司的合作框架。

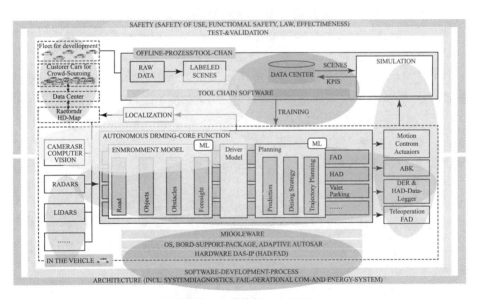

图 10-6　宝马、Mobileye、英特尔合作框架

在自动驾驶阵营中，宝马、英特尔、Mobileye 的联盟组合是渐进式自动驾驶的代表。宝马在决策规划、执行控制、测试等部分表现出了绝对强势。不过，其中最吸引人的部分还是合作伙伴参与的本地和云端计算资源建设。

自动驾驶发展到高阶，需要本地和云端配合完成计算任务。一方面，自动驾驶汽车需要更强的本地计算能力，来确保即时性和安全性。另一方面，车辆需要将疑难问题和一些可以共享或深挖价值的数据上传到云端处理。通过与英特尔、Mobileye、HERE 的合作，宝马已经完成了本地和云端的建设。

在宝马自建的数据中心之外，Mobileye 道路体验管理——REM™ 会利用车上的传感器收集环境数据并上传至云端，并且和基于 HERE 的后台技术相连接，用来提供更加新鲜的高精度地图，这种众包高精度地图系统会从 2018 年起装备在所有新款宝马车型中。而宝马与英特尔合作建立的数据中心，会用于训练神经网络和进一步开发算法，并且模拟在现实世界中很少出现的场景，在自动驾驶车辆测试中扮演重要角色。

相比百度这样的"大脑"角色，宝马更愿意和芯片、算法公司直接对话，安波福、大陆、麦格纳后续也加入了该联盟。从技术上考虑，宝马有机会按需定制半导体方案，从半导体设计时就开始考虑 ISO 26262 等相关车规标准，而不是一揽子接受一个统一的自动驾驶模块和大脑。而且可以看到，宝马在平台开源伙伴选择上享有很大的主动权，未来基于平台的扩充，将逐渐形成具备竞争实力的自动驾驶联盟。最主要的是，这项合作让宝马保护了自己的品牌——三家公司合作的自动驾驶技术会用到 iNext 电动车上。

2）Level 3、Level 4 自动驾驶原型车

宝马正在有计划地将半自动驾驶功能打包成名叫 CoPilot（中文名"宝马智能驾驶"）的叠加包用到量产车上。在 2017 年的 CES 上，宝马展示了基于 5 系的自动驾驶原型车。搭载 CoPilot 系统后，车子会在高速公路上自己加速、制动、转向、变道，并且避免路上遇到的危险。据介绍，原型车达到了部分自动驾驶（Level 3）水平，计划在 2021 年实现量产。图 10-7 所示为宝马正在研究的 CoPilot 项目展示车。

图 10-7　宝马正在研究的 CoPilot 项目展示车

CoPilot 原型车一共有 23 处安装了传感器来满足不同天气下对外部环境的监测。前脸处有一款法雷奥量产的激光雷达,前风挡玻璃处是 Mobileye 提供的涵盖三个不同视角的摄像头,后视镜底部隐蔽地加装了用作自动泊车的摄像头,车辆四角安装了毫米波雷达,在实际行驶时,高精度地图会帮助车辆确定自己身处何方。

当驾驶权需要交接时,这辆车会如何反应呢?第一次请求提醒短而轻巧,随之仪表盘上也会亮起接管方向盘的蓝色警示灯,此时方向盘上亮起的仍然是自动驾驶模式下的蓝色光圈。随着出口的临近,车辆给出第二次请求,给出短促的提示音的同时,仪表盘和方向盘警示灯也随之变黄。第三次请求会有多种警报音,交互的警示颜色也由黄变红。警示灯变了三次颜色后如果仍然没有理睬接管请求,车辆会自行制动降下车速,尽最大可能确保安全。

在真正量产前,宝马自动驾驶算法还会进一步升级。目前的测试车只有一套执行机构,未来 Level 3 自动驾驶汽车推向市场时,会用上两套刹车和转向系统。

CoPilot 自动驾驶测试车也开始在中国进行路测,根据 2017 年 6 月宝马公布的数字,宝马中国自动驾驶团队已经有 50 人,在中国的实测里程数超过 1.6 万 km。

除了 Level 3 级自动驾驶车,宝马也在研究限定区域的全自动驾驶原型车,如图 10-8 所示。这辆车没有很强的试验感——传感器都被嵌入车身或者被隐藏起来。除了 Mobileye 的摄像头套件和暗中配合的毫米波雷达,前脸、车尾以及左右两侧增加了激光雷达传感器。

图 10-8 宝马限定区域全自动驾驶原型车

这些激光雷达看上去并不是多线束激光雷达，实现 Level 4 自动驾驶并不是非得追求线束越多越好，通过与其他传感器融合，也可以实现 Level 4，只不过未来的融合和现在相比会存在不同，这对激光雷达传感器在软硬件层面给出了更高的升级目标。未来宝马会跟合作伙伴一起对这辆车不断升级。

回顾一下宝马在自动驾驶领域几个重要的研发节点，可以发现，无论是 2006 年的赛道自动驾驶，还是 2014 年的漂移控制，宝马的自动驾驶探索均是从本身最擅长的驾驶操控成长起来的。而且随着对感知定位、决策控制的逐步了解，面向未来自动驾驶的传感器方案和算法计算平台都在日趋成熟、固定并走向量产。

(1) 2006 年宝马 Father – Training：搭载了宝马赛道训练系统的宝马 3 系首次在霍芬海姆赛道展示了全自动驾驶。

(2) 2011 年宝马 Connected Drive：高速公路高度自动驾驶测试车在德国 A9 高速公路进行公开路试。

(3) 2013 年宝马 Active Assist：宝马开始研究高速公路高度自动驾驶功能，车辆可以在两条高速公路相接的复杂路段完成自动驾驶。

(4) 2014 年宝马 Drift Assist：研究自动驾驶汽车快速绕锥桶，在地面湿滑情况下漂移过弯。

2016 年，宝马用一款 BMW Vision Next 100 概念车表达了对下一个百年的展望。Vision Next 100 有两种操作模式，Boost 模式即手动模式，是为了让人们感受驾驶的乐趣，而 Easy 模式则是自动驾驶模式。在 Boost 模式下，风挡玻璃上会利用增强现实技术投射出驾驶员需要知道的各类信息，包括车辆本身的速度与动力信息、理想的驾驶路线建议以及车辆行经路上需要注意的其他车、人与物体等。

宝马对于 Easy 模式的设定是完全自动驾驶状态，方向盘和中央扶手都可以收起，给车内的乘员留出更大空间。而前排座椅也可以旋转 180°，变成两排座椅相对的模式，方便乘客交流。

虽然宝马在同时研发 Level 3、Level 4 级的自动驾驶汽车，但他们认为，Level 3、Level 4、Level 5 其实并不是重点。比起分级，解决"疑难杂症"最重要。因为宝马的目标是让车辆尽可能做到更长时间地解放司机，在不同天气都能风雨无阻地上路。

宝马的做法就是在一层层地累加技术，在中间某个节点技术成熟之后，抽离出来形成一个阶段性产品。这个阶段性产品可能会符合当前的 Level 3 或者 Level 4 分级。宝马已经有一个详细的自动驾驶时间表：

- 截至 2018 年 3 月，宝马市面上的在售产品属于自动驾驶 Level 2 级，由驾驶者全程负责驾驶。

- 2021年起，BMW iNext 会达到自动驾驶 Level 3 级，在同向行驶的隔离路段实现高度自动驾驶，驾驶者必须能够在几秒内重新接管操作。
- 2021年，会部分实现 Level 4 级自动驾驶，在限定区域内的市区道路实现全自动驾驶；行驶过程中驾驶者可以完全休息；与 Level 3 级相比，其重要差别在于为驾驶者接管控制留出了大量时间。
- Level 5 级与 Level 3 级和 Level 4 级同时开发，可能在 2020 年之后以试点项目的形式实现。自动驾驶时，方向盘和踏板都不再是绝对必需装置，乘客坐在车内，无须介入任何驾驶操作，不需要驾驶执照和驾驶者。

从时间表看出，宝马的自动驾驶"技术"仍然是以按部就班的方式向前推进，但是在节奏上，也不免加快了推进 Level 4、Level 5 到来的速度。不过，同步进行多项研究和多个产品的落地，宝马所需的研发投入将不是一笔小数目，这也是目前所有主机厂转型移动出行服务商面临的难点。

3）宝马 i Ventures：用资本撬动未来

对于自动驾驶，宝马有一个庞大的投资计划。宝马旗下的 i Ventures 投资部门资金池有 5 亿欧元，用来支持研发无人驾驶和地图等技术的初创企业。

i Ventures 成立于 2011 年，从名称来看，部门和宝马的 Project i 项目有关。Project i 第一次亮相是在 2009 年，它代表了宝马对城市个人"可持续"出行的探索理念，即以环保为出发点，生产一系列轻量化高端电动车，并且被独立出来形成 i 品牌。2013 年年底，第一款电动汽车宝马 i3 在欧洲发售。2014 年，i 品牌第二款车型 i8 插电式混合动力跑车上市。

然而，让车尽可能环保零排放只是宝马 Project i 项目的第一步。2016 年，宝马内部做出了一个大调整：将 Project i 项目升级为 2.0 版本，重心从能效转向自动驾驶。

宝马计划让 Project i 的第二阶段专注于研究自动驾驶汽车，在 2021 年推出一款全新功能汽车，作为 Project iNext 项目来打造。宝马 CEO Harald Kreuger 曾经介绍，新车将带有自动驾驶功能，配有数字连接、智能轻量化设计，是一款全新内部构造的电动车。2022 年推出的全新 i20，将会替代目前的 i3 和 i8，初期会配有高级自动驾驶功能，2025 年将实现全自动驾驶。

i Ventures 就是在这样的背景下诞生的。成立之初的投资方向是移动服务和电动车方面的创业公司，后来逐渐扩展到对交通有重大影响的外延领域，比如人工智能、自动驾驶。部门初步可用资金为 1 亿美元，宝马在 2016 年对其增资至 5 亿欧元，可见宝马对新兴技术的虎视眈眈。

宝马对 i Ventures 赋予了很高的自主权，在全球范围内独立运营。为了便于开展工作，部门搬迁到距离创新最近的硅谷。未来，i Ventures 的团队会扩展到欧洲，也可能覆盖亚洲和以色列。

截至 2018 年 3 月，i Ventures 公开了对 28 家企业的 36 次投资，包括出行服务应用 5 家、充电站运营商 2 家、3D 打印技术 4 家、驾驶员行为 2 家、公共交通信息 2 家、自动驾驶车研发 1 家、半导体公司 2 家、维修与二手车 2 家、公共巴士制造 1 家、其他（停车、营销、社交、VR&AR、摩托车社区、车队管理调度、巴士调度）各 1 家，主要押注了产业链中的高利润环节，见表 10-2。

表 10-2 宝马 i Ventures 参投公司概况

车云根据公开资料整理

序号	时间	公司	简介	轮次
1	2018 年 3 月	Blackmore Sensors and Analytics	3D 打印	1 800 万美元/B 轮（领投）
2	2018 年 2 月	May Mobility	自动驾驶车研发	1 150 万美元/种子轮（领投）
3	2018 年 2 月	Moovit	出行服务平台	5 000 万美元/D 轮
4	2018 年 2 月	Fair	汽车租赁	5 000 万美元/公司轮
5	2017 年 12 月	GaN Systems	功率器件半导体设计公司	保密/公司轮（领投）
6	2017 年 11 月	Scoop Technology	美国出行服务公司、顺风车	1 060 万美元/A 轮
7	2017 年 10 月	Fair	汽车租赁	保密/公司轮（领投）
8	2017 年 9 月	DSP Concepts	嵌入式音频 DSP 解决方案	1 000 万美元/A 轮（领投）
9	2017 年 9 月	Fair	汽车租赁	1 600 万美元/种子轮
10	2017 年 7 月	Nauto	摄像头、人工智能、驾驶员行为检测	1.59 亿万美元/B 轮
11	2017 年 7 月	Shift	二手车	3 800 万美元/C 轮（领投）
12	2017 年 7 月	Caroobi	汽车检修网站	保密/A 轮（领投）
13	2017 年 6 月	Xometry	按需制造服务商	1 500 万美元/风险投资
14	2017 年 6 月	Proterra	电动公共汽车制造商	5 500 万美元/F 轮

续表

序号	时间	公司	简介	轮次
15	2017年4月	Bus. com	巴士招车和物流管理平台	500万加元/A轮（领投）
16	2017年3月	ChargePoint Inc.	北美电动车充电网络运营商	8 200万美元/G轮
17	2017年2月	Skurt	美国出行服务公司、租车	1 000万美元/A轮
18	2017年2月	Desktop Metal	3D打印	4 500万美元/C轮
19	2016年12月	STRIVR Labs	VR和AR、企业培训	500万美元/A轮
20	2016年10月	Nauto	摄像头、人工智能、驾驶员行为监测	未公开数据/A轮
21	2016年9月	Carbon	3D打印	8 100万美元/C轮
22	2016年7月	Rever	摩托车移动社区	未公开数据/风险投资（领投）
23	2016年5月	Scoop Technology	美国出行服务公司、顺风车	510万美元/种子轮
24	2016年4月	RideCell	出行服务公司，叫车	1 170万美元/A轮（领投）
25	2016年2月	Zendrive	手机传感器、驾驶员行为监测	1 350万美元/A轮
26	2015年9月	STRATIM	车队管理、调度、优化技术公司	未公开数据/B轮
27	2015年1月	Moovit	公共交通信息聚合与出行规划、App	5 000万美元/C轮
28	2014年11月	Zendrive	手机传感器、驾驶员行为监测	500万美元/风险投资（领投）
29	2014年5月	ChargePoint Inc.	北美电动车充电网络运营商	2 700万美元/E轮
30	2014年2月	Summon	出行服务公司，代驾	未公开数据/风险投资

续表

序号	时间	公司	简介	轮次
31	2013年7月	Chargemaster	英国电动车充电网络运营商	未公开数据/风险投资
32	2013年7月	Life360	家庭朋友社交、App	1 000万美元/B轮
33	2012年11月	Embark	公共交通信息、App	100万美元/种子轮
34	2012年5月	ChargePoint Inc.	北美电动车充电网络运营商	4 750万美元/D轮
35	2011年7月	JustPark	找车位、车位共享、App	未公开数据/种子轮
36	2011年2月	MyCityWay	客户营销变现平台	500万美元/A轮（领投）

  未来出行产业链将进行重组和利润再分配——2C业务将被压缩，2B业务比例将增加。新车销售的利润会逐渐减少，主要利润点将逐渐分散至产业链的两端。这也解释了宝马在出行服务和数字化服务方面的多笔投资。其中Nauto Inc.、Zendrive两笔与驾驶员行为相关，未来都计划在UBI领域找到更多延伸价值。Nauto Inc.的投资中，安联就会参与帮助保险公司对驾驶员进行风险评估，摄像头传感器提取的数据可以防止欺诈行为，具有良好驾驶行为的驾驶员在保险购买上也能享受更优惠的价格。

  此外，投资只是外围布局，自动驾驶、车联网等核心技术研发仍在宝马内部。自动驾驶算法和车联网大数据是智能汽车中最重要的部分，近年来宝马也在积极提升自身的软件开发能力。而且这部分新技术需要车企多个部门协调配合，因此更适合车企内部创新。2017年，宝马在慕尼黑的翁特尔斯希莱斯海姆市镇成立了一家研发中心，所有智能互联和自动驾驶的技术都集中在这里。

  车企永远不会拒绝与新兴企业合作，但是他们想要自己牢牢抓在手中的，一定会更多。

3. 奥迪

  奥迪很早就瞄上自动驾驶了。

  和很多新技术一样，这家公司有关自动驾驶方面的早期动态也是和高校科研联系在一起。2000年DARPA自动驾驶挑战赛时奥迪随大众集团参赛，借机和斯坦福大学开启了合作关系。到2005年，大众和斯坦福大学两家合作研发的车辆最先完成了150英里的比赛，赢得了当年DARPA挑战赛的冠军。

  很快奥迪就开始用行动证明，自己绝对不是玩玩比赛而已。

DARPA 挑战赛后的很长一段时间里，都能看到奥迪和斯坦福大学在合作研究名为 Advanced Planning 的项目，主要研究自动驾驶车的驾驶性能。因为极限情况更容易考验车辆的操控能力，所以我们看到名为 Shelley 的原型车接连进行山路自动驾驶和赛道自动驾驶的展示。

之后奥迪在 2013—2014 年两年分别获得美国内华达州（第一个测试的主机厂）、佛罗里达州以及加利福尼亚州（第一家获得牌照的公司）的自动驾驶测试牌照，开启了真实环境下的路测。图 10－9 所示为奥迪 2009—2015 年自动驾驶研发时间轴。

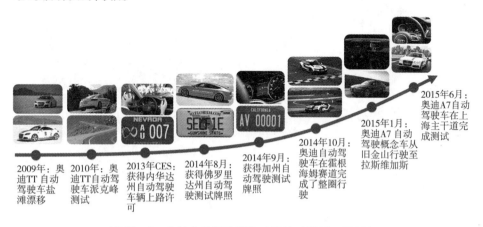

图 10－9　奥迪自动驾驶研发时间轴（2009—2015）

（来源：奥迪）

在奥迪众多概念车展示的自动驾驶功能里，我们常常可以看到"Pilot"的字样。奥迪定义的领航技术（Pilot）和巡航控制（Cruise Control）是不一样的，巡航控制是 Level 2，但领航技术进阶到了 Level 3。

在 Pilot 方面的研究，奥迪曾表示正在进行两项工作，分别与"Jack""Bobby""Robby"三辆自动驾驶测试车有关。

第一项工作是"Jack"在做。2015 年时，奥迪让搭载 Highway Pilot 技术的"Jack"（基于奥迪 A7 平台打造）行驶了 566 英里（从美国加利福尼亚州的硅谷自动驾驶到内华达州的拉斯维加斯参加 CES），车上装了整套自动驾驶传感器，为的是在长途跋涉过程中检验传感器能否了解周围发生的情况、系统能不能从大量的传感器原始数据里找出真正有用的信息。

第二项工作是"Bobby"和"Robby"在做。他们主要的任务是学习驾驶员行为，以及应对不同场景的问题：车辆在不同场景可能发生的最大危害是什么？发生时要如何管理？避让时旁边没有空间变道该怎么办？

把自动驾驶试验级产品搬到消费市场，奥迪则从三方面入手。

第一，用统一的中央控制器来实现完整的传感器数据融合、规划、决策处理。

奥迪认为统一的中央控制器不但有利于实现模块化，也方便应用到量产车型或后期加装，于是和 TTTech、Mobileye、Nvidia 和 Delphi 合作开发了中央驾驶辅助控制器（zFAS），如图 10 – 10 所示。

图 10 – 10　奥迪 zFAS 芯片架构

（来源：greecarcongress.com）

zFAS 是用来进行即时运算的小型计算单元，不同传感器数据融合汇总，和周围环境数据比较后，帮助车辆进行规划和决策，然后把信号发送给刹车和转向种类执行机构。图 10 – 11 所示为奥迪 zFAS 的域控方案，除了自动驾驶功能之外，zFAS 还集成了很多人机交互功能。

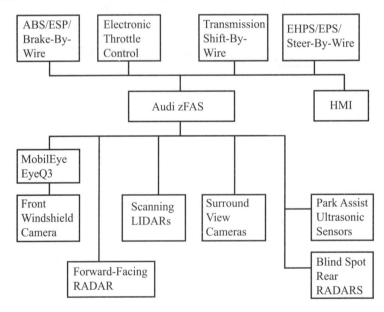

图 10 – 11　奥迪 zFAS 的域控方案

（来源：Strategy Analytics）

在 2014 年和 2016 年 CES，奥迪先后展示过两个版本的 zFAS，第二代 zFAS 要比第一代更小一些，而且接口也做了车规级设计。图 10 - 11 中 zFAS 整块电路板上配备了多个处理器：英伟达 Tegra K1 处理器负责车身四周的摄像头和前向毫米波雷达、激光雷达的数据；前挡风玻璃处摄像头采集的数据是交给 Mobileye 的 EyeQ3 来处理的。

第二，执行控制部分的冗余设计。

从辅助驾驶（Assisted Driving）到领航驾驶（Piloted Driving），在执行控制部分，奥迪会设置两套刹车系统、两套转向系统，如果其中一套失效，另一套就能立刻替用，如图 10 - 12 所示，Pilot Drive 下刹车与转向同时有灰色与红色表示这部分有冗余设计，至少有两套系统可以起到相同作用。

图 10 - 12　奥迪对 Level 3 的冗余设计

（来源：奥迪）

另外值得注意的一点是，虽然 Level 3 级自动驾驶可以在系统无法胜任的时候呼叫人类接管，但仍然需要考虑驾驶员不接管的情况，车辆自身可以做安全最大化处理。如果驾驶员无法接管车辆，车也会自行制动，降低车速，最大化地保护车内乘客安全。

第三，使用一款量产版激光雷达。

奥迪在 Level 3 级自动驾驶车上搭载了一款量产版激光雷达，这款四线激光雷达来自 Ibeo 和法雷奥的合作，名叫 ScaLa。其主要作用是汽车紧急制动的核心检测传感器，用来取代毫米波雷达作为 AEB（自动刹车系统）中的测距模块。加上激光雷达之后，会更好地解决突然有车进入车道的情况。

可以看出，为了让 Level 3 自动驾驶汽车量产，奥迪没有采用交钥匙方案，而是寻找不同供应商来负责各个部分，最后自己完成核心部分和集成。奥迪对很多工作的介入都在早期，关键零部件也都是量身定做。

全球首款 Level 3 自动驾驶量产车：奥迪 A8。

2017 年，奥迪把 Pilot 功能装进了量产车。北京时间 2017 年 7 月 11 日下午，全新一代旗舰级轿车 A8 在西班牙巴塞罗那举行的奥迪首届全球品牌峰会上正式发布。新 A8 是首款具备 Level 3 级自动驾驶功能的量产车，奥迪也为这一技术换上了一个更有科技感的名字——Audi AI。图 10 - 13 所示为奥迪新一代 A8 的 Audi AI 启动键。

图 10 - 13　Audi AI 启动键

（来源：车云）

当通过新 A8 车内的 Audi AI 按键激活自动驾驶功能之后（官方名称：Audi AI Traffic Jam Pilot），新 A8 可以实现在 60km/h 以下的低速条件下，在拥堵路况中自动驾驶。与目前其他品牌使用的 Level 2 级自动驾驶最大的区别在于，此时驾驶员完全可以从方向盘上解放双手，把注意力转移到其他方面而不需要继续观察路况（符合 SAE 对 Level 3 的定义）；此外在条件允许时，新 A8 还能实现无人自动泊车。

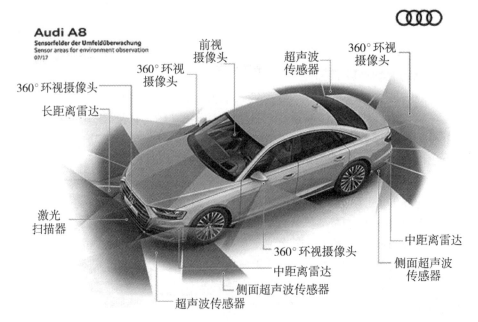

图 10 - 14　新奥迪 A8 自动驾驶技术采用的多种传感器

（来源：奥迪）

如图10-14所示奥迪虽然通过新A8奠定了自动驾驶的先锋地位,但技术量产后是否可以惠及消费者,依然需要经过各国法规允许。目前,除了德国和美国的数个州可以在法律层面上允许Level 3自动驾驶的A8上路之外,其他地区的消费者是否能买到这个功能还是个未知数。

Level 3级别自动驾驶技术的最大难点在于车辆与驾驶员之间的控制权交接,以及如何在驾驶员没有及时接管的状态下依然保证车辆的安全行驶或停靠。在新A8上,当车辆即将驶出允许自动驾驶的环境时,会提前10s用声音和文字提醒驾驶者接管车辆。

二、底特律的反击

1. 福特

1)"一步到位"

2016年8月17日,福特公布了自动驾驶战略规划图,包括三个方面:

(1) 2021年,福特将推出符合SAE Level 4标准的量产无人驾驶汽车(见图10-15),没有方向盘或油门及刹车踏板。这些大规模商用化的车型会用于互联网叫车及出行共享服务,属于福特智能移动计划(Smart Mobility)的一部分。

图10-15 在MCity中测试的福特Fusion无人驾驶汽车

（2）为了实现上述目标，福特采取或投资或合作的形式，同四家初创公司建立了合作协议，未来将共同致力于无人驾驶汽车相关技术的研发。

（3）福特同时也正拓展在硅谷的业务，未来计划在帕罗图奥（Palo Alto）建立一个专业的园区。自 2015 年 1 月正式揭幕以来，福特 Palo Alto 研究与创新中心已成为该地区最大的整车制造企业研究基地之一，与超过 40 个初创企业积极展开合作，并与许多孵化器建立了紧密的联系。

不过福特一开始就准备专攻无人驾驶的做法，遭到很多人的质疑。随着福特前 CEO 马克·菲尔茨的下台，福特也在重新审视之前的自动驾驶计划，新任 CEO 吉姆·哈克特在 2017 年 8 月接受 SFGate 采访时表示，自动驾驶汽车有点被炒作过度，福特此前也是被"冲昏了头脑"，自动驾驶汽车应该是渐进式发展，如果用户需要一辆能在任何时间到达任何地点并且还能克服各种恶劣环境的自动驾驶汽车，2021 年肯定有些不切实际。

同时，他还指出，自动驾驶汽车不会彻底替代有人驾驶汽车，汽车共享也无法完全抵消购买车辆的意义，因为人们购买此类车辆其实买的是一种保护自己的能力，而且旅行也是人们生命中最重要的事情之一。

这实际上彻底否认了之前激进的"一步到位"方案，福特在自动驾驶领域的规划和细则也随之发生重大变化，更强调优化城市交通的移动出行方式，而非自动驾驶单项技术的实现。他们认为，每种交通运作模式仅对自身加以改善，却没有实现相互协作，随着参与交通系统的人越来越多，出行体验将变得越来越糟糕。

在 2018 CES 上，福特推出了"交通出行云平台"（Transportation Mobility Cloud），试图创建一套智慧交通系统，将公交车、无人驾驶汽车、道路基础设施、智能手机等城市交通中的所有元素囊括其中，V2X 是它们的"统一语言"，以此创造更为安全、高效的交通环境。

福特还收购了"交通出行云平台"的联合开发商 Autonomic，以及一家主要开发城市自有微运输系统的软件企业 TransLoc，并成立了一个名为"Ford X"的新团队，专注于对新出行业务模式的探索。这与之前偏重人工智能初创公司的投资思路全然不同。

2018 年 2 月，福特宣布在迈阿密投放几辆全无人驾驶测试车，用于提供快递服务。很显然，即便是无人驾驶车的应用推广，福特也把焦点集中在了更加公共化的物流场景，而非面向私人的自动驾驶网约车服务，这同样是对之前"一步到位"战略的重新修正。

2）对 Velodyne、Argo AI 的战略投资

2016 年 8 月 16 日，Velodyne 公司发布公告称，旗下激光雷达公司 Velodyne LiDAR 获得福特汽车与百度公司联合注资，总金额共计 1.5 亿美元。该

公告同时指出，Velodyne 计划扩大董事会规模，吸纳福特、百度成为公司的两位独立业内董事成员。

据《华尔街日报》透露，在此次的交易中，福特和百度投资占比各为 50%，福特时任 CEO 马克·菲尔兹在接受 CNBC 电视台采访时表示，"汽车的自动化将定义下一个十年，我们预测自动驾驶汽车将为社会带来积极影响，就如同 100 多年前福特汽车发明的流水线那样。"图 10 – 16 所示为福特时任 CEO 马克·菲尔兹手持 Velodyne 的 Ultra Puck 固态激光雷达的照片。

图 10 – 16　福特时任 CEO 马克·菲尔兹手持威力登激光雷达的照片

2017 年 2 月，福特汽车又宣布以 10 亿美元投资 AI 初创公司 Argo AI。在被福特投资时，Argo AI 还是一个成立时间只有 4 个月、员工人数还"无可奉告"的初创公司。它的创始人 Bryan Salesky 和 Peter Rander 都是卡耐基·梅隆大学机器人工程中心的校友，之前还曾分别负责过谷歌和 Uber 的自动驾驶汽车项目。

和以往车企投资初创公司不同的是，福特多次强调了 Argo AI 今后业务运作的自主性和独立性。根据官方透露的消息，10 亿美元的投资款将在 2018—2023 年内逐步到位，除福特已成为 Argo AI 最大股东外，剩下的股权份额归联合创始人 Bryan Salesky、Peter Rander 以及整个团队所有。此前福特负责自动驾驶软件开发的工程师将和 Argo AI 现有技术团队合并，共同开发用于福特自动驾驶汽车（SAE Level 4）的虚拟驾驶员系统，即扮演无人车"大脑"的机器学习软件。

从公布的信息来看，福特投资 Argo AI，一方面是为了加速自动驾驶汽车的开发进程，弥补自身在软件控制、算法上的劣势；另一方面，则希望未来能够将两家公司合作研发的产品或技术通过授权的方式出让给第三方使用。当然福特依然会继续主导自动驾驶汽车硬件平台的开发，同时还将负责系统整合、内外饰设计、汽车生产制造以及监管政策管理等工作。

福特还计划重建位于密歇根州迪尔伯恩市的总部和主要研发中心，意图打造一个能源节约型高科技产业园区。按照福特的规划。帕罗图奥园区与迪尔伯恩园区需要 10 年时间建设完工，其中运行的自动驾驶通勤巴士、电动自行车及其他绿色交通工具都将成为阐释福特未来出行理念的真实案例。

不过要从整车制造业务中抽身并打理好智能出行这一前瞻项目，不管是从技术、财力以及人才资源任何一方面考虑，都不是一件容易的事情。况且除了有传统车企这样的竞争对手之外，硅谷互联网公司的实力同样不容小觑。更重要的是，对于福特这样大体量的上市公司，来自盈利的压力会影响到公司对新业务的投入力度。前 CEO 马克·菲尔兹被迫下课，很大的原因就是投资人诟病其变革太过激进，新任 CEO 上台之后将如何引领福特的智能化目前仍是一个谜团。

2. 通用

1）自动驾驶连环阵

和同为底特律老牌车企福特一样，通用也在试图从传统造车业务中"抽身"，当然这里并不是说它要放弃自己的核心业务，而是出于自身发展和外部竞争的需要，在"出行"板块上投入的精力越来越多。

尽管通用并没有成立一家类似"Ford Mobility"的子公司，但无论是 2016 年年初以 5 亿美元注资 Lyft，抑或是共享租赁品牌 Maven 在全美各大城市迅速扩张，通用对出行这一新兴业务领域的重视程度可见一斑。当然，通用针对未来出行构想的战略布局中，"自动驾驶"是核心内容。从严格意义上来说，从 2016 年开始，通用在自动驾驶汽车领域的动作才开始浮出水面。

- 2016 年月通用成立了专门的自动驾驶汽车研发团队；
- 通用随后向 Lyft 投资 5 亿美元，在美国联合建立自动驾驶汽车综合网络，为用户提供专车服务；
- 2016 年 3 月通用宣布收购自动驾驶技术研发和测试公司 Cruise Automation，最终以 5.81 亿美元的价格完成交易。
- 临近 2016 年年末时，通用宣布将在密歇根州启动自动驾驶车辆路测，并在未来联合 Lyft 投入上千辆 Bolt 电动汽车用于自动驾驶道路测试，如图 10-17 所示。

图 10-17 Bolt 纯电动自动驾驶测试车是通用"未来出行"战略实施的重要一环

相比福特这样的"激进分子",通用汽车在自动驾驶技术开发上要谨慎得多,是典型的两条腿走路:

(1)渐进式路径:开发了 Level 2 级的驾驶辅助系统——Super Cruise"超级巡航",已经搭载到了北美上市的 2018 款凯迪拉克 CT6 之上,并于 2017 年秋季上市。Super Cruise 是通用第一个投入市场的自动驾驶系统,也是业内首个做到在高速公路上解放双手的驾驶辅助系统,还是唯一采用高精度地图数据的驾驶辅助系统,其基本信息如表 10-3 所示。

表 10-3 通用汽车 Super Cruise 驾驶辅助系统基本信息一览

(来源:车云根据公开资料整理)

配备车型	2018 款凯迪拉克 CT6						
上市时间	2017 年秋季						
选装价格	顶配版标配,低配版选装价格 5 000 美元						
传感器配置	长距离毫米波雷达	短距离毫米波雷达	单目摄像头(车外)	环视摄像头(车外)	人脸监控摄像头(车内)	惯导	GPS
	1	5	1	4	1	2	1
	注:车身外还配备了 12 个超声波雷达,但主要用于自动泊车,并没有作用于 Super Cruise 相关功能						

续表

主要特色	唯一拥有高精度地图数据库的辅助驾驶系统； 通过车内摄像头监控驾驶员注意力保持系统； 驾驶员双手可以完全离开方向盘，双脚可以不踩油门踏板
使用场景	仅可在分车道高速公路（设置有明确的上/下匝道）上被使用
激活条件	车辆行驶于有高精度地图数据的高速公路车道上，时速达到50英里/小时（约80km/h）以上，并且传感器判定当前可正常工作
光源条件	白天/夜间均可使用
天气条件	在雨雪雾等极端天气下，会根据对传感器工作的影响程度判定功能是否开启
工作时速	0~89英里/时（0~143km/h）

（2）跨越式路径：2018年1月与旗下的初创公司 Cruise Automation 发布了 Level 4 级的第四代自动驾驶汽车，这是一辆真正的"无人驾驶"汽车，取消了方向盘和刹车，预计将于2019年实现批量化生产，率先投入到共享租车场景下进行验证测试。

通用汽车 CEO 玛丽·博拉在2016年第三季度的财报电话会议上表示，未来能够安全地行驶在城市街道、无须人类驾驶员干涉的自动驾驶汽车最开始应该是在条件可控的环境中运行，而且是以共享租赁的模式呈现。这意味着即便通用汽车量产了自动驾驶汽车，推广初期也将主要依靠 Lyft、Maven 等平台为普通消费者提供按需出行服务。

通过并购和投资的形式，通用已经为这项重要的"未来出行"战略规划打好基础，Cruise Automation 经验丰富的软件人才和快速开发能力有助于加速通用在自动驾驶汽车领域的发展，而 Lyft 较为成熟的共享平台运营经验可以让这些新技术、新产品触及更广泛的消费市场。通用还以约4 000万美元的价格收购了堪称"美国共享汽车模式样板"的 Sidecar 公司，并在2017年10月收购了激光雷达公司 Strobe，将其并入 Cruise Automation，以实现激光雷达成本的大幅降低并加速自动驾驶相关技术的研发进程。

重点是大规模量产

2017年9月11日，通用及 Cruise Automation 公布了首款"针对量产设计""可大规模生产"（first production design of a self-driving car that can be built at massive scale）的自动驾驶汽车。简单来说，"针对量产设计"意味着所有的硬件部分已经固定，包括传感器方案、车身电子架构、整个自动驾驶系统必需的冗余设计等等；为了实现"可大规模生产"，车辆设计上做了改动，因此可以在通用位于密歇根 Orion 的装配厂进行生产。

为了实现这两点，第一件事是重新开始设计一辆新车。

2016 年收购 Cruise Automation 并推出了第一代测试车后，通用意识到在传统车上改装实现自动驾驶是行不通的，因为有大量的关键系统要被大幅更改并设置冗余，甚至要从头设计。于是通用与 Cruise Automation 开始合作开发一款真正适合量产的自动驾驶新车，在第二代测试车装上了自动驾驶（Level 4）所需的全部核心硬件。图 10 -18 展示了通用二代自动驾驶测试车。

图 10 -18　从左到右，分别为通用汽车第二代和第一代自动驾驶测试车

第三代自动驾驶汽车综合运用了前两代的设计、传感器技术和计算技术，而且加上了全新且容错的电气、通信和驱动系统。整车 40% 的部分和通用 BOLT 存在不同，大多是冗余。通用设计了备份来确保安全，对于一些核心部分，甚至为备份设计了备份。图 10 -19 所示为第三代自动驾驶汽车零部件概览图，橙色部分是全新零部件，紫色是修改后的零部件。

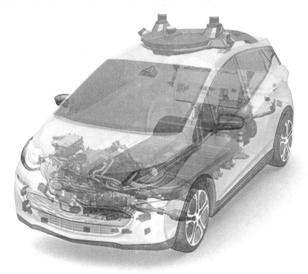

图 10 -19　通用汽车第三代自动驾驶汽车零部件概览图

第二件事是让自动驾驶车辆能满足产线生产。

通用在设计第二代自动驾驶车时,同步进行的另一件事,就是让车适应大批量装配线。通用有标准化的制造工艺和测试流程,可以保证大规模量产时的低缺陷率和高可靠性。同时,产线生产需要物流配合,保证零件在正确的时间,以正确的顺序进入每个装配点。

就在第三代自动驾驶汽车发布后四个月,2018年1月,通用很快又发布了第四代自动驾驶汽车,并向美国高速公路安全管理局(NHTSA)递交申请,计划在2019年率先通过出租车服务将车辆投入应用。如果一切按照计划,这将是首辆无须驾驶员、方向盘和踏板就能实现安全驾驶的可量产汽车。

图10-20是通用官方公布的图片。可以看出,第四代自动驾驶汽车的驾驶位完全按照副驾驶位打造,整个中控呈现左右对称的布局,虽然没有太多功能上的新设计,但已经完完全全变成了一辆纯粹乘坐的车辆。

图10-20　通用第四代自动驾驶车内饰及生产状态

2018年3月15日,通用宣布投资超过一亿美元量产自动驾驶汽车以及囊括了众多传感器的车顶模组。一旦NHTSA批准了通用提交的安全申请书,密歇根州Orion工厂的生产线就可以开始运作。目前,美国只有7个州(密歇根、北卡罗来纳、田纳西、佐治亚、得克萨斯、科罗拉多、内华达)允许没有方向盘或刹车踏板的车辆上路,如果这次的申请通过,理论上通用的测试车在全美范围内都可以测试和使用。

不过,要成为一辆真正安全可靠的Level 4自动驾驶汽车,在这之前还有很多工作要做。最重要的是,硬件要等待更加成熟的软件算法导入。按计划,至少会有数千辆BOLT自动驾驶测试车会被收编到Cruise Anywhere这个按需招车的车队里运营。Cruise Automation的CEO兼创始人Kyle Vogt认为,"如果只让几百辆测试车在路上开,是不能完善算法实现最终的安全目标的。提升自动驾驶安全的前提是规模化。"

通用想传达的是这样一种商业逻辑:理论上,在固定硬件方案后,可以通过OTA等方式把最新版软件更新到已经上路的车上,当算法足够成熟后,获得更新的测试车就能投入到真正的商业化使用。在这之前，通用的主要任务就是把接近量产的车源源不断地送到真实环境中去。

三、日系转弯

1. 本田的另类

2017年3月，调研机构 Navigant Research 发布的一份报告中，对18家目前从事自动驾驶研发的公司进行了排名，本田名列15位。

虽然这份榜单制作时选取的视角和方法遭受质疑，而且本田已经将安全驾驶辅助系统 Honda Sensing 在杰德、雅阁、Freed、缤智等中大型到紧凑型车上配置，并于2016年5月在雅阁上配备了 V2I 系统。本田也曾经明确表达过希望在2020年实现高速公路自动驾驶，为此在日本和美国分别进行了试验。但迟迟未向公众展示自动驾驶系统的最新研发进展，以及牵手 Waymo 后长久"失声"，都让分析师和公众对其失去了信心。

翻看本田最近几年在自动驾驶方向的动作，2016年在硅谷成立了 Honda R&D Innovations，新建了研发中心 R&D Center X，还在东京开设了创新研发实验室。新投入的资金和人力主要集中在两个方面：机器人技术及 AI 人工智能领域。此后推出的 Honda Neuv、不倒翁摩托、UNI-CUB β 平衡车属于本田这一波技术创新驱动下的成果。图10-21所示为 Honda Neuv 小型电动概念车。

图10-21 具备"AI 情感引擎"的 Honda Neuv 小型电动概念车

可以说，本田比较另类，偏向于前沿智能产品。尽管2016年Waymo从谷歌独立出来之后曾宣布和本田达成合作关系，但两家公司具体的合作内容并不清晰。

不过，面对自动驾驶的热潮本田也难以做到"心无旁骛"，在2017年的Global Meeting上终于公布了自动驾驶战略部署。本田曾经提出要在2020年推出面向高速公路的自动驾驶汽车，此次给出的是更长远的目标：到2025年，本田及讴歌品牌旗下的所有量产车型实现Level 4级的自动驾驶，本田还将引入具备深度学习能力的人工智能技术，进一步提升自动驾驶汽车的安全性和可靠性。

本田社长八乡隆弘在接受媒体采访时指出："我们不想费劲去追赶竞争对手，而是想做一些特别的事情出来。"

研发上本田会采取双向的策略：一方面借助Honda SENSING安全超感智能驾驶辅助技术的进化迭代逐步推进自动驾驶汽车的落地；另一方面也会和Waymo的研发部门合作，不过这是独立于Honda SENSING之外的技术范畴。

在本田看来，研发自动驾驶技术每家公司都有各自的侧重，但"定位""道路状况识别""路径规划"以及"车辆控制"这四项核心技术无疑会成为竞争制胜的关键。本田的优势在于通过开发人形机器人ASIMO积累了相对丰富的经验。因为ASIMO行走需要定位，识别周围环境，避开桌子、椅子等障碍物，所以它自然使用了传感、机械以及其他先进技术。目前ASIMO的开发人员同时也在负责本田自动驾驶技术的研发，即便高速公路路况相对简单，但车辆同样需要完成进入/离开、车道保持/变道以及其他复杂精细的动作。

那么，本田如何实现从"驾驶辅助"到"自动驾驶"的跨越？表10-4梳理了本田在自动驾驶领域的重要事件。2013年，本田在东京举行的世界智能交通大会（ITS Tokyo）上首次展示了自动泊车以及限制区域的协作式自动驾驶。2013年11月，一辆配有安全驾驶员的自动驾驶测试车载着数位政要在日本国会议事堂前面的一条普通道路上进行了测试。

表10-4 本田自动驾驶发展大事记

（来源：车云根据公开资料整理）

时间	事件
2013年9月	本田在底特律演示了V2P（车对行人）及V2C（车对骑车者）技术
2013年10月	本田在东京世界智能交通大会上展示自动泊车及限制区域的协作式自动驾驶

续表

时间	事件
2013 年 11 月	一辆配有安全驾驶员的自动驾驶测试车载着数位政要在日本国会议事堂前面的一条普通道路上进行了测试
2014 年 9 月	本田在底特律世界智能交通大会上首度公开其高速公路全自动驾驶系统
2013 年 11 月	本田发布全新驾驶辅助系统 Honda SENSING,增加 PCMS 行人碰撞缓解系统等六项新功能
2015 年 10 月	本田宣布要在 2020 年之前在高速公路上实现自动驾驶功能
2016 年 5 月	讴歌在美国加州展示了第二代自动驾驶原型车 RLX
2016 年 7 月	本田与软银将共同开发使用人工智能（AI）的汽车驾驶辅助系统
2016 年 12 月	本田技术研发公司与 Waymo 签订合作谅解备忘录
2017 年 1 月	本田在 CES 国际消费电子展上发布 Honda Neuv 电动概念车。这款概念车针对共享出行设计,具备自动驾驶功能,装备了"AI 情感引擎"
2017 年 4 月	本田硅谷实验室将扩展研究领域,并以本田研发创新公司的身份对外开展合作
2017 年 6 月	本田宣布将在 2025 年推出面向个人使用的 Level 4 级自动驾驶量产车型
2017 年 12 月	本田宣布与商汤科技联合研发自动驾驶 AI 技术

2014 年,在底特律召开的世界智能交通大会（ITS World Congress）上,本田对外首次展示了以"Honda SENSING/AcuraWatch"为主的智能驾驶辅助安全技术,并加入了 DSRC 专用短程通信技术的使用,同时亮相的本田新一代自动驾驶原型车完成了高速公路会车、离开、变道的演示。

时隔三年后,在 2017 全球媒体大会上,本田提供了两辆原型车供试乘试驾。一辆是将于 2020 年量产的面向高速公路的 Level 3 自动驾驶车,另一辆则是能够实现全路况自动驾驶、最早要到 2025 年才能进入消费市场的产品。

图 10－22 中的这辆 Level 3 级别自动驾驶概念车的传感器阵容可谓"十分豪华":前后上下共安装 5 个摄像头、5 个激光雷达、5 个毫米波雷达和 1 根 GNSS 天线。

相比之下,第二辆 Level 4 级别的自动驾驶原型车（讴歌 RLX）只安装了 3 个传统摄像头,但这辆原型车搭载了本田开发的人工智能系统,使用了基于图像数据识别的深度学习算法,能够通过数据积累和训练,逐步提升机器的驾驶水平。

图 10-22 本田 2020 年 Level 3 高速公路自动驾驶解决方案传感器布局

和其他车企借助收购或投资入股方式进行扩张不同，本田在研发上相对独立，但在实现自动驾驶十分关键的"动态地图"技术领域，本田同日本政府的 SIP-adus 项目有密切合作。本田还表示将会加大与公共私营部门以及全球项目的合作力度，推动自动驾驶相关国际标准的制定。

2. 丰田步步为营

1) 两条腿走路

2017 年 3 月初，丰田研究院（TOYOTA Research Institute，TRI）对外公开了第一辆自动驾驶原型车。这辆经由雷克萨斯 LS 600hL 车型改装而成的无人驾驶测试车（见图 10-23），仅激光雷达就用了 7 枚，总价值在 12.3 万美元，可谓是下足本钱。要知道，身为赛车超级粉丝的丰田章男，在很长一段时间内一直抵制无人驾驶的主张，他时常公开表态称"更喜欢用自己的手和脚来掌控汽车"。

不过 2015 年以来，丰田官方的态度似乎不那么执拗了，甚至不惜斥 10 亿美元巨资成立丰田研究院，用于自动驾驶和机器人相关技术的研发。当然，这既有外部竞争对手不断逼迫的原因，也是因为丰田看清了目前交通出行领域变革的方向。推崇"慢热"哲学的丰田在自动驾驶领域已然落后，但作为曾经的全球汽车老大，追赶起来也是步步为营。

2012 年，丰田曾因为不愿意透露汽车制造方面的"秘密"而拒绝了谷歌的邀约，错失了共同开发自动驾驶相关技术的机会。直到 2014 年，丰田章男还屡次表示，"无人驾驶汽车如果能在德国纽博格林北环的 24 小时耐力赛中击败人类最棒的赛车手，那丰田可能会考虑将这项技术民用化"。正是这种执拗，令丰田在这场早已开始的自动驾驶汽车竞赛中落后他人。不过在两级分

图 10-23　丰田研究院 TRI 第一辆基于雷克萨斯 LS 600hL 打造的无人驾驶测试车

化还未成形前，丰田就果断砸下 10 亿美元成立丰田研究院。

TRI 创立之初，研发团队主要由斯坦福大学、麻省理工学院以及 Jaybridge Robotics 的科研人员组成，原美国军方首席机器人工程师吉尔·普拉特（Gill Pratt）担任 CEO。2016 年 4 月初，丰田宣布与密歇根大学达成合作协议，在安娜堡市建立自动驾驶汽车研发基地，未来四年内将投资 2 200 万美元用于加速人工智能、自动驾驶汽车和机器人的研发。目前 TRI 在帕罗奥图、剑桥和安娜堡市设有三个研发中心，其中密歇根大学、斯坦福大学分别负责"虚拟司机""驾驶卫士"系统的开发，麻省理工学院则主要进行机器学习等方面的研究，丰田已经计划于 2021 年将具备 AI 能力的无人驾驶汽车推向市场。

按照丰田官方透露的信息，TRI 正在进行以下两项自动驾驶领域的研究：

（1）虚拟司机 Chauffeur。

Chauffeur 是一项面向 Level 4/Level 5 的自动驾驶技术，其中 Level 4 要求无人车只能在城市或州际公路等特定的区域行驶；而符合 Level 5 标准的自动驾驶汽车可以在任何条件下运行。

（2）驾驶卫士 Guardian。

Guardian 作为驾驶辅助系统能够实时监控车辆周围的行车环境，一旦有潜在风险出现的可能，系统会及时提醒驾驶员注意。如有必要，该系统还会介入操作，以避免碰撞等严重事故的发生。

这种"两条腿走路"的策略反映出丰田对自动驾驶技术谨慎的态度。当对一项技术或产品没有百分之百的把握时,他们是不会轻易让消费者做"小白鼠"的。

按照 TR1 CEO 吉尔·普拉特的说法,TR1 的自动驾驶测试车还是一台能够学习驾驶者习惯的智能汽车,能随着时间的推移"变得更聪明"。这也反映出丰田在开发自动驾驶技术上非常重视机器与驾驶员的交互体验。丰田在 2017 年 CES 上展示的概念车 concept – i 就主打情感识别。如图 10 – 24 所示。

图 10 – 24　丰田 concept – i 自动驾驶概念车

不过,TRI 的成立只是丰田落后于其他竞争对手后采取的第一步应对策略。不管是曾经单打独斗的谷歌,抑或是在自动驾驶领域深耕多年的奔驰、通用、福特等传统汽车制造商,大量的道路测试影像和传感器数据是它们的优势。由于起步晚,丰田在训练机器学习模型时,十分缺少这些现实世界的数据输入,这就给软件工程师的开发造成了不小的难度。所以 Gill Pratt 一直在呼吁车企之间共享数据,因为数据越多,越有利于无人车落地的加速,同时还可以增加消费者的信任感。

2)抱团加速自动驾驶落地

2015 年对丰田来说可谓"具有转折意义的一年"。丰田不仅对待自动驾驶技术的态度发生了重大转变,建立了丰田研究院(TRI),同时丰田章男还与东京对冲基金 SPARX 首席执行官安倍修平联合成立了资金池为 3.07 亿美元的科技基金,截至 2018 年 3 月,公开数据显示,该基金在全球范围内已投资 27 家科技初创公司,其中包括旧金山汽车共享公司 Getaround、联网汽车软件提供商 UIEvolution,以及软银出身的机器人公司 Groove X 等新公司。该支基金主要投资方向为人工智能、机器人和氢动力等相关技术领域。

早在该基金成立之前，丰田通过入股的方式曾为特斯拉注资 5 000 万美元，后来又将部分股份出售，宣布缩减在电动车方面的合作。随即，丰田与 Uber 签署合作备忘录，宣布将在金融租赁、汽车销售等领域合作，同时由丰田金融服务公司和 Mirai 创意投资有限合伙公司完成对 Uber 的投资。这家日本传统企业正试图拥抱新科技，以避免在自动驾驶等全新领域落后于竞争对手。

投资风格的转变间接证明丰田对待新技术正由被动接受变为主动出击，前面也提到丰田希望能够和产业上的同行及合作伙伴共享数据，以进一步加速自动驾驶技术落地。

2017 年 2 月月初，丰田与铃木正式宣布签订业务合作讨论备忘录。两家企业未来将在环境、安全技术、信息技术、商品和配件补充等方面展开合作，包括汽车电动化和自动驾驶技术等。当然，丰田与马自达同样达成了类似的合作，但目前仅限在新能源技术领域。

据《日经新闻》报道称，地图开发商 Zenrin、三菱电机以及 9 家汽车制造商（丰田、日产、铃木等）联合创办的地图企业 Dynamic Map Planning 正在为自动驾驶研发高清三维地图。日本政府希望加快自有地图的开发速度，未来以此为基础设定国际标准。目前美国搜索巨头谷歌、德国和荷兰公司在三维地图开发上处于领先位置。

此外，丰田联合微软成立"丰田互联公司（Toyota Connected）"，并获得微软部分汽车专利使用权。丰田与日本通信运营商 NTT 就汽车的超高速无线通信技术也在开展合作，双方将利用 5G 技术，尽快推动安全性更高的自动驾驶汽车实现大规模量产，日本车企和通信企业在 5G 应用上开展合作尚属首次。

2016 年 8 月，丰田与日本出租车协会（JFHTA）达成合作，双方将共同开发自动驾驶技术。该合作更加注重出租车领域对自动驾驶技术的需求，目标是推出一款用于出租车服务的全新车型。进一步收集行车数据，加快 ADAS 以及更人性化的人机交互界面的开发进程。

相比中外车企对自动驾驶技术的火热痴迷，丰田似乎表现"冷淡"得多，而随着 TRI 的成立以及三大高校的科研支持，丰田"两条腿同时走路"的策略很可能要比其他车企更早产生落地成果。

3. 雷诺－日产以人为本

在所有车企都在大力推行自动驾驶技术的当下，车企们都在尝试着让车辆尽快具备可以自主接管车辆的能力，不过日产的方法有所区别。他们在达成完全自动驾驶的目标之前，将更多的精力放到了研究和完善半自动驾驶系统上，而不是单纯地向完全自动驾驶推进。

日产 ProPILOT 自动驾驶系统主要专注于两个议题。第一是人与机器之间的通信，包括在车辆内部以及车辆和相关环境之间的通信，这需要建立一种人机之间交互的"语言"。第二点是要赋予机器"人类"的特质，在算法的解译和执行间需要有一定的阈值，使机器能够完成不同场景下的任务，在必要时打破规则，或者至少灵活来处理，而不仅仅是死板地根据严格的程序算法执行。

1) ProPILOT & SAM

在整个自动驾驶系统推出之前，i-SAFETY 智能安全防护是日产最初的安全理念，在监控（Monitoring）、反应（Responding）和保护（Protecting）三大方面，通过主被动安全功能为车辆提供前方、后方、侧方的保护，提高行车安全。该系统包括前方紧急刹车系统 FEB、车道偏离预警系统 LDW、侧方盲区日产主被动安全硬件分布如图 10-25 所示。预警系统 BSW、防误踏油门系统 EAPM 和全景影像系统 AVM 等。

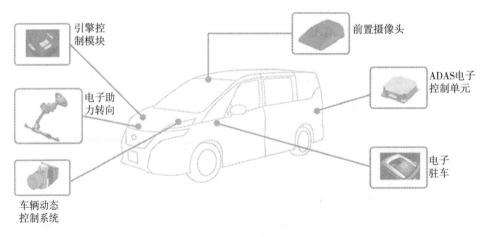

图 10-25　日产主被动安全硬件分布

日产 ProPILOT 智能驾驶于 2016 年发布，相对于其他车企并不算早。按照规划，ProPILOT 将按照四步推进：首先，2016 年实现高速公路上保持当前单车道自动驾驶；其次，预计在 2018 年将其扩展为高速公路上的多车道自动驾驶；再次，在 2020 年将自动驾驶技术应用到城市路况；最后，2022 年实现完全意义上的自动驾驶。图 10-26 所示为日产 ProPILOT 发展时间线。

相比其他车企，ProPILOT 并不像一个完全意义上的自动驾驶技术，设计之初就是为了解决驾驶员在驾驶过程中的单调和疲劳，使驾驶员可以进行一定程度的放松和娱乐。2017 年发布的第二代聆风（LEAF）配备了这一套系统，车身上共装有 12 个超声波雷达（4 个在前、4 个在后、4 个在侧面）及

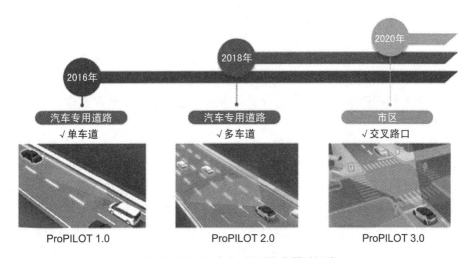

图 10-26　日产 ProPILOT 发展时间线

前、后、左、右 4 个高清摄像头。视觉相关技术由日产与以色列 Mobileye 共同研发，可以依靠单目摄像头识别车道、前方车辆和行人等，ADAS ECU 系统由日立提供。

当按下方向盘右侧的 ProPILOT 按键激活自动驾驶模式时，系统会通过仪表盘上绿色的方向盘提示系统已经开始工作。此时，车辆可以自动保持在车道内行驶，并根据前车距离和巡航速度自动调整车速，全程只需要将手轻轻放在方向盘上。如果驾驶员手离开方向盘 10s 以上，系统则会发出警告，并退出自动驾驶系统，不过之后并没有强制停车的设定。如果在自动驾驶过程中人为介入进行变道、转弯等，系统会在人工操作完成之后自动重新对道路进行识别，接管车辆，与人工操作无缝衔接。

另外，为了加快实现自动驾驶汽车上路行驶，日产在 2017 年年初的 CES 上发布了一套系统，作为"日产智能集成"的一部分，称为"无缝自动出行"（Seamless Autonomous Mobility，SAM）。该技术在美国国家航空航天局（NASA）的技术基础上进行开发，以人工辅助车载人工智能，帮助自动驾驶车辆在难以预知的环境下做出决策，同时帮助构建车载人工智能的认知。

如果 ProPILOT 碰到一些无法解决的问题，比如碰到前方出现了事故，交警正在人工指挥车辆跨过双黄线进行绕行，车辆就会靠边停下求助命令中心。随后，命令中心"出行管理"（Mobility Manager）的工作人员会查看车辆传回的实时画面和传感器数据来决定如何进行处理，此时车辆的控制权就会转移到管理员手中，直到他认为路况合适才将驾驶权重新交给车辆。

这种指示资讯会透过云端被即时共享，SAM 会自动学习"出行管理"如何处理不同的情况，随后将解决方法发送给其他车辆，最终就会打造出越来越智能的自动驾驶汽车,至少可以应付更多复杂的情况。

2)合纵连横

雷诺-日产和微软在2016年9月底宣布签署一项全球长期合同,以研发下一代智能联网汽车技术和驾驶体验。雷诺-日产希望通过微软 Azure 云计算平台打造智能网联汽车,并提供导航、预防性维护、汽车远程监控、OTA 升级等功能。

雷诺-日产从2016年10月开始打造一个300人的团队,成立一个汽车软件和智能网联的平台,已经招揽了不少计算机工程师和软件编程师。这项计划由雷诺-日产集团副主席 Ogi Redzic 牵头,他曾在为诺基亚公司提供导航技术服务的地图服务商 HERE 工作。2016 年,雷诺-日产集团收购了一家法国软件公司 Sylpheo,来加速旗下产品在智能网联技术、软件系统和云平台未来的发展。

2017年,日产与 Mobileye 签署合作协议,未来将为 Mobileye 的道路经验管理系统 REM 提供实时匿名众包的汽车数据,用于高精度地图的制作和使用。双方从 ProPILOT 就开始合作,日产既可以利用 Mobileye 系统生成的全球路书地图帮助汽车进行导航,也可以增加自动驾驶软件的冗余能力,相当于多了一层安全保障。这是继大众、宝马之后,REM 平台吸纳的第三位主机厂合作伙伴。

除了 Sylpheo,雷诺-日产还并购了英特尔位于法国图卢兹和索菲亚安替城的研发汽车嵌入式软件的团队。收购之后,雷诺-日产将拥有强化新一代嵌入式汽车软件的技术,将主要聚焦个性化服务以及在无外界干涉的情况下实现远程、自动、实时更新服务等功能。

日产曾在东京和硅谷对其自动驾驶车辆 LEAF 进行测试。2016 年年底,雷诺集团、东风雷诺汽车有限公司和武汉蔡甸生态发展集团联合宣布,携手在武汉建立自动驾驶示范区,这是中国第一个开放性的自动驾驶示范区。该自动驾驶示范区位于武汉西部蔡甸区的中法武汉生态示范城,在后官湖畔一条 2km 长的路段进行自动驾驶测试和演示,为期两年,并对普通游客开放。

除此之外,日产于 2017 年初在伦敦对 LEAF 自动驾驶版电动车进行了路测,这也是日产首次在欧洲进行自动驾驶车辆测试。此次测试的车辆速度最高可达 80km/h,路线是从伦敦当地街道行驶至一条多车道主干道。车辆配有二十几个摄像头、雷达和激光探测器,用以引导测试路径。在车内按下"Enter"键之后,车辆就可从传统驾驶模式转换至自动驾驶模式。在伦敦测试完成后,日产希望尽快在欧洲其他地方进行测试,据日产内部人士透露,测试地或将选在荷兰和巴黎。

雷诺-日产联盟计划在 2020 年推出 10 款无人驾驶汽车,并将首先在

2018年为7款车型安装自动紧急制动（AEB）系统作为标配，其中包括Altima（美版天籁）、楼兰、聆风、探路者、Rogue及Rogue运动款、西玛以及Sentra等车型。虽然从时间上看，雷诺、日产并不是车企当中的佼佼者，不过这也并不代表它们不会后来居上。

四、沃尔沃先行一步

1. Drive Me 自动驾驶测试项目

作为最早发明了三点式安全带并号称制造世界上最安全的车，来自瑞典的沃尔沃对于安全的重视是深入人心的。而由此延伸出来，沃尔沃也很早就开始耕耘自动驾驶领域，并以汽车安全为中心，拥有许多独到和领先的地方。

沃尔沃将自动驾驶的进程分为四个阶段，第一阶段为驾驶员辅助，系统能为驾驶员在驾驶时提供必要的信息采集，在关键时候，给予清晰精确的警告，如车道偏离警告、正面碰撞警告、盲点信息系统等；第二阶段为半自动驾驶，驾驶员在得到警告后，如果仍然没能采取相应措施，系统能让汽车自动做出相应反应，比如紧急自动刹车、车道偏离辅助等；第三阶段为高度自动驾驶，该系统能在驾驶员监控的情况下，让汽车提供长时间或短时间的自动行驶，包括高速自动巡航、堵车辅助系统等；第四阶段即最高阶段为完全自动驾驶，在无须驾驶员监控的情况下，汽车可以完全实现自动驾驶，这意味着驾驶员可以在车上从事其他活动，比如上网工作、休息睡觉或娱乐。

最早比较为人熟知的名为"Drive Me"的自动驾驶测试项目从2013年开始，到2017年陆续向公众提供100辆测试车，在瑞典哥德堡市中心繁华路段外50km进行试点测试。这些自动驾驶车能够自动处理所有交通路面状况。同时，当驾驶员失去对车辆的控制时，自动驾驶车可以通过车流量分析找到安全停靠点。虽然从时间上看，好像并没有比其他竞争对手有优势，但在功能上沃尔沃从一开始就配备得较为完善，像自动巡航、车道辅助、追尾预警、行人识别、盲区提醒、自动泊车等现阶段仍然是主流的技术在当时就已经通通被囊括进自动驾驶平台。图10-27所示为沃尔沃自动驾驶测试车。

行人和骑行者识别系统是沃尔沃相对其他车企比较突出的一项，沃尔沃与瑞典头盔及运动防护装备公司POC合作，系统中三项设备各司其职：安装在进气格栅上的双模雷达，用于识别探索范围内是否有物体并计算两者之间

图 10-27 参与"Drive Me"项目的沃尔沃自动驾驶测试车

的距离;安装在车内后视镜前方的摄像机,用于判断物体的类型,是行人、车辆、动物还是骑行者;最后还有一个中央控制单元,持续不间断地监控并评估前方的交通情况。在车辆行驶过程中,雷达扫描车辆行进前方区域,定位与车辆行进方向相同的骑行者,如果发现骑行者为了避开障碍物或其他原因而突然绕到车辆行进车道上,并发现两者距离过近有可能发生碰撞时,就会发出警告声并全力自动刹车。

另外,沃尔沃还参与了欧盟主导的一个名为"SARTRE"(环保型道路安全列队行车)的全自动车辆驾驶项目。在这个研究项目中,沃尔沃成功地实现了传统高速路上往来车辆的列队和有序驾驶。

值得一提的是,当各大厂商都在对高速公路上的自动驾驶做努力的时候,沃尔沃率先推出了"堵车服务系统",首次在量产车(新一代 XC90)上实现了城市拥堵路况下自动跟车转向的排队辅助功能。在速度 50km/h 之内车辆基本可以实现自动驾驶,在拥堵路况下自动跟随前车,设置五种不同的跟车距离,同时解放双手和双脚。

2. 从 Autopilot 到 Pilot Assist

在众多驾驶辅助系统的加持下,沃尔沃在 2015 年正式推出了自动驾驶系统 Autopilot,该系统允许驾驶员临时移交车辆控制权,当驾驶员双手离开方向盘超过 15s,系统会自动接管控制权以确保车辆不会失去控制。

2015 年 12 月,沃尔沃发布了最新的旗舰轿车 S90,一同搭载的还有最新的驾驶辅助系统 Pilot Assist,将自适应巡航的最高限速提高到 130km/h。对于城市安全系统也进行更新，系统不仅在白天、夜间能识别行人，而且可以判断出像鹿、马等大型动物，给驾驶者提示并帮助驾驶者减速甚至刹停车辆防止发生碰撞。

沃尔沃在 2016 年 4 月宣布将在中国设立自动驾驶测试基地，并会对普通民众开放，而且在 2015 年就已经与交通部联合成立了中国道路安全研究基金，要在国内寻找一个路段来推广自动驾驶车。2017 年，沃尔沃还将 Drive Me 自动驾驶测试项目扩展到英国，开启 Drive Me London。Drive Me 成为全球最大规模自动驾驶公共测试项目。

相比于其他车企，沃尔沃目前在功能方面的优势一个是与主动安全更高度的结合，比如在更加复杂的低速拥堵路况下的自动驾驶、对于道路上其他交通参与者的识别、湿滑路面警告系统等；另一个就是将新技术配备到量产车上的速度与广度，毕竟技术再先进，只停留在测试阶段而不能真正投入市场，对消费者而言并不能体会到自动驾驶带来的方便。

虽然沃尔沃也预计，到 2020 年量产自动驾驶汽车才会真正到来，但从"实现 2020 年零伤亡"的口号上我们也可以看出，沃尔沃的关注点依然是以行车安全为根本，这也正是这个来自北欧的品牌形象深入人心的原因之一。

五、现代–起亚秀肌肉

现代汽车在 2010 年就已经开始研发自动驾驶技术，对于自动驾驶汽车的实现同样分为了三个阶段：在 2015 年已实现部分自动驾驶；在 2020 年将自动驾驶汽车商业化，推出用于高速公路行驶的自动驾驶系统，在较长时间范围内实现包括控制车辆加速、制动、转向、变换车道以及自动识别障碍等功能；到 2030 年将这一功能延伸至城市道路环境，实现完全自动驾驶。

2018 年 2 月的韩国平昌冬奥会，是现代自动驾驶秀肌肉的战场，现代提供了一支自动驾驶车队，作为往返于平昌和首尔之间的班车，并完成主要比赛场馆之间的运送任务。高精度地图将为车辆运行提供支持，报告误差小于 10cm。2016 年起现代已经开始搜集三维地图数据、覆盖道路的位置和标记、路面的曲率和宽度，以及道路标志和信号的信息。

在车联网方面，现代与起亚在 2017 年 8 月宣布，两家公司已建立一套车路通信系统（Vehicle–road Communication System），两家韩国车企将 V2X 通信系统配置到首尔南部京畿道华城的道路上，该路段全长 14km，含 7 个交叉路口。这套 V2X 系统可利用道路沿线的特殊信号中继站，为车辆及交通信号灯等提供实时信息交互。2020 年该系统将投入运营，在韩国高速公路上实现车间通信（V2V）功能。

1. 自动驾驶测试车 IONIQ

近几年各家车企纷纷进一步加快自动驾驶发展，现代原定 2017 年下半年发布的"高速公路行车辅助系统 2"（HDA2）半自动驾驶系统也提前发布了。

现代 HDA2 系统具备 Level 2 级自动驾驶功能，与特斯拉 Autopilot 类似，能够帮助车辆在高速公路驾驶场景下自动定速巡航。而且在驾驶员打开转向灯时，系统还支持自主交叉路口变道、自动驶入主路等，按现代的说法，HDA2 将达到"在高速公路上接近 Level 3"的水平。

现代自动驾驶平台采用 Hyundai Smart Sense 技术，包含自动异常制动、车道保持辅助、VSM、感应死角、前方碰撞警报等功能。该系统采用 GPS 定位，通过高清绘图软件精确显示车辆位置、路面坡度、曲率、车道宽度和指示数据等，同时，盲点探测雷达则保证了车辆能在各种路况下进行安全变道。

目前，现代使用的是旗下 IONIQ 概念车进行自动驾驶测试，如图 10-28 所示。它最早出现在 2016 年洛杉矶车展上，当时还叫"Autonomous IONIQ concept"。2015 年年底现代率先作为韩国企业拿到美国内华达州自动驾驶测试的许可牌照，之后 IONIQ 自动驾驶车在美国拉斯维加斯市中心进行了测试，在城市周边道路的交叉路口、车道并入区域、地下通道、人行道等各种交通环境中完成了行驶。

图 10-28　现代 IONIQ 自动驾驶测试车

自动驾驶版本的 IONIQ 跟普通版并没有太大区别，主要是因为工程师将激光雷达藏在保险杠之后，它通过在前保险杠上的 3 个固态激光雷达，以及 4

个摄像头、4个毫米波雷达，实现了对车辆、行人或其他物体的360°感知。此外，现代还利用旗下MnSoft公司的高精度数字地图，获取道路坡度、拐弯弯度、道路宽度以及车道线等信息。这些使得其成本远低于传统的安放在车顶的旋转式激光雷达系统。

2. 一改合作姿态

和其他竞争对手不同的是，现代集团一直都在避免通过成立合资公司或加入某联盟的方式生产跑车或电动汽车。不过在面对即将到来的智能互联和自动驾驶时代，现代目前正在寻求"单打独斗"战略的变革，希望能以更加开放的心态，加强同技术创业公司和硅谷巨头的纽带关系。

自2016年起，现代集团就开始与谷歌洽谈合作事宜，以求通过提升外部专业技能增加自身竞争力。在为新车集成CarPlay和Android Auto车机系统方面，现代汽车是表现最为积极的车企之一。这些系统能够帮助iOS和安卓设备与汽车中控显示屏实现整合。

值得一提的是，目前谷歌无人驾驶汽车项目负责人John Krafcik，曾担任现代美国公司CEO，他对两家公司的进一步合作或许会起到积极的作用。

另外，现代2016年11月宣布，开通现代Blue Link服务的车主现在可以使用亚马逊Echo控制车辆，只需注册即可。车主可以通过亚马逊Echo的Alexa语音助理远程发动汽车，控制车内空调、灯光和门锁。旗下豪华车品牌捷恩斯（Genesis）将率先采用亚马逊Alexa声控设备远程控制汽车多种功能。车主只需说一声"Alexa"，就可以发布语音命令。

而在2017年年初，现代集团宣布建立智能安全技术中心，并聘请前通用汽车研究员Lee Jin-woo，负责监管新设立的中心。该中心是现代汽车与起亚的联合研究机构，将用于研发自动驾驶技术。新设立的中心不仅需要强化现有的高级驾驶辅助系统，还将对人工智能相关的自动驾驶技术进行研究，进而实现技术商业化的目标。

在2017年亚洲电子消费展上，现代曾表示将在年底上市的新车上搭载与百度合作开发的通信型导航BAIDU MAPAUTO和对话型语音识别服务DUEROS AUTO（度秘），然后再逐渐应用到其他车型上。现代和百度还计划将合作范围扩大到智能家居、语音识别秘书服务以及人工智能、车联网和自动驾驶技术等领域。

在未来，现代与起亚将自2018年起为旗下车辆安装前方防碰撞辅助（Forward Collision-avoidance Assist，FCA），确保截至2020年，两家公司旗下所有车辆均配备FCA系统。

六、另类特斯拉

1. 不依赖于激光雷达的全自动驾驶

在研发自动驾驶的车企中,特斯拉是一个异类。

其自动驾驶产品的进化史是"硬件先行,软件后更新"——在重大改款时,特斯拉都会推出新版硬件,然后云端更新固件,获得更完善的驾驶辅助功能,在硬件与软件的迭代里,最后实现自动驾驶这个终极目标。

截至2018年3月,特斯拉一共出过两版硬件,并且第二版硬件足以支持全自动驾驶功能。官网出售的 Autopilot(自动辅助驾驶)、Enhanced Autopilot(增强自动辅助驾驶)和 Full Self-Driving Capability(全自动驾驶)三款选装包(表10-5),可以看做特斯拉为自动驾驶产品划分的三个阶段(在推出 Enhanced Autopilot 后,Autopilot 选装包已经下架)。

表10-5 特斯拉三款驾驶辅助选装包比较

(来源:车云根据公开资料整理)

	Autopilot 自动辅助驾驶	Enhanced Autopilot 增强自动辅助驾驶	Full Self-Driving Capability 全自动驾驶
使用场景	高速公路和行车缓慢的环境	高速公路(支持驶入驶出高速),可以通过的更拥堵、复杂的路段	城市街道(即使没有车道线)、有信号灯的复杂路口、停车标志、环岛、高速公路,在几乎所有情况下都可实现
系统功能	主动巡航控制; 辅助转向; 自动变道; 自动泊车	根据交通状况调整车速; 保持在车道内行驶; 自动变换车道而无须驾驶员介入; 从一条高速公路切换至另一条; 在接近目的地时驶出高速	从A点到B点,车辆会自行泊车/召回/寻找充电站

续表

		Autopilot 自动辅助驾驶	Enhanced Autopilot 增强自动辅助驾驶	Full Self-Driving Capability 全自动驾驶
硬件	传感器	前置摄像头 1 个； 前置雷达 1 个； 超声波传感器 12 个； 后置倒车摄像头 1 个（不参与自动辅助驾驶）	摄像头 8 个（但只激活 3 个前视摄像头和 1 个车尾摄像头）； 毫米波雷达 1 个； 超声波雷达 12 个	摄像头 8 个； 毫米波雷达 1 个； 超声波雷达 12 个
	计算平台	NVIDIA Tegra 3/ Mobileye Q3（部分依靠媒体控制单元 MCU）	NVIDIA Drive PX2	未知
	更新时间	2014 年 10 月首次推出 1.0 版硬件，Model S 率先搭载	2016 年 10 月开始配置 2.0 版硬件；2017 年 8 月公布 2.5 版硬件；2017 年 11 月马斯克暗示未来会有计算平台升级	未知
软件	更新方式	OTA	OTA	未知
	更新时间	2014 年 10 月发布第一个有意义的固件"Autopilot Update"； 2015 年 1 月在线更新的 6.1 版固件中包含了主动巡航控制功能； 2015 年 10 月发布 7.0 版固件，增加了测试版的辅助转向、自动控制方向盘保持车道、变道、自动泊车； 2015 年 12 月发布 7.1 版本，更新了包括称为 Summon 的自动泊车技术； 2016 年 8 月发布 8.0 版本，将雷达用作主传感器	2017 年 1 月特斯拉开始向 1 000 辆新车车主推送 Autopilot 2.0 软件更新； 2017 年 6 月发布 8.1 版本，使 Autopilot 2.0 系统功能与第一代产品保持一致	未知

续表

	Autopilot 自动辅助驾驶	Enhanced Autopilot 增强自动辅助驾驶	Full Self – Driving Capability 全自动驾驶
地图与定位	电子导航地图；高精准 GPS 和惯性测量单元（IMU）	使用高精度地图；高精准 GPS 和惯性测量单元（IMU）	未知
驾驶员监管	方向盘传感器	方向盘传感器（Model 3 上出现一个看向车内的摄像头，但未被激活）	未知
系统价格	购车时选配 2 500 美元，交付后激活 3 000 美元。2016 年 8 月涨价，购车时选配 3 000 美元或交付后 3 500 美元	增强自动辅助驾驶选装包购车时选配 5 000 美元，交付后激活 6 000 美元	全自动驾驶功能购车时选配为 8 000 美元，交付后激活需 9 000 美元

购买这些选装包的用户，其实是在预购"未来获得自动驾驶功能"的资格，但实际上，特斯拉现在还不具备提供这些功能的能力。截至 2018 年 3 月，这款产品仍然只是一个驾驶辅助系统，最新版软件也无法实现 Enhanced Autopilot 允诺的全部功能，大约是 SAE Level 2 水平。

但不管怎样，无论是在技术还是商业上，特斯拉及其自动驾驶产品的生长模式都是值得我们研究的样本。

2014 年 10 月，Autopilot（自动辅助驾驶）首发，当时配套的 1.0 版硬件包含了 1 个前置摄像头、1 个前向毫米波雷达以及车身一周 12 个超声波雷达。官方在召开发布会时介绍，这套硬件及其配套的软件算法最终不能实现全自动驾驶，Autopilot 只是提升舒适性和安全性的辅助功能，车辆的控制权仍然在驾驶员。

2015 年 1 月在线更新的 6.1 版固件中包含了主动巡航控制功能，10 月更新的 7.0 版固件增加了测试版的辅助转向，自动控制方向盘进行车道保持、变道、自动泊车。上述几项构成了 Autopilot 的主要功能：

①主动巡航控制（Traffic – Aware Cruise Control）：当前方通畅，该功能将维持特定的行驶速度。当前方有车，主动巡航将根据需要降低车速，与前车保持基于选定时间的距离，直至达到设定速度。

②辅助转向（Autosteer）：借助于高分辨率 GPS 地图和车载传感器，该功能能够有效甄别道路行车标识，使车辆始终保持在车道内行驶。

③自动变道（Automatic Lane Changing）：当驾驶员打开转向灯之后，车子能够自动甄别是否有开阔空间可供变道，并随后在合适时机驶入邻位车道。

④自动泊车（Autopark）：当车主在城市中低速行驶时，具备 Autopilot 功能的特斯拉车型会自动寻找空余停车位。同时在驾驶员下达指令后，可自行泊入合适车位。

2016 年 10 月，特斯拉发布了 2.0 版硬件，包含 8 个摄像头、1 个毫米波雷达、12 个超声波雷达以及 NVIDIA Drive PX2 计算平台。使用 2.0 版硬件最新实现的功能是 Enhanced Autopilot（增强自动辅助驾驶），这也是大家常常把增强自动辅助驾驶称为 Autopilot2.0 的原因。

同时特斯拉还宣布，在 Autopilot2.0 版硬件基础上，可以通过固件更新开启全自动驾驶功能。虽然特斯拉 CEO 马斯克一直表示特斯拉的自动驾驶产品不会使用激光雷达，但仅靠"毫米波雷达 + 摄像头"来实现全自动驾驶传感器方案，还是在行业内引发了热议。

Autopilot2.0 版硬件的传感器布局：毫米波雷达位于车辆前脸右侧，如图 10 – 29 所示。

图 10 – 29　Autopilot2.0 版硬件的传感器布局：毫米波雷达位于车辆前脸右侧
（来源：车云）

截至 2018 年 3 月，Enhanced Autopilot 支持高速公路、快速路环境的安全使用，辅助转向功能十分依赖车道线。在用户手册提到的限制场景中，市内道路、急弯的曲折道路、结冰或湿滑路面、能见度差（大雨大学浓雾等）、强光、车道线变化以及地面有阴影的情况，功能都会受限。

Enhanced Autopilot 的核心内容依然是主动巡航控制（TACC）、辅助转向（Autosteer）、自动变道，可同时与车道辅助、防撞辅助、车速辅助等功能搭配使用。其中，主动巡航控制可以自动对车辆进行纵向控制，简单来说就是开启后系统接管了刹车，但驾驶员仍然需要手动控制方向盘。辅助转向提供的自动横向控制，取代了手动控制方向盘的操作。

值得注意的是，辅助转向从第一次发布到 8.1 版固件更新，都还只是测试（Beta）版本，所以在开启时，需要驾驶员特别注意接管。驾驶员要始终把手放在方向盘上，如果方向盘上的传感器长时间没有感受到压力，就会在三段提醒后退出辅助转向，只有手动驾驶停车后才能再次开启辅助转向。

2. 夺命特斯拉

特斯拉两代硬件更迭期间，发生的重要事件是 Autopilot 致死事故。

美东时间 2016 年 5 月 7 号中午，一辆特斯拉 2015 款 Model S 的车主，前海豹突击队队员，因为过于信任 Autopilot 系统，加上特殊环境导致传感器系统出现故障，车子全速撞上了一辆左拐的白色拖车，从车底穿过后，又撞上了两个护栏，车主最终重伤后身亡。

之后不久，美国国家运输安全委员会 NTSB 发布了一份初期调查报告，确认当时车辆的 Autopilot 处于开启模式，并且车速超过最高限速 160km/h。

而这并非个案，在此之后，又不断曝出几起与 Autopilot 系统相关的交通事故。虽说 Autopilot 在刚发布之后，就引起了业内的普遍关注，而在几起交通事故相继公布之后，特斯拉对于自动驾驶的态度、自动驾驶的安全问题又引发了业内的新一轮讨论与思考。

其中，最大的争议点在于——庞大的用户群可以源源不断地供给真实路况的驾驶数据，帮助 Autopilot 训练和迭代算法。但是为用户提供尚处测试阶段的驾驶辅助功能，是否合适又如何确保安全？

特斯拉官方表示 Autopilot 自动驾驶系统已经有超过 1.3 亿英里的行驶记录了，并曾经反复重申"消费者在使用前，应该知道这还是一套处在公共测试阶段的系统。开启 Autopilot 功能后，驾驶员的双手也不能离开方向盘，仍需要全权掌握车子的操控"。

但批评者称，"特斯拉将并不完善的 Autopilot 这么早推出，是不负责任的做法"。Autopilot 在绝大多数情况下表现游刃有余，会让用户误认为它能够处理所有的交通状况。其实不然，即便是开着 Autopilot，驾驶员依然需要对车子有 100% 的掌控。

美国《消费者报告》曾呼吁特斯拉不要将系统称之为 Autopilot，因为这个名字对消费者存在一定的误导性，会让人以为它能够自动驾驶。《消费者报告》还提出，希望能够取消自动转向的功能，直到系统能够分辨出驾驶员的手是否放在方向盘上。而特斯拉拒绝了这项提议。

但是特斯拉的致死事故，某种程度上令开发自动驾驶相关功能甚至是无人驾驶汽车的公司变得更为谨慎，同时这也会敦促相关政府职能部门加快无人驾驶汽车监管政策的探讨、制定和落地。

对于特斯拉来说，事故直接影响了原本的技术方案：

一个是特斯拉将 Autopilot 的主传感器从摄像头更换为毫米波雷达，并且官方推送了名为《通过雷达看世界》的技术解析文章。毫米波雷达供应商博世为此提供了新的驱动程序，帮助特斯拉从前置雷达获取更多原始数据。

另一个变化是特斯拉和原来的合作伙伴 Mobileye 分道扬镳，于是 Enhanced Autopilot 视觉部分的替代方案便成了自主研发的图像处理系统以及机器学习技术——Tesla Vision。也就是说，特斯拉开始自己研发视觉芯片了。

除此之外，很多人发现从 Enhanced Autopilot 特有的功能开始，特斯拉带来重大更新的速度开始变慢，原因主要有三个：

第一，特斯拉自身视觉方案需要从头积累，因此 Enhanced Autopilot 推出后的很长一段时间里，都在用新硬件实现上一代产品的功能。

这款固件开始仅适用于 2016 年 10 月起使用 Enhanced Autopilot 选装包交付的车辆，直到 8.1 版本推送，追平了 Autopilot 1.0 版中提供的所有功能。

第二，实现新功能的技术本身也在发展阶段。Autopilot 2.0 版可以让车子自动驾驶从一条高速公路行驶到另一条高速公路，系统严重依赖 GPS 数据及其定制的高精度地图，如果单靠实时数据工作会比较粗糙。

2018 年 3 月有消息称，特斯拉的新款市内导航及地图引擎——"光年"（Light Years）会完成软件升级，新款地图系统取名为"特斯拉地图"（Tesla Maps）。但受限于各地的地图测绘法规和自动驾驶地图本身的发展情况，上述功能受到区域性影响，未必会在全球快速推广。

第三，重新设计软件底层架构让速度看上去变慢了。特斯拉主张使用多摄像头的方案来替代多毫米波雷达和激光雷达方案，这意味着特斯拉在享受低成本硬件的同时，要在软件算法上承受更多压力。随着越来越多的传感器被激活，对软件算法的开发提出了更多挑战。

软件底层架构改革可以让特斯拉的神经网络能够收集并分析比以往更多的高质量数据。在 2018 年 2 月特斯拉写给股东的一封信中提到，这项工作已经完成，可以大幅增强数据收集、分析和机器学习的能力。

在调整和准备之后，特斯拉剧透了 2018 年自动驾驶研发方面的大计划：Autopilot 2.0 版会不断更新并且已经有了一个更加"功能丰富"的版本，但因为还不够可靠，尚未发布；另一个是在 2 月宣布，未来 3~6 个月内，将会展示从西海岸到东海岸的自动驾驶（马斯克在 2016 年就许下了这一承诺，经历了多次延迟），为之后的大版本更新储存实力。

除了技术方面的进展，特斯拉在商业模式上，把自动驾驶和未来交通规划联系在了一起。无人驾驶汽车是一种新技术，而一种新技术想要对整个社会产生积极正面的影响,需要有相应的商业模式配合。

就之前的汽车行业而言,传统车企的商业模式百年来基本没有大改,大致可以归纳为:由零部件厂商供应零部件给整车制造商,再由后者向销售网络中的经销商提供汽车产品,经销商从事卖车、维修等服务,再配以金融服务商提供如车贷、车险之类的汽车金融服务。

传统车企与像特斯拉这样的科技公司在资本性支出与企业人才结构分布上并不一样。前者较注重硬件开发与制造这种对生产资料和金融资本要求很高但边际成本也很高的生产活动,这也符合第二次工业革命中诞生的企业的特点;后者更偏重软件开发这种对人力资本要求很高同时边际成本很低的研发工作,同样这也符合信息革命中诞生的企业的特点。

或许是看出上述传统汽车工业的"阿喀琉斯之踵",马斯克为特斯拉自动驾驶汽车设计的商业模式,除了传统的汽车销售之外,还有交通出行服务提供商,即 Tesla Network,而后者与优步的主营业务是重叠的。

特斯拉全自动驾驶系统发布的细节中,背后都体现了信息时代的思维方式:"利用信息消除不确定性"的信息论思维以及"根据反馈不断进行调整输出"的控制论思维,而对于 Tesla Network 的采用,或许会引发与优步之间的围绕万亿美元出行市场的世纪大战。且双方的优势都来源于目前各自手中所掌握的大数据——特斯拉拥有更多道路行驶里程数据,Uber 拥有更多用户出行习惯数据,并正在或意图把手伸到对方的地盘中——特斯拉有意开展汽车出行服务,而 Uber 正致力于开发 Level 4 以上的无人驾驶汽车。

双方意图争夺出行网络中的枢纽节点地位(如同谷歌之于互联网、脸谱于社交网络),以此垄断万亿美元的出行市场,孰胜孰负远未明了。

第十一章
潜行者——供应商

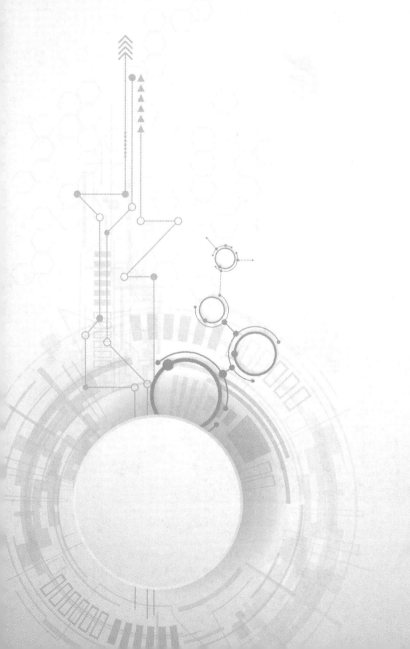

汽车行业流传着一种说法：车企是"枝叶"，而零部件供应商是"根基"。无论是大陆、博世还是安波福，当电动汽车和自动驾驶的到来打乱了整个产业链的节奏时，转型和变革成了主旋律。主机厂开始逐渐向服务商过渡，而向来占据技术创新要塞的零部件厂商也加快了渗入智能汽车领域的脚步。

一、大陆

大陆集团执行董事会主席兼 CEO 德根哈特博士（Dr. Elmar Degenhart）曾笑称"大陆未来会朝着科技公司的方向转型"，可能很多人觉得这只是传统供应商面对汽车产业新变革显露出的焦虑。不过相比不少公司只是高喊口号的"形式主义"，2017 大陆技术展（Continental TechShow）发布的 20 余项智能互联新技术，从侧面显示了大陆作为 Tier-1 供应商的研发实力，以及对新变革趋势下未来产品和新业务的规划统筹。

1. 自主巡航——面向高速公路的自动驾驶解决方案

大陆在 2017 年的技术展上首次对外公开了面向高速公路的自动化驾驶解决方案——自主巡航（Cruising Chauffeur）。它属于 SAE Level 3 级别的自动驾驶技术，能够使车辆在高速公路接替驾驶员按照各国交通法规完成驾驶任务，计划于 2020 年量产上市。图 11-1 所示为该技术演示车。

图 11-1　大陆"自主巡航"（Cruising Chauffeur）技术演示车
（来源：车云）

自主巡航功能开启后，辅助及自动化驾驶控制单元（ADCU）的中央控制单元会对摄像头、雷达和 LiDAR 等传感器数据进行分析。同时自主巡航算法利用这些数据对车身周围环境进行 360°建模，结合高精度地图，使车辆在该模型中的位置得到连续精确的定位。据此，算法可以识别车辆可安全行驶的区域，控制汽车完成自动化驾驶任务。

"自主巡航"技术有两个关键词：① 高速公路；② 驾驶权接管。前者限定了这项技术的应用场景，后者说明了这项技术的工作机制。为了保证车辆能够在驶出高速公路后由驾驶员接管控制权，大陆借助"驾驶员监控系统"，利用车内的单目红外摄像头和智能算法分析驾驶员的注意力情况，借此推测驾驶员对当前路况的关注度，是否正专注于完全无关的其他事情。

当演示车驶离高速公路路段后，系统随即发出语音指令要求驾驶员接管对汽车的控制，同时方向盘和座椅发出振动，风挡底部的紫色氛围灯变成红色，反复提醒直到驾驶员双手握住方向盘为止。

假设驾驶者没有理会系统的接管指令，在反复振动、语音提醒无果后，系统随即控制车辆减速并打开右转向灯，缓缓驶向路边停稳。同样，如果传感器发生故障，自主巡航系统会自动脱离，进而控制车辆减速并停靠在马路的安全位置。

针对"冗余设计"问题，在大陆的解决方案中，即使个别传感器出现故障，车辆仍可执行驾驶任务。不仅各类型传感器拥有独立的网络体系，而且除 ADCU 外，自主巡航系统还配备了安全域控制器（SDCU）。SDCU 本身还包括一个自动化解决方案。因此，如果自动化达到控制极限，或者某个传感器由于技术原因失效，那么最小风险策略会立即启动。同时，在车载制动系统和转向系统中还设置有备用模式。

2. CUbE——大陆集团城市驾乘体验

CUbE（Continental Urban Mobility Experience）是一辆方方正正的自动驾驶概念车，它的原型车是法国厂商 Ligier 生产制造的 EZ10，大陆购入后对其进行了传感器部分的改造。

这辆概念车身四角各装有一枚 77GHz 毫米波雷达，前后"Continental"标识上方各有一个激光雷达，前风挡装有一个单目摄像头，后风挡底部则使用了大陆为宝马研发的双目摄像头，如图 11-2 所示。除两个激光雷达使用了 Velodyne 的解决方案外，其余传感器均由大陆自主研发，待未来产品成熟后，大陆计划换上自有三维 Flash 激光雷达产品。

内饰依然是 EZ10 的原始设计，之后会根据实际用途进行改造。CUbE 扮演的将不仅仅是交通工具这么简单的角色，在用户解放双手之后，它能够集中发挥休闲、娱乐、商务、通信等功能。所以这也需要设计师、工程师、造

图 11-2 大陆 CUbE 概念车
（来源：车云）

型师有更高的想象力和创造力，内饰材料既要注重个性化，同时也要能够和车内功能整合。

这辆 CUbE 目前已经开始在大陆法兰克福基地进行测试，测试结果将用于确定在城市中实现安全无人驾驶客运模式应满足的全部基本技术要求。毫无疑问，大陆也在探索自动驾驶技术的商业化模式。而城市个人驾乘的未来在于自动化和电动化，是共享经济的重要组成部分。

就目前来看，以解决"最后一公里"为目的打造的自动驾驶出行方案最受业界追捧，包括 NAVRA、EasyMile、Local Motors 在内的数家公司已在欧洲、美国、新加坡、日本等地试运营相关自动驾驶接驳服务。大陆本身产品系列已经涵盖传感器、执行器、控制单元及通信和联网技术，通过采购外部车辆进行改造，降低开发成本的同时，也有利于实现技术品牌利益最大化，这或许正是大陆研发无人驾驶出租车跨领域解决方案的原因所在。

目前，大陆主要研究的实际问题是冗余制动系统的充分设计以及如何搭建最佳的无人驾驶出租车传感器平台架构。

未来随着 CUbE 大规模投入使用，借助大陆的 eHorizon 技术，每辆车都会成为众包网络的一员。eHorizon 云端服务器将搜集到的相关路线和交通信息分析处理后输出，提供给其他路面用户。首先，地图可以借此实时更新，进而提高预测行驶方案复杂的精准度；其次，驾驶员还可以根据临时限速、建筑工地及其他情况的信息来获取定位。即使出现传感器故障，也能够共享数据，预备刹车和准备转向。当然，eHorizon 的功能还会随着大陆第五代摄像头 MFC500 的投产得到进一步扩充，它会检测出沿途的地标，并创建详细的道路数据库。通过应用预测能量管理策略，进一步提升人们的驾车安全性和效率。

在 2018 年 CES 国际消费电子展上，大陆推出了近距离使用的 HFL110 高清三维激光扫描雷达。它在 120°的视野内每秒可生成 30 次高分辨率三维点云。这意味着它能实时地对其视野中的每一个像素进行精确的距离测量，据此生成的物体列表可用来定义车辆的驾驶策略。三维激光雷达可与其他用于监控周边环境的传感器（例如雷达和摄像头）组成一个功能强大的工具组，让车辆周边的一切事物都尽在掌握。

二、博世

1. 博世自动驾驶的"系统思维"

进入 2017 年之后，博世在自动驾驶上有一系列不小的动作。2017 年年初，博世人工智能中心投入运营，并宣布未来五年内将投入 3 亿欧元进行扩建；3 月，博世与戴姆勒确定合作关系，共同开发针对城市道路状况的 Level 4/Level 5 级别自动驾驶车；随后博世 Radar Road Signature[1]的高精度定位技术与百度、高德、四维图新三大图商展开合作。

博世通过多个项目，正在将自动驾驶技术的研发拼成一个圆，同步推进各个阶段自动驾驶技术的研发。

1）技术层面

（1）感知。传感器是博世的强项，单双目摄像头、毫米波雷达、超声波雷达已经成熟，2017 年博世旗下的风投基金投资了一家名为 TetraVue 的激光雷达公司。由于本身也在进行激光雷达的相关技术研究，因此博世感知类的产品种类已经接近完善。

（2）决策预判。属于算法层面，博世建立了人工智能中心，还涉及人类驾驶员行为分析等。

（3）执行机构。拥有 ESP（车身稳定系统）、iBooster（电子刹车助力泵）和 Servolectric（电子伺服助力转向）等产品，并且将 ESP、EPS（电控转向系统）以及 iBooster 三个系统互为备份，构成了整个自动驾驶冗余系统。

（4）高精度定位。依托 Radar Road Signature，博世与多家图商合作，在

---

[1] Radar Road Signature 是博世和 TomTom 共同开发的首个雷达高精度地图，通过雷达对道路附近发射无线电波并接收反射电波来识别道路情况，通过搜索数据库来与道路数据匹配，从而非常精准地在地图上定位，定位误差可精确到厘米级。

图商的高精度地图上增加雷达定位地图的数据层，提供高精度定位的能力，车企可以自行选择地图供应商。

（5）中央控制单元。博世和英伟达的合作已经做好了铺垫。在2017博世互联世界大会上，两家公司联合发布了面向自动驾驶的AI计算平台，基于英伟达新一代自动驾驶计算处理器Xavier开发，预计在2020年会应用在大规模量产的自动驾驶汽车上。除此之外，博世在德国也有自己的芯片工厂。

2）自动驾驶不同阶段产品研发

（1）Level 2/Level 3，自行研发，ADAS依然是博世主打技术，博世目前的方向放在主被动安全技术集成上。

（2）Level 4/Level 5，与戴姆勒合作开发。

（3）低速或限定场景的自动驾驶。博世目前正参与到14个智能城市的示范试点项目中，其中就有限定场景的自动驾驶项目。从技术上而言，限定场景的自动驾驶更容易进行与基础设施的通信部署。

博世可以根据主机厂的需求，将整个自动驾驶系统拆分提供产品，其在同级别供应商中最大的优势及不同，就是拥有把单个部件集成为完整"系统"的能力，而且博世自己也推荐这种"一条龙"供货的形式。

这样做符合技术趋势，也有很多好处。对Level 4/Level 5级以上的整个系统来说，要确保遇到人类无法接管的情况下，车辆也能采取安全最大化的驾驶策略。对子系统进行协调和优化集成，可以使车辆的安全性达到最优，并且满足高效和燃油经济性等目标，也更利于整套系统设计冗余。此外，一体化集成可以降低系统总体成本，简化售后环节。图11-3所示为博世在2017年上海车展所展示的传感器、执行机构。

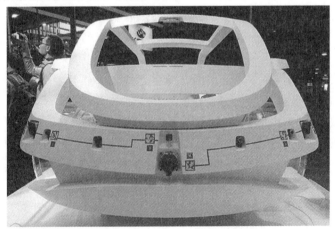

图11-3 博世在2017上海车展上展示的传感器和执行机构

（来源：车云）

当前还没有任何一家公司推出 Level 4/Level 5 级别的自动驾驶产品，所以博世的策略也很简单，就是先集中精力推出一款自动驾驶产品——与戴姆勒的合作就是这个目的，在这个过程中，解决所有自动驾驶面临的问题。这项合作预计会在 2021—2022 年推出产品。

2. 自动驾驶落地前的磕磕绊绊

作为一个国际化的零部件供应商，博世的自动驾驶产品和国内主机厂的步调要保持高度一致，因此在自动驾驶领域走得也比较超前。

在海外，博世很早就开始了自动驾驶的研发。2013 年已经用很多车辆在德国的高速公路上测试了包括环境感知、路径规划、执行控制在内的各种技术。目前，博世正在国外进行 Level 3 级的量产项目。

当然，还有一些没有解决的问题。

比如说激光雷达，博世目前采用的是 Ibeo 的四线激光雷达来进行开发。不过在与戴姆勒合作的项目上会使用何种激光雷达并未公开透露。从目前的激光雷达市场来说，可供选择的产品并不多，尤其还要具备量产能力或者接近量产状态。博世针对激光雷达的研究是出于了解自动驾驶究竟需要什么样的激光雷达，最终是自行开发还是使用供应商产品，尚无定论。

在中国，博世面临的情况又有所不同。国外零部件企业的系统供货模式在本土化时，会面临一些挑战。目前自动驾驶产业链格局未定，在竞争强压之下，国内零部件供应商和主机厂摆脱国外 Tier 1 垄断的意愿十分强烈。国内主机厂并不倾向选择零部件供应商的打包方案，而是希望尽量拆包、开放接口。

性价比是另一个考虑因素。对于一个前瞻项目，系统级供应的价格比较高昂。在产品正式量产之前，主机厂更倾向培育感知、规划决策和执行层的供应商，做一些研究尝试。

博世自动驾驶中国团队的主要目标，就是把自动驾驶的车辆系统，包括软件，都移植到国内。截至 2018 年 4 月，博世在中国的自动驾驶团队已达到 400 人规模，可以提供成熟的 Level 1/Level 2 驾驶辅助产品。有很多 Level 2 ADAS 项目应用到中国市场。同时，博世也会和主机厂合作一些 Level 3 及以上的自动驾驶前瞻项目。博世苏州研发中心基于 Jeep 平台改装的自动驾驶测试车，已经在北京展开测试，功能上实现了接近 Level 2.5 的自动驾驶。

众所周知，自动驾驶技术的本土化不是简单的移植。对每个阶段的自动驾驶产品而言，Demo 通往量产产品的过程中，成本把控和硬件可靠性验证虽然是博世的长项，但也需要"死磕"。

以单个传感器为例，摄像头在本土应用要完成数千个小时的测试，测试有没有误识别和误操作。中国工况与国外完全不同，有时候地面垃圾也可能造成误报。在传感器本身硬件条件不错的情况下，本土化测试依然无法省略。

这些验证在产品上路之前无法一次性完成验证，一些测试阶段无法涵盖的特殊工况需要依靠车辆在行驶过程中不断完善算法。需要强调的一项技术是云端能力的建设。博世现在采用的是远程验证，即通过车载的 CCU（Connectivity Control Unit）将车辆收集到的数据全部上传到物联网（IoT）云端，通过云端进行分析，并处理成开发工程师可以识别的格式，来加快验证与开发过程。

但这些在实际操作时，都或多或少受到外部因素的影响。而且，在云平台建设上，国内对外资企业也存在限制。博世中国团队在提前进行道路特征和驾驶员行为导入等方面的储备，一方面寻找云平台的落地路径，另一方面等待国家相关法规出台。

三、安波福

1. 和 Mobileye、英特尔合作开发 CSLP 平台

2016 年 8 月，Mobileye 和安波福（Aptiv）[①] 汽车公司宣布，双方将共同开发 Level 4/Level 5 级自动驾驶全套解决方案，以 CSLP（Centralized Sensing Localization and Planning，中央传感定位和规划）平台的形式量产，英特尔将会为该平台提供定制化的芯片。

自动驾驶分为感知定位、决策规划和控制三大部分。CSLP 平台会把前两部分打包，给主机厂完全集成、可立即使用的解决方案。随后平台会应用至主机厂的车辆平台中，赋予其 Level 4 级自动驾驶的能力。

该平台将于 2019 年投产，届时 2019 版 CSLP 平台将主要包括以下几项先进技术：

（1）定位能力：即使在 GPS 未连接的情况下，也能确保车辆的定位精度在 10cm 以内。

（2）自由空间探测：引导车辆通过复杂的车道分叉或没有车道标线的区域。

[①] 2017 年 12 月 5 日，德尔福汽车公司完成对其动力总成业务部门的拆分并正式改名安波福公司。作为一家汽车行业的科技公司，安波福公司主要为客户提供使移动出行更安全、环保、互联的解决方案。

（3）360°行人感应。

（4）三维车辆探测：探测任何角度的车辆。可以通过确定车辆的整体形状探测，也可以通过轮胎移动探测车辆处于静止还是泊车状态；这对具有特殊十字交叉路口的城市路段非常重要。此外还可进行对交叉路段至关重要的侧向车辆探测。

（5）路径与移动规划：允许车辆采取仿人驾驶行为，提前确定最佳路径。

要实现上述功能，安波福、Mobileye 以及合作伙伴英特尔提供的核心技术十分关键。这其中包括 Mobileye 开发的具有传感器信号处理、融合等功能的 EyeQ4/5 片上系统，以及用于实时测绘和车辆定位的 REM 道路经验管理系统。安波福则纳入了其收购自 Ottomatika（注：卡内基·梅隆大学为了研究如何将自动驾驶技术商业化而成立的一家公司）的自动驾驶软件算法（该算法包括路径与移动规划功能），以及包含全角度摄像头、雷达与激光定位器套装的安波福多域控制器（MDC）。英特尔的 AD SoC 则负责运行所有驾驶策略（Mobileye 提供的用于路径策略的增强学习算法）和驾驶控制软件（Ottomatika 提供的驾驶行为分析软件）。之所以采用这样的芯片架构，是出于"功能安全和系统冗余层面的考虑"。

除此之外，安波福官方表示"两家公司的团队还将继续开发下一代传感器融合技术以及下一代仿人化'驾驶策略'"。该模块整合了 Ottomatika 的驾驶行为建模和 Mobileye 的深度强化学习技术，目的是提高车辆的驾驶性能，使之能够与复杂城市场景中的其他驾驶员和行人进行沟通。

目前安波福基于 CSLP 平台打造了数辆自动驾驶原型车，这些原型车都是基于奥迪 SQ5 车型改装而成。奥迪与安波福在自动驾驶领域一直都在合作，奥迪的 zFAS 控制单元中就有安波福的功劳。在自动驾驶原型车上，英特尔提供的是进行运算的芯片，Mobileye 提供了视觉识别硬件——安装在风挡玻璃上名为 Tri-Focus 的三目摄像头，其中三个摄像头的焦点都不一样，便于检测异型车辆。因为 Tri-Focus 不是量产版本，因而还特意加装了一个量产单目摄像头作为冗余方案。同时，原型车也使用了 Mobileye 的 REM 技术。

除了前视摄像头之外，该自动驾驶原型车周围还安装了其他摄像头来进行周边检测，以及标配的激光雷达与毫米波雷达等传感器。这辆车从外观上并不容易被识别成一辆自动驾驶车，因为传感器都很好地嵌入到了车身之中，后备厢也没有塞满工控机和各类监测、数据处理设备。

2. 测试 - 平台量产 - 商业化，未来还有多远？

CSLP 平台 2019 年只是完全开发成熟，可向主机厂供货，不是真正商业化，市场应用还要看车企的具体时间安排。

从现在到 2019 年，除了等待高精度地图和相关法规，安波福还要进行不断的测试。同时让整套系统达到车规级别，增加冗余来确保安全。这些看似是收尾性的工作，实际上要花比之前更长的时间。

两个关键部件会很大程度上影响系统量产的进程，一个是激光雷达，另一个是多域控制器。

安波福倾向在高阶自动驾驶阶段使用固态激光雷达，以此满足小型化和低成本的需求。而激光雷达技术方案从机械旋转式向固态式演进，业内人士表示至少要等待 5 年。

关于自动驾驶的大脑，支持 Level 3 级自动驾驶的多域控制器已在 2017 年 8 月量产。2018 年，奥迪和宝马都会采用该款产品。未来，安波福会逐渐升级，量产支持更高级别的多域控制器。

接下来还要考虑如何把 CSLP 平台放到车内。比如 HMI 部分，自动驾驶要考虑模式切换，还要考虑系统失效时伤害最小化，这部分的人机交互和失效后的具体操作，安波福还要和车厂一起定义设计。

此外，由于 CLSP 平台系统开发非常复杂，并且关系到安全，个性化可能性不大。搭载 CSLP 系统的车辆，最开始的应用很可能会面向对个性化要求不那么高的行业客户。

在中国市场，安波福会争取做 Level 3 的自动驾驶，相关团队也在同步建设。苏州研发中心会在原有基础上扩建成 500 多人的工程技术团队，主要进行 ADAS 和其他车身电子等方面的技术和产品研发。从目前来看，安波福会随着车企节奏，在 Level 3 自动驾驶上加大投入，未来自动驾驶方面的业务也会随着技术成熟一步步推进。

在 2018 CES 国际消费电子展上，安波福与互联网约车软件平台 Lyft 合作，用 8 辆基于宝马 5 系改装的自动驾驶汽车提供 App 约车服务。双方公司专门设计了一整套用车流程。Lyft 负责将自动驾驶出租车的功能添加到现有 App 中，安波福负责整辆车的自动驾驶技术方案和功能实现。这些自动驾驶出租车与普通车辆外观几乎无异，但其实增加了很多激光雷达做冗余。根据安波福的规划，未来这几个激光雷达都会被固态激光雷达代替，现阶段的配置是基于搭建计算平台的考量。

拆分业务后，安波福未来会和美国几大城市合作，推出面向公共交通的自动驾驶服务。这并非试点项目，而是未来将长久推行的服务。至于中国市场，由于现在国内政策刚刚出台，安波福已有计划在今年把 Level 4 级自动驾驶车引进中国进行测试。

四、谷歌

1. "无人车"成为谷歌的一张王牌的历程

谷歌自动驾驶汽车项目始于2009年,由斯坦福大学人工智能实验室原负责人塞巴斯蒂安·特龙(Sebastian Thrun)领导,当时制定的目标是在2020年推出量产无人驾驶汽车。特龙加入谷歌前,其团队为斯坦福大学打造出了一辆无人驾驶概念车斯坦利,并赢得2005年DARPA挑战赛冠军和美国国防部的200万美元奖金。图11-4即是当年的特龙与比赛用车。

图11-4 塞巴斯蒂安·特龙与赢得2005年DARPA挑战赛
冠军的斯坦福大学展车-斯坦利
(来源:AP,Damian Dovarganes)

整个谷歌无人车项目最开始的家当只有六辆丰田普锐斯和一辆奥迪TT,这些原型车每天都在加州山景城的街道进行测试,装备了GPS、摄像头、雷达、惯导传感器和激光雷达,能够监测到两个足球场直径距离的物体,包括行人、车辆、建筑区域、鸟类、骑行者,等等。

2012年5月,一辆谷歌改装的丰田普锐斯经内华达州政府批准后在州内公共道路进行测试。这也是全美第一起为自动驾驶汽车提供授权的案例。内华达州DMV颁发的自动驾驶测试牌照底色为红色,左边标有无限标识"∞"。据某位官员称,这个符号有着"未来之车"的含义。按照当时内华达州法律的规定,路测的无人车主副驾座位上都必须有人。

2014年5月月末,谷歌在当年的开发者大会上展示了一辆全新的自动驾驶原型车,如图11-5所示。它没有方向盘、油门和刹车踏板,只有一枚按钮控制车辆系统的开关,可谓真正意义上的"无人驾驶汽车"。谷歌方面表示这台原型车的最高速度可达40km/h,计划生产100~200辆用于后续测试。2014年12月,谷歌发布了这款自动驾驶原型车的全功能版本,并表示计划从2015年开始在旧金山湾区街道上开始测试。

图11-5 谷歌自主研发的第一辆无人驾驶原型车,
无方向盘、油门和刹车踏板
(来源:谷歌)

2016年2月,谷歌无人车项目遭遇成立以来的第一起事故。一辆测试车与一辆公交巴士发生轻微碰擦,最后警察判定无人车应当"承担部分责任"。由于这是谷歌无人驾驶汽车上路测试以来发生的首起自己担责的事故,在业内引起了强烈反响。

紧接着2016年5月,谷歌宣布联合菲亚特-克莱斯勒共同开发自动驾驶汽车。菲亚特提供100辆克莱斯勒Pacifica混动厢式旅行车供谷歌改装测试。2016年8月,谷歌自动驾驶项目朝着商业化迈进一步,前Airbnb高管肖恩·斯图尔特加盟谷歌,他擅长的正是商业模式的搭建以及业务的规模化。

不过遗憾的是,谷歌自动驾驶项目CTO克里斯·厄姆森8月份宣布离开。他在自己的博客中写道,"在进行了290万公里的自动驾驶征程后,我认为是时候离开并开启下一段旅途了"。有传闻称,2015年"空降"的CEO——曾担任过现代和福特高管的约翰·克拉富西克,和厄姆森在很多事情上都有分歧，而且迟迟看不到谷歌无人车商业化的方向和结果，是导致其离开的主要原因。

个中缘由现在来看并不是那么重要，而厄姆森的离开只是谷歌自动驾驶项目人才流失的个案。据外媒统计，谷歌近两年出走的无人车核心人才高达15位之多。联合创始人安东尼·莱万多夫斯基出走谷歌后可谓"命途多舛"，成立自动驾驶卡车初创公司 OTTO 后不久被 Uber 收购，但却因专利剽窃纠纷与前雇主对簿公堂，最终落得被辞退的下场。

2016年12月，谷歌自动驾驶项目从谷歌 X 实验室剥离，取名"Waymo"并成为 Alphabet 独立子公司。从名字"移动出行的革新之路"（A new way forward in mobility，简称"Waymo"）不难看出，谷歌在自动驾驶商业化问题上逐渐有了清晰的认识。

2017年1月，从谷歌分拆出的 Waymo 首次参加底特律车展，展示基于克莱斯勒 Pacifica 混动厢式旅行车改造的无人驾驶原型车以及自主研发的传感器。Waymo 希望利用目前研发的自动驾驶汽车技术，和外部企业扩大合作，推出更实用的产品或服务。

2017年4月月底，Waymo 在亚利桑那州的凤凰城开始面向公众提供参与自动驾驶汽车测试的机会，Waymo 官方表示正逐步购入 500 辆克莱斯勒 Pacifica 混动厢式旅行车型用于支持这项计划的实施，如图 11-6。这是 Waymo 自立门户以来首次针对公众发起的无人驾驶试点活动。每辆原型车配备一位测试员，紧急情况发生时能够及时接管车辆，同时还可以及时获得乘客体验反馈。

图 11-6　Waymo 在亚利桑那州凤凰城开始
试点面向公众的自动驾驶接驳服务
（来源：Waymo）

为了尽可能地扩大测试范围,Waymo 可能需要更多的车辆供给。除了近 600 辆克莱斯勒 Pacifica 厢式旅行车之外,Waymo 还与日本汽车制造商本田达成合作关系,不过目前这项合作还未有任何实质性进展。

2017 年 6 月,Waymo 宣布与美国汽车租赁服务巨头安飞士达成非排他协议,安飞士将帮助 Waymo 管理其不断增长的自动驾驶测试车队。Waymo 此举是希望结合安飞士在汽车租赁领域丰富的经验,透过其遍布全美网点的优势,为之后筹划的自动驾驶网约车服务打下基础。

与此同时,Waymo 官方发言人在接受外媒 BuzzFeed 采访时表示,下一步计划探索如何将自动驾驶技术整合进卡车。目前,Waymo 已经开始在美国亚特兰大市启动了自动驾驶卡车试点项目,为谷歌数据中心运送货物。

从 2009 年创建到自立门户,谷歌自动驾驶的各代原型车在四个城市的总行驶里程已经超过 800 万 km。不过 8 年时间过去了,相比这个领域的其他竞争对手,大家对谷歌自动驾驶汽车技术何时能够实现商业化,依然充满着期待和疑虑。这可能和 Alphabet 首席执行官拉里·佩吉对谷歌无人车项目的定位有很大关系,他始终认为要把真正的无人驾驶汽车带到消费市场,而不仅仅是提供一些半自动驾驶功能。约翰·克拉富西克的加入,是谷歌开始关注自动驾驶商业化的开始。

2. 以技术授权为目的的新供应商

谷歌研发自动驾驶这些年,始终在进行各种路测,并没有实质性的产品推出,这是大家对其商业化目的存疑的主要原因。在其他科技公司、底特律传统老牌车企迎头赶上之际,谷歌无人车项目却遭遇人才严重流失,创始团队成员悉数离开,元气大伤。

不过 2017 年年初开始,从 CES 上发布了联合菲亚特-克莱斯勒(FCA)打造的 Portal 自动驾驶概念车,到宣布自主研发的激光雷达成本下降可达 90%,未来计划出售自动驾驶软硬件解决方案,Waymo 倒是给了大家不少惊喜。

从这些步步为营的举措不难发现,这家 Alphabet 的子公司要完成谷歌未完成的任务,即迅速推进自动驾驶商业化。一方面通过提供网约车服务,增加公众对无人车信任感,同时搜集大量的道路实测数据,不断推出更先进的技术;另一方面通过技术授权的形式,为第三方公司提供平台化的整体解决方案,放弃了自己造车的初始计划。

之前很多人猜测谷歌是想在自动驾驶领域再造一套类似安卓的系统,从而复制谷歌在移动互联网时代的成功。不过 Waymo 并不会单纯以 OS 的形式切入,相反它会借助谷歌在人工智能、地图、大数据领域的优势,将软硬件系统整合出售。这其实很适合一些初创公司运营长短途的共享租赁服务，平台化的产品可靠性高，生产成本低，可进行大规模推广。

Waymo今后会不会对外出售激光雷达等传感器硬件产品？这可能实现难度会大一些，即使Waymo拥有可降低90%成本的专利技术，但这种产品要进入量产车序列，不仅要符合功能安全的要求，同时还要经过大量的开发验证，相比Velodyne、lbeo等成熟供应商，Waymo可行的商业模式依然是自动驾驶软硬件一体化的打包，甚至还可以包括基于Android Auto的人机交互产品。Waymo要做的就是将产品模块化，这有利于后期技术和服务的升级，在智能互联时代这绝对是必要的出厂设置。

在这场竞争日渐白热化的自动驾驶之战中，硅谷的科技公司似乎一路高歌，不断挑逗着传统整车制造商的神经。前身为谷歌自动驾驶项目的Waymo在该领域已经深耕近十年，如果依托自己的技术优势，将人工智能、地图、大数据资源、互联网服务等进行整合，未来很有可能成为自动驾驶领域的上游供应商。

不过谷歌面临的竞争压力也不小，科技公司、传统车企都在悉数布局自动驾驶。不管是出让技术还是自己搭建平台，谷歌最终能否将自动驾驶变现，找到适合自己的商业化之路，这一切仍有待观察。

五、苹果

1. "泰坦"（Titan）造车计划

苹果对汽车产生兴趣可能要追溯至第一代iPhone发布之前，当时苹果公司的高层就在讨论要造一辆汽车出来。乔布斯曾考虑开发一辆"Apple Car"，为此他还专门飞往旧金山和V-Vehicle的创始人布莱恩·汤普森（Bryan Thompson）进行会面并讨论汽车计划，并分享了自己对于汽车行业的整体看法。V-Vehicle的车身使用了聚丙烯和玻璃纤维所打造的材质。这种材质使其比一般使用钢材的汽车轻40%，成本更是低了70%。

遗憾的是，苹果造车计划最终因各种原因搁置，整个公司还是把所有精力都集中在第一代iPhone的开发上。不过随着iPhone市场占有率的不断攀升，它已经成为苹果迄今为止最赚钱的产品。手握大笔资金，苹果开始逐步向其它领域开拓，开发一辆"Apple Car"的可能性又重新显现。

从2014年开始，苹果集结了1 000多名员工在总部库比蒂诺附近的一个秘密地点进行内部代号为"泰坦"（Titan）的电动汽车研发工作。

根据爆料给《商业内幕》（Business Insider）的某苹果员工透露，"Apple Car"项目团队刚成立的时候，大概有 200 名员工，而高层的计划是将整个团队人数扩充至 1 000 人左右的规模。2015 年之后，苹果从汽车行业及相关领域，例如电池或自动驾驶系统开发等细分行业，挖来了一大波高精尖技术人才，他们中的很多人之前曾就职于特斯拉、福特、通用等车企，当然也有来自 A123 System、MIT Motorsports、Ogin、Autoliv、Concept System、General Dynamics 等公司，苹果在汽车业务上投入的精力财力由此可见一斑，见表 11-1。

表 11-1 苹果公司汽车团队部分挖角名单

车云根据公开资料整理

姓名	任职经历
Steve Zadesky	原福特高管，曾担任苹果高级副总裁，苹果汽车项目总负责人
David Perner	原福特工程师，曾参与福特混合动力汽车设计
Sanjai Massey	原工作于福特联网汽车和自动驾驶辅助系统
Johann Jungwirth	原梅赛德斯-奔驰研发部门总裁兼 CEO
Megan McClain	原大众汽车工程师，熟悉自动驾驶技术
Doug Betts	原克莱斯勒高级副总裁，主导产品的服务和质量的全球业务，已经加入苹果运营团队
Yakshu Madaan	原塔塔汽车运营经理
David Nelson	原特斯拉汽车工程师，曾负责汽车和变速箱的性能与效率
John Ireland	原特斯拉高级动力总成测试工程师，前美国可再生能源实验室研究工程师
Pete Augenbergs	原特斯拉机械工程师
Lauren Ciminera	原特斯拉首席招聘师，曾负责为特斯拉在全球招聘生产和机械工程师
Jamie Carlson	原特斯拉自动驾驶汽车固件项目经理
Hal Ockerse	原特斯拉汽车工程部经理，主要研究驾驶员辅助系统组件
Mujeeb Ijax	A123 Systems, CTO，系统风险技术部门主管，曾经在福特担任电动和能源电池经理

续表

姓名	任职经历
Michael Erickson	A123 Systems,电池材料科学家
Indrajeet Thorat	A123 Systems,电池建模工程师
Depeng Wang	A123 Systems
Stefan Weber	原博世基于视频的驾驶员辅助系统开发工程师
Lech Szumilas	原安波福自动驾驶汽车科学家
Xianqiao Tong	原英伟达驾驶员辅助系统计算机视觉软件开发工程师
Subhagato Dutta	曾在德州仪器图像算法团队任职
若干人	原三星信号和视觉处理管理领域的技术人员、工程师、芯片专家
Robert Gough	原 AuoLiv 公司软件工程部门经理
Hugh Jay	原 EMCO Gears 公司传输和机械设计工程师
Rui Guan	原 Orgin 公司传动系统工程师
Sawyer Cohen	原 Concept Systems 公司电控工程师
Dillon Thomasson	原美国通用动力公司首席设计工程师
Paul Furgale	瑞士联邦理工学院的自动化系统实验室副主任,自动驾驶汽车领域专家
Vinay Palakkode	卡耐基·梅隆大学研究人员,熟悉自动驾驶技术
Chris Porritt	前特斯拉高级副总裁,曾就职于路虎、阿斯顿马丁
David Masiukiewicz	前特斯拉 CNC 高级程序员
Todd Gray & Aindrea Campbell	前福特员工,技术专长在车身领域
Jonathan Cohen	前英伟达 AI 专家,"深度认知"部门主管
Rónán_ Braonáin	曾在研发出全球首块"数字车牌"的 Reviver 担任工程研发总监
Nan Liu	专长在电动汽车无线充电技术领域
Kurt Adelberger	曾就职于谷歌,专长同样在充电技术领域
Dan Dodge	前黑莓汽车软件事业部总监,曾开发出 QNX 操作系统

2016 年 2 月,苹果 CEO 库克在接受《财富》杂志采访时,首次就业内纷纷讨论的苹果造车项目——"Apple Car"做出回应,向外界透露了关于苹果

汽车的相关问题。库克称，苹果最终可能不会涉足制造汽车。如果真的要涉足汽车产业，或许会寻求合作方代工生产，正如电脑和手机一样。业内猜测，苹果会提供全套的产品设计及产品理念，并输出给代工方。此次库克表达的观点，恰恰与此前媒体曝光的"苹果正与高端汽车零部件厂商麦格纳洽谈合作"的消息不谋而合。

在有关苹果汽车的消息传得沸沸扬扬的同时，苹果智能汽车的相关专利也在一个接一个地曝光。苹果于2016年3月新获得一项与室内激光雷达有关的专利，该专利可以用来创建更精确的三维地图。除苹果地图这类大众消费产品外，超高精度地图数据对于无人驾驶汽车的开发至关重要，新型激光雷达将使它在这一领域如虎添翼。

我们再来看看苹果都为自己的"泰坦"项目抢注了哪些域名。2015年12月，苹果注册了三个汽车相关的顶级域名：apple.car、apple.cars 和 apple.auto。尽管这三个域名有可能和 CarPlay 相关，但不排除未来时机合适，苹果会将其应用于一辆电动汽车或一套无人驾驶软件平台。

在资金投入方面，根据2016年5月摩根史丹利发布的最新报告，2004—2006年iPhone发布之前，苹果增长的研发资金主要投入在iPhone上，大约是2亿美元；2007—2009年主要的投入对象是iPad，研发资金增长到6亿美元；2010—2012年，苹果在手表研发上花了20多亿美元；之后的三年，摩根史丹利的分析师认为，苹果花了40多亿美元研发汽车。

目前担任苹果环境事务副总裁的丽莎·杰克逊（Lisa Jackson）是美国环境保护局的第十二任行政长官，2017年年初美国交通部成立自动驾驶委员会，专门对自动驾驶汽车、无人机和其他自动导向交通工具进行监管，而她同时担任该委员会委员一职，这似乎也在向外界传达着苹果对于自动驾驶的介入深度。

2. 从自动驾驶汽车到自动驾驶系统

一系列动作不断坐实了苹果在开发自动驾驶汽车。但是由于内部矛盾、领导问题等一系列的原因，这项"造车计划"进度一再受到影响。从2016年下半年开始，因为公司战略方向调整，大量员工被裁，苹果也表示将转而研发自动驾驶相关的软件平台。通过开发无人驾驶系统，与现有汽车制造商合作，或者在不久的将来再回到整车开发上，生产与iOS设备进行深度整合的汽车产品。

苹果将无人驾驶系统分成几个部分，分别由不同的团队进行开发。在加拿大，由前黑莓QNX业务部成员组成的团队在帮助开发基础操作系统，另一个团队则致力于开发可在此操作系统上运行的软件，例如抬头显示和无人驾驶功能软件。而由 VR 专家道格·鲍曼（Doug Bowman）领导的无人驾驶模拟测试小组已经开发出了使用虚拟现实测试无人驾驶软件的模拟器。

2017 年 2 月，外媒报道称博世位于德国罗伊特林根的分部进入苹果供应商的序列，该分部主要经营车辆传感器组件以及为刹车、转向和其他汽车系统提供动力的电子控制器。2017 年 4 月，苹果获得在加州公共道路进行自动驾驶测试的资格，测试许可包括 3 辆测试车（雷克萨斯 RX450h）以及 6 名驾驶员。尽管苹果官方对此依旧不予置评，但消息一经公布，意味着苹果开发自动驾驶汽车一事终于有了实质性的成果。

2017 年 6 月，库克在苹果全球开发者大会（WWDC）期间对美国媒体透露，苹果公司"正专注于自动（驾驶）系统"，因为"我们认为这是一项非常重要的核心技术，差不多是所有人工智能项目之母"。这大概是苹果对于开展自动驾驶业务最直接的一次"招供"。不过按照苹果官方的性格，产品完善到可以发布前，似乎不大可能会向外界透露详细信息。

"泰坦"项目大规模裁员时，苹果曾向留下来的员工表示会在 2017 年决断是否要进行自动驾驶平台系统的开发。从库克的表态来看，苹果似乎已经坚定了这一信心。但对于苹果是否会研发整车以及时间计划尚无定论，对于苹果公司无人驾驶系统的问世时间也无从知晓。

对比硅谷的另一家科技巨擘谷歌来说，苹果进入汽车行业（不算 CarPlay 的发布）有些晚，自动驾驶产品从研发到落地，需要进行大量的验证性试验。无论如何，苹果在汽车上再造一套生态出来是迟早的事情。苹果很善于抓住时机，依靠 iOS 产品形成的大规模客户终端群体，只要自动驾驶软件平台能真正成功推出，就不怕没有客户买单。但数据的归属依然是问题，苹果和主机厂、供应商如何协调是苹果自动驾驶战略能否商业化成功的关键。

3. "Apple Car"与中国

2016 年 5 月，苹果斥资 10 亿美元投资滴滴出行。2016 年 7 月，Uber 宣布退出中国市场，原中国业务被滴滴收购，这进一步提高了滴滴在国内市场的占有率，同时令苹果的这笔投资价值翻倍。对苹果而言，滴滴对其未来汽车业务的布局可能会产生众多影响，是苹果自动驾驶汽车的关键数据来源，而大量的行驶数据有助于不断优化自动驾驶算法，进一步保障软件平台运行的安全性。

2017 年 7 月，苹果造车项目与中国市场发生了紧密联系。有媒体曝出，苹果与宁德时代新能源科技股份有限公司正在进行一项基于保密协议的项目合作，合作的内容正涉及新能源汽车动力电池领域。

事实上，苹果与宁德时代两家企业彼此并不陌生。宁德时代正是从苹果消费类电子产品全球最大的电池供应商 ATL 的动力电池事业部分拆出来，于 2011 年独立的动力电池制造企业。宁德时代创始人曾毓群、总裁黄世霖等众多创业股东都曾经是 ATL 高管。近年来，宁德时代在车用电池领域快速发展，与松下、比亚迪成为全球车用电池产销量前三甲。双方未来是否有进一步合作，值得期待。

六、百度

百度是国内较早开始系统研究智能汽车的互联网公司，涉及领域包括车联网、高精度地图以及自动驾驶软件算法。从某种程度上来说，百度基于地图业务诞生的车联网业务，是传统内容的延续。而脱胎于深度学习研究院体系的 Level 4 自动驾驶，则是这家公司在新兴领域的探索。

在很长一段时间里，两条分支都在各自探索商业落地的可能性，最后被整合在一起，借助"Apollo 计划"[1]，开垦智能汽车商业量产的新机会。

1. 两个分支

百度进入智能汽车领域的初期，一直以车联网和自动驾驶两个部分对外展示。

百度的车联网业务于 2014 年 4 月北京车展对外公布。当时百度正式揭晓了车联网解决方案——CarNet，用户通过车端接口，可以把手机与车机互联。CarNet 可以看作百度第一代车联网产品，基于百度地图的 LBS 平台，CarNet 提供了几个功能：语音完成路线规划、导航，基于地理位置的生活服务信息，以及第三方开发者的接入。

2015 年 1 月 27 日，百度再次发布了手机车机互联方案，但更名为 CarLife。CarLife 在手机端同时支持安卓和 iOS 双平台，车机端升级为适配 Linux、QNX 以及安卓系统，而且还支持为车企提供定制化服务。图 11-7 所示了 CarLife 的解决方案。

车联网产品依托百度的 LBS 平台起步，产品矩阵渐渐丰富。到 2015 年 9 月，百度车联网已经包括 CarLife 手机车机互联、MyCar 车辆私有云、CoDriver 智能语音副驾以及 CarGuard 汽车卫士四大 OEM 解决方案。

---

[1] 百度"Apollo 计划"于 2017 年 4 月 19 日正式发布。Apollo（阿波罗）是一个开放的、完整的、安全的平台，帮助汽车行业及自动驾驶领域的合作伙伴结合车辆和硬件系统，快速搭建一套属于自己的自动驾驶系统。

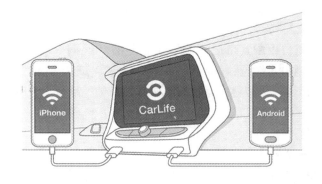

图 11-7　CarLife 是一种车机手机互联的解决方案
（来源：百度）

2016 年 3 月 31 日，百度宣布"智慧汽车"新战略，对已有车联网产品做了平台化梳理，内容涵盖智慧互联（CarLife etc.）、智慧地图（Learning-Map）以及智慧服务（"鹰眼"和"慧眼"）三个角度。长安成为第一家合作签约的主机厂。

另一方面，百度 Level 4 自动驾驶领域的发展，则是一条从实验室走向市场的进化史。

百度的自动驾驶事业源自深度学习研究院（Institute of Deep Learning, IDL）。2014 年 8 月，自动驾驶团队正式对外公开，主要研究 Level 4 以上的无人驾驶。在一年时间里，他们与宝马达成三年合作，双方样车在北京路测。期间，整个团队都属于独立于百度传统业务之外的研究院体系。

2015 年年底，百度正式对外宣布成立自动驾驶事业部，人员脱胎于百度深度学习研究院的"Level 4 自动驾驶团队"，研究项目正式被纳为传统业务的一部分。百度高级副总裁王劲担任事业部总经理，直接向百度 CEO 李彦宏汇报工作。事业部成立之际，王劲宣布百度计划三年实现自动驾驶汽车的商用化，五年实现量产，之后还建立了硅谷团队。随后一段时间里，百度自动驾驶事业部陆续和芜湖市人民政府、乌镇旅游签约，开始建设无人驾驶车运营区。

在此期间，原本的车联网团队发生了重大变动。2016 年 9 月，百度地图旗下高精地图团队与百度车联网团队合并，成立 L3 事业部，推出 L3 自动驾驶解决方案。顾维灏出任 L3 事业部总经理，现场宣布了与英伟达的合作。2017 年 1 月 6 日 CES 国际消费电子展上，百度 Level 3 事业部官方称谓改为"智能汽车事业部"，并且与北京汽车股份有限公司签署了协议，在智能汽车领域达成全面战略合作。

至此，百度的智能汽车相关业务分为两个分支，并各自在所在领域独立发展。之后，百度与福特以 1.5 亿美元投资美国激光雷达公司 Velodyne，来帮助推动自动驾驶发展。

2017 年 2 月，百度宣布把自动驾驶事业部（Level 4）、智能汽车事业部（Level 3）、车联网业务（CarLife etc.）合并，成立智能驾驶事业群组（IDG），百度集团总裁和首席运营官陆奇亲自挂帅，兼任总经理。

2. Apollo 计划

在经历了一系列业务梳理后，2017 年 4 月 19 日，百度智能驾驶事业群组宣布了自动驾驶商业化开源的"Apollo 计划"。"Apollo 计划"的诞生，可以视为百度自动驾驶业务发展的分水岭。2017 年 7 月 5 日，陆奇在百度 AI 开发者大会介绍了 Apollo 详情，并宣布开源 Apollo 1.0 版本。表 11-2 所示最左侧的云服务平台、开放软件平台、硬件参考平台以及车辆参考平台是四大类，右边延展开来的是详细子类，Apollo 会逐渐开放百度的自动驾驶技术相关的源代码和 API。

表 11-2　Apollo 技术框架

（来源：百度）

云服务平台	HD Map	Simulation	Data Platform	Security	OTA	DuerOS
开放软件平台	Map Engine	Localization	Perception	Planning	Control	End-to-End	HMI
	Runtime Framework					
	RTOS					
硬件参考平台	Computing Unit	GPS/IMU	Camera	LiDAR	Radar	HMI Device	Black Box
车辆参考平台	Drive-by-wire Vehicle					

在 Apollo 囊括的众多技术中，驱动整个自动驾驶业务的核心能力，是百度高精度地图和高精度定位能力。

高精度地图和高精度定位在自动驾驶发展到 Level 3 时必不可少。百度在 2017 年"百度 AI 开发者大会"透露了一些用传感器结合高精度地图匹配，实现高精度定位的能力。除此之外，百度还在布局与定位有关的其他技术。2017 年 4 月 13 日，百度全资收购的美国科技公司 xPerception 提供的就是以立体惯性相机为核心的机器视觉软硬件产品。

与此同时，百度在努力把定位技术逐渐产品化。2017 年 CES Asia 之前，百度与德赛西威、博世、大陆等零部件供应商合作，想通过开放软件能力的方式，使高精度定位转化为可以量产的产品。当时智能汽车事业部展示了名为

BCU（Baidu Computing Unit，自动驾驶专用计算平台）的样件。如图 11－8 所示三个系列产品，的基础配置都是高精度定位，环境感知和决策规划是逐渐配搭的能力。

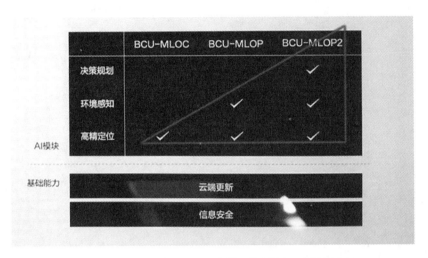

图 11－8　2017 CES Asia 百度展示的 BCU 三个系列产品
（来源：车云）

Apollo 1.0 版的定位功能，主要是借助 GPS/IMU 来实现定位，还没有涉及摄像头、雷达以及高精度地图。随着 Apollo 的开放程度不断加大，百度会开源更多的自动驾驶能力。2017 年 9 月起，有关高精度地图、障碍物检测、规划算法以及模拟仿真的相关服务，开始陆续对外界开放。截至 2018 年 4 月，百度在 2018 年 CES 国际消费电子展上推出的 Apollo 2.0 是最新版本。Apollo 2.0 支持在简单城市路况下的自动驾驶，车辆能够实现对障碍物的躲避，识别交通信号灯并做出停止或前进的动作，以及自动变道。

"Apollo 计划"是百度整个公司 AI 发展的一部分。陆奇和李彦宏都曾经强调，在 AI 时代，数据起到了特殊的作用。哪怕找到合作伙伴做软件硬件一体式方案，也还是不够，百度看到的是"硬件＋软件＋算法"整个鱼塘。

用高精度地图和高精度定位占领终端之后，百度才有机会用源源不断的数据来做出更好的算法。这也是"Apollo 计划"后半部分要讲到的。到那时，百度就能实现完整的自动驾驶方案提供商的角色了。

第十二章

决战 2020

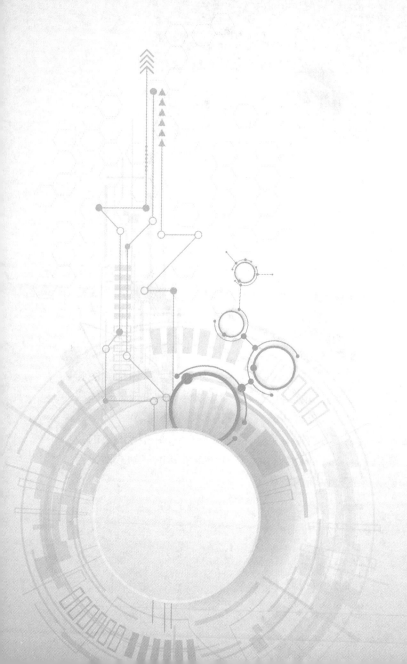

一、智能化引发汽车全价值链变革

国际神经网络协会委员会对人工智能的早期定义是：人工智能是研究如何使计算机去做过去只有人才能做得更好的智能工作。虽然这一观点今天仍然适用，但目前的研究集中在如何让软件去做过去计算机才能做得更好的工作，如大数据分析软件。数据是发展人工智能软件系统的基础，数据技术不仅是收集信息，还包括自主学习、理解并解释信息、自适应行为、规划、推断、解决问题、抽象思维、理解并解释语言和思想。

2015 年年底，特斯拉的创始人伊隆·马斯克和丰田汽车几乎同时宣布，将投资 10 亿美元用于人工智能的研究和开发。工业互联、自动驾驶，以及不断从数据中学习并能做出最优决策的人工智能正在以颠覆性的革命性方式推进，这一趋势对很多工业的发展来说起着至关重要的作用，尤其是汽车工业。在不久的将来，汽车工业将融入这些新基因，即在数据科学和机器学习的帮助下，开发新的技术，提供新的服务，提升国际竞争力。

抽象来说，汽车行业的价值链可以大致描述为多个子流程：①研发；②采购；③物流；④制造；⑤市场营销；⑥销售、零售和售后；⑦连接顾客。流程中每一个领域都非常重要，又非常复杂，囿于篇幅，本书对这些流程中数据挖掘和人工智能应用的描述仅限于概述。

1. 研发

汽车的研发已经基本上成为一个虚拟的过程，现在所有汽车制造商都公认汽车研发是具有艺术性的工作。CAD 模型和仿真在汽车开发过程的各个阶段都已经被广泛采用。

在汽车研发过程中，很少使用进化策略或遗传算法等相关方法对产品进行优化，即使这些方法在开发过程中非常精确，并经常能产生令人印象深刻的结果。在开发过程中，多标准优化——如车身安全和噪声、NVH 同时优化，由于计算时间的要求过高，仍然很少使用。然而，正是这种方法提供了巨大的潜力，当涉及多个部门共同设计时，就能更快、更有效地达成一致。

在分析和进一步使用仿真结果的过程中，数据挖掘已经被频繁地用于生成"响应面"。在这个应用中，数据挖掘方法（支持向量机和随机森林的、从线性模型到高斯过程的全部方法）在相关仿真结果的基础上被用于学习非线性回归模型，该模型作为仿真输入向量的近似表示。由于该模型需要具有良好的插值特性，因此允许对新输入向量模型的预测质量进行评估的交叉验证方法通常被用于训练算法。使用监督学习方法背后的目标常常是用一个快速近似模型代替计算耗时的仿真。此外，这允许在开发过程中更快地执行耗时的调整过程，并提高透明度。例如在部门间的会议期间，最好能立即评估形成组件的几何变化的可行性，而不是运行复杂的仿真然后等待一两天出结果。

这些应用程序通常集中在特定的开发领域，这是由于仿真数据管理作为数据生成、数据使用和分析之间的中心接口存在瓶颈。这尤其适用于在多个部门之间使用仿真数据、仿真模型需要变型、或者使用一系列模型的情况。对于需要持续学习的研发机构来说，在仿真模型中真正地运用数据是非常必要的。目前的实际情况是，特定部门的仿真数据通常以文件树的形式存储在部门的各自文件系统中，造成了很难使用基于机器学习的方法进行评估。此外，一个单独的仿真数据可能已经非常庞大，因此基于机器学习进行分析，迫切需要有效的存储解决方案。

虽然使用单个应用程序进行模拟仿真和建立非线性回归模型已经成为标准，但是其优化分析功能很少被使用。特别是在多学科以及跨部门的机器学习、基于历史数据的学习和跨模型学习等重要问题上，在提高效率方面存在巨大的、完全未被开发的潜力。

2. 采购

采购流程使用到各种各样的数据，包括供应商、采购价格、折扣、交付可靠性、小时费率、原材料规格和其他变量。因此，计算 KPI 用于评估和排名供应商，无论如何都不会产生任何问题。数据挖掘方法允许使用可用的数据，例如，生成预测，识别对产品性能标准有最大影响的重要的供应商特征，或者预测交付的可靠性。在优化分析方面，汽车制造商为了达到最优条件而对某一些具体参数施加影响也很重要。

总的来说，金融业务领域是优化分析应用得非常好的一个领域，因为可用的数据包含关于公司主要成功因素的信息。连续监测是值得一提的控制案例。这种监测是建立在财务和控制数据的基础上的，控制数据不断生成并被提交用于监测。。这些数据也可以用于预测分析，以自动生成未来一周或一个月的预测。在优化分析方面，对关键影响参数的分析以及建议的优化操作也可以添加到上述预测中。

目前，这些研究显得离现实还很遥远，但它们确实传达了一种理念，就是在采购、金融和监测方面存在哪些可能。

3. 物流

采购物流指从货物采购、运送物资到收货仓库的全过程链。当涉及商品的采购时，大量的历史价格信息可以用于数据挖掘目的，用来产生价格预测，结合交付可靠性数据，能够分析供应商的表现。在装运环节，优化分析可以用来识别和优化关键成本因素。

类似的情况也适用于生产物流，它涉及规划、控制和监测内部运输、处理和存储过程。根据可用数据的粒度可以确定瓶颈，优化库存水平，并最小化所需时间。

分销物流涉及将产品运送到客户的所有方面，包括提供新车和二手车的供应商。由于这里考虑的主要因素是相关的成本和交付的可靠性，因此需要考虑多类型的联运供应链的所有子组件，从铁路到轮船和货车运输，再到诸如货车上的个别车辆的最佳组合等。在二手车物流方面，优化分析可用于在适当的基础上为不同的分销渠道（如拍卖、互联网等）分配车辆，并预测汽车特定转售价值，以最大限度地提高销售收入总额。通用汽车早在2003年之前就实施了这种方法，并结合预期的特定车辆销售收入进行了预测。

备件物流，即备件供应和存储。基于数据驱动对备件的数量和库存的预测是数据挖掘的一个重要的潜在应用领域，因为它可以显著地降低存储成本。

数据分析和优化必须与物流过程的仿真相结合，因为对物流的评估和优化需要对物流链的特定方面进行仿真。另一个例子是供应商网络，如果可能的话，在更深入理解的基础上，数据分析和优化可以用来帮助识别和避免物流链中关键路径的危机。这一点尤其重要，因为供应商在关键路径上交货失败将导致汽车制造商停产。对供应商网络进行仿真不仅可以识别出这种类型的瓶颈，而且还可以对其进行优化。经验表明，因为汽车制造商的采购和物流是不透明的，为了尽可能详细、准确而使仿真能详细映射所有子流程和供应商之间的交互关系，如尝试将二级和三级供应商包括在内的话，将是异常复杂的。

这就是为什么数据驱动建模应该被看作一种选择。当使用这种方法时，通过数据挖掘方法从供应商网络（供应商、产品、日期、交货期等）和物流（库存水平、交货频率、生产序列）中获得一个模型。然后，该模型可以被用作预测模型，如预测特定零件的交货延迟对生产过程的影响。此外，使用优化分析也可以用于个别案例，如进行最坏情况分析，即确定会延迟交货带来生产停工的零部件供应商。这个例子非常清楚地表明，在场景分析的意义上，优化也可以用来确定一个汽车制造商的最坏情况，然后优化未来的对策。

4. 制造

生产过程的每一步都将受益于数据挖掘的持续使用，因此对所有制造工艺参数的持续记录和存储至关重要。由于优化的主要目标通常是提高质量或减少缺陷的发生率，记录出现的缺陷和缺陷类型的数据是必需的，并且必须具备清晰地将这些数据分配给制造参数的可能性。这种方法可以实现显著的改进，特别是在新的生产过程中，如使用碳纤维增强复合材料的制造过程。其他潜在的优化领域包括能源消耗和每个时间单元内生产流程的吞吐量。在这一情景中，优化分析可以在线应用，也可以离线。

在离线使用应用程序时，分析程序要对流程有重要影响的变量进行识别。与此同时，分析程序还要导出影响变量和目标之间的相关性，并且得出可以改进目标的操作。通常，这种分析侧重于特定的问题或过程中的紧急问题，并且能够非常有效地提供解决方案。但是，它们不适合用于持续的流程优化。如果对结果进行分析、解释和执行需要进行人为干预，那么这些步骤可以由数据科学家或统计学家进行，并需要与制造过程专家进行讨论。

就在线应用而言，这一过程是自动化的，这是非常重要的差异，这将使数据获取和集成、数据预处理、建模和优化面临全新的挑战。在这些应用程序中，甚至需要自动地提供流程和质量数据，因为提供的集成数据可以在任何时候用作建模的基础。这一点非常重要，因为在对流程进行更改时，必须执行建模。然后由此产生的预测模型自动用于优化目的，并能够预测质量，以及建议或直接实施行动，甚至进一步优化相关的目标变量。实现这种具有自动建模和优化技术的优化分析，在技术上是可行的，但对于大多数企业来说，它还遥不可及。

汽车制造过程中优化分析潜在的应用覆盖常规材料和新材料成型技术、车身制造、防腐和喷漆、动力总成制造和总装等，几乎可以应用于所有的子步骤。对所有工艺步骤的综合分析，包括所有可能的影响因素及其对整体质量的影响分析，未来都会变成现实。这类似于对所有子过程数据进行整合的情况。

5. 市场营销

试驾、降价、促销等市场营销活动的重点是尽可能有效地接触到最终消费者，并说服他们成为公司的客户或保留住已有客户。营销活动的成功可以用销售数字来衡量，因此，从多个因素中区分出营销效果因素是很重要的，如客户的财务状况。所以，衡量营销活动是否成功是一项复杂的工作，因为多种影响因素在其中起着作用。

如果能将优化分析用于市场营销则再好不过，因为这是我们想要的结果，通过市场活动实现用最少的投入（如人力资源、预算等）取得最大销售额的优化目标，那么优化营销组合及优化做事的前后执行顺序都值得考虑。市场预测模型，例如那些由特定的市场营销活动导致在某时间段增长的销售数据模型，仅仅是需要数据挖掘结果的一部分。多维度决策支持在这种情况下也起着决定性作用。

在市场营销中，使用数据挖掘的两个极好的案例是客户流失率和客户忠诚度。在一个饱和的市场，汽车制造商的首要任务是防止客户流失，因此要制定和实施最优的解决方案。这需要很多信息，如客户所属群体特征、客户满意度、客户对车辆的期望、竞争对手的相关数据、车型、价格等。由于某些数据的主观性，满意度调查中得到的个人满意度、个性化流失率预测和最佳决策，（包括个性化折扣、加油或现金奖励、大礼包等），总是息息相关又纷繁复杂。

由于要对大数据进行保密处理，故不能有个人数据记录，除非客户明确同意给予个人信息获得量身定制的产品，否则分析和优化只能在表示匿名客户子集特征的级别上进行。

客户忠诚度与优化这一主题密切相关，如何保持、提升现有客户的忠诚度已经是迫在眉睫的任务。同样，车型升级换代与优化分析也有着千丝万缕的关系，即为现有客户提供更有价值的车型作为他们下一款要购买的产品并获得成功。显然，这些问题是复杂的，需要细分市场和获取成功的案例信息，以促进分析。然而，这些数据大多无用。由于数据的不确定性，因此具有不同程度的失真。

类似的考虑也适用于优化营销组合，包括公平参与的问题。在这种情况下，数据需要长时间收集，以便可以评估并得出结论。对于邮件促销这类个性化营销活动，要评价所选目标组的特性，回报率对于数据分析和相应的活动优化是一个更有可能的目标。

原则上，在市场营销领域也可以找到非常有前景的优化分析应用程序。然而，数据收集和数据保护的复杂性，以及数据采集的部分不准确性，意味着需要对数据收集策略长期进行仔细规划。如果在数据挖掘过程中需要考虑品牌形象等"软"因素，那么这个问题就会变得更加复杂。在这种情况下，所有数据都有一定的不确定性，相应的分析（"最重要的品牌形象驱动因素是什么？""如何改进品牌形象？"）也更适合于确定趋势而不是得出定量结论。但是，在优化范围内，有可能确定一个行为是否会产生积极或消极的影响，从而确定允许方向，然后决定行动的方向。

6. 销售、零售和售后

这一领域有多种潜在应用和现有应用案例。由于最终客户体现的人的因素起着至关重要的作用，因此客观的数据和主观数据都要考虑：客观数据包括销售数据、个人的价格折扣、经销商活动等；主观数据包括基于调查的顾客满意度分析或涉及品牌形象、细分率、品牌忠诚度等许多主题的第三方市场研究等。同时，获取和集成各种数据源是进行分析的必要条件，这有助于最终能够对评价的潜在主观性进行正确分析，这一过程目前在很大程度上取决于进行分析的数据科学家的专业知识。

市场营销与销售结果密切相关。毕竟，最终也是根据销售数字来衡量营销活动的成功程度。市场营销活动和销售的综合分析，包括媒体分布、发布频率、营销活动成本等，可用于优化市场活动的成本和效益，这种情况通常使用基于投资组合的方法。这意味着，最优先考虑的是一系列营销活动及其安排的最佳选择，而不是只关注单一的营销活动。因此，关键问题是多标准决策与优化支持。近年来，由于采用了进化算法和基于组合的优化标准，优化分析在这方面取得了决定性的突破。然而，销售优化分析在汽车行业的应用仍然局限在非常有限的范围内。

同样，客户反馈、维修和制造也有潜在的交互作用，客户满意度可以用来获得"软"因素，维修可以用来获得"硬"因素，然后可以与特定车辆的生产数据相结合，并进行分析。用这一方法可以确定在工厂里发现不了或不可预见的影响质量问题的成因。这使得质量缺陷可以提前预测并可以使用优化分析来减少它们的发生。尽管如此，还需要将来自不同领域的数据，如制造、维修和售后等环节的数据结合起来，以便于分析。

对于二手车来说，剩余价值在公司的车队或租车业务中起着至关重要的作用，因为有相当数量的车辆将作为资产进入相应的资产负债表，并具有相应的残值。如今，汽车制造商通常将这种风险转移到银行或租赁公司，虽然这些公司可能又是汽车制造集团的一部分。数据挖掘和预测分析可以在正确评估资产方面起决定性作用，十年前，美国汽车制造商已经付诸实践了。非线性预测模型可以与公司自己的销售数据一起使用，在车辆水平上生成个性化的、特定于设备的剩余价值预测，这比目前作为市场标准的模型更为准确。这也使得优化分销渠道成为可能，甚至可能分配远在天边的二手车到附近的汽车拍卖场，以这样的方式最大限度地提高公司全球的销售成功率。

关于更详细的销售技巧，很明显，在购买车辆或将来使用共享车辆时，每个客户的兴趣和偏好是一个重要的考虑因素。更个性化的知识，如关于消费者的社会人口学因素、他们的购买行为，甚至他们在汽车制造商网站上的点击行为，以及他们个人的驾驶行为和车辆，被了解得越准确，将越有可能满足消费者的需要，以为他们提供合适的车辆型号、性能、报价以及最佳的金融服务。

7. 连接客户

虽然这一术语目前还没有被认可，但它描述了一个未来，客户和他们的车辆都能与最先进的信息技术充分融合在一起。这与营销和销售问题密切相关，如客户忠诚度、个性化用户界面、一般车辆行为以及其他愿景。通过网络互联和使用智能算法，车辆可以对语言命令做出反应，并搜索答案，如可以直接与导航系统通信并更改目的地。

车辆之间的通信使人们能够在道路与交通条件下收集和交换信息，这比通过集中式系统获得的信息更为精确和及时。例如，路面突然形成了薄冰，这类信息经常是局部的、暂时的，可以很容易被车辆检测到并且以警告的形式传递给其他车辆。

二、领导权之争

与船舶和飞机等交通行业相比，汽车行业从19世纪80年代诞生以来至今都没有发生太大的"革命性"变化。整体而言，汽车行业是一个渐进式发展的行业，其固有的行业特征是相对保守。由于担心新技术产品遭到消费者拒绝以及对于成本因素的敏感，汽车制造厂商几乎都倾向于采用渐进式创新技术产品。但是，在如今的智能化大潮下，面对新兴造车力量的冲击和消费者需求变化的更迭，传统汽车业的渐进式创新速度面临着越来越大的挑战。

传统车企加速创新的驱动力不仅仅来源于消费者需求的升级，更来自外部的竞争，包括百度、腾讯、阿里在内的互联网巨头，以及蔚来汽车、车和家、前途汽车在内的新兴造车公司，均从各个切口渗入汽车行业，他们主打智能化、电动化、网联化、互动化，声称自己更懂用户，要让汽车产品形态的变革来得更加猛烈。这一切，无疑正撼动着传统汽车企业的根基。

有一种声音认为，2016—2020年，汽车产业正处于一个变革的窗口期，就好像彼时手机由功能机过渡至智能机，手机业霸主诺基亚交棒苹果一样，汽车也将由传统汽车过渡为智能汽车。那么，在这个过程中，传统车企无疑不希望自己的领导权易主。

事实上，在汽车这个"改变世界的机器"发生新一轮的质变前，汽车业必定将牢牢被传统汽车公司主导，汽车公司决定产品的更新迭代速度，其他公司处于从属与被支配地位。但是，当汽车业已发生的量变积累演化成质变之后，汽车业的规则将被重新改写，谁处在产业链的上端将充满变数。

那么，一直占据产业链中心的传统车企，会交出自己的主导权吗？

1. 传统汽车企业的危机与奋斗

如果说把卡尔·本茨在1886年发明三轮汽车当作现代汽车的发轫之年的

话，那么到 1908 年福特发明 T 型车、建立流水线的生产方式则是汽车行业的第一次"质变"，汽车不再是富人的玩物，普通民众也能买得起。自此之后，尽管汽车的性能和技术不断变化，生产水平也在不断提升，包括丰田创立精益生产方式，大众最近几年提出的模块化生产，但汽车的形态和内涵均没有发生质变，它在本质上依然是一个代步工具，把人们从一地送到另一地，只是在不同的市场，标签属性的强弱不同。

信息技术和能源技术的革新以及联网技术让汽车的属性正在慢慢发生变化。一旦汽车能实现车与车之间的通信互联、车与交通设施等外界环境以及远程终端的互联，汽车将不再是现在的汽车。当然，目前阶段的汽车联网只是初现端倪，已推出的产品都很初级，技术与性能远未成熟，甚至有些尝试遭到用户大量投诉，但没有人否认这是未来的发展趋势。

全球汽车业已进入下一个迭变时期，这个过渡期有可能是 5 年、10 年、15 年，抑或更长。在这段时期，传统汽车厂商依然可能会在很大程度上掌控一款汽车的生命周期，决定产业链的气候。但是新的汽车厂商正在加速涌入。例如特斯拉是这个时期最典型的搅局者，它让通用、福特、奔驰、宝马这些传统的汽车豪门意识到了危机。传统汽车厂商恐慌的不在于特斯拉是否会颠覆他们，而是新的技术和模式会颠覆他们，没有特斯拉也会有其他采用新技术和新模式的造车者。

一个无法阻挡的现实是，随着电子化、数字化、信息化、智能化对于汽车的渗透，未来汽车业将逐步由硬件主导慢慢过渡到以软件和服务为主导。环顾全球，我们发现谷歌和苹果（硬件和软件一体化）以及中国的腾讯、阿里巴巴这些以软件和服务为核心业务的公司在引领全球及中国这一轮新的经济增长。汽车公司此前建立起来的传统技术优势在未来或许会成为它们的包袱，它们能否在新一轮的竞争中立于不败之地关键在于是否有颠覆式革新的勇气、决心以及智慧。

那么为什么人们很少在汽车行业见到颠覆性技术变革？在汽车产品整体智能化大潮下，传统汽车企业的一些潜在危机因素也暴露了出来，这里涉及意识形态、组织结构和商业模式等问题。

首先是意识形态。一个典型的例子是，汽车制造业中有一部分是典型的"汽车迷"，他们为了适应自动挡、防抱死系统和恒速操纵装置都花了不小的功夫；想象一下他们对"无人驾驶"将做何反应吧，这些工程师们一辈子都在研究动力总成，突如其来的"无人驾驶"势必将影响到他们的职位和生活。

组织架构也是一个问题，因为像汽车制造公司之类的企业拥有中央组织结构或围绕职能的组织结构，这些公司都有严格的流程，强调操作效率而非创新。他们只想做自己一直在做的工作，只求每个季度都进步一点，不求有大的突破。

而相比其他因素,商业模式方面的考虑最能限制汽车制造商的思路。例如关于无人驾驶产品的探讨,很少有汽车制造商愿意看到一个因为大家共用而需要更少汽车的未来景象。这样做简直是在"砸自己的饭碗",因为汽车企业现有的商业模式还是以汽车制造和销售为主,追求利润。目前传统汽车企业所涉足和宣传的"共享汽车",既是一种品牌促销手段,也是一种市场竞争手段,都希望当所谓的"共享汽车"时代来临的时候,共享的汽车品牌是自己的品牌,而不是竞争对手的品牌。

此外,汽车行业的发展受到诸多限制,如必须遵守汽车碰撞测试标准、国家公路交通安全局规范、行人安全保护规范,固有的基础设备和生产设施资本投资方式,以及较长的汽车研发和生产周期等。这表明汽车行业经过长期的发展,已经相当成熟,各国政府也制定了严格的法规来对其进行管控。

一些尝试正在传统汽车企业中展开。包括奔驰、宝马、福特、奥迪、大众等品牌,纷纷开始建立新理念,探索新产品。

2016年巴黎国际车展期间,戴姆勒股份公司董事会主席、梅赛德斯–奔驰汽车集团全球总裁蔡澈博士表示,"智能互联、自动驾驶、共享出行、电力驱动这四个维度将成为奔驰未来产品打造的主要驱动力。"与此同时,奔驰发布纯电动概念车"Generation EQ",它既是奔驰全新 EQ 品牌第一款最接近量产的概念车,同时也代表着奔驰朝着"移动出行、智能互联、创新设计"这三大产品理念又靠近了一步。

2016年7月,宝马宣布将联合英特尔、Mobileye 共同开发无人驾驶汽车技术。Mobileye 一直在机器视觉为主的 ADAS 高级驾驶辅助系统开发上处于领先地位,除宝马外,通用和特斯拉等也都是 Mobileye 前装芯片 EyeQ 系列产品的客户。

2016年8月,福特与百度联合战略投资激光雷达公司 Velodyne LiDAR,总金额共计1.5亿美元。福特随后也公布了自动驾驶战略规划图,计划于2021年推出用于共享出行的全无人驾驶量产车型。此外,除 Civil Maps、Velodyne LiDAR 之外,福特还投资了两家初创公司——SAIPS 和 Nirenberg Neuroscience LLC,用于推进2021年自动驾驶战略规划的顺利实施。

2016年9月,奥迪、宝马和戴姆勒共同与五家电信通信公司——爱立信、华为、英特尔、诺基亚和高通,发起成立了5G汽车通信技术联盟(5G Automotive Association)。该联盟意在研发下一代智能互联汽车并推进车内5G通信技术的应用。该联盟希望支持单一的通信标准,这样有利于将车载娱乐信息、自动驾驶系统以及智慧城市基础设施进行统一整合,该联盟还将共同进行相关项目的研发,以推动5G通信技术的商用化进程。

总体而言，传统汽车企业正试图通过自己的研发及与外部的合作，努力将汽车产业智能化大潮的方向和节奏控制在自己的掌控范围之内。

2. 多方合作是最终落脚点

在 2015 年的世界互联网大会上，作为唯一的车企代表，李书福在被问及"未来智能互联汽车，谁为主导"的问题时，回答说："这个问题很多人都问过我，但我一直没有正面回答过，今天我实在是憋不住了，今后主导汽车工业的一定是汽车公司，而不是 IT 公司，没有身体的灵魂不行啊，灵魂还是要依附在身体上。"

李书福的回答其实非常中肯。在他看来，驾乘体验、智能安全、人机交互、V2X、自动驾驶是汽车产业与外界技术循序渐进融合的过程。在这个过程中，不仅仅是车企和互联网公司，更需要政府从标准、立法、产业政策、产学研合作、城市规划等方面入手，为这场已经到来的汽车革命做好准备。

在经历了近两年的争论后，现阶段关于互联网公司与传统汽车公司谁将成为主导的讨论已经越来越少，多方合作才能迈向未来的观点逐渐成为主流，传统汽车公司不会轻易被颠覆，IT 公司则可作为传统汽车产品力提升的重要补充。

2013 年 7 月，奔驰决定"牵手"谷歌，将车载导航系统与谷歌 Glass 连接，以实现驾驶与即时导航的无缝对接。2014 年伊始，奥迪和大众汽车相继加入谷歌发起的"开放汽车联盟"（Open Automotive Alliance，OAA），按照该组织成立之初的说法，联盟中所有汽车品牌都会将安卓系统和自身的车载移动设备整合，使之成为可独立运行的安卓智能设备。国内市场，在经历了两年多的研发后，上汽荣威 RX5 车型首次以深度前装的形式将阿里 YunOS for Car 车载操作系统搭载上车。

虽然从荣威 RX5 的表面来看，似乎在功能上没有太大的革命。但是，YunOS for Car 已经让这款产品的内在发生了质变——一款真正意义上由互联网公司主导的专业车载系统上车，作为车内重要的基础设施之一，为后续车内功能的孵化和衍生提供了最基础的平台。

除了互联网公司之外，一些新兴造车公司也表达了与传统汽车制造商合作的想法。蔚来汽车与江淮汽车合作，双方全面推进新能源汽车、智能网联汽车产业链合作，预计整体合作规模约 100 亿元。在江淮与蔚来的初步谈判中，双方预期首款量产车的规模将达到 5 万辆以上。

这两年的智能造车潮让人深刻地感受到传统汽车与互联网文化的冲撞。最初，传统车厂觉得一堆互联网出身的人搞车很可笑，但现在看着新造车企业的概念车和量产车日益完善，传统车厂感觉到真真实实的压力和挑战；同时，新造车企业在这几年的"摸爬滚打"中也越来越深刻地领悟到汽车产品与消费电子等产品的巨大差异，这不是一个可以轻易颠覆的行业，严苛的技术门槛、复杂的产业链条、严格的生产资质准入，都是许多新造车企业所未曾预料到的。汽车作为交通工具和生产工具，与生命息息相关，其对品质和安全性的要求远非一款智能手机产品可以相比。

制造业是个如同毛巾拧水的产业，看谁能够压榨出最后一滴利润。除了直接优化生产线，用户档案、汽车零件档案、供应商实际质量档案也能帮助降低成本，提高产品质量。这将是所有智能网联汽车制造者面对的机遇和挑战，也是能否在2020年脱颖而出的分水岭。

三、伦理道德

1. 自动驾驶的伦理"必修课"

自动驾驶汽车是社会化管理的产品，必须跳出技术和产品本身，考虑到相关伦理道德和立法的问题，削弱其带来的风险和负面影响。而且自动驾驶的伦理问题中，有不少是和技术相关，并且要摆在技术之前思考。我们要从以下五个方面做好准备：

1）必须充分考虑全社会的利益

自动驾驶汽车的最终目标是提供智慧出行服务的商业模式，颠覆传统的汽车制造和销售体系，颠覆传统的出行和租赁市场。变革期间会产生相关人员收入降低甚至转业和失业问题，典型的就是自动驾驶汽车带来的人力成本减少。我们不能只关注技术和市场的发展，应该重点分析对就业结构、社会政治产生的变化，既应该保护社会价值促进创新，也要加强监管降低对社会产生的不利影响。而且相关产品设计和应用的同时，也必须充分考虑弱势群体（老人、儿童、残疾人）的需求。

2）明确问责机制

自动驾驶汽车是个非常复杂的系统工程，应该明确系统开发商、制造商、使用者之间的权利和义务。业内经常讨论的"电车难题"涉及伦理道德的问题，目前AI的算法根本无法处理此类问题（如果哪天AI能主观处理"电车难题"，人类就得考虑给它人权了。）

这种选择目前也只能交给每个使用者，在使用自动驾驶汽车之前做完"电车难题"的选择：两个骑摩托车的人，一个戴头盔、一个不戴头盔，一个老人、一个儿童，逼不得已时撞向哪个？选择自己撞墙拯救他人，还是保护自己？车辆碰撞躲避时，选择撞击驾驶员位置的你自己，还是副驾驶座上的乘客？如果其中有个人是你的亲人呢，又将如何选择？自动驾驶汽车系统开发和制造商在产品有缺陷产生人员伤亡的情况下，除了保险赔付是否应该承担连带的责任？以上问题除了要遵循现有的法规标准外，还得另外建立新的法规标准，明确责任机制。相关系统开发商、制造商、使用者应当建立"黑匣子"，记录相关数据。

3）提高透明性和完善独立监督

神经系统网络可以自行完成物体分类，但我们并不能直接把神经网络拆分后理解决策过程。如果系统出现故障，也就很难解释出现了什么问题，因此说深度神经网络存在"黑箱"问题。

目前，自动驾驶技术广泛应用的深度学习技术，其自身是个"黑箱"，算法过程中的不透明和不可解释性会导致相关使用者的疑虑。深度学习本身的应用是通过大量的数据处理和训练出来的，更加复杂的是怎么能证明其是足够安全的。尤其是交通场景中的各种变化，未被训练过的场景工况是否能正确处理？

如果把自动驾驶最基本的安全功能，如自动巡航、自动紧急刹车、车道自动保持等称为本能的实现，把需要考虑交通安全法和安全驾驶技能的部分称为智能的实现，为了打消疑虑，提高社会信任度，我们需要在自动驾驶本能阶段应用能被数学公式证明的并经过大量测试验证的算法；当本能已经足够安全的前提下，智能阶段再应用深度学习。

国内自动驾驶产业链缺乏独立完善的监督机构。中国幅员辽阔，经纬度跨度大，各地自然环境、道路基础设施也千差万别，这就导致很难去统一。

各地的智能网联示范区去实施监督，将成为现实可行的选择。除了提供测试服务外，未来示范区还要提供测试验证的考核机制。现阶段 Level 1、Level 2 自动驾驶测试还有 ISO 等相关标准可以参考，Level 3 到 Level 5 级自动驾驶测试则根本无标准可循。

4）隐私和数据管理

自动驾驶汽车的应用会产生大量隐私性的数据，如用户画像、家庭工作地址、出行规律等。对掌握大量数据的公司而言，相关数据的应用要充分考虑用户自身的利益、控制和知情权，应多利用相关次级抽样、噪声注入的技术手段使个人信息模糊化。

自动驾驶的整个开发和设计过程中，十分重视数据或算法，很容易因为包容性不足产生歧视性问题。我们尤其要防范服务提供方利用自身的数据优势差别化对待消费者，过度动态调价（例如网约车的高峰调价），甚至人为制造供需矛盾提高服务价格的行为。

5）相关公司和从业者的伦理道德素养

自动驾驶对从业者的职业道德提出了非常高的要求。

目前全世界范围内对自动驾驶的研究大量都是技术和产业结构方面，极其缺乏社会伦理和法律方面的研究。由于人性的不完美也会导致产品的缺陷和违背伦理的可能性，我们不能将人性的"恶"带入到影响未来社会发展和结构的产品中。

尤其要防范相关公司和从业者在自动驾驶汽车的设计和开发中过度考虑商业利益，不听取利益相关方表达的诉求和建议的情况，当面对产品可靠性和商业利益的选择时，需要提高从业者主人翁意识和责任心，尊重伦理和价值观。

一个新型事物的发展首先是认知和伦理的问题。问题的答案是企业的实操手册，并且会最终影响产品和整个行业乃至社会形态。一个面向大众的观点，才能提高全社会对自动驾驶汽车的信任度，让更多行业参与进来发生改变，这时自动驾驶汽车才有了真正落地的前提条件。

2. 法律优先还是道德优先？

美国时间 2018 年 3 月 8 日晚 22 点，一辆优步自动驾驶汽车在美国亚利桑那州坦佩市发生车祸，推着自行车过马路的 49 岁女士 Elaine Herzbeng 被撞身亡。如果这辆车子是由人类驾驶员来驾驶的，那么显然事故责任在醉酒的行人，因为没有哪个驾驶员能在如此短的时间内做出反应，避开突然冲出来的路人。

交通事故的庭审中，不会有人对驾驶员在事发前某一瞬间的行为提出质疑，因为人会恐慌，可能事故发生前的一瞬间他根本没法思考，任何行为只是人自身本能的反应。不过一旦机器代替人开车，知道"为什么"就显得十分有必要。人类社会的道德标准和规则，并没有在现代法律中有具体体现，所以工程师似乎并不敢在控制无人驾驶系统的代码中将所有可能的假设囊括进去。假设是具有良好判断能力的人在开车，他知道哪种情况下可以为了生命而越过法律条框的束缚，因此对开发无人驾驶系统的工程师而言，当务之急是得先教会机器如何做出合理的判断。

目前获准在加州路测的无人驾驶汽车，必须向加州交管局提供每次碰撞发生前 30 秒所有传感器采集到的数据。这样做的目的在于，工程师在拿到这些数据后可以精准地还原事故发生前后的场景，通过传感器记录的数据，可以了解自动驾驶系统是如何在这种情况下做决策的，它到底想到了哪些备选方案。甚至有可能让计算机重述一下推理论证的过程，这有点类似让某个玩家对自己在电玩或者模拟驾驶中的每一步决策做出解释。

这就意味着，为了尽最大可能避免交通事故的发生，监管部门针对自动驾驶制定的安全规程和标准可能是超出常规的严格，同时对自动驾驶汽车的监控和督导力度也会非常高。当然，对主机厂和软件开发人员而言，为机器的行为辩护可能要比人类驾驶员难得多，甚至可能会采取一些另类的方式。

任何驾驶行为都是有风险的，而决定如何将其中的风险在驾驶员、行人、骑行者甚至公共财产之间分配，"道德因素"发挥着十分关键的作用。无论对工程师还是普通大众而言，无人驾驶汽车的决策系统在每次做决定的时候，是否从人类伦理道德的角度考虑过问题，这很重要。

通常，在遇到道德层面模棱两可的情况时，我们一般会以遵守法律为主，同时尽可能减小具体后果造成的损害。这种策略之所以较为流行，是因为开发人员在为自动驾驶汽车的行为做出解释时几乎不用费什么力（它是根据法律规定做出的决策），而且这样一来，定义道德行为的责任就转移到了法律制定者的手里。

举例来说，在大部分国家，相关的法律规定已经固化为驾驶员的常识了，它几乎没有明确规定在发生碰撞事故前，驾驶员应该采取哪些行为。在 Uber 撞人的案例中，这辆无人驾驶汽车按照法律规定是不会主动转向碾压双黄线的，即使它冒着撞倒闯入机动车道的行人的风险。因为法律不会给出"紧急情况该如何处理"的特别说明，尤其具体到"有行人误闯机动车道"的类似情况，法律条文一般只会暗示"只要车子没发生碰撞就是合法行为"。在这种特例中，只能由软件工程师决定，何时跨过双黄线的行为是安全的。

不过，让无人驾驶汽车 100% 确定越过双黄线能够保证安全，这恐怕也不大可能。从机器的角度考虑，它的自信程度可能在 98%～99.99%。因此，负责为自动驾驶系统编码的软件工程师可能得提前估算好，紧急情况下越线需要系统有多高的自信度才能完成，同时这个临界阈值是不是跟车子要避开的对象有关系，毕竟要躲开塑料袋和躲开闯入的行人，需要的决断力完全不同。

不过目前来看，很多时候自动驾驶汽车利用"判断力"得出的结论和现行法律相悖。谷歌已经承认，允许在公共道路上测试的无人驾驶汽车超速赶上车流，因为开得太慢反倒十分危险。而有时候为了将生病的家人或朋友尽快送往医院，超速行驶是在所难免的事。斯坦福大学的研究人员 Chris Gerdes 和 Sarah Thornton 反对将法律作为硬性限制条件编入自动驾驶汽车的控制程序，因为人类驾驶员懂得变通，关键时刻他会衡量吃罚单和所得好处的关系。可一旦机器被程序束缚，即使你已经十万火急，但偏偏前头被一骑自行车的人挡着，载你的无人车不肯压线超车，你是干着急也没脾气。

其实，自动驾驶汽车完全可以在不违规的情况下，机智地做出很多安全的决策。在一份 2014 年提交的无人驾驶汽车专利中，谷歌表示旗下的无人驾驶汽车能够通过改变在车道内的位置来避免交通事故的发生。举例来看，当一辆无人驾驶汽车行驶在三车道的最中间，左边是辆小轿车，而右边是辆大卡车。为了最大限度地保证安全，这辆无人车会选择靠近左侧轿车的位置行驶。

这种处理方式听起来很有道理而且这也是大多数人开车时有意无意都会做出的选择。不过，从道德层面考虑的话，这种做法其实欠妥。如果自动驾驶汽车转向靠近小轿车的位置行驶，虽降低了事故发生率，但似乎却将撞车的风险转移到小车身上，难道就因为它小，它就得承担更多的风险吗？如果这只是某个驾驶员的个人行为，关系不大。可一旦这种转嫁风险的模式成型，所有的自动驾驶汽车都这么做的话，后果将难以预测。

一旦考虑到人的生命、通勤浪费的时间等，面对"我们该如何将他人暴露在风险中"这样的问题时，将伦理道德作为主要出发点考虑似乎欠妥。举例来看，假设有这么一辆对所有人类一视同仁的自动驾驶汽车在路上行驶，它一定会给那辆没戴头盔的摩托车手让开更多空间，因为一旦发生车祸，他似乎更容易丧生。但说实话，这并不公平，因为对那些安全意识强、几乎全副武装的摩托车手而言，自己反倒被迫承担了事故风险。

在上面提到的各个案例中，一辆无人驾驶汽车决策的制定，既需要考虑可能被撞的物体，同时也要顾及车中的乘客。和人类不一样的是，人类做决定往往是下意识的，而机器则会遵循某种预设好的、既定的逻辑规则和风险管理策略去执行。

目前来看，无人驾驶汽车的道德伦理问题并非没法解决，因为在其他很多领域，安全合理地处理类似风险和利益关系的方式并不鲜见。例如在选择捐赠器官受体的问题上，除了其他变量之外，病人术后能否恢复高质量的生活显然是首要考虑的因素，而至于"终身服用抗排异药物及可能出现的免疫反应"都是值得付出的代价。再者，部队征兵时往往会避开农民和教师等一些重要的职业，属于同样的道理。

毫无疑问，自动驾驶汽车的发展面临着巨大的挑战。它必须能够快速决策，利用有限的信息，处在程序员没有考虑完全的场景里做出判断。幸运的是，相比超人类般的智慧，普通大众更希望机器控制下的无人车能够做出理性同时符合人类伦理道德标准的决定。任何解决方案其实无须完美，但它至少是经过深思熟虑、经得起推敲的。

四、专利壁垒

1. Uber 与 Waymo 的专利大战

2017 年 2 月，Waymo 公司（前身为谷歌 X Lab 的自动驾驶汽车项目，现为谷歌母公司 Alphabet 旗下的子公司）以商业机密窃取与滥用以及专利侵权为由，正式对 Uber 发起了诉讼。

案件源于 Waymo 发现加入 Uber 主管自动驾驶汽车的前员工安东尼·莱万多夫斯基（Anthony Levandowski），在离职前一个月内下载并转移了 14 000 份共 9.7GB 的高度机密、且 Waymo 拥有所有权的文件。其中有 2GB 与激光雷达相关，包括价值极高的 Waymo 激光雷达电路板的设计资料。

此外，在 2016 年 6~7 月，两名加入 Otto 的 Waymo 前员工先后在离职前的几天甚至几小时内，在莱万多夫斯基的基础上下载了额外的被划为 Waymo 商业机密的文件，其中包括了对外绝对保密的激光雷达供应商名单、制造细节以及包含高度技术性信息的工作声明。

极度不满的 Waymo 在 2017 年 2 月 23 日正式向美国联邦地方法院北加州地区旧金山分部起诉了 Uber Technologies LLC、OttoMotto LLC、Otto Trucking LLC 三家公司。Waymo 认为，为了将自动驾驶汽车推广到大众市场，Waymo 投入了数千万美元研究经费和数万小时工程用时，前后共花费 7 年时间来研制激光雷达传感器。但 Uber 通过盗取专利避免了承担独立开发技术的风险、时间和费用，并有基础来重启一个已经停滞的项目①，而这一切都以 Waymo 的利益受损为代价。

该案经过了多轮听证会，主审法官对 Uber 发出了初步的临时禁令，认为："证据表明，Uber 在知道或者应该知道莱万多夫斯基拥有超过 14 000 份可能包含 Waymo 知识产权的机密文件的情况下，依旧聘用了他。至少这些文件中的一些信息（如果不是文件本身）已经渗透到 Uber 自己的激光雷达研制工作中，并且至少有一些所述信息可能具备商业机密保护的资格。"法官要求莱万多夫斯基在美国当地时间 2017 年 5 月 31 日之前归还从 Waymo 那里带走的 14 000 份文件。莱万多夫斯基在限定期限内拒不执行法庭命令，已于 5 月 30 日被 Uber 开除。

---

① "一个已经停滞的项目"是指 Uber 与卡耐基·梅隆大学的战略合作，据路透社 2016 年 3 月 21 日报道，该合作已基本处于停滞状态。

由于两家公司皆为硅谷科技公司在自动驾驶汽车产业中的重要代表，因此这场诉讼自然而然也成为整个硅谷关注的焦点。仔细研究分析这起诉讼案件的前后事由，对自动驾驶汽车产业中的所有参与方，以及整个硅谷的创新创业精神，都有重要影响。此外，考虑到美国为英美法系，法院判例对未来类似的案件具有重要的指导性意义。

2018年2月10日，这起诉讼以Uber按公司0.34%的股份金额（约2.45亿美元）对Waymo进行赔偿告终，同时，Uber还表示不会使用Waymo的机密技术。

2. 专利诉讼会扼制创新吗？

据咨询公司Oliver Wyman和世界知识产权组织（World Intellectual Property Organization，WIPO）的研究显示，2012—2016年，由12家领先汽车制造商和全球科技公司提交的在出行领域的专利有近5 000件。

其中，有近3 800件属于6家汽车厂商（奥迪、戴姆勒、通用、大众、宝马和特斯拉），主要涉及新能源技术，包括电动汽车、动力电池、燃料电池和可替代燃料。值得一提的是，在该领域，以谷歌为首的科技公司只拥有7项专利。

但是，在剩下的1 200件与网联与自动驾驶汽车领域相关的专利中，有1/3属于以谷歌为首的科技公司。事实上，谷歌在该领域拥有221项专利，几乎与奥迪公司在新能源领域拥有的专利数（223项）相等，超过了宝马（198项）、戴姆勒（159项）、通用（141项）和大众（75项）。图12-1所示为科技公司与传统车企在汽车产业的专利布局。

图12-1　科技公司与传统车企在汽车产业的专利布局

（来源：奥纬咨询）

不过需要指出的是，谷歌申请智能网联相关的专利目的是防御性的，即不会申请那些将来可能有用但自己未必使用的专利，专门用来告别人侵权，只是为了保证自己在进入这一领域时不被竞争对手以专利为由提出不合理的要求。这符合谷歌一贯的"不作恶"的企业精神,而且业务尚在快速发展期的谷歌没必要像 IBM 与微软那样通过专利战争来保护自己的利益,除了主动告 Uber 窃取商业机密及专利侵权之外,谷歌从来没有在专利官司中主动充当原告。现在担任 Alphabet 董事长的埃里克·施密特曾在公开场合表示:"专利大战只有死路一条,专利诉讼并不利于创新。"①

但谷歌也必须想办法保证今后不会重蹈那些曾经辉煌一时但今天已经消失的企业的覆辙。谷歌今天还如日中天,它 2016 年的利润大约抵得过中国的 BAT 以及美国的 Amazon、eBay 和雅虎的总和,但广告业务迟早会受制于全球 GDP 的规模,要想摆脱大公司宿命,不断保持增长,唯一的出路是利用自己的技术优势和资金,尽快发展新的业务,Waymo 所在的自动驾驶汽车产业就是诺亚方舟之一。

彭博社报道,Waymo 与特斯拉已经对那些未来想出去创业或者跳槽到竞争对手那里的员工发出了警告,不要再试图无视竞业禁止协议而侵犯原公司的商业机密和专利,不然公司不会熟视无睹听之任之。这种做法在过往是不可想象的,这违背了硅谷宽容"叛逆行为"的传统。但自从通用汽车在 2016 年 3 月收购 Cruise Automation 之后,Waymo 和特斯拉便开始流失核心员工。在 2017 年 2 月福特汽车以 10 亿美元收购 Argo AI 之后,事态更是变得失控,如果不强力施压,竞争对手将变得越来越难对付。

由于自动驾驶汽车在技术上尚未成熟,目前 IT 公司、传统车企、创业公司的精力都放在关键技术攻关和技术验证上。一旦这种默契被打破,掀起专利大战,创业公司的生存环境就会瞬间变得非常恶劣。而这将会影响自动驾驶汽车领域的创新创业热情,因为历史上很多关键的技术都是由小型创业公司来完成的。

自动驾驶汽车产业的前景非常美好,由此而引起各种纷争,或许难以避免。Uber 与 Waymo 的诉讼官司,对整个行业来说,打破了原有的博弈均衡,会使各参与方将注意力从技术与商业化上转移到法律诉讼这类非市场行为上,带来的整体影响或将是弊大于利。

五、中国忧思

作为代表性的现代出行交通工具之一,汽车具有工业化和商业化的双重

---

① Waymo 与 Uber 商业机密窃取与专利侵权诉讼解读,智能网联汽车信息周报、国家智能网联汽车(上海)试点示范区。

特征。汽车的工业化特征体现在汽车强国无不是制造业强国,如新加坡、瑞士虽然具有发达的商品经济,但因工业能力相对缺失,不具有大规模制造汽车的能力;汽车的商业化特征体现在汽车强国同样也是经济强国,如苏联、俄罗斯虽然有强大的工业制造能力,但因商品经济不发达,也没有培育出所属的世界汽车品牌。因此汽车产业的发达与否可以作为某国市场经济和科技能力的检验器。

中国政府和人民对推动汽车产业的发展可谓念兹在兹、颇费心力。但据实而言,在传统汽车领域,中国汽车工业的发展并不完全尽如人意。自"新能源汽车弯道超车"理论提出后,中国的新能源汽车产业得到政府主管部门的大力支持。各主流车企纷纷试水新能源汽车,一些新兴的汽车企业也横空而出,发展得风生水起。

2017 年中国新能源汽车销量达到 77.7 万辆,达到全球销量的一半以上。汽车的电动化推动了汽车的智能化和网联化。2015 年 5 月,中国政府发布《中国制造 2025》,明确将"节能与新能源汽车以及智能网联汽车"列为此后十大重点发展领域之一,正式拉开了智能汽车大发展的序幕。但古人讲福祸相依,在对过往成绩欣喜的同时,我们也应该看到产业发展上的一些隐患。与热火朝天的发展一并而来的,是一些正在逐渐显露出来的问题。这些问题或将制约中国智能汽车产业的长远发展与未来愿景,值得我们深入剖析。

1. 核心技术缺失的隐忧

新闻和舆论界有一种声音认为:在智能汽车大发展的时代中,凭借着智能化带来的新契机,中国汽车产业很可能迎来一个转型创新和"弯道超车"的难得机遇,很有可能实现彻底的"翻身"。而一些主机厂和选择介入汽车制造的新兴科技企业的从业者也对此信心满满,认为中国汽车的春天马上就要来临,目前做的只是进入和等待,仿佛某一时刻中国汽车工业就能面目一新,从汽车制造强国中脱颖而出,打造出属于自己的世界知名品牌。

但对于从事汽车产业投资的人来说,我们不仅看到了新的赶超机遇,也看到了新一轮技术革命所带来的严峻挑战。中国汽车产业正在遭遇一场突如其来的"高科技竞争",而且竞争的领域恰恰是我们的"短板"所在。美国投资大师巴菲特有句名言:"只有在潮水退却之后,才能知道谁在裸泳。"我们面临的技术挑战甚至可能超过面临的发展机会,因为"罗马城不是一天建成的",新兴技术推动下的制造业改革只会演变,不会突变。技术短板非一两年可以弥补。但竞争和挑战却已经提前到来,因此未来五年不仅是决定中国汽车企业能否跻身世界前列的难得机会,也是最后的机会,更是决定诸多中国汽车企业"生死存亡"的关键时刻,我们必须有强烈的"忧患意识"。

如果把眼光放得更加长远一些,回眸一下中国汽车工业的发展进程,我们可以发现,从20世纪50年代的长春第一汽车制造厂开始,中国汽车工业已经走过六十多年的历程。六十余载风风雨雨,中国汽车工业的发展经历了封闭环境下的"自力更生"阶段和改革开放后的"对外合资"阶段,做强做大民族汽车工业一直是中国人心头的不灭梦想,也是推动汽车产业发展的不竭动力。

2009年中国成为全球最大的汽车生产和销售市场,我们用五十多年的时间使中国汽车工业实现了"做大"的目标,但却没有使得中国汽车工业真正"做强"。我们在传统汽车产业关键技术方面以及关键零部件的自给自足方面仍然存在较多瓶颈和制约,我们的某些合资公司实际上只是国外汽车品牌进入中国的跳板和组装基地,并不具备独立的研发能力和新品牌与核心部件的制造能力。

改革开放四十年的实践已经证明我们"市场换核心技术"的策略是失败的,"核心技术也不是用钱就可以买到的",国际汽车厂商和零部件巨头是不会轻易向中国转移核心技术的,他们希望永远占据汽车价值链的制高点,只想将"微笑曲线"的低端制造环节留给中国。

据统计分析,如果说我们在发动机和变速箱等传统核心技术与国外的差距是10年的话,那么我们在智能汽车技术最为核心的汽车电子技术领域与国外巨头们的差距则在20年以上。

以智能汽车产业发展的"心脏"——汽车芯片为例,随着汽车电子信息化的快速发展,近几年来汽车上的各类芯片数量总和大幅度上升,芯片在汽车成本的占比已超过10%。研究机构IHS预测,当前一辆普通的新车含有616块芯片,而2013年芯片的数量仅为550块,短短三年多上升了12%,可谓惊人;研究机构Gartner报告更指出,芯片在每辆汽车中的价值从2000年的250美元飙升至目前的350美元,2017年上升了40%;预计随着传统汽车向智能汽车的转变和升级,芯片成本占整车制造成本的比例还将继续提升。

截至目前,我国汽车工业所需的芯片长期完全依赖于进口,中国每年的芯片进口金额(包含汽车芯片)在2 000亿美元以上,已经超过石油进口金额,成为中国进口金额最大的单一商品,而且这种对外依赖度正由于智能汽车时代的到来而变得愈发深重。

正是看到了智能汽车发展给半导体芯片行业带来的巨大发展机遇,全球半导体芯片的技术和产业整合速度明显加快。先是2015年6月,英特尔用167亿美元收购Altera,其次是Avago宣布以370亿美元并购Broadcom,紧接着软银以320亿美元押注ARM，以及高通宣布以470亿美元的价格收购NXP。一年多的时间里，国际芯片巨头都在力争通过并购整合来强化自身在未来汽车芯片领域的竞争实力。

随着国际芯片巨头们的并购整合完成，其在技术和成本方面的垄断优势愈加明显，使得中国本土汽车芯片企业的未来发展空间几乎完全丧失，这意味着中国智能汽车产业在起步阶段就面临严重的"先天不足"，从根本上制约着中国智能汽车产业与全球汽车厂商在技术"制高点"方面的争夺。

不仅在汽车芯片领域，当前中国汽车工业在许多关键零部件方面均高度依赖进口，尤其是在与汽车智能化紧密关联的电子电控产品方面，例如乘用车电控喷油系统，我国目前100%需要进口，每年进口量达到1 600万套；在乘用车的自动变速器方面，我国每年进口735万台，几乎也是100%进口；在乘用车增压器方面，进口依存度同样超过90%，每年的进口量达到1 200万台；此外，汽车低碳化的核心零部件，如低摩擦运动部件、低滚阻轮胎，以及48V微混技术核心部件等，我国市场同样基本被国外公司所垄断。

舆论界还有一种声音认为：在智能汽车发展的时代中，由于产品基本是纯电动车，且用户更重视人机交互等智能化体验，因此对于传统汽车技术的依赖较小，而中国互联网产业发展处于全球领先地位，因此可以在智能汽车领域实现"弯道超车"。

固然，从某种意义上来讲，智能汽车是传统汽车的智能化和网联化产物，未来智能汽车也确实离不开互联网。中国互联网产业从技术和应用领域在全球取得了巨大的影响力，涌现出以"BAT"为代表的全球互联网巨头；同时，华为所引领的"5G"通信产业也处于国际领先地位；而且"互联网+"的浓厚氛围将助推中国汽车产业在网联化方面和创新服务领域的突破，形成业态丛林。现有的互联网巨头和新兴的车联网创业企业有望凭借大数据和云计算的技术优势和应用经验来瞄准传统汽车产业的痛点，迅速构筑新的业态和新的市场，使基于汽车的信息服务和后市场服务更加多样化，全方位提高包括导航和位置服务、信息娱乐服务、通信服务、紧急救援等安保服务、维护服务、汽车保险等在内的车联网用户体验，率先实现车联网技术普及和商业模式的变更，助推智能汽车产业在中国的快速落地。

但智能汽车并不仅仅就是网联化的传统汽车。它更像是一个集环境感知、规划决策和控制执行等功能于一体的综合系统，它集中运用了计算机、现代传感、信息融合、通信、人工智能及自动控制等技术，是全新的高新技术综合体。信息互联技术只是智能汽车所涉及的技术之一，不是全部。汽车更新换代还需要车辆技术和基础支撑技术等的支撑。

据调查，国内汽车企业的研究院几乎均无能力全面覆盖上述技术领域，有些领域甚至连相关研究团队还没有完全搭建起来，这从近年来国内汽车企业纷纷加大在海外的人才招聘中就可以窥见一斑。因此，如果认为仅仅凭借中国在互联网应用和通信领域的优势，就可以使得中国汽车工业在智能汽车研发与制造大潮中取得"弯道超车"，显然是低估了智能汽车的综合系统性和高估了国内汽车企业的现有研发实力。

综上所述，如果说在传统汽车领域，我们整体水平已逐渐接近国际平均水平，技术差距主要集中在某些关键领域的话，那么我们在智能汽车领域与国际水平则有着一个系统性的全面差距，可以认为，这一新的差距程度甚至大于国内外传统汽车领域的技术差别，而且追赶的难度也更大。

2. 政策协调力度差

推动智能汽车的发展不仅需要各种技术的融合，也需要不同产业的配合，更需要各政府部门之间的统一协调。中国电动汽车百人会理事长陈清泰指出，要在政策层面做好对智能汽车发展的配合，应做到以下三点：

第一，需要加强国家层面的统筹协调和部门间的配合。汽车和交通涉及的范围非常广，牵动全社会的方方面面。按照现有的分工，不同的职责归属于不同的部门，但各部门之间对"互联网+"的理解不同，对互联网应用的理解和取向也不同。在技术路线、产品和行业标准，甚至在名称上也不一样，自成体系，缺乏互联互通，使企业在产业取向和技术研究上往往无所适从。因此需要在国家层面建立"互联网+汽车+交通"的协调机制，在发展规划、技术标准、产品认证、资源配置等方面统筹协调，打破行业壁垒，实现资源的对接和整合。

第二，汽车产业管理体制需要更加适应"互联网+"的发展要求。汽车产业是一个商业化明显、市场充分竞争的产业，在"互联网+"时代应该欢迎新的进入者。在有效确保产品自身和应用安全的前提下，准入管理制度应该较大幅度地放宽，允许汽车企业实现苹果式或小米化的生产：自己没有工厂，却可以生产出全球著名的产品。

第三，包容的态度和及时到位的监管，是支持"互联网+"缺一不可的两个方面。如何把握依法监管与鼓励创新之间的关系至关重要，决定着中国智能汽车产业的未来前景。有些创新，例如电子商务、互联网金融、无人驾驶等，是以规则创新为前提的。欧美国家的经验是，通过地方的立法形式确认创新产品和服务地位，为企业创新和社会资本投入提供稳定的预期。我国可以考虑的做法是，准许在局部地区先行先试，或者总结电子商务发展的经验，政府观察、关注、提示而不出手，在弊端显现的时候及时总结既有经验，制定适于行业发展的政策和规则。

3. 研究创新氛围依旧保守

根据汤姆森-路透公司（Thomson Reuters）对2009—2013年的世界专利统计，在远程信息服务、自动驾驶、驾驶辅助、抬头显示（HUD）等智能网联汽车技术创新中，丰田、通用、戴姆勒等国外巨头企业排名前列，而国内企业无一上榜；即使在所有汽车技术专利的统计中，国内企业仅有收购沃尔沃的吉利汽车能够跻身行业前20名。

近年来与国内许多汽车研究机构接触和交流，发现研究人员对于汽车前瞻技术往往既兴奋又畏惧，既希望与创业项目的技术团队进行更多沟通交流，又不敢出手跟进。他们的顾虑在于担心前瞻技术应用的可靠性，常常以合资公司采用了哪项新技术作为研发工作的风向标，始终采取"跟随战略"，这与我们工作中接触到的国际零部件巨头们的做法大相径庭。大陆汽车、博世、麦格纳和舍弗勒等国际零部件巨头始终贯彻"要提前市场5~10年进行技术研发布局"，反复强调要具有"引领意识"。因此当智能网联汽车产业发展大潮来临的时候，很多国际零部件巨头已经做好充足的研发和产品储备，转而以新形态产品攻坚中国市场，甚至开始了对华"专利封锁"。

《孙子兵法》有云："求其上，得其中；求其中，得其下；求其下，必败。"如果一个企业的研发战略是以"跟随"为目的，不难想象其研发实力将是永远无法跻身前茅的。当然，汽车行业创新体制保守是有其历史原因和独特性的，但对于以"弯道超车"为目标的中国汽车产业而言，创新体制是到了该调整与变革的时候了。

4. 最缺的是"十年磨一剑"精神

最后讲一个小故事。作为全球最年长的米其林三星大厨，小野二郎被称为"寿司之神"。多年以前，他将餐厅开在位于东京办公大楼地下室的一个角落。作为小野二郎的长子，小野祯一曾劝父亲去为餐厅做广告，但遭到拒绝，他说"我们需要做的，首先是专注地做好每一道寿司"。如今，小野二郎的餐厅爆红全球，餐位甚至需提前半年预订，但他依旧非常低调，只是凝神和专注地为每一位客人依次握好每一道寿司。

事实上，小野二郎的做事方式即坚持工匠精神、踏踏实实地专注于产品，这对于中国智能汽车产业发展有很好的借鉴意义，因为工匠精神恰恰是目前中国汽车企业最缺乏的。尤其在智能汽车领域，短时间的浮躁导致进入这个领域的人良莠不齐，整条产业链条上不乏希望赚快钱者，但实际上汽车产业的发展从来都是"慢热"的，是"忌速成"的。因此，真正想"基业长青"的汽车企业，是应该具有"十年磨一剑"的精神的。

以中国航空工业为例，战机研制曾经是中国武器装备的长期弱项。在 20 世纪 90 年代，中国空军不得不大量采购俄制战机以保障战斗力。但航空工业的专家、学者前辈们，却能够在市场经济大潮兴起的时代甘心清贫，埋头默默地进行技术累积和样机研发。从新兴材料的研究到制造工艺的迭代改进；从发动机只能"克隆"和"山寨"俄国产品到涡扇 15 的发动机的成功研制，中国航空整整走过了一代人。目前中国五代战机歼 20 已经列装部队，大幅度提升了中国空军的战斗力。从新一代战机的横空出世，完全体现了中国老一辈和新一代航空工作者对技术研发的重视和付出的心血。这种踏踏实实的老黄牛精神值得中国其他工业领域的同仁们深入学习。

而我国的汽车工业新技术的研发却呈现出不同的面貌。因为与国外汽车强国存在隔代差异，大量的厂商选择产品上的拿来主义，直接拿国外成功的车型在中国进行组装和销售。国内市场大量被外国品牌所占据。而汽车人在技术消化、吸收能力培养上也存在巨大的差距，很多主机厂研发机构因循守旧，技术研究能力严重不足，甚至成了项目外包的机构，直接将相关的研发需求发包给外围企业，自身只是做项目跟踪和监管。如此而言，汽车这一大宗消费产品领域成为"你方唱罢我登场"的舞台剧，新的企业纷纷出现，热衷于蹭热点、赶潮流，各种概念化的产品层出不穷，但却缺少能与国际一流产品相媲美的高端智能化产品。这不能不说是中国汽车产业的悲哀。

我们希望看到更多的汽车主流企业和零部件企业能够俯下身子，以国人的汽车强国梦想为感召，做出具有划时代意义的中国汽车产品。我们也希望国家政府部门在进行产业政策拟定和财政补助时，能够大幅倾向真真正正在努力提高技术含量的汽车企业，导正行业风气，提高产业水准。我们作为汽车领域的一分子，相信"大浪淘沙"，只有用心去做产品的企业才能在方兴未艾的时代变革中脱颖而出，成为国人为之骄傲的品牌汽车企业。

"雄关漫道真如铁，而今迈步从头越。"一个新的时代已经到来，让我们**勇敢地接受挑战，实现中国智能网联汽车行业的大发展**。

祝福中国智能汽车产业在即将到来的 2020 年，实现更大的实质性飞跃！

参考文献

[1] N 维纳. 控制论（或关于在动物和机器中控制和通信的科学）[M]. 郝季仁, 译. 北京: 科学出版社, 2009.

[2] 赵荣齐. 基于人工势场法的机器人路径规划研究 [D]. 济南: 山东大学, 2008.

[3] 周培培. 未知环境下机器人路径规划算法的研究 [D]. 青岛: 青岛科技大学, 2014.

[4] Cormen T H, Leiserson C E, Rivest R L, et al. Introduction to Algorithms [M], Secend Edition. Boston: MIT Press and McGraw–Hill, 2001.

[5] Alexo Poulos C, Griffin P M. Path planning for a mobile robot [J]. IEEE Transactions On Systems Man and Cybemetics, 1992, 22 (2): 318 – 322.

[6] Yahja A, Singh S, Steniz A. An effieient on-line path planner for outdoor mobile robots [J]. Robotics and Autonomous Systems, 2000, 32 (2): 129 – 143.

[7] Tingkai Xia, Ming Yang, Ruqing Yang, et al. Cyber C3: a prototype cybernetic transportation system for urban applications [J]. IEEE Transactions on Intelligent Transportation Systems, 2010, 11 (1): 142 – 152.

[8] Bo Xing, Qu Shiru. Intelligent vehicle's path tracking based on fuzzy control [J]. IEEE Transportation Systems Engineering and Information Technology, 2010. 10 (2): 70 – 75.

[9] 罗莉华. 汽车自适应巡航控制及相应宏观交通流模型研究 [D]. 杭州: 浙江大学, 2011.

[10] 李以农, 冀杰, 郑玲, 等. 智能车辆自适应巡航控制系统建模与仿真 [J]. 中国机械工程, 2010 (11): 1374 – 1381.

[11] 黄珍, 吴浩然, 库峰, 等. 车辆自适应巡航控制算法的设计与仿真 [J].

武汉理工大学学报：交通科学与工程版，2012，36（4）：708－711.

［12］ Tzu C，Ruei B，Chih C. Fuzzy Longitudinal Controller Design and Experimentation for Adaptive Cruise Control and Stop & Go［C］. 14th World Congress on International Transport Systrms，2007.1：1－8.

［13］ 隋清臣，潘勇宏，王佳宇．汽车自适应巡航控制系统的设计［J］.电子世界，2015（14）：52－53.

［14］ 裴晓飞．基于多模式 ACC 的汽车纵向安全控制系统研究［D］.北京：北京理工大学，2012.

［15］ 白傑，边宁，刘永宏，等．车辆智能驾驶控制系统与技术平台的自主开发［J］.汽车安全与节能学报，2013，4（2）：121－129.

［16］ 刘丁．汽车 ACC 系统控制算法仿真研究［D］.昆明：昆明理工大学，2015.

［17］ 黄升宇．基于模糊 MPC 算法的自适应巡航控制系统研究［D］.长沙：湖南大学，2012.

［18］ 刘中海，何克忠．模糊 PID 控制器在自适应巡航控制系统中的应用［J］.计算机工程与设计，2005，26（3）：707－710.

［19］ 何玮，刘昭度，王斌，等．汽车 ACC 雷达技术的应用与发展［J］.现代雷达，2007，29（9）：28－30.

［20］ 中国汽车工程学会．节能与新能源汽车技术路线图［M］.北京：机械工业出版社，2016.

［21］ 吴劲浩．长安汽车智能制造探索与实践［J］.汽车工艺师，2016（3）：20－24.

［22］ UGS，华中科技大学．中国汽车制造行业与数字化制造——价值体现与发展趋势［R］.2007.

［23］ 张国军，黄刚．数字化工厂技术的应用现状与趋势［J］.航空制造技术，2013（8）：34－37.

［24］ 李丰军．中国—汽车联网创新思考［C］∥中国汽车工程学会年会论文集．北京：机械工业出版社，2014，10.

［25］ Wickens C D. Multiple resources and performance prediction［J］. Theoretical issues in ergonomics science，2002，3（2）：159－177.

［26］ Wickens C D. Multiple resources and mental workload［J］. Human factors，2008，50（3）：449－455.

［27］ Endsley. M. R. Toward a theory of situation awareness in dynamic systems［J］. Human Factors，（1995）37（1）：32－64.

［28］ Coughlin J F，Reimer B，Mehler B. Driver wellness，safety & the development of An Awarecar [M]. Cambridge. AgeLab, Massachusetts Institute of Technology: 2009.

[29] Reimer B, Mehler B, Wang Y, An exploratory study on the impact of typeface design in a text rich user interface on off-road glance behavior [C] // In Proceedings of the 4th International Conference on Automotive User Interfaces and Interactive Vehicular Applications. ACM, 2012: 25 – 32.

[30] Reimer B, Mehler B, Coughlin J F. Reductions in self-reported stress and anticipatory heart rate with the use of a semi-automated Parallel Parking System [J]. Applied Ergonomics, 2016, 52: 120 – 127.

[31] Wang Y, He S, Mohedan Z, et al. Design and evaluation of a steering wheel-mount speech interface for drivers' mobile use in car [C] // In Intelligent Transportation Systems (ITSC), 2014 IEEE 17th International Conference IEEE. 2014: 673 – 678.